Gerhard Müller / Angeklagt — das deutsche Volk

Gerhard Müller

Angeklagt – das deutsche Volk

Tatsachen und Urteile über die Kriegsschuld,
die Schuld an den Massenverbrechen und die Frage der Kollektivscham

Archiv-Edition

Das Buch ist eine Faksimileausgabe, seine Neuveröffentlichung dient wissenschaftlichen und rechtlichen Zwecken, und zwar der Erforschung und Verhütung von Verbrechen des Massen- und Völkermordes; sein Inhalt findet nicht in allen Punkten die Zustimmung des Herausgebers und Verlages.

Reihe *Genozid*

Band 13

Herausgeber der Reihe:
Roland Bohlinger

Arbeitskreis zur Erforschung und Verhütung von Verbrechen des Massen- und Völkermordes

1993
Archiv-Edition, Verlag für ganzheitliche Forschung und Kultur,
2251 Viöl/Nordfriesland
Faksimile-Ausgabe der im Verlag Franz v. Bebenburg
im Jahre 1964 erschienenen Ausgabe

ISBN 3-927933-27-9

Vorwort

In dieser Schrift soll die Frage der Kriegsschuld und der Schuld an den Massenverbrechen und mit letzteren eng zusammenhängend auch das Gebiet der Kollektivscham behandelt werden.

Im Gegensatz zu anderen Veröffentlichungen über diese Fragen, in denen der Verfasser jeweils auf Grund seiner Forschungsergebnisse selbst Stellung nimmt, soll hier der Leser als Richter wie in einem Gerichtsverfahren selbst das Urteil finden. Wie in den Prozessen vor Gericht werden auch hier die „Richter" in ihrem Urteil nicht einer Meinung sein; nur wird es keinen „höchsten Gerichtshof" geben, der die Urteile der unteren Instanzen aufheben kann; denn das Urteil eines „Richters der Geschichte" kann nur infolge neuer Erkenntnisse von ihm selbst aufgehoben und abgeändert werden.

Angeklagt vor dem „Gericht der Geschichte" steht Hitler, die nationalsozialistische Führerschaft und das deutsche Volk wegen Entfesselung des 2. Weltkrieges und Durchführung von Massenverbrechen, bzw. Beihilfe oder stillschweigender Duldung dieser Verbrechen.

Die Anklagepunkte sind aus der Presse den Lesern genau bekannt, so daß auf eine ausführliche Schilderung verzichtet werden kann.

Genau wie bei einem Strafprozeß muß auch hier der „Richter" die einzelnen Feststellungen, geschichtlichen Tatsachen, Aussprüche und Aussagen der Zeugen, Sachverständigen und Angeklagten in ihrem Wert beurteilen und gegeneinander abwägen. Während des Prozesses kann aus einem Zeugen ein Angeklagter werden oder es können weitere bisher nicht bekannte Personen als Angeklagte oder Zeugen in Erscheinung treten. Der „Richter" kann weitere Tatsachen, Aussprüche und Feststellungen anderer Personen, die hier nicht aufgeführt sind, jederzeit zur Urteilsfindung heranziehen und verwerten.

Aus Raumgründen ist es gar nicht möglich, dieses große Gebiet bis in die letzten Einzelheiten in einer Schrift zusammenzufassen. Bei dieser Zusammenstellung wurde besonderer Wert auf die Sammlung von Aussprüchen und Aussagen führender Persönlichkeiten gelegt.

Wie bei einem Gerichtsurteil darf auch hier der „Richter" nur jeden Angeklagten nach dem Ausmaß seiner persönlichen Schuld verurteilen, denn bekanntlich ist jeder Mensch nur für seine eigenen Taten verantwortlich.

Ohne Haßgefühle und ohne Vorurteile müssen die einzelnen Fragen und Aussagen betrachtet werden, wenn man die Wahrheit erforschen will — Wahrheit ist aber die Übereinstimmung des Vorgestellten mit der Tatsächlichkeit!

Mit den Worten „ich glaube, daß es so war" und der oft damit verbundenen Ablehnung von Tatsachen und Zusammenhängen ist die Wahrheit noch lange nicht erforscht, denn durch eine entsprechende mehrjährige Propaganda kann bei vielen Menschen solch ein Glaube erzeugt und damit die Wahrheit verschleiert und ins Gegenteil umgewandelt werden.

Weiter ist zu bemerken, daß die Bezeichnung der Bekämpfung der Juden durch den Nationalsozialismus mit dem Wort „Antisemitismus" sprachlich nicht richtig ist, denn ein Antisemitismus richtet sich, wie der Name sagt, gegen den „Semitismus". Unter „Semitismus" wäre aber eine politische oder religiöse Richtung aller semitischen Völker, d. h. der Araber, Juden und anderer zur semitischen Sprachgruppe zählenden Völker zu verstehen; der nationalsozialistische „Antisemitismus" richtete sich dagegen nur gegen die Juden als Personen und ihr nach nationalsozialistischer Ansicht vertretenes Streben nach Weltherrschaft, daher wäre die Bezeichnung „Antijudaismus" an sich richtiger und besser.

Grundsätzlich soll sich ja eine geistige (religiöse oder weltanschauliche) Bewegung nie gegen die Person, sondern gegen die von dem anderen vertretene Lehre richten; daher hört eine „Anti"-Bewegung (= Gegenbewegung), also z. B. ein „Antisemitismus", in dem Augenblick ganz von allein auf, in dem die angegriffene Lehre, z. B. von der Auserwähltheit eines Volkes und dem Anspruch auf Weltherrschaft, aufgegeben wird.

In völkerrechtlicher Hinsicht ist noch kurz folgendes zu erwähnen: Am 7. und 8. 5. 1945 wurde in Reims bzw. Karlshorst die Bedingungslose Kapitulation der deutschen Wehrmacht von Vertretern der deutschen Reichsregierung des Großadmirals Dönitz und Vertretern der alliierten Mächte unterzeichnet. Mit diesem Abschluß der Kapitulation erkannten die Alliierten in völkerrechtlicher Hinsicht die deutsche Reichsregierung an. Die Verhaftung der deutschen Reichsregierung durch die britischen Besatzungstruppen am 23. 5. 1945 in Flensburg war ein Verstoß gegen die Regeln des Völkerrechts. Durch diese Verhaftung der deutschen Reichsregierung wurde jedoch völkerrechtlich der deutsche Staat nicht ausgelöscht. Auch die in der Zwischenzeit unter alliierter Aufsicht entstandenen deutschen Teilstaaten ändern an dem völkerrechtlichen „De jure"-Bestand des Deutschen Reiches nichts. 19 Jahre nach dem Ende der Kampfhandlungen wurde noch kein Friedensvertrag mit Deutschland abgeschlossen!

1. 9. 1964 Gerhard Müller

Wie kam es zum 2. Weltkrieg?

Ende Oktober/Anfang November 1918 hatte sich am Ende des ersten Weltkrieges der Vielvölkerstaat an der Donau, das Kaiserreich Österreich-Ungarn, in seine Bestandteile aufgelöst. Am 9. 11. 1918 war in Deutschland die Revolution ausgebrochen, und am 11. 11. 1918 wurde der Waffenstillstand zwischen Deutschland und den Alliierten abgeschlossen. Der erste Weltkrieg war zu Ende.

Die Grundlage für den kommenden Friedensvertrag sollten die 14 Punkte des amerikanischen Präsidenten Wilson sein, der darin u. a. das Selbstbestimmungsrecht der Völker aufgeführt hatte.

Die österreichische Nationalversammlung beschloß am 12. 11. 1918 einstimmig den Anschluß Österreichs an Deutschland. Die Deutschen in Böhmen und Mähren wollten genauso den Anschluß an Deutschland wie die Deutschen in Deutsch-Österreich. Die tschechischen Politiker Masaryk und Benesch waren damit nicht einverstanden. Der französische Historiker Henri Lebre schreibt in dem Buch „Das Geheimnis um die Ursachen des zweiten Weltkrieges" darüber u. a.:

„... die Tschechoslowakei ist eine Erfindung aus dem Jahre 1919. Als künstliche und willkürliche Schöpfung ist, wie wir noch sehen werden, dieses Land in allen Stücken von Masaryk und Benesch zusammengezimmert worden. Vor den Jahren 1915—1916, in welchen Masaryk und Benesch ihre Propaganda in Europa und Amerika begannen, war mit Recht nie die Rede von einer Tschechoslowakei, weil es sie eben in der Vergangenheit niemals gegeben hatte. Der Tschechoslowake ist ein Menschenkind, das noch nie in einem Katalog aufgeführt war." (S. 19)

Weiter schreibt er:

„Die Proteste der Deutschen und Ungarn wurden gewaltsam unterdrückt, und besonders am 4. März 1919 wurden im Verlauf von Kundgebungen, die ihren Anschluß an Österreich bezwecken sollten, 52 Deutsche von tschechischen Truppen getötet. Die Tschechoslowakei ist also unter flagranter Verletzung des Nationalitätenprinzips, auf das sich die Unterhändler von Versailles und Saint-Germain zur Rechtfertigung der Aufteilung Österreich-Ungarns berufen hatten, gebildet worden." (S.20/21)

Im Friedensvertrag von Versailles — unterzeichnet am 28. 6. 1919, dem Tag der 5. Wiederkehr der Ermordung des österreich-ungarischen Thronfolgers, Erzherzog Franz-Ferdinand, und seiner Gemahlin in Serajewo durch Gavrilo Princip, der der serbischen Geheimorganisation

„Schwarze Hand" angehört hatte — wurde dieses tschechische Vorgehen gebilligt. Deutsch-Österreich durfte sich nicht mit Deutschland vereinigen. Deutschland mußte in diesem Versailler Friedensvertrag, der die alleinige Kriegsschuld Deutschlands zur Grundlage hatte, außer den Kolonien folgende Gebiete abtreten:

Elsaß-Lothringen, Eupen-Malmedy, Nordschleswig, Posen, Westpreußen, kleinere Teile von Ostpreußen und Schlesien, das Hultschiner Ländchen und das Memelland. Danzig wurde Freistaat unter polnischer Aufsicht.

In Oberschlesien sollte eine Volksabstimmung die Zugehörigkeit zu Polen oder Deutschland bestimmen. Das Rheinland wurde von den alliierten Truppen besetzt. Mit Ausnahme der mit polnischer Bevölkerung vermischten Gebiete von Westpreußen und Posen und des Teils von Nordschleswig waren die abgetretenen Gebiete in weit überwiegendem Maße von Deutschen besiedelt. Weit über 3 Millionen Deutsche wurden von Deutschland getrennt, d. s. rund 60 von Hundert aller Bewohner der abgetretenen Gebiete.

Österreich wurde in dem Friedensvertrag von Saint-Germain vom 10. 9. 1919 auf das heutige Gebiet beschränkt; das Sudetenland (3,5 Millionen Sudetendeutsche), der deutsche Teil von Südtirol, die deutsche Stadt Marburg usw. kamen unter fremde Oberhoheit. Österreich wurde verboten, den Namen „Deutsch-Österreich" zu führen.

Deutschland mußte sein Heer auf 100 000 Mann beschränken und sich zu sehr hohen Geld- und Sachleistungen verpflichten (die Höhe der endgültigen Geldleistungen war im Vertrag noch nicht bestimmt worden).

Im Süden des deutschen Sprachgebietes wies die Kärntner Bevölkerung im Jahre 1920 serbische Übergriffe ab und behauptete ihre Heimat.

Jahrelang flammten nach der Revolution des Jahres 1918 kommunistische Aufstände in Deutschland auf. Im April 1920, als deutsche Truppen den roten Aufstand im Ruhrgebiet niederkämpften, rückten französische Truppen im Maingau als Vergeltungsmaßnahme ein (das Ruhrgebiet gehörte zur entmilitarisierten 50 km-Zone ostwärts des Rheines).

Im August 1920 fielen als polnische Banden getarnte polnische reguläre Truppen in Oberschlesien ein. Der Pole Korfanty wollte ganz Oberschlesien. In Oberschlesien standen zu diesem Zeitpunkt alliierte Besatzungstruppen.

Nach der am 20. 3. 1921 erfolgten Volksabstimmung in Oberschlesien (717 122 deutsche — 483 514 polnische Stimmen) hätte nach den Bestimmungen des Versailler Vertrags Oberschlesien bei Deutschland verbleiben müssen. Ein erneuter polnischer Aufstand brach aus, deutsche Freikorps griffen ein und konnten ein weiteres Vordringen der Polen vereiteln. Entgegen den Versailler Bestimmungen wurde Oberschlesien im Herbst 1921 geteilt, wobei der an Bodenschätzen wertvollere Teil an Polen kam.

Am 10. 1. 1923 — 3 Jahre nach Inkrafttreten des Versailler Friedensvertrages — marschierten französische und belgische Divisionen ins Ruhrgebiet ein, da Deutschland mit den in Versailles befohlenen Holzlieferungen etwas im Rückstand geblieben war.

Bereits nach dem Ende des 1. Weltkrieges waren insbesondere im Rheinland starke separatistische Bestrebungen aufgetreten, die vornehmlich von den Franzosen unterstützt wurden und die einen Staat, der ungefähr der jetzigen Gestalt der Bundesrepublik entsprach, erstrebten. Nach dem Ruhreinmarsch verstärkten die Separatisten ihre Tätigkeit erheblich, bis plündernde Separatistenhaufen von der Bevölkerung in regelrechten Gefechten (am 9. 11. 1923 bei Hanhofen/Pfalz und am 15. 11. 1923 im Siebengebirge vor Ägidienberg) verjagt wurden.

Den militärischen Maßnahmen folgten weitere wirtschaftliche Bedingungen. Am 29. 8. 1924 wurde der von dem amerikanischen Wirtschaftsführer Dawes ausgearbeitete und nach ihm benannte Dawesplan vom Deutschen Reichstag angenommen; danach hatte Deutschland jährlich bis auf weiteres 2 1/2 Milliarden Reichsmark an Reparationen (= Wiedergutmachungsleistungen) zu zahlen.

Die erste Zone des Rheinlandes, die Kölner Zone, die nach den Versailler Bestimmungen im Januar 1925 von den Engländern hätte geräumt werden sollen, wurde erst im Januar 1926 geräumt.

Da Deutschland die Tributzahlungen des Dawesplanes bald nicht mehr aufbringen konnte, wurde von dem amerikanischen Wirtschaftsführer Owen Young ein neuer Plan aufgestellt, der die Tributlast auf 110 Milliarden Reichsmark, die Deutschland in 59 Jahren zahlen sollte, festsetzte. Am 18. 3. 1930 wurde der Youngplan vom Deutschen Reichstag angenommen, doch schon im Juni 1931 wurde Deutschland zahlungsunfähig. Bis zum Jahre 1932 stieg die Zahl der Arbeitslosen in Deutschland auf über 6 Millionen an.

Die jahrelange wirtschaftliche Not, die durch die Tributzahlungen entstanden war, und die äußere Unterdrückung durch die Alliierten waren der beste Nährboden für den Aufstieg Hitlers, der nach außen sehr national auftrat und mit Hilfe erheblicher Geldmittel am 30. 1. 1933 als Führer der nunmehr stärksten Partei Reichskanzler wurde. Der Engländer Captain Russell Grenfell schreibt in seinem Buch „Bedingungsloser Haß?" auf Seite 93 hierzu u. a.:

„Die Deutschen, die sich im Weltkrieg von allen europäischen Nationen bei weitem am besten geschlagen hatten, wurden des Zustandes der Unterwerfung überdrüssig, auf den man sie hinabgedrückt hatte, und brachten die Nazis an die Macht. Dies war das unvermeidliche Ergebnis der französischen Unterdrückungspolitik."

Professor Theodor Heuß, der spätere Bundespräsident, schreibt in seinem Buch „Hitlers Weg" (1932) u. a.:

„Die Geburtsstätte der nationalsozialistischen Bewegung ist nicht München, sondern Versailles." (S. 152)

Am 24. 3. 1933 veröffentlichte die englische Zeitung „Daily Express" folgende Zeilen:

„Das israelitische Volk der ganzen Welt erklärt Deutschland wirtschaftlich und finanziell den Krieg.

Das Auftreten des Hakenkreuzes als Symbol des neuen Deutschlands hat das alte Streitsymbol Judas zu neuem Leben erweckt.

Vierzehn Millionen Juden stehen wie ein Mann zusammen, um Deutschland den Krieg zu erklären.

Der jüdische Großhändler wird sein Haus verlassen, der Bankier seine Börse, der Kaufmann sein Geschäft und der Bettler seine Elendshütte, um sich in einem heiligen Kriege gegen die Leute Hitlers zusammenzuschließen."

(„Das Geheimnis um die Ursachen des zweiten Weltkrieges", S. 94)

Anfang April 1933 griffen die Nationalsozialisten zu einem Boykott aller jüdischen Geschäfte in Deutschland.

Nach fünfzehnjähriger französischer Besatzungszeit fand im Saargebiet am 13. 1. 1935 eine Volksabstimmung statt; 90 von Hundert aller abgegebenen Stimmen waren für eine Rückkehr der Saar zu Deutschland. Damit kehrte die Saar zum Deutschen Reich zurück.

Am 16. 3. 1935 wurde von Hitler die im Friedensvertrag von Versailles verbotene allgemeine Wehrpflicht wieder eingeführt.

Im Februar 1936 wurde der Landesgruppenleiter der nationalsozialistischen Auslandsorganisation in der Schweiz, Wilhelm Gustloff, von dem Rabbinersohn David Frankfurter in Davos (Schweiz) erschossen.

Am 7. 3. 1936 besetzten deutsche Truppen das entmilitarisierte Rheingebiet und stellten so dort die im Versailler Vertrag verbotene Wehrhoheit wieder her.

Am 13. 3. 1938 wurde der Anschluß Deutsch-Österreichs an das Reich, der den Österreichern im Friedensvertrag von Saint Germain vom 10. 9. 1919 versagt worden war, unter dem Jubel der Bevölkerung vollzogen.

Am 29. 9. 1938 wurde im Münchener Abkommen von den vier Großmächten England, Frankreich, Deutschland und Italien die sofortige Übergabe des sudetendeutschen Gebietes durch die Tschechoslowakei an Deutschland (vom 1. 10. — 10. 10. 1938) festgelegt, nachdem bereits am 21. 9. 1938 die tschechische Regierung auf Druck Englands und Frankreichs diesen Staaten gegenüber der Abtretung des sudetendeutschen Gebietes an Deutschland zugestimmt hatte. Der von der sudetendeutschen Bevölkerung bereits im Jahre 1918/19 gewünschte Anschluß war nun erreicht.

Am 7. 11. 1938 schoß der junge Jude Feibel Herschel Grynszpan in Paris den 3. Botschaftssekretär Ernst vom Rath in der Deutschen Botschaft nieder. In der Nacht vom 9./10. 11. 1938 folgte als deutsche Antwort die sogenannte Kristallnacht, eine von oben gesteuerte Aktion, die die Zerstörung jüdischer Synagogen und Geschäfte herbeiführte. Die Annäherung der Großmächte, die nach außen hin im Münchener Abkommen zu Tage getreten war, war verflogen. Der Franzose Henri Lebre schreibt u. a. darüber:

„In diesen fieberschwangeren Wochen des November 1938 veranlaßten die leitenden Kreise Londons die zum Kriege führende Wendung in England und beschlossen, den Krieg gegen einen Feind zu führen, der den britischen Handel an seinem Lebensnerv bedrohte. Die Politik unbeugsamer Festigkeit, die angesichts der internationalen Lage keinen anderen Ausweg als den Krieg haben konnte, wurde damals beschlossen. Sie wartete nur noch auf eine Gelegenheit, sich in hellem Lichte zu zeigen; Polen sollte sie der Regierung in London liefern."

(„Das Geheimnis um die Ursachen des zweiten Weltkrieges", S. 42)

Im Februar 1939 brachte die amerikanische Zeitschrift „Look" eine Bilderreihe unter der Überschrift: „Wie Amerika in den nächsten Weltkrieg eintritt." Dabei wird auf das Jahr 1941 als Beginn des neuen Krieges hingewiesen. Bild 1 stellt das Attentat eines polnischen Mörders auf Göring (machtmäßig war Göring damals der zweite Mann im Staate) dar, das den Krieg entfesseln soll (Hermann Rehwaldt: „Weissagungen", 1939, Bildtafel V).

Am 15. 3. 1939 besetzten deutsche Truppen Böhmen und Mähren, die Slowakei erlangte die lang ersehnte Freiheit von der tschechischen Oberherrschaft, und die Ungarn gliederten die Karpatho-Ukraine, den östlichen Teil der Tschechoslowakei, in ihr Staatsgebiet ein. Damit hatte die Tschechoslowakei als Staat aufgehört zu bestehen. Vor dem Einmarsch war der tschechische Staatspräsident Hacha in Berlin von der deutschen Regierung gezwungen worden, dem Einmarsch zuzustimmen. Der Franzose Henry Lebre schreibt darüber u. a.:

„Es hat also den Anschein, daß die Besetzung Prags mehr die Befriedigung eines Prestiges war als eine auf politische und militärische Sicherung des Reiches in Böhmen und Mähren gerichtete Operation. Dieses Resultat konnte ohne Gewaltanwendung erreicht werden; es hätte genügt, die Situation ausreifen zu lassen, um den Nutzen ohne politischen Skandal und Entfaltung militärischer Machtmittel einzustreichen . . .

Der Prager Streich lieferte den englischen Kriegstreibern den idealen Vorwand, den schon seit einigen Monaten erzielten Umschwung Englands, der nur auf eine Gelegenheit zum Hervortreten wartete, nun öffentlich bekanntzumachen.

Chamberlain" (englischer Premierminister) „konnte gegen die von Churchill, Vansittart, Duff Cooper, Eden, Hore Belisha geschürte Agitation nicht ankämpfen. Weil diese die den angelsächsischen Völkern so vertrauten biblischen Reminiszenzen gebrauchten, fiel es ihnen leicht, das nationalsozialistische Deutschland als eine Verkörperung des bösen Geistes zu brandmarken, gegen den alles, einschließlich der heftigsten Provokationen und der offenen Vorbereitung eines Präventivkrieges, erlaubt war, wie es Graf Szembek" (Unterstaatssekretär im polnischen Außenministerium) „in seinem ‚Journal' vermerkte." („Das Geheimnis um die Ursachen des zweiten Weltkrieges", S. 76/77)

Im Gegensatz zu der von den Tschechen im Jahre 1919 durchgeführten Eingliederung des Sudetenlandes in ihren neuen Staat verlief die Angliederung des tschechischen Gebietes als Protektorat Böhmen und Mähren an das Deutsche Reich im März 1939 ohne Blutvergießen.

Wenige Tage nach der Besetzung von Böhmen und Mähren durch deutsche Truppen (am 24. 3. 1939 mindestens mündliches Beistandsversprechen von England an Polen, bzw. am 6. 4. 1939 vorläufige Vereinbarungen über gegenseitige Beistandsverpflichtungen) garantierte England den Polen ihr Gebiet.

Am 28. 4. 1939 kündigte Deutschland das deutsch-polnische Freundschaftsabkommen vom 26. 1. 1934.

Am 23. 3. 1939 hatte Litauen auf entsprechenden deutschen Druck das Memelland an Deutschland zurückgegeben.

Deutschland hatte Polen den Vorschlag gemacht, die deutsche Stadt Danzig an das Reich zurückzugeben und eine exterritoriale Autobahn und Eisenbahn durch den polnischen Korridor zur besseren Verbindung Ostpreußens mit dem Reich zuzulassen. Den Polen sollte ein Freihafen in Danzig zugestanden werden. Diese deutschen Vorschläge zur Regelung der deutsch-polnischen Grenzfragen waren von den Polen abgelehnt worden.

Am 3. 5. 1939 erklärte der Unterstaatssekretär im polnischen Außenministerium, Graf Szembek, dem britischen Botschafter in Warschau, daß

„in Polen niemand leugnet, daß Danzig vom völkischen Standpunkt aus eine deutsche Stadt sei".

(„Das Geheimnis um die Ursachen des zweiten Weltkrieges", S. 77)

Die Unterdrückung der deutschen Minderheit in Polen nahm im Laufe des Sommers 1939 immer schärfere Formen an, deutsche Menschen wurden von Polen mißhandelt und erschlagen (siehe auch „Frankfurter Illustrierte" vom 25. 7. 1959).

Am 23. 8. 1939 wurde zwischen Deutschland und der Sowjetunion ein Nichtangriffspakt in Moskau abgeschlossen, der sich hauptsächlich gegen Polen richtete.

Deutsch-englische Verhandlungen zur Beilegung der Polenkrise scheiterten Ende August, und am 1. 9. 1939 begann mit dem deutschen Einmarsch in Polen der deutsch-polnische Krieg.

Ein Vermittlungsvorschlag von Mussolini scheiterte; am 3. 9. 1939 erklärte England an Deutschland den Krieg, aber nicht auch später an die Sowjetunion, als diese am 17. 9. 1939 ebenfalls in Polen einmarschierte. Frankreich schloß sich der englischen Kriegserklärung am 3. 9. 39 an. Damit wurde aus dem deutsch-polnischen Krieg ein europäischer Krieg.

Am 22. 6. 1941 begann der Angriff Deutschlands auf die Sowjetunion, und am 7. 12. 1941 begann mit dem japanischen Angriff auf die US-Flotte in Pearl Harbour der amerikanisch-japanische Krieg. Am 11. 12. 1941 erklärte Hitler als Verbündeter der Japaner an die USA den Krieg.

Damit wurde im Jahr 1941 aus dem europäischen Krieg der 2. Weltkrieg.

Versailles und die Schuldfrage des ersten Weltkrieges

Der Frieden von Versailles vom 28. 6. 1919 bestimmte die Politik der folgenden Jahre. Liegen die Wurzeln des zweiten Weltkrieges und seiner jetzigen Nachkriegspolitik in Versailles? Professor Theodor Heuß, Bundespräsident in der Bundesrepublik Deutschland von 1949—1959, schreibt in seinem Buch „Hitlers Weg" (1932), wie bereits oben erwähnt:

„Die Geburtsstätte der nationalsozialistischen Bewegung ist nicht München, sondern Versailles." (S. 152)

Da die Bedingungen des Friedens von Versailles ihre Gundlagen und ihre Rechtfertigung in der These von der Alleinschuld Deutschlands am Ausbruch des ersten Weltkrieges haben, soll hier diese Frage kurz behandelt werden:

Der Präsident der USA im ersten Weltkrieg, Woodrow Wilson, sagte am 26. 10. 1916 in Cincinnati:

„Niemand weiß, woraus der gegenwärtige Weltkrieg entstanden ist; keine einzelne Tatsache hat ihn hervorgerufen, sondern alle Dinge im allgemeinen."

Der britische Premierminister im ersten Weltkrieg, Lloyd George, sagte am 22. 12. 1920 in Birmingham:

„Je mehr man die Bücher über die Vorgeschichte des Krieges liest, desto deutlicher wird es, daß keiner der führenden Männer den Krieg gewollt hat, man ist vielmehr in diesen hineingeglitten, hineingestolpert, hineingetorkelt."

(„Der Vertrag von Versailles" von Dr. Albert Ströhle)

Der französische Ministerpräsident im ersten Weltkrieg, George Clemenceau, äußerte im Juni 1921:

„Der Krieg war nur die Vorbereitung, die Vernichtung des deutschen Volkes fängt jetzt an!"

Clemenceau sagte weiter folgendes (Zuschrift im Stockholmer Nobel-Institut):

„Ich will niemals meine Memoiren schreiben; wenn ich das schreiben würde, so würde nicht ein Mann, auch nicht ein einziger mehr in den Krieg ziehen, selbst wenn seines Landes Zukunft auf dem Spiele stünde.

Clemenceau"

(Zeitschrift: „Drehscheibe", 4. 10. 1931)

In dem Prozeß gegen die Attentäter von Serajewo vom 12.—28. 10. 1914 (die Ermordung des österreichisch-ungarischen Thronfolgers, Erzherzog Franz Ferdinand, am 28. 6. 1914 löste den ersten Weltkrieg aus) gaben die Attentäter die Mitwirkung freimaurerischer Kreise zu („Der Prozeß gegen die Attentäter von Serajewo", Aktenmäßig dargestellt von Professor Pharus, Berlin 1918, S. 11, 12, 14, 33, 162). Professor Kohler, der eine Einleitung zu diesem Buch verfaßte, schreibt u. a.:

„Wir wissen nun, daß internationale Mächte hier gewaltet haben, Mächte, die auch sonst in diesem Kriege die unheilvollste Rolle gespielt und sowohl in Frankreich die Elsaß-Lothringen-Hetze bis zur Siedehitze getrieben als auch in den französischen Schweizerkantonen Fluch und Verderben gegen Deutschland gespien und schließlich Italien zu dem furchtbaren Treubruch verleitet haben, welcher der Nation einen ständigen Mackel aufdrückt. Es war der Großorient, die französische Freimaurerloge, welche überall ihre Fühler ausstreckte, wo es galt, die Kirche zu vernichten, die monarchische Gesinnung zu untergraben, die Staatsgewalt zu lockern, vor allem aber das Germanentum in seinem Lebensnerv zu treffen; und so war es diese Freimaurerloge, die auch die fluchwürdige serbische Agitation betrieb. Wir wissen, daß die Hauptvereinigung, in der sich die destruktiven Kräfte sammelten, die ‚Narodna obrana', nicht nur Freimaurer enthielt, sondern, daß ihre Häupter Freimaurer waren; und der geistige Urheber des ganzen Verbrechens, Tancosić, wird uns als Freimaurer geschildert, daneben ein Kasimirović, der sich vielfach in der Loge von Paris herumgetrieben hat; und ebenso war Ciganović, der den Verbrechern Geld, Bomben und Pistolen gab, ein Freimaurer, ebenso einige der jugendlichen Verbrecher selbst, wenn sie es auch zunächst ableugneten. Der Großorient wollte hier einen Hebel ansetzen, um von diesem Punkte aus das katholische Österreich und damit den germanischen Staat zu zertrümmern, zu dessen Hauptaufgaben es von jeher gehört hat, verschiedene slawische Völker zu einer großen Kultureinheit zu verbinden." (S. VI)

Karl Heise schreibt in dem Buch „Die Entente-Freimaurerei und der Weltkrieg — Ein Beitrag zur Historie des Weltkrieges und zum Verständnis der wahren Freimaurerei", Basel 1919, Ernst Finckh Verlag, auf Seite 7 u. a.:

„Nach Dr. jur. Heinz Brauweiler: ‚Deutsche und romanische Freimaurerei', S. 61, gelten als ‚Groß-Oriente' diejenigen Freimaurer-Organisationen, die die ‚blauen oder Johannesgrade' dem ‚Alten Schottischen Ritus' eingegliedert haben. Politisch sind sie allesamt, und haben damit gemeinsam den Boden der ursprünglichen Grundpflichten, auf denen sie doch gewachsen sein wollen, verlassen. Und so bekommt Guido v. List in seinem Werk ‚Armanenschaft der Ariogermanen' II, S. 28, Recht, wenn er schreibt:

‚Man lasse sich durch das Mäcenastum einzelner ja nicht täuschen, denn diese sind einfach vorgeschobene Strohmänner als Wissende der Einen (gemeinsamen) Partei, deren Geschäftsstellen unter den verschiedensten Firmen, wie z. B. „Alliance Israélite Universelle", der (ehemals ariogermanischen) „Freimaurerei" (also Großorient und Schottischer Ritus), der „Old Fellows", der „Adyarloge", der „Druidenhaine" usw. bekannt sind ...

Freilich, deren niedere Grade wissen nicht, wer ihre „unbekannten Oberen" sind, und was diese anstreben, weshalb sie, ohne Meineid zu begehen, es ruhig beschwören können, daß sie von einem Zusammenhang mit der „Großen (in ihren gemeinsamen Führern und Lenkern geeinten) Internationale" (die die politische Macht wie die Regentschaft des Mammonismus erstrebt) und von „Unbekannten Oberen" nichts wissen ...'

Guido v. List betont nämlich, daß in den Logen und maurerisch organisierten Gesellschaften alle Arten von Menschen — gleichviel welcher religiösen oder politischen oder kommerziellen Richtung, also die abstrusesten äußerlich scheinbaren Gegensätze: Protestantismus, Jesuitismus, Judaismus, Antisemitismus, Konservatismus, Sozialismus usw. — sich zusammenfinden und von den selben oberen oder doch innerlich die Dinge leitenden Persönlichkeiten beherrscht und ... in die Irre gelenkt werden. Wir selbst aber gehören gewiß nicht zu denen, die blind-fanatisch alles in einen Tiegel werfen, ohne zu unterscheiden; wir wissen wohl, daß das alte Sprichwort sich immer neu bewahrheitet, daß, wo Gott seinen Tempel erbaut, sofort König Luzifer seine Kapelle danebensetzt, und so sind wir überzeugt, daß es keine einzige, noch so ideal gedachte, vollkommene Institution geben kann, in der nicht bald auch die Judasnaturen sich eingereiht und — den Geldbeutel und das große Wort gepachtet oder Intrigen, Zwischenträgereien, politischen Verrat und Betrug usw. angezettelt hätten, ohne daß man ihnen auf die Finger sehen konnte und kann."

Der französische Generalstabsoffizier Pierre Desgranges (Joseph Crozier) vom 2. Büro des Französischen Generalstabes, Sektion I: Geheimer Nachrichtendienst und Gegenspionage, schreibt in seinem Buch „In geheimer Mission beim Feinde" über die Kriegsschuldfrage des 1. Weltkrieges:

„Der, der die Arbeit eines Historikers und nicht eines Polemikers leisten wollte, mußte sich über die Parteien und Nationen erheben und auf diesem Wege die verantwortlichen Urheber des Krieges suchen. Eine harte Arbeit, denn undurchsichtige Schleier verbergen diese Herrscher, die nur Gold und Schatten suchen — aber sie ist nicht unmöglich.

Dieser Mann hätte das Verdienst, nützliche Arbeit für den Frieden zu leisten, denn er hätte die Gefahr gezeigt, dem der Frieden durch die unmittelbarste und wirksamste Drohung ausgesetzt ist, und er hätte die Diskussionen und Streitigkeiten über eine besonders erregende Frage beigelegt.

Im Laufe der letzten Jahre konnten geübte Blicke bei allen großen Ereignissen den Einfluß der geheimen und namenlosen Geldmächte spüren, die hinter den Kulissen der Ersten Haager Konferenz mit dem Worte ‚Unterausschuß der Abwesenden' bezeichnet wurden. Es waren die gleichen, die dem zusammenbrechenden Wilson Befehle für den Vertrag von Versailles erteilten, die gleichen, die das uneinnehmbare Bollwerk errichtet haben, an dem sich sogar Clemenceaus Energie gebrochen hat, die gleichen, die ihn schließlich dahin brachten, dem Marschall Foch gegenüber einzugestehen: ‚Als Oberbefehlshaber der alliierten Armeen können Sie Befehle erteilen und deren Befolgung durchsetzen, ich kann es nicht.' Denn der Krieg ist ein Geschäft, und man darf ihn als nichts anderes betrachten. Man sieht nur die, die im Felde sind, und übersieht die Drahtzieher. Der Krieg für Recht und Freiheit ist eine hübsche Fabel wie jede Fabel über den Krieg.

Während sich die Regierungen mit den Sowjets streiten oder mit ihnen herumzanken, verhandeln die großen Gruppen ohne Unterschied der Nationalität offen mit Rußland.

Wie eng erscheint dann der Rahmen, in dem man immer noch die Frage der Kriegsschuld hält! Warum sollte man nicht einfach Deutschland als ein junges, kraftvolles Volk betrachten, das wir mit unserer alten Latinität voller Atavismen und großartiger Erinnerungen nur schwer verstehen und nicht unvoreingenommen beurteilen können. Von glühenden Instinkten und nicht von Traditionen beherrscht, lebt der Deutsche jeden Tag aus, ohne an den Vortag zu denken, aber in Voraussicht des nächsten Tages. Wir müssen ihm gegenüber also stark bleiben und uns nicht damit begnügen, nach Frieden zu schreien."

(„In geheimer Mission beim Feinde", S. 126–128, Grethlein & Co., Leipzig/Zürich, 1930)

Der amerikanische Journalist Isaac Marcoesohn äußerte gelegentlich eines von ihm gegebenen Banketts:

„Der Krieg ist ein riesenhaftes Geschäftsunternehmen, wobei nicht der Heroismus der Soldaten, sondern die Geschäftsorganisierung das

Schönste ist, und Amerika ist stolz auf die günstige Geschäftslage, die es erlebt." Meldung des „Inf."-Bureaus aus Rotterdam vom 13. März 1917. („Entente-Freimaurerei und Weltkrieg", S. 162)

Der amerikanische Großindustrielle Henry Ford schreibt in seinem Buch „Mein Leben und Werk", Paul List Verlag, Leipzig, 1923):

„Eine unvoreingenommene Untersuchung des letzten Krieges, der vorhergehenden Ereignisse und seiner Folgen ergibt den unantastbaren Beweis, daß es in der Welt eine gewaltige Gruppe von Machthabern gibt, die es vorziehen, im Dunkeln zu bleiben, die weder Ämter noch äußere Machtinsignien erstreben, die auch keiner bestimmten Nation angehören, sondern international sind, — Machthaber, die sich der Regierungen, der weitreichenden Geschäftsorganisationen, der Presseagenturen, sämtlicher Hilfsmittel der Volkspsychologie bedienen, um die Welt in Panik zu versetzen und die Macht, die sie über sie ausüben, noch zu erhöhen. Es ist ein alter Spielertrick, ‚Polizei!' zu rufen, wenn gerade viel Geld auf dem Tische liegt, um in der nun folgenden Panik das Geld zu ergreifen und sich aus dem Staube zu machen. Und so gibt es auch eine Macht in der Welt, die ‚Krieg!' schreit, und die in der Völkerverwirrung und während der gewaltigen Opfer, die das Volk um des Friedens und der Sicherheit willen bringt, mit der Beute davonläuft.

Was wir nicht vergessen dürfen, ist, daß wir zwar den militärischen Sieg errungen haben, daß es der Welt bisher jedoch noch nicht geglückt ist, die Kriegsschürer und -hetzer aufs Haupt zu schlagen. Wir dürfen nicht vergessen, daß der Krieg ja nur ein künstlich fabriziertes Übel ist, das sich folglich auch nach einer ganz bestimmten Technik herstellen läßt. Eine Kriegshetzerkampagne wird nach ganz ähnlichen Grundsätzen wie jede andere Kampagne geführt. Erst gilt es, das Volk zu bearbeiten. Durch allerlei schlaue Geschichten wird das Volk gegen die Nation, mit der man Krieg zu führen wünscht, argwöhnisch gemacht. Erst wird das eine, dann das andere Volk argwöhnisch gemacht. Dazu ist nichts weiter nötig als einige Agenten, die etwas Grütze und kein Gewissen haben, und eine Presse, deren Interessen mit denen, die durch den Krieg profitieren werden, verknüpft sind. Und sehr bald wird der ‚Auftakt' da sein. Es ist nicht im geringsten schwer, einen ‚Auftakt' zu finden, sobald der Haß zweier Nationen einen genügenden Höhepunkt erreicht hat.

In allen Ländern hat es Männer gegeben, die sich über den Ausbruch des Weltkrieges freuten und sein Ende bedauerten. Hunderte von amerikanischen Vermögen datieren aus dem amerikanischen Bürgerkriege, ebenso wie Tausende von neuen Vermögen aus dem Weltkrieg stammen. Niemand kann leugnen, daß Kriege ein gutes Geschäft für diejenigen bedeuten, die diese Art von Geld lieben. Kriege sind eine Orgie von Geld, nicht minder als eine Orgie von Blut." (S. 282/283)

In dem Buch „Die Entente-Freimaurerei und der Weltkrieg" ist z. B. aufgeführt, wem in England der größte Teil der Presse gehörte. Es steht dort u. a.:

„Harmsworth-Northcliffe war anfänglich Journalist, jetzt ist er Besitzer von dreiviertel der ganzen englischen Presse (wie Sil-Vara in seinem bei Ullstein erschienenen Buche ‚Englische Staatsmänner' S. 238 ff. schreibt). Er gründete die ‚Daily Mail'; heute gehören ihm resp. dem Northcliffe-Konzern auch die ‚Times', ‚Daily Mirror', ‚Daily Graphic', ‚Evening News', ‚Observer', ‚Leeds Mercury', der ‚Glasgow Herald', der ‚Manchester Courrier', ‚Daily Express', ‚Weekly Dispatch' usw. Ein Zeitungswelttrust schwebt diesem Könige der Presse vor; mit dem Besitzer des maurerischen Pariser ‚Matin', Bunau Varilla (einem Italiener), hat er einen Telegrammaustausch vereinbart, die russische (vor der Revolution offiziöse) ‚Nowoje Wremja' (vordem A. Suworin und seinen Söhnen gehörig) ging im Jahre 1912 in Northcliffes Unternehmerring über. Northcliffe herrscht aber auch in Amerika. Nach dem ‚Berliner Tageblatt' (Auslandsausgabe Nr. 48, 1917) hat sich ‚Northcliffe bereits in die Rolle des Lichtbringers aus Amerika hineingelebt', indem er das amerikanische Blatt ‚New York American' zu seinem Sprachorgan macht und selbst als ‚Seele der Zentralkriegsrats-Idee' darin auftritt.." (Seite 19/20). Northcliffe (ursprünglich Stern, dann Harmsworth) gehörte wie sein Bruder Rothermere, Minister für das Flugwesen, zu den geadelten Juden des englischen Oberhauses (House of Peers), wie Karl Heise in dem o. a. Buch auf Seite 19 aufführt.

In der Zeitung „Das Neue Zeitalter", Nr. 48, S. 5, vom 28. 11. 1959 stehen in dem Aufsatz „Morgenluft für alte Nazis", der hauptsächlich die Zusammenkunft des sowjetischen Ministerpäsidenten Chruschtschow mit Bernard Manasse Baruch im September 1950 in den USA behandelt, u. a. folgende Worte:

„B. M. Baruch ist zweifellos heute der Spitzenführer der internationalen Hochfinanz, der während des ersten Weltkriegs schon darauf drängte, daß Amerika in den Weltkrieg eintrat, und der auch im Jahre 1939 bereits Roosevelt überredete, die Teilnahme Amerikas am zweiten Weltkrieg vorzubereiten."

Und unter dem Bild von Baruch stehen die Worte:

„Bernard Manasse Baruch, der Spitzenführer der internationalen Hochfinanz, drängte schon 1916 darauf, daß Amerika in den Weltkrieg eintrat. Auch jetzt spricht er ein gewichtiges Wort mit."

Der letzte Reichskanzler des kaiserlichen Deutschlands, Prinz Max von Baden, schreibt in seinem Buch „Erinnerungen und Dokumente" über Versailles u. a.:

„Europa ist rettungslos zum Chaos verurteilt, wenn dieser Vertrag verwirklicht wird. Dieser Vertrag bringt keinen Frieden, sondern einen dauernden Kriegszustand." (S. 674)

Benedikt XV. schrieb am 7. 10. 1919 (laut vatikanamtlicher Acta Apostolicae Sedis Nr. 12 vom 13. 11. 1919) an den französischen Kardinal Amette in Paris über Versailles:

„Was menschliche Klugheit auf der Versailler Konferenz begonnen, das möge Gottes Liebe veredeln und vollenden. — Von Frankreich aus möge sich Gottes Gnade über die ganze Welt ergießen."

(Dr. Armin Roth: „Rom wie es ist — nicht, wie es scheint!", S. 40)

Über Frankreich und Preußen schrieb während des ersten Weltkrieges der Bischof von Versailles in einem Fastenhirtenbrief vom Jahre 1915:

„Wenn Frankreich untergehen würde, oder wenn auch nur sein Stern erbleichen sollte, . . . der Kirche würde eine ihrer Festungen, und welche Festung, fehlen! . . . Gott braucht hienieden ein auserwähltes Volk . . . Gott braucht mit einem Wo . . . Frankreich!

Preußen . . . ist die ‚Sünde Europas', und die Sünde Deutschlands besteht darin, die Vergiftung durch Preußen erlitten und angenommen zu haben. Die verpreußten Deutschen sind Luther und seinen rechtmäßigen Erben: Kant, Strauß, Haeckel, Nietzsche, Harnack, alles gründliche Antikatholiken, gefolgt . . . Nein, das verpreußte und lutheranische Deutschland ist nicht der Diener und der Bote der christlichen Zivilsation auf Erden und kann es nicht sein. . . . Frankreich, das katholische Frankreich ist das auserwählte Volk Gottes, der Freund Christi, der älteste Sohn und getreue Diener der heiligen Kirche . . ."

(„Der Papst führt Krieg", Seite 9)

Am 5. 4. 1919 standen in dem Blatt des Jesuitengenerals, „Civiltà cattolica", in Nr. 1651 folgende Worte:

„. . . daß der Heilige Stuhl ein höchstes Interesse hatte, die Wiederherstellung Belgiens und die Erhaltung Frankreichs als Großmacht, zweier durchaus katholischer Nationen, zu betreiben . . . Er konnte nicht ohne Schrecken ins Auge fassen die Aussicht eines schließlichen Sieges Deutschlands, der den Triumph des Luthertums und des Nationalismus mit der Niederwerfung Frankreichs und Belgiens besiegelt hätte."

(„Der Papst führt Krieg", Seite 9)

Vierzig Jahre vor Beginn des ersten Weltkrieges sagte Papst Pius IX. am 18. 1. 1874 — drei Jahre nach der Gründung des deutschen Kaiserreiches im Spiegelsaal von Versailles — vor einer großen internationalen Pilgerversammlung:

„Bismarck ist die Schlange im Paradiese der Menschheit. Durch diese Schlange wird das deutsche Volk verführt, mehr sein zu wollen als Gott selbst, und dieser Selbsterhöhung wird eine Erniedrigung folgen, wie noch kein Volk sie hat kosten müssen. Nicht wir – nur der Ewige weiß, ob nicht das Sandkorn an den Bergen der ewigen Vergeltung sich schon gelöst hat, das — im Niedergang zum Bergsturz wachsend — in einigen Jahren an die tönernen Füße dieses Reiches anrennen und es in Trümmer verwandeln wird; dieses Reich, das wie der Turmbau zu Babel Gott zum Trotz errichtet wurde und das zur Verherrlichung Gottes vergehen wird."

(„Rom wie es ist — nicht wie es scheint", S. 39)

Der portugiesische Minister, Dr. Sebastiano de Magalhaes Lima, Großmeister des „Grand Orient Lusitanien Uni" und zugleich höchster Würdenträger des portugiesischen „Hohen Rates der 33 .·.", rief auf der Freimaurerkonferenz in Lissabon am 13. 5. 1917 die Worte aus:

„Der Sieg der Alliierten (im Weltkriege) muß der Triumph der freimaurerischen Grundsätze werden!"

(„Die Entente-Freimaurerei und der Weltkrieg", S. 136)

Unmittelbar vor Ausbruch des ersten Weltkrieges schrieb der französische Sozialist Jaurès am 30. 7. 1914, der selbst Freimaurer war und am 31. 7. 1914 in Paris erschossen wurde, in seinem letzten Brief:

„Hier in Frankreich arbeiten wir mit allen Gewaltmitteln für einen Krieg, der ausgefochten werden muß, um ekelhafte Begierden zu befriedigen, und weil die Pariser und Londoner Börsen in Petersburg spekuliert haben ..."

(„Die Entente-Freimaurerei und der Weltkrieg", Seite 59)

Dem Mörder von Jaurès „wurde bis zum heutigen Tage" (1918) „von der französischen Bruder-Maurer-Regierung noch nicht der Prozeß gemacht ... Denn dieser furchtbare Krieg mußte ja nicht nur für die französischen Aspirationen" (Ansprüche) „um das deutsche Elsaß und Lothringen, sondern vor allem auch für die schwindelhaften Sueskanal-Privatinteressen der Brr. Poincaré und Konsorten geführt werden ... !"

(„Die Entente-Freimaurerei und der Weltkrieg", Seite 58)

Karl Heise führt auf Seite 201 seines Buches „Die Entente-Freimaurerei und der Weltkrieg" folgendes an:

„Am 28. März 1914 (!) schrieb Brancaninow, ‚der treueste Freund des tschechischen Drahtziehers' der Entente Dr. Kramarz, ‚der über die serbisch-tschechischen Pläne durchaus informiert war': Br. Sir Edward Grey habe ihm gesagt, daß England an dem großen Kriege teilnehmen werde, in ein paar Wochen werde der Weltkrieg ausbrechen!" (Sir Edward Grey war einer der maßgebenden britischen Politiker zu Beginn des ersten Weltkrieges).

Der Präsident der USA, Woodrow Wilson, sagte im Jahre 1919 über den ersten Weltkrieg:

„Gibt es wohl irgendeinen Mann oder eine Frau, ja ich möchte fast sagen, irgendein Kind, das noch nicht weiß, daß in der neuzeitlichen Welt der Same zum Kriege in der industriellen und kommerziellen" (wirtschaftlichen) „Rivalität liegt? Auch dieser Krieg war ein Industrie- und Handelskrieg!"

(„Schrittmacher der Sowjets", S. 118)

Wilson war Freimaurer („Die Entente-Freimaurerei und der Weltkrieg", Seite 152).

Mit Datum vom 18. 11. 1917 hatte Präsident Wilson von St. Paul (Minnesota) aus eine Botschaft erlassen, die u. a. folgende Sätze enthält:

„ . . . Nichts ist bezeichnender als diese Versammlung" (gemeint ist die Demonstration für den Krieg in St. Paul), „wo die Söhne aller Gemeinwesen und die Nachkommen aller Nationen Europas aus der Prärie und dem Urwalde den Herd für eine neue Rasse und den Tempel für einen neuen Glauben geschaffen haben. Die Stunde ist gekommen, wo dieser Herd des Schutzes bedarf, wo dieser Glaube seine Kraft durch die Tat erweisen muß. Von allen Klassen, allen Berufen, von allen Parteien, allen Rassen und allen Religionen werden Mitwirkung und Opfer erwartet. Dieser Krieg ist kein Krieg der Kapitalisten oder der Arbeiterklasse. Es ist ein Krieg für jeden rechten Amerikaner . . ."

(„Die Entente-Freimaurerei und der Weltkrieg", Seite 164)

Der britische Schriftsteller, Captain Russell Grenfell, schreibt in „Bedingungsloser Haß?" über die Nichteinhaltung der Bestimmungen der 14 Punkte durch die Alliierten, auf Grund deren die Waffenstillstandsverhandlungen im Herbst 1918 geführt worden waren, auf Seite 95 folgendes:

„Im Januar 1918 hatte Präsident Wilson in einer Rede vor dem Kongreß die Vierzehn Punkte als Grundlage eines künftigen dauerhaften Friedens verkündet. Acht Monate danach machten die Deutschen ein Friedensangebot in Übereinstimmung mit diesen Vierzehn Punkten. Es wurde vom Präsidenten im Namen seiner Verbündeten angenommen, wobei ausdrücklich bestätigt wurde, daß Deutschland eben auf der Grundlage dieser Vierzehn Punkte über einen Frieden verhandele. Aber kaum hatten die Deutschen die Entwaffnungsbestimmungen des Waffenstillstandes erfüllt, da hatten die Alliierten nichts Eiligeres zu tun, als die Bedingungen wie einen ‚Fetzen Papier' zu behandeln, wonach die Vierzehn Punkte die Richtlinien des Friedensvertrages bilden sollten. Mit Genugtuung seien die empörten Proteste verzeichnet, die in England gegen diesen Bruch von Treu und Glauben erhoben wurden. So erklärte Lord Buckmaster: ‚Irgendeine Nation, so böse und abscheulich sie auch sein mag, auf der Grundlage bestimmter Bedingungen zur Waffenniederlegung zu veranlassen und dann, wenn sie wehrlos ist, ihr andere Bedingungen aufzuerlegen, ist ein Akt von Ehrlosigkeit, der niemals ausgetilgt werden kann.' — Das britische Gewissen und der Sinn für Ehre waren damals, 1922, also noch recht lebendig."

In einer Rede vor der Gesellschaft für Staatswissenschaft, Hebräische Universität Jerusalem, sagte am 21. 11. 1962 der Präsident des Deutschen Bundestages, D. Dr. Eugen Gerstenmaier, über die Schuldfrage des ersten Weltkrieges u. a. folgendes:

„Der Verlust des Ersten Weltkrieges und die uns im Versailler Friedensvertrag aufgezwungene Behauptung von der Alleinschuld Deutschlands am Ersten Weltkrieg, haben die Gesundung und Normalisierung des deutschen Nationalbewußtseins nach 1918 nicht gefördert, sondern gehindert . . ."

(„Bulletin des Presse- und Informationsamtes der Bundesregierung" vom 23. 11. 1962, Seite 216)

Über Elsaß-Lothringen, das im Versailler Vertrag von Deutschland an Frankreich abgetreten werden mußte, schreibt Karl Heise u. a. folgendes:

„Poincarés Präsidentschaft begann mit dem 1. Januar 1914 . . . In der ‚Revue de Paris' vom 1. November 1916 nannte Jules Duheme die Wahl des Lothringers Br. Poincaré zum französischen Staatsoberhaupt ‚das Bekenntnis der Auferweckung der nationalen Politik Frankreichs' und zugleich ‚das Bekenntnis zur Zurückgewinnung Elsaß-Lothringens von Deutschland durch Frankreich'. Vergessen wollten die französischen Logenpolitiker also, daß Frankreich unter Ludwig XIV. dieses alte reindeutsche Land erst widerrechtlich sich angeeignet hatte, wie sie auch gern das Abstimmungsergebnis der französischen Nationalversammlung vom 29. März 1871 aus dem Auge verloren. Der deutschen Wiederzurücknahme Elsaß-Lothringens wurde nämlich von jener Nationalversammlung mit 546 gegen 107 Stimmen (d. h. im Verhältnis von 5:1) zugestimmt, nachdem die Nationalversammlung drei Tage vorher unter Zustimmung aller Großmächte den ‚Frankfurter Frieden' mit 433 Bejahungen gegen nur 98 Verneinungen genehmigt hatte (‚N. Zch. Nachr.' vom 12. Jan. 1918). Vergessen wollten die Großlogen-Politiker aller angelsächsisch-romanischen Welt aber auch, was ‚Daily News' am 20. August 1870 geschrieben hatte. Dieses Blatt, das heute wie alle anderen großen Zeitungen Englands Freimaurerpolitik treibt, sagte damals:

‚... Vor beinahe 200 Jahren hat Ludwig XIV. das Elsaß den Deutschen gestohlen. Verjährung mag den Diebstahl decken, aber er deckt nicht die Berechtigung der Wiedereroberung. Die Bevölkerung des Elsaß ist deutsch ...'

Am 5. September 1870 hatte ‚Daily News' diesen Worten hinzugefügt:

‚... Frankreich begann den (1870er) Krieg mit der ausgesprochenen Absicht, zwei weitere deutsche Provinzen als Siegespreis (zum schon gestohlenen Elsaß-Lothringen hinzu) zu nehmen... Deutschland kann mit Recht eine Grenzregulierung fordern, die beitragen würde, für die Folge neue Angriffe abzuwehren.' (Die Rheinlande und das Saargebiet lockten Frankreich also nicht erst in unserer Zeit.)"

(„Die Entente-Freimaurerei und der Weltkrieg", Seite 54/55)

Über die Bevölkerungszusammensetzung von Elsaß-Lothringen vor dem 1. Weltkrieg berichtet die Schweizer Zeitschrift „Der Bieler" vom Januar 1963 folgendes:

„Im Elsaß lebten vor dem 1. Weltkrieg

	95,2 % =	1 136 056 Deutsche
	4,8 % =	56 634 Franzosen
in Lothringen	74,7 % =	439 066 Deutsche
	25,3 % =	146 940 Franzosen."

Der Versailler Friedensvertrag sah für Elsaß-Lothringen keine Volksabstimmung vor. Im Jahre 1871 hatten vom Rechte der „Option", d. h. Franzosen zu bleiben, von 1 570 474 Elsaß-Lothringern 39 560 Gebrauch gemacht (siehe „Die Entente-Freimaurerei und der Weltkrieg", Seite 88).

Karl Heise führt u. a. ein französisches Buch „Die Aufteilung Deutschlands" an und schreibt dazu:

„Das Buch spricht (nach dem Zürcher ‚Tages-Anzeiger' vom 16. September 1914) von der Annexion der deutschen Gebiete am Mittel- und

Oberrhein, ferner sämtlicher deutscher Gebiete südlich von Köln, mit Einschluß von Württemberg und Teilen Bayerns mit Würzburg, — alles dieses soll Frankreich haben! Englands Plan, den deutschen Norden einzustecken, aber wird belegt mit der Forderung, Oldenburg, das vom rheinisch-westfälischen Industriegebiet bis hinauf zur Nordsee reicht, samt diesem Industriegebiet an Großbritannien anzugliedern! Im Osten habe Rußland vorzudringen bis zur Elbe, um mit Stettin, Berlin und Magdeburg den ganzen deutschen Osten slavisch zu machen. — Die Kriegszielforderungen der einzelnen Sprecher und Schreiber variieren natürlich immer etwas, — auf diese Weise verbergen sich die wirklichen treibenden Kräfte am besten gegenüber denen, die am bunten Theater der öffentlichen Bühne genug Gefallen finden und gar nicht wissen wollen, wie man hinter den Flitterwänden die eigentlichen Kulissengeschäfte macht ...

Zum Glück stellen aber noch andere Leute Dinge fest, die die Ententepolitiker allerdings nicht gern wieder hören. So gibt Professor Charles Gide (Paris) einen der wirklichen Kriegsgründe der Loge damit an, daß er (in der ‚Internat. Rundschau', März 1918) feststellt, daß Deutschlands Außenhandel sich von 1880 bis 1913 vervierfacht hat, wogegen sich der französisch-englische Außenhandel nur verdoppelte. Da Plutokratie und Welt-Logen die Hauptträger des Entente-Welthandels sind, wird die Verbitterung gegen Deutschlands so sichtbaren Aufstieg, der sich nicht auf die Loge stützt, begreiflich. —"

(„Die Entente-Freimaurerei und der Weltkrieg", S. 89/90)

Der „Dolchstoß" 1918

Nach dem Ende des ersten Weltkrieges wurde von seiten der Rechtsparteien bekanntlich der Vorwurf erhoben, revolutionäre Kräfte in der Heimat seien dem kämpfenden Heer in den Rücken gefallen, hätten dadurch dem Heer die Waffen aus der Hand geschlagen und so die Voraussetzungen für das Diktat von Versailles geschaffen. Dieser „Dolchstoß" sei von langer Hand vorbereitet gewesen. Unter den Rechtsparteien vertrat besonders der Nationalsozialismus diese Ansicht vom „Dolchstoß"; ebenso war General Ludendorff in seinen Schriften von dem „Dolchstoß" überzeugt.

Die Regierungsparteien der Weimarer Republik (1919—1932) wiesen den „Dolchstoß" als Legende zurück; die gleiche Ansicht wird auch heute von Regierungsseite und Opposition in der Bundesrepublik vertreten. Die Revolution sei eine Folge des militärisch verlorenen Krieges.

Der bereits oben erwähnte französische Generalstabsoffizier, Pierre Desgranges (Joseph Crozier), schreibt in seinem Buch „In geheimer Mission beim Feinde" u. a.:

„In der Geschichte eines Volkes gibt es immer einen Augenblick, in dem seine äußere Lage es widerstandsunfähig gegen einen Stoß im Innern des Landes macht. Diese politische Regel läßt begreifen, daß wir zwar bei der deutschen Revolution nachgeholfen, sie aber nicht gemacht haben.

Man macht auch gar keine Revolution, man nutzt sie aus. Und im allgemeinen haben die Menschen den Nutzen davon, die sich sehr hüten, in den Brand zu geraten, aber vorher alles getan haben, um aus einem Strohfeuer einen Brand zu machen." (S. 269/270)

„Nachdem Pierre Desgranges aktiv an den ersten Zusammenkünften der Holländer, Russen und Deutschen teilgenommen hatte, kannte er die Bewegung von ihren ersten Schritten an und gehörte zum ersten deutschen Revolutionskomitee." (S. 270/271)

„Im Juli 1918 hatten die deutschen Revolutionäre besonderes Interesse am Ankauf von Waffen und Munition.

Ein Umstand, der amüsant erscheinen könnte, hatte sie begünstigt. Er beweist, daß wenn ‚Regieren Voraussehen heißt', man niemals genug voraussehen kann. Als die deutsche Regierung die russische Revolution förderte, hatte sie insgeheim bedeutende Mengen Waffen und Munition nach Rußland geschickt. Für diese Sendungen hatte sie sich der Vermittlung der Sozialisten bedient, aber sie hatte unvorsichtigerweise die politische Schattierung dieser Emissäre nicht immer genau unter die Lupe genommen. Die eifrigsten Boten waren immer die unabhängigen Sozialisten gewesen, die den Russen nur einen Teil der Waffen ablieferten und den Rest für den Endkampf aufhoben. So bewaffnete Deutschland, das die russische Revolution anzufachen glaubte, seine eigenen Revolutionäre.

Zahlreiche Depots waren organisiert worden, die außerdem noch zahlreichen Zuwachs durch die in großer Anzahl auf den Schlachtfeldern gefundenen Waffen erhielten, die gewissenlose Schieber, wie es deren in allen Ländern gibt, an den Meistbietenden verkauften, ohne sich mit patriotischen Bedenken zu belasten und ohne zu wissen, ob sie nicht selbst die ersten Opfer ihres schmutzigen Treibens werden würden.

Die Munitionsfrage war am schwersten zu lösen.

Die erste Todesstunde des Deutschen Reiches schlug im Februar 1918, als der Generalstreik in Berlin ausbrach und 300 000 Arbeiter sich unter der Fahne der Revolution sammelten. Der Hauptorganisator dieses Streiks war der ehemalige Führer und anerkannte Chef der Sozialdemokratischen Partei. Der Streik brach trotz der Bemühungen der Sozialdemokratie und der von ihr abhängigen Arbeiterorganisationen aus. Eine weitere charakteristische und schwerwiegende Tatsache: das Heer empörte sich. In Berlin stehende Regimenter, darunter auch ein Garderegiment, weigerten sich, Munition zu empfangen, um gegen das Volk zu marschieren. Es war ein Revolutionsversuch. Er war gelungen. Das Aktionsprogramm wurde bis dahin mit einer Regelmäßigkeit und einer Pünktlichkeit eingehalten, die in allen Stücken des deutschen Genius würdig waren." (S. 276—278)

Am 10. 11. 1918 (am 9. 11. 1918 war die Revolution in Deutschland ausgebrochen) schrieb Pierre Desgranges an seinen Vorgesetzten, General Boucabeille:

„Die Ereignisse, die sich im Augenblick überstürzen, beweisen, daß wir recht hatten. Die deutsche Revolution ist in dem Augenblicke ausgebrochen, den wir vorausgesehen hatten, und man weiß noch nicht, ob die Revolution den militärischen Zusammenbruch herbeigeführt hat oder umgekehrt. Diese Revolution geht von den Leuten aus, die wir kennen, und wird, wie wir vorhergesagt haben, bis zum Äußersten gehen." (S. 285)

Alexander Abusch, der nach 1933 ins Ausland gegangen und dort als enger Mitarbeiter der deutschen Widerstandsbewegung tätig war, schreibt in seinem Buch „Irrweg einer Nation", 1947, u. a.:

„Die deutsche Novemberrevolution ... hatte ihre direkten Vorläufer. Ihr waren vorausgegangen im April 1917 größere Streiks in Berlin und Leipzig, im Sommer 1917 Streiks im Ruhrgebiet, im Januar 1918 der große Munitionsarbeiterstreik, der sich von Berlin bis nach Bayern ausdehnte. Das Jahr 1917 hatte auch offene Meutereien in der Marine und die Füsilierung der beiden Matrosenrebellen Reichpietsch und Koebis gesehen. All diese Ausbrüche des Volkszornes hatten nicht genügend Kraft gehabt, die Macht des kaiserlichen Imperialismus zu erschüttern oder gar einen ‚Dolchstoß' gegen seine Kriegsfronten zu führen, aber sie waren Ausdruck einer starken Friedenssehnsucht in den werktätigen Schichten des deutschen Volkes und eines anwachsenden Hasses gegen die Kriegsschuldigen gewesen." (S. 225)

Der Begründer des Marxismus, der bedeutende deutsche Jude Karl Marx, sagte im „Manifest der Kommunistischen Partei" folgendes:

„Wir sahen schon oben, daß der erste Schritt in der Arbeiterrevolution die Erhebung des Proletariats zur herrschenden Klasse, die Erkämpfung der Demokratie ist." (S. 23)

(„Manifest der Kommunistischen Partei", 1946, Verlag Neuer Weg, Berlin)

Die Ansicht Walther Rathenaus über die Revolution ist im Abschnitt „Walther Rathenau" aufgeführt.

Die bekannte Zeitung der Sozialdemokraten, „Vorwärts", schrieb am 20. 10. 1918:

„Deutschland soll, das ist unser fester Wille, seine Kriegsflagge für immer streichen, ohne sie ein letztes Mal siegreich heimgebracht zu haben."

(„Bevor Hitler kam", Seite 36)

Die große illustrierte Zeitung „Stern" schreibt in Heft Nr. 4 vom 27. 1. 1963 in dem Aufsatz „Der Mensch fängt erst beim Leutnant an":

„**1918 Dolchstoßlüge**

Hindenburg und Ludendorff beherrschten in den letzten Jahren des Ersten Weltkrieges den Kaiser und die deutsche Politik — und drückten sich vor der Verantwortung, als der Krieg verloren war. Sie gaben keine Fehler zu, sondern erfanden die Mär von der Armee, die — ‚im Felde unbesiegt' — durch den Dolchstoß aus der Heimat um den Sieg geprellt wurde. Die Verwirrung unter den jungen Offizieren war grenzenlos, Mord an angeblichen Dolchstoß-Politikern die Folge ..."

Walther Rathenau

Walther Rathenau (29. 9. 1867 — 24. 6. 1922), wohl der bedeutendste deutsche Jude seiner Zeit, der im ersten Weltkrieg die gesamte Kriegsrohstoffversorgung im kaiserlichen Deutschland unter sich hatte und nach dem ersten Weltkrieg in der Weimarer Republik einige Zeit Reichsaußenminister war, ist besonders bekannt geworden durch den Abschluß des Rapallo-Vertrages vom April 1922 mit der Sowjetunion, in dem beide Vertragspartner, Deutschland und die Sowjetunion, gegenseitig auf alle Forderungen verzichteten und normale Beziehungen herstellten.

Bekannt ist jener Ausspruch Rathenaus über die „Dreihundert Männer", der in der Weihnachtsnummer der „Neuen Freien Presse", Wien, (Nr. 16 288 vom 25. 12. 1909) unter der Überschrift „Unser Nachwuchs" veröffentlicht wurde:

„Auf dem unpersönlichsten, demokratischsten Arbeitsfelde, dem der wirtschaftlichen Führung, wo jedes törichte Wort kompromittieren" (bloßstellen), „jeder Mißerfolg stürzen kann, wo das souveräne" (unabhängige) „Publikum einer Aktionärs-Versammlung satzungsgemäß über Ernennung und Absetzung entscheidet, hat im Laufe eines Menschenalters sich eine Oligarchie" (Herrschaft weniger) „gebildet, so geschlossen wie die des alten Venedig. Dreihundert Männer, von denen jeder jeden kennt, leiten die wirtschaftlichen Geschicke des Kontinents und suchen sich Nachfolger aus ihrer Umgebung. Die seltsamen Ursachen dieser seltsamen Erscheinung, die in das Dunkel der künftigen sozialen Entwicklung einen Schimmer wirft, stehen hier nicht zur Erwägung."

(„Die Weltrevolution des Roten Propheten", Teil 9, Drei-Punkte-Verlag", Berlin 1928, Seite 15)

In einem Brief an den Dichter Frank Wedekind schreibt Walther Rathenau über die „Dreihundert" folgendes:

„Die wirklichen ‚300' haben die Gewohnheit und Vorsicht, ihre Macht abzuleugnen. Wenn Sie sie anrufen, so werden sie Ihnen sagen: wir wissen von nichts; wir sind Kaufleute wie alle anderen. Dagegen werden nicht 300, sondern 3000 Commerzienräthe sich melden, die Strümpfe oder Kunstbutter wirken, und sagen: wir sind es. Die Macht liegt in der Anonymität; ich kenne unter den Bekannteren — nicht unter den Bedeutendsten — einen, den überhaupt niemand zu sehen bekommt, außer seinem Barbier. Ich kenne einen, der fast arm ist und die gewaltigsten Unternehmen beherrscht. Ich kenne einen, der vielleicht der Reichste ist, und dessen Vermögen seinen Kindern gehört, die er haßt. Mehrere sind unzurechnungsfähig. Einer arbeitet für das Vermögen der Jesuiten, ein Anderer ist Agent der Curie. Einer, als Beauftragter einer ausländischen Vereinigung, ist mit einem Besitz von 280 Millionen Consols der größte Gläubiger des preußischen Staates. Alles ist vertraulich. Aber Sie sehen: diesen Menschen ist auf gewöhnlichen Wegen nicht leicht beizukommen. Und den ungewöhnlichen Weg des persönlichen Appells lehnen sie ab ..."

(„Süddeutsche Zeitung", Nr. 33, vom 7. 2. 1963)

Der Gesandte Harry Graf Keßler, ein Freund Walther Rathenaus, schreibt in seinem Buch „Walther Rathenau" (1928) u. a.:

„‚Dreihundert Männer, von denen jeder jeden kennt', schreibt Rathenau 1909 in einem in der Weihnachtsnummer der Neuen Freien Presse erschienenen Aufsatz ‚leiten die wirtschaftlichen Geschicke des Kontinents.' Zu diesen dreihundert gehörte er. Vierundachzig großen Unternehmen stand er zu gleicher Zeit als Mitglied des Aufsichtsrates oder Direktor nah. Im Mittelpunkt seiner Tätigkeit die A. E. G." (Allgemeine Elektrizitäts-Gesellschaft), „die, wie er 1907 schrieb, damals in Europa ‚unbestreitbar die größte Kombination wirtschaftlicher Einheiten unter einer zentralisierten Führung und Durchgestaltung' war. Mit ihren zahlreichen Unternehmungen und Tochtergesellschaften, nicht nur in Deutschland, sondern auch in England, Spanien, Italien, Rußland, der Schweiz, Südamerika, wuchs sie unter Emil Rathenaus expansiver und sicherer Leitung von Jahr zu Jahr; und Walther Rathenau war dabei seines Vaters rechte Hand. Aber auch außerhalb und neben der A. E. G. hatte er noch zahlreiche andere Unternehmungen, an deren Gründung und Leitung er hervorragend beteiligt war: ..." (Seite 129)

Über die Revolution 1918 schreibt Walther Rathenau in einem Brief an Dr. Arthur Holitscher, Berlin, am 21. 11. 1918:

„Sehr geehrter Herr Doktor!

... Daß die Revolution an demjenigen Bürgerlichen, der zwanzig Jahre lang ihre Waffen geschärft und der kapitalistischen Ordnung das einzige System entgegengestellt hat, das durchführbar ist und durchgeführt werden wird, vorübergeht ohne Gruß und Zuruf, darüber wird die Geschichte entscheiden ..."

(„Walter Rathenau Briefe", Zweiter Band, 1927, Seite 77)

In einem Brief an Dr. R. Breitscheid, Berlin, Preuß. Minister d. Innern, schreibt Rathenau am 22. 11. 1918:

„Sehr geehrter Herr Doktor!

Sie haben nach einem Bericht des ‚Vorwärts' mich unter diejenigen gezählt, die der Revolution feindlich gegenüberstehen müßten. Ich glaube nicht, daß ein anderer bürgerlicher Schriftsteller sich so entschieden gegen das alte System und für eine neue soziale Ordnung eingesetzt hat wie ich. Meine Schriften sind in Hunderttausenden von Exemplaren durch das Land gegangen und haben, wie ich glaube, dem Umschwung gute Dienste geleistet. Die Vertreter der kapitalistischen Ordnung rechnen mich zu ihren entschiedenen Gegnern, und ich hatte daher nicht erwartet, von der Revolution als Gegner begrüßt zu werden.

In Ergebenheit Rathenau."

(„Walther Rathenau Briefe", Zweiter Band, 1927, Seite 77/78)

Über seinen ersten Eindruck von Kaiser Wilhelm II., dem letzten deutschen Kaiser (1888—1918), schreibt Rathenau (die Begegnung fand 1901 statt) u. a.:

„Ein Freund fragte nach dem Eindruck der Erscheinung und des Gesprächs. Ich sagte: ein Bezauberer und ein Gezeichneter. Eine zerrissene Natur, die den Riß nicht spürt; er geht dem Verhängnis entgegen.

Der Mann, dem ich dies in der höchsten Blüte wilhelminischer Ära sagte, ein Kenner der Menschen, erstaunte nicht und hat in der langen Glanzzeit bis zum Kriege mir das Wort nicht vorgehalten. Als der Krieg begann, begegneten wir uns, beide vom schlimmen Ausgang überzeugt. Abermals widersprach er mir nicht, als ich sagte: Nie wird der Augenblick kommen, wo der Kaiser, als Sieger der Welt, mit seinen Paladinen auf weißen Rossen durchs Brandenburger Tor zieht. An diesem Tage hätte die Weltgeschichte ihren Sinn verloren. Nein! Nicht einer der Großen, die in diesen Krieg ziehen, wird diesen Krieg überdauern."

(Rathenau: „Der Kaiser", Seite 27/28)

Über die Folgen eines harten Friedensvertrages schreibt Walther Rathenau in einem Offenen Brief an den amerikanischen Oberst House u. a. folgendes:

„Niemals ist, solange es Weltgeschichte gibt, drei Staaten und ihren politischen Häuptern, Wilson, Clemenceau und Lloyd George, eine solche Macht verliehen worden.

Niemals, solange es Weltgeschichte gibt, ist das Sein oder Nichtsein eines ungebrochenen, gesunden, begabten, arbeitsfrohen Volkes und Staates von einem einzigen Entschluß verantwortlicher Männer abhängig gewesen.

Wenn in Jahrzehnten und Jahrhunderten die blühenden deutschen

Städte verödet und verkommen, das Erwerbsleben vernichtet, der deutsche Geist in Wissenschaft und Kunst verebbt, die deutschen Menschen zu Millionen von ihrer heimatlichen Erde losgerissen und vertrieben sind: wird dann vor dem Tribunal der Geschichte und vor dem Richterstuhl Gottes das Wort Geltung haben: Diesem Volk ist recht geschehen, und drei Männer haben dieses Recht vollzogen? Wird diese Gewalttat eine Segenszeit der Völker einleiten? . . . Was uns angedroht wird, was der Haß uns anzutun vorschlägt, ist die Vernichtung. Die Vernichtung des deutschen Lebens jetzt und in alle Zukunft . . ."

(Walther Rathenau: „Nach der Flut", Seite 62/63)

Veröffentlicht in der Presse des neutralen Auslandes, Dezember 1918.

Über die Zukunft schreibt Walther Rathenau in seiner Schrift „Nach der Flut" weiterhin folgendes:

„Die meisten kennen ihr Geschick noch nicht, sie wissen nicht, daß sie und ihre Kinder geopfert sind. Auch die Völker der Erde wissen noch nicht, daß es um das Leben eines Menschenvolkes geht. Vielleicht wissen es nicht einmal die, mit denen wir gekämpft haben.

Einzelne sagen: Gerechtigkeit. Andere sagen: Vergeltung. Es gibt auch welche, die sagen: Rache.

Wissen sie, daß das, was sie Gerechtigkeit, Vergeltung, Rache nennen, daß es Mord ist?

Wir, die wir in unser Schicksal gehen, stumm, nicht blind: noch einmal erheben wir unsere Stimme, so daß die Welt sie hört, und klagen an:

Den Völkern der Erde, denen, die neutral, und denen, die befreundet waren, den freien überseeischen Staaten, den jungen Staatsgebilden, die neu entstanden sind, den Nationen unserer bisherigen Feinde, den Völkern, die sind, und denen, die nach uns kommen, in tiefem, feierlichen Schmerz, in der Wehmut des Scheidens und in flammender Klage rufen wir das Wort in ihre Seelen:

Wir werden vernichtet. Deutschlands lebendiger Leib und Geist werden getötet. Millionen deutscher Menschen werden in Not und Tod, in Heimatlosigkeit, Sklaverei und Verzweiflung getrieben. Eines der geistigen Völker im Kreise der Erde verlischt. Seine Mütter, seine Kinder, seine Ungeborenen werden zu Tode getroffen.

Wir werden vernichtet, wissend und sehend, von Wissenden und Sehenden. Nicht wie dumpfe Völker des Altertums, die ahnungslos und stumpf in Verbannung und Sklaverei geführt wurden, nicht von fanatischen Götzendienern, die einen Moloch zu verherrlichen glauben.

Wir werden vernichtet von Brudervölkern europäischen Blutes, die sich zu Gott und zu Christus bekennen, deren Leben und Verfassung auf Sittlichkeit beruht, die sich auf Menschlichkeit, Ritterlichkeit und Zivilisation berufen, die um vergossenes Menschenblut trauern,

die den Frieden der Gerechtigkeit und den Völkerbund verkünden, die die Verantwortung für das Schicksal des Erdkreises tragen. Wehe dem und seiner Seele, der es wagt, dieses Blutgericht Gerechtigkeit zu nennen. Habt den Mut, sprecht es aus, nennt es bei seinem Namen: es heißt Rache.

Euch aber frage ich, geistige Menschen aller Völker, Geistliche aller Konfessionen und Gelehrte, Staatsmänner und Künstler; euch frage ich, Arbeiter, Proletarier, Bürger aller Nationen; dich frage ich, ehrwürdiger Vater und höchster Herr der katholischen Kirche, dich frage ich im Namen Gottes:

darf um der Rache willen ein Volk der Erde von seinen Brudervölkern vernichtet werden, und wäre es das letzte und armseligste aller Völker?

darf ein lebendiges Volk geistiger, europäischer Menschen mit seinen Kindern und Ungeborenen seines geistigen und leiblichen Daseins beraubt, zur Fronarbeit verurteilt, ausgestrichen werden aus dem Kreis der Lebenden?

Wenn dieses Ungeheuerste geschieht, gegen das der schrecklichste aller Kriege nur ein Vorspiel war, so soll die Welt wissen, was geschieht, sie soll wissen, was sie zu tun im Begriffe steht. Sie soll niemals sagen dürfen: Wir haben es nicht gewußt, wir haben es nicht gewollt.

Sie soll vor dem Angesicht Gottes und vor der Verantwortung der Ewigkeit ruhig und kalt das Wort aussprechen: Wir wissen es, und wir wollen es."

(„Nach der Flut", Seite 66—68)

Weiter schreibt Walther Rathenau:

„Wer in zwanzig Jahren Deutschland betritt, das er als eines der blühendsten Länder der Erde gekannt hat, wird niedersinken vor Scham und Trauer.

Die großen Städte des Altertums, Babylon, Ninive, Theben, waren von weichem Lehm gebaut, die Natur ließ sie zerfallen und glättete Boden und Hügel: Die deutschen Städte werden nicht als Trümmer stehen, sondern als halberstorbene steinerne Blöcke, noch zum Teil bewohnt von kümmerlichen Menschen. Ein paar Stadtviertel sind belebt, aber aller Glanz und alle Heiterkeit ist gewichen. Müde Gefährte bewegen sich auf dem morschen Pflaster — Spelunken sind erleuchtet. Die

Landstraßen sind zertreten, die Wälder sind abgeschlagen, auf den Feldern keimt dürftige Saat. Häfen, Bahnen, Kanäle verkommen, und überall stehen, traurige Mahnungen, die hohen verwitterten Bauten aus der Zeit der Größe.

Ringsumher erblühen erstarkt alte und neue Länder im Glanz und Leben neuer Technik und Kraft, ernährt vom Blut des erstorbenen Landes, bedient von seinen vertriebenen Söhnen. Der deutsche Geist, der für die Welt gesungen und gedacht hat, wird Vergangenheit. Ein Volk, das Gott zum Leben geschaffen hat, das noch heute jung und stark ist, lebt und ist tot.

Es gibt Franzosen, die sagen: Dies Volk sterbe. Wir wollen nie mehr einen starken Nachbar haben.

Es gibt Engländer, die sagen: Dies Volk sterbe. Wir wollen nie mehr einen kontinentalen Nebenbuhler haben.

Es gibt Amerikaner, die sagen: Dies Volk sterbe. Wir wollen nie mehr einen Konkurrenten der Wirtschaft haben.

Sind diese Menschen die wahren Vertreter ihrer Nationen?

Niemals! Alle starken Nationen werden die Stimmen der Furchtsamen und Neidischen verleugnen.

Sind die Rachedustigen die wahren Vertreter ihrer Nationen?

Niemals! Diese schreckliche Leidenschaft ist bei gesitteten Menschen nicht von Dauer.

Dennoch: wenn die Furchtsamen, die Neidischen und die Rachsüchtigen in einer einzigen Stunde, in der Stunde der Entscheidung, siegen und die drei großen Staatsmänner ihrer Nationen mit sich reißen, ist das Schicksal erfüllt.

Dann ist aus dem Gewölbe Europas der einstmals stärkste Stein zermalmt, dann ist die Grenze Asiens an den Rhein gerückt, dann reicht der Balkan bis zur Nordsee. Dann wird eine Horde von Verzweifelten, ein uneuropäischer Wirtschaftsgeist vor den Toren der westlichen Zivilisation lagern, der nicht mit Waffen, sondern mit Ansteckung die gesicherten Nationen bedroht.

Nie kann aus Unrecht Recht und Glück entstehen.

Das Unrecht seiner Abhängigkeit und Unselbständigkeit, das Deutschland schuldlos auf sich lud, büßen wir, wie nie ein Unrecht gebüßt worden ist.

Wenn aber die westlichen Nationen in ruhiger, kalter Überlegung aus Vorsicht, Interesse oder Rachegefühl Deutschland langsam töten und diese Tat Gerechtigkeit nennen, indem sie ein neues Leben der Völker, einen ewigen Frieden der Versöhnung und einen Völkerbund verkünden, so wird Gerechtigkeit nie wieder sein, was sie ist, und niemals wieder wird die Menschheit froh werden, trotz aller Triumphe.

Ein Bleigewicht wird auf dem Planeten liegen, und die kommenden Geschlechter werden mit einem Gewissen geboren werden, das nicht mehr frei ist. Die Kette der Schuld, die jetzt noch zerschnitten werden kann, wird unzerreißbar und unendlich den Leib der Erde umschnüren. Der Zwist und Streit der künftigen Epoche wird bitterer und vielspältiger sein als je zuvor, weil er mit dem Gefühl gemeinsamen Unrechts getränkt ist.

Nie hat gleiche Macht und gleiche Verantwortung auf den Stirnen eines Triumvirats gelastet. Wenn die Geschichte der Menschheit, die sinnvoll ist, es gewollt hat, daß eine einzige Stunde durch den Entschluß dreier Männer über Jahrhunderte der Erde und eine Menschheit von Millionen entscheidet, so hat sie dies eine gewollt: eine einzige große Frage des Bekenntnisses sollte den siegreichen, zivilisierten und religiösen Nationen gestellt werden.

Diese Frage lautet: Menschlichkeit oder Gewalt? Versöhnung oder Rache? Freiheit oder Unterdrückung?

Menschen aller Völker, bedenkt es! Diese Stunde entscheidet nicht nur über uns Deutsche, sie entscheidet über uns und euch, über uns alle.

Entscheidet sie gegen uns, so werden wir unser Schicksal tragen und in die irdische Vernichtung gehen. Unsere Klage werdet ihr nicht hören. Dennoch wird sie da gehört werden, wo noch nie eine Klage aus Menschenbrust ungehört verhallte."

Veröffentlicht in der Presse des neutralen Auslandes, Dezember 1918.

(„Nach der Flut", Seite 69—72)

Über einen kommenden zweiten Weltkrieg schreibt Walther Rathenau in seiner Schrift „Kritik der dreifachen Revolution" (1919) folgendes:

„An ihren Hörigkeitsverhältnissen gingen die Staaten des Altertums zugrunde, denn wachsende Unterschichten lassen sich nicht dauernd von selbstbeschränkten Oberschichten bändigen; nur ungeschichtete Völker, wie China haben ein ewiges Leben. Die neue, unsittlichste von allen, die proletarische Schichtung, trung vom ersten Tage den Todeskeim im Herzen. Nicht innere Revolutionen, wie die Theoretiker des Sozialismus glaubten, konnten sie erschüttern, sondern äußere Umstürze in der Form von Weltkriegen. Der erste ist gewesen; an den Orten des geringsten Widerstandes mußte er entbrennen und hier das Gebäude am tiefsten erschüttern. Noch nicht wankt es im Westen; dort werden sich noch jahrzehntelang die Stockwerke türmen. Doch es naht, trotz Völkerpolizei, der nächste Weltkrieg, den nicht wir entfachen, der aber mit um unseretwillen gekämpft werden wird; auch er entbrennt an den neuerlichen Orten des kleinsten Widerstandes, das heißt der Rückständigkeit und Ungerechtigkeit." (Seite 47/48)

Über die Zukunft des Kommunismus schreibt Walther Rathenau in der Schrift „Der Kaiser" u. a. folgendes:

„Der pathetische Gedanke der russischen Revolution" (von 1917) „ist Menschheit. Der Wunschgedanke: Diktatur des (zeitweiligen) Proletariats und idealisierter Anarchismus" (Verneinung der Staatsgewalt und -ordnung). „Der praktische Zukunftsgedanke: Aufhebung der europäischen Schichtung unter der Staatsform sozialisierender Freistaaten.

In einem Jahrhundert wird der praktische Gedanken des Ostens so restlos verwirklicht sein, wie heute der praktische Gedanke des Westens. Im Hintergrunde der Zeiten steht wartend ein letzter Gedanke: Die Auflösung der Staatsformen und ihre Ersetzung durch ein bewegliches System selbstverwaltender Kulturverbände unter der Herrschaft transzendenter Idee. Dieser Gedanke aber setzt eine veränderte Stufe der Geistigkeit voraus." (Seite 55)

Der Präsident der Paneuropa-Union, Graf Coudenhove-Kalergi, schreibt wenige Jahre später (1925) in seinem Buch „Praktischer Idealismus" (Paneuropa-Verlag, Wien) u. a.:

„Nicht nur das Judentum wird sich in der Richtung des westlichen Adelsideals wandeln — auch das westliche Ideal wird eine Wandlung erfahren, die dem Judentum auf halbem Wege entgegenkommt. In einem friedlicheren Europa der Zukunft wird der Adel seinen kriegerischen Charakter abstreifen und mit einem geistig-priesterlichen vertauschen. Ein pazifiziertes" (befriedetes) „und sozialisiertes Abendland wird keine Gebieter und Herrscher mehr brauchen — nur Führer, Erzieher, Vorbilder. In einem orientalischen Europa wird der Zukunftsaristokrat mehr einem Brahmanen und Mandarin gleichen als einem Ritter." (Seite 54)

Weiter schreibt Walther Rathenau:

„Jahrzehnte des Kampfes, unterbrochen von Jahren des Waffenstillstandes, Jahren des Massensieges und Jahren der Reaktion. Der Kampf geführt mit kulturfeindlichen Mitteln: Streik, Selbstverstümmelung, Sabotage, Geldbestechung aus unerschöpflichen skrupellos betriebenen Druckerpressen. Geschlechter, die zuchtlos und respektlos aufwachsen, Versiegen der Arbeitslust, Entbehrung, durch Genuß betäubt, Machthunger, hemmungslose Selbstsucht und unaufhörliches Gerede. Bildung verkommt, Geist verkriecht sich in Einsiedeleien, Güter der Kunst und Kunstfertigkeit werden verschleudert, Waldungen und Naturschätze zerstört. Es gab eine Zeit, wo Rom ein Landflecken war mit zwölftausend Einwohnern; ein mildes Bild verglichen mit den Großstadthöllen, in denen der neue Kultursturz geschieht.

Hat die Erde Jahrhunderte gebaut, gesammelt, bewahrt, geschont, in Schätzen aus Materie und Geist gewühlt, dem Genuß, der Bildung und Verfeinerung der Wenigen gedient, so folgt das Jahrhundert des Abbaus, der Zerstörung, Verstreuung und Verrohung. Wehe den Bauten und Gemälden, den Büchern und Gärten! Kunstfertigkeit und Handwerksüberlieferung, Gelehrsamkeit, Bildung und Technik, Formen des Lebens und des Verkehrs, Arbeitsliebe, Ordnung und Pflege durchschreiten langvergessene Tiefen der Verarmung, und wenn sich dereinst eine Welt aus schwerem Winterschlaf erhebt, so wird sie mit erstaunten Augen, mit romantischer Sehnsucht unsrer Kulturen gedenken und ihre zerstreuten Reste sammeln. Nur in einem wird sie uns überlegen sein, doch im Entscheidenden; sie ist nicht mehr die Welt und Zeit der Wenigen, sondern Aller. Mag ihr Glück reicher oder ärmer sein als das unsere: aus Schmerz und Sünde ist es nicht gekeltert.

Trümmer hinter uns und Trümmer vor uns. ‚Wir sind ein Geschlecht des Übergangs, zum Düngen bestimmt, der Ernte nicht würdig', schrieb ich zu Beginn des Krieges ..." (Seite 57/58)

In „Kritik der dreifachen Revolution" schreibt Walther Rathenau über die Zukunft Deutschlands folgendes:

„Prometheus Deutschland! Auch wenn du niemals wieder von deinem Felsen dich entkettest, wenn dein dem Gotte verschuldetes Blut in Schmach und Schmerzen über die Erde strömt, leide, leide den großen Segen, der den Wenigen, den Starken erteilt wird. Ringe nicht mehr um Glück, denn dir ist anderes beschieden. Nicht Rache, nicht Einrichtungen, nicht Macht und nicht Wohlstand kaufen dich los. Sei, was du warst, was du sein sollst, was zu sein du niemals vergessen durftest. Sei gehaßt und hasse nicht, sei verhöhnt und verteidige dich nicht.

Simson Deutschland! Dein Auge ist blind, deine Stirn ist kahl. Wende deinen Blick in dich, wende deine titanische Kraft gegen dich selbst. Du wirst die Säulen der Erde nicht zerbrechen, das Gericht ist nicht dein. Drehe die Mühle der Philister und singe das Lied Gottes.

Ahasver Deutschland! Du hast nicht Macht zu sterben. Deutsche Füße werden über die Erde ziehen und Heimat suchen. Du wirst ein bitteres Brot essen, und deine Heimat wird nicht deine Heimat sein. Von fremden

Türen werden sie dich jagen wegen des Abglanzes in deinem müden Auge.

O du Deutschland! Geliebt in deinem törichten Wahn, zehnfach geliebt in deinem gottvergessenen Irren und Laster, zehntausendfach geliebt in deinem schmachvollen Leiden, was weißt du von deinem Schicksal? Was weißt du davon, daß du um des Geistes willen da bist, um deines Geistes willen, den du nicht kennst, den du vergessen hast, den du verleugnest? Wehe dir! Um seinetwillen darfst du nicht sterben und nicht ruhen. Du bist verhaftet und verfallen, und wenn die Hände der Menschen dich loslassen, so fällst du in die Hände Gottes.

Wir, die wir nicht revolutionären Sinnes sind, die wir keine Revolution gemacht haben und eine geschenkt bekamen, wir, die wir nicht politischen Sinnes sind, die wir glaubenslos und unüberzeugt mit Politik und Weltmacht spielten und scheiterten, wir, die wir nicht für Erdengut geschaffen sind, uns blenden und berauschen ließen, satt und dumm wurden, wir gehen ein in das hundertjährige Armenreich der großen Revolution. Nicht um Glück zu ernten, sondern um das Gesetz zu erfüllen, das Gesetz der Wiedergeburt, der Erneuerung und Beseelung.

Die Revolution der Rankūne" (Rachsucht) „ist unser nicht würdig.

Die Revolution des Wohlstandes ist ein Irrtum und eine Nebensache.

Die Revolution der Verantwortung, der Menschenwürde, des Charakters und Geistes ist uns verhängt und beschieden.

In ihr verflechten sich die Wege der Einrichtungen und Gesinnungen. Einrichtungen ohne Gesinnung sind haltlos. Sie schlagen um in ihr Gegenteil. Aus russischem Kommunismus wird tartarische Oligarchie. Gesinnungen ohne Einrichtung sind willensschwach und enden in spielendem Utopismus" (wirklichkeitsfremder Weltverbesserung).

„Was wir erleben und verwirklichen, ist ein Teil der ewigen Zeugung des immerwährenden Weltbrandes, der die Stoffe umwälzt, um Geist zu entbinden. Juni 1919." (Seite 66/67)

26 Jahre später, 1945, und in den folgenden Jahren „ziehen deutsche Füße über die Erde und suchen Heimat".

Wather Rathenau wurde am 24. 6. 1922, als er sich gegen 11.00 Uhr im offenen Kraftwagen von seiner Wohnung in sein Amt in Berlin fahren ließ, von dem früheren Seeoffizier Kern, der der Organisation Consul angehörte, erschossen. Zu dem Attentäterkreis gehörte u. a. auch ein sechzehnjähriger Junge. Der Gesandte Harry Graf Keßler schreibt:

„Wer diesen völlig mittellosen Knaben und jungen Leuten das Geld für diese kostpieligen Vorbereitungen gab, ist, wie der Oberreichsanwalt im Prozeß hervorhob, trotz eingehender Untersuchungen, nicht festzustellen gewesen."

(„Walther Rathenau", Seite 361)

Vor seinem Tode wurde Walther Rathenau mehrfach vor Mordplänen gewarnt. Harry Graf Keßler schreibt darüber unter anderem:

„Nach seiner Rückkehr nach Berlin, Ende Mai, mehrten sich die Anzeichen, daß sein Leben ernsthaft in Gefahr sei. Von allen Seiten liefen Warnungen ein. Aber eine Warnung, die besonders eindrucksvoll war, berichtet der damalige Reichskanzler Dr. Wirth in einem Brief an mich: ‚Es ist richtig, daß in jenen düsteren Tagen der Geschichte Deutschlands, wo wir um die Erhaltung der Einheit unseres Vaterlandes aufs tiefste besorgt waren und wo innerlicher Zerfall und Bürgerkrieg sich drohend auf uns herabzusenken schienen, ein katholischer Priester in das Reichskanzlerhaus kam und mir einfach und schlicht in wenigen Worten und zugleich in ernster Form eröffnete, daß das Leben des Ministers Rathenau bedroht sei. Von mir selbst wurden Gegenfragen begreiflicherweise nicht gestellt. Der ganze Vorgang vollzog sich nur zwischen dem katholischen Geistlichen und mir. Ich war mir des Ernstes dieser Mitteilung wohl bewußt und machte darüber auch an die zuständige Stelle der Reichskanzlei selbst eine entsprechende Mitteilung. Dann wurde Rathenau selbst gerufen. In eindringlichsten Worten beschwor ich ihn, doch endlich seinen Widerstand gegen einen starken Sicherheitsdienst aufzugeben. In seiner bekannten und vielen seiner Freunde wohlvertrauten Art lehnte er diesen entschieden ab. Ich eröffnete ihm darauf den oben geschilderten Vorgang und frug ihn, ob er einsähe, daß der Schritt des katholischen Priesters eine hochernste Sache sei. Meine Mitteilung machte auf Minister Rathenau einen tiefen Eindruck. Bleich und regungslos stand er wohl zwei Minuten vor mir. Keiner von uns wagte nur mit einem Wort die Stille zu unterbrechen. Rathenaus Augen waren wie auf ein fernes Land gerichtet. Er kämpfte sichtlich lange mit sich. Plötzlich nahmen sein Gesicht und seine Augen den Ausdruck unendlicher Güte und Milde an. Mit einer Seelenruhe, wie ich sie nie an ihm gesehen hatte, trotzdem ich das Maß seiner inneren Beherrschtheit bei Besprechung mancher ernsthaften Frage sachlicher und persönlicher Art kennengelernt hatte, näherte er sich mir, legte beide Hände auf meine Schultern und sagte: ‚Lieber Freund, es ist nichts. Wer sollte mir denn etwas tun?' Unser Gespräch war damit nicht abgeschlossen. Nach einem nochmaligen Betonen der Ernsthaftigkeit der genannten Mitteilung und der absoluten Notwendigpolizeilichen Schutzes verließ er ruhig und gelassen, mit dem Ausdruck eines mir unverständlichen Sichgeborgenfühlens, die Reichskanzlei. Leider hat Rathenau, wie ich später hören mußte, sich den Schutz nochmals ausdrücklich verbeten.'"

(„Walther Rathenau, sein Leben und Werk", Seite 354—356)

Woher hatte der katholische Priester sein Wissen?

Warum lehnte Walther Rathenau einen polizeilichen Schutz ab; ein solcher Schutz wäre doch in jedem anderen Falle ganz selbstverständlich gewesen? War Rathenau etwa der Ansicht, daß er einem über ihn ausgesprochenen Todesurteil (von wem?) trotz allen Polizeischutzes nicht entrinnen könne?

Wer unterstützte die Nationalsozialistische Deutsche Arbeiterpartei?

Den Aufstieg der Nationalsozialistischen Deutschen Arbeiterpartei (NSDAP) zeigt am besten ein kurzer Vergleich der Wahlergebnisse von 1928–1933; die kleineren Parteien sind bei der Aufstellung nicht berücksichtigt:

Die Zusammensetzung des Reichstags bei Beginn der Legislaturperioden

Die Abgeordneten nach ihrer Parteistellung (60 000 Stimmen ergaben ein Abgeordnetenmandat)	IV. Wahlperiode 20. 5. 1928	V. Wahlperiode 14. 9. 1930	VI. Wahlperiode 31. 7. 1932	VII. Wahlperiode 6. 11. 1932	VIII. Wahlperiode 5. 3. 1933
Gesamtzahl der Abgeordneten:	491	577	608	584	647
Deutschnationale Volkspartei:	73	41	37	52	52
NSDAP:	12	107	230	196	288
Deutsche Volkspartei:	35	30	7	11	2
Zentrum:	62	68	75	70	74
Deutsche Demokratische Partei (Ab 1930 Deutsche Staatspartei):	25	20	4	2	5
SPD:	153	143	133	121	120
KPD:	54	77	89	100	81
Bayrische Volkspartei:	16	19	22	20	18
Wirtschaftspartei:	23	23	2	1	—

Wie kam dieser starke und schnelle Anstieg der NSDAP zustande? Große Aufmärsche und Versammlungen hatten stattgefunden und so etwas kostet Geld.

Professor Heuß schreibt in seinem Buch „Hitlers Weg" (1932) u. a.: „Der Parteiapparat kostet Geld, sehr viel Geld. Die Finanzierung der NSDAP ist undurchsichtig. Ganz sicher hat keine andere politische Bewegung in den vergangenen Jahren so hohe Summen in die politische Agitation gesteckt: Versammlungen, Heerschauen mit großen Transportkosten, Broschüren und Flugblätter, Pressegründungen und so fort, das ist eine fabelhafte Leistung. Es ist selbstverständlich, daß die politische und polemische Phantasie sich mit der Herkunft der Gelder beschäftigt hat und beschäftigt — Prozesse haben darüber stattgefunden, ob und in welchem Umfang auch Geld aus dem Ausland in die Bewegung geflossen sei. Daß Hitler seinen ‚Sozialismus‘ auch gerne von Leuten finanzieren läßt, die sehr wenig sozialistisch denken, ist bekannt und nicht bestritten." (S. 121/22)

Der frühere deutsche Zentrumsreichskanzler Dr. Brüning (1930—32) hat in einem Brief an den Herausgeber der Deutschen Rundschau, Dr. Rudolf Pechel, abgedruckt in der Deutschen Rundschau vom Juli 1947, u. a. folgendes geschrieben:

„Andere wollten eine neue Regierung haben, die die Nazis einschließen sollte. Die letztere Gruppe hatte unter ihren Mitgliedern eine Anzahl von Bankiers, die einen besonderen, indirekten Druck auf den Präsidenten nach seiner Rückkehr nach Berlin ausübten. Zum mindesten einer von ihnen hatte, wie man wußte, seit Oktober 1928 großzügig die Fonds der Nazis und der Parteien der Nationalisten mit Geld unterstützt. Er starb, kurz nachdem die Nazis an die Macht gekommen waren. Das Finanzieren der Nazipartei, teilweise von Menschen, von denen man es am wenigsten erwartet hätte, daß sie sie unterstützen würden, ist ein Kapitel für sich. Ich habe niemals öffentlich darüber gesprochen, aber im Interesse Deutschlands könnte es notwendig werden, es zu tun und aufzudecken, wie dieselben Bankiers im Herbst 1930 den Botschafter Sakkett" (Sackett war der damalige amerikanische Botschafter) „gegen meine Regierung zu Gunsten der Nazipartei zu beeinflussen suchten.

... Einer der Hauptfaktoren bei Hitlers Aufstieg, den ich nur im Vorübergehen erwähnt habe, war die Tatsache, daß er große Geldsummen von fremden Länder 1923 und später empfing und gut für die Sabotage des passiven Widerstandes im Ruhrgebiet bezahlt wurde. In späteren Jahren wurde er bezahlt, um Unruhe hervorzurufen und revolutionäre Tendenzen in Deutschland zu ermutigen, von Männern, die sich einbildeten, daß dies Deutschland ständig schwächen könnte und das Bestehenbleiben irgendeiner verfassungsmäßigen zentralen Regierung unmöglich machen würde. Diejenigen, die solange versucht haben, diese Tatsachen zu unterdrücken, täuschen sich, wenn sie glauben, daß sie das auf die Dauer tun könnten."

In der Reichstagssitzung vom 23. 3. 1933 wurde das Ermächtigungsgesetz von dem am 5. 3. 1933 neu gewählten Reichstag mit mehr als zwei Drittel Mehrheit (441 gegen 94 Stimmen, die kommunistischen Abgeordneten waren zu dieser Zeit in Haft) angenommen, das Hitler für die nächsten 4 Jahre freie Hand gab — die Reichsregierung konnte auf Grund des Ermächtigungsgesetzes nun selbst Gesetze erlassen und war somit unabhängig von der gewählten Volksvertretung. Das Zentrum und die demokratischen Parteien (ohne die Sozialdemokraten) hatten dem Ermächtigungsgesetz zugestimmt. Auch bei Anwesenheit sämtlicher verhafteter Abgeordneter hätte sich an der Zweidrittelmehrheit für das Ermächtigungsgesetz nichts geändert (441 Stimmen von 647 möglichen Stimmen). Ohne die Zustimmung des Zentrums einschließlich der Bayrischen Volkspartei und der demokratischen Parteien wäre die verfassungsmäßig notwendige Zweidrittelmehrheit nicht zustande gekommen (siehe Verteilung der Reichstagssitze). Namhafte demokratische Politiker, wie der spätere Bundespräsident Professor Heuß, stimmten dem Ermächtigungsgesetz zu.

Bald nach der Machtergreifung durch den Nationalsozialismus richteten am 10. 6. 1933 die katholischen Bischöfe einen Hirtenbrief an alle Gemeindemitglieder, in dem es heißt:

„Gerade weil in der katholischen Kirche die Autorität ganz besonders zur Geltung kommt, fällt es den Katholiken auch keineswegs schwer, die neue starke Bewegung der Autorität im neuen deutschen Staatswesen zu würdigen und sich ihm zu unterwerfen."

(Dr. Hjalmar Schacht: „Abrechnung mit Hitler", S. 48)

Am 20. 7. 1933 wurde das Konkordat zwischen dem Heiligen Stuhl und dem Deutschen Reich abgeschlossen, das mit den Regierungen der Weimarer Republik nicht zustande gekommen war und das der katholischen Kirche sehr große Befugnisse einräumt. Das Reichskonkordat ist heute noch gültig.

Nach dem Tode des Reichspräsidenten von Hindenburg am 2. 8. 1934 erließ der „Verband nationaldeutscher Juden" zu der am 19. 8. 1934 stattfindenden Reichspräsidentenwahl, bei der Hitler als einziger Kandidat aufgestellt war, einen Aufruf, in dem es heißt:

„Wir Mitglieder des im Jahre 1921 gegründeten Verbandes nationaldeutscher Juden haben stets im Krieg und im Frieden das Wohl des deutschen Volkes und Vaterlandes, dem wir uns unauflöslich verbunden fühlen, über unser eigenes Wohl gestellt. Deshalb haben wir die nationale Ehebung vom Januar 1933 begrüßt, trotzdem sie gegen uns selbst Härten brachte, denn wir sahen in ihr das einzige Mittel, den in 14 Unglücksjahren von undeutschen Elementen angerichteten Schaden zu beseitigen." (Dr. Hjalmar Schacht: „Abrechnung mit Hitler", S. 48)

Nach der am 13. 3. 1938 erfolgten Eingliederung Österreichs in das

Deutsche Reich gaben die österreichischen Bischöfe folgende „Feierliche Erklärung" ab:

„Feierliche Erklärung!

Aus innerster Überzeugung und mit freiem Willen erklären wir unterzeichneten Bischöfe der österreichischen Kirchenprovinz anläßlich der großen geschichtlichen Geschehnisse in Deutsch-Österreich:

Wir erkennen freudig an, daß die nationalsozialistische Bewegung auf dem Gebiet des völkischen und wirtschaftlichen Aufbaues, sowie der Sozialpolitik für das Deutsche Reich und Volk und namentlich für die ärmsten Schichten des Volkes Hervorragendes geleistet hat und leistet.

Wir sind auch der Überzeugung, daß durch das Wirken der nationalsozialistischen Bewegung die Gefahr des alles zerstörenden Gottlosenbolschewismus abgewehrt wurde. Die Bischöfe begleiten dieses Wirken für die Zukunft mit ihren besten Segenswünschen und werden auch die Gläubigen in diesem Sinne ermahnen. Am Tage der Volksabstimmung ist es für uns Bischöfe selbstverständliche nationale Pflicht, uns als Deutsche zum Deutschen Reich zu bekennen, und wir erwarten auch von allen gläubigen Christen, daß sie wissen, was sie ihrem Volke schuldig sind.

Wien, am 18. März 1938

Th. Kard. Innitzer
EB.

A. Hefter
FB.

S. Waitz
FEB.

Pawlikowski
FB.

Johannes Maria Gföllner

Michael Memelauer."

Das Begleitschreiben Kardinal Innitzers zur „Feierlichen Erklärung der österreichischen Bischöfe" an den Gauleiter der Ostmark lautete:

„Wien, am 18. März 1938
Der Erzbischof von Wien

Sehr geehrter Herr Gauleiter!

Beigeschlossene Erklärung der Bischöfe übersende ich hiermit. Sie ersehen daraus, daß wir Bischöfe freiwillig und ohne Zwang unsere nationale Pflicht erfüllt haben. Ich weiß, daß dieser Erklärung eine gute Zusammenarbeit folgen wird.

Mit dem Ausdruck ausgezeichneter Hochachtung und

Heil Hitler
Th. Kard. Innitzer
EB."

Der „Feierlichen Erklärung" ist folgendes Vorwort vorangesetzt:

„Nach eingehenden Beratungen haben wir Bischöfe von Österreich angesichts der großen geschichtlichen Stunden, die Österreichs Volk erlebt, und im Bewußtsein, daß in unseren Tagen die tausendjährige Sehnsucht unseres Volkes nach Einigung in einem großen Reich der Deutschen ihre Erfüllung findet, uns entschlossen, nachfolgenden Aufruf an alle Gläubigen zu richten. Wir können das um so unbesorgter tun, als uns der Beauftragte des Führers für die Volksabstimmung in Österreich, Gauleiter Bürckel, die aufrichtige Linie seiner Politik bekanntgab, die unter dem Motto stehen soll: „Gebet Gott, was Gottes ist, und dem Kaiser, was des Kaisers ist."

Wien, am 21. März 1938.

Für die Wiener Kirchenprovinz	Für die Salzburger Kirchenprovinz
Th. Kard. Innitzer, EB.	S. Waitz, Fürst-Erzbischof."

(Siehe „Stuttgarter NS-Kurier" vom 28. 3. 1938)

In der Montagsausgabe des „Stuttgarter NS-Kurier" vom 28. 3. 1938 steht noch folgendes:

„Die feierliche Erklärung der österreichischen Bischöfe zur Volksabstimmung am 10. April ist am Sonntag im gesamten bisherigen österreichischen Staatsgebiet von allen Kanzeln zur Verlesung gebracht worden."

Am 21. 4. 1940 schrieb die „Katholische Kirchenzeitung Bistums-Blatt für Frankfurt a. Main und Umgebung" folgendes:

„Gestalter unserer Zukunft

... Adolf Hitler steht an der Spitze des deutschen Volkes, weil er der erste und der beste Deutsche ist, weil er in sich alle höchsten Tugenden und Wesenszüge vereinigt, die je Deutschlands große Stunden geschaffen und geprägt haben ... Der uns aufgezwungene Krieg, der nicht zuletzt aus einer falschen Einschätzung der Verbundenheit der Deutschen mit dem Führer entsprang, wird auch der Welt deutlich machen, daß das Werk des Führers keine Willkür und erst recht keine Zerstörung kostbarer menschlicher Güter darstellt ..."

(„Das Kulturwort", Heft 3/1951)

Als Ergänzung ist hier noch anzuführen: Zentrum und Bayrische Volkspartei bildeten zusammen den katholischen Block im Deutschen Reichstag. Daß das Zentrum eine reine katholische Partei war, zeigen die Worte des Zentrumsführers Trimborn, die dieser am 15. 10. 1905 in einer Rede auf dem Zentrumsparteitage zu St. Johann (Saar) gesprochen hat:

„Die Grundmauern des Zentrumsturmes ruhen auf der Religion; in dieser liegen die Wurzeln unserer Kraft, hierin liegt auch die Hoffnung des Sieges." (Kölnische Volksztg. vom 16. Oktober 1905 — Graf von Hoensbroech: „Rom und das Zentrum", 1910, S. 270)

Über den Zusammenhang von Glauben und Politik sagt Papst Pius X. in seiner Allokution (feierlichen Erklärung) vom 9. 11. 1903 an die Kardinäle:

„Unseres Amtes ist es, jeden Einzelnen, nicht nur die Gehorchenden, sondern auch die Herrschenden, da sie alle von einem Vater stammen, im privaten wie im öffentlichen Leben, in sozialer wie in politischer Beziehung der Norm und Regel der Sittlichkeit entsprechend zu leiten (dirigere). Wir verstehen, daß es Einigen zum Anstoß gereichen wird, wenn wir sagen, es sei unsere Pflicht, auch die Politik uns angelegen sein zu lassen (curare nos rem publicam oportere); aber jeder billig Denkende erkennt, daß der römische Papst (Pontifex) von dem Lehramte, das er in bezug auf Glauben und Sitten (fides moresque) besitzt, das Gebiet der Politik (politicorum genus) keineswegs (nequaquam) trennen kann." (Pii X. Pont. Maximi Acta, Romae ex Typographia Vaticana 1905, I, 57)

(Graf von Hoensbroech: „Rom und das Zentrum", 1910, S. 40)

Der Fall Polen

Die Ausdehnung der polnischen Grenzen auf Kosten Deutschlands nach dem 2. Weltkrieg verteidigte am 4. 9. 1960 Wladislaw Gomulka, der Erste Sekretär der Polnischen Vereinigten Arbeiterpartei, in Warschau vor 100 000 Menschen:

„Die Deutschen haben das Recht verloren, ihre Grenzen und andere Dinge selbst zu bestimmen, die durch einen künftigen Friedensvertrag festgelegt werden müssen. Dieses Recht wurde von den Hitlerleuten unter der Asche der Krematorien begraben."

(„Stuttgarter Nachrichten" vom 5. 9. 1960)

Warum verweigert Gomulka den Deutschen das Selbstbestimmungsrecht?

In einem Brief an die Zeitschrift „Christ und Welt" schreibt der als Militärkommentator des Westens bekannte frühere tschechische Offizier und jetzige französische Oberst F. O. Miksche — heute Bürger Frankreichs und Inhaber des Offizierkreuzes der Ehrenlegion — zum deutsch-polnischen Verhältnis:

„Bestimmt hatten die Polen keine glückliche Geschichte, doch wenn dem leider so ist, dann verdanken sie es nicht nur der ungünstigen Lage ihres Landes zwischen Deutschen und Russen, sondern auch ihrer unglücklichen Wesensart. Kaiser Franz Joseph soll einmal gesagt haben: ‚Eine ritterliche Nation, Ungarn, genügt, zwei (Ungarn und Polen) kann mein Reich kaum ertragen.'

Als Polen nach dem Ersten Weltkrieg neu erstanden war, zählte es unter den 27 Millionen Einwohnern über die Hälfte Fremde: Neun Millionen Ukrainer und Weißrussen im Osten, 2,2 Millionen Deutsche im Westen, ferner vier Millionen Juden, die jahrelang die Opfer von Pogromen waren. Dazu muß noch bemerkt werden, daß hier die Völker (mit Ausnahme der Juden) weniger verzahnt lebten als im Völkermosaik des Donaubeckens, was die Ziehung von klaren Grenzen eher ermöglicht hätte.

1920 inszenierten die Polen den ‚Aufstand Korfantys' in Oberschlesien. Banden überfielen deutsche Höfe und Dörfer und begingen dabei schreckliche Grausamkeiten. Obwohl die Deutschen beim Plebiszit (1921)" (Plebiszit = Volksabstimmung) „die Mehrheit erlangten (717 000 deutsche Stimmen gegen 483 000 polnische), wurde durch das Versailler

Diktat dieses seit 600 Jahren deutsche Land, in welches die polnische Minderheit nur als Arbeitskräfte allmählich eingesickert ist, an Polen angeschlossen. Danzig, noch mehr aber die Korridorfrage bildeten weitere Streitfragen. Bis 1926 wurden 600 000 Deutsche aus Polen ausgewiesen, nachdem ihr Besitz meist vorher ‚eingezogen‘ wurde. Jahrelang erschwerten die streitsüchtigen polnischen Behörden durch Quertreibereien den Transitverkehr" (Durchgangsverkehr) „zwischen Berlin und Königsberg.

Aber nicht nur, daß die Polen sich mit ihrem westlichen Nachbarn überworfen haben, 1920 bemächtigten sie sich durch Handstreich des litauischen Gebietes von Wilna. Das von fünf Millionen Ukrainern bewohnte Ostgalizien sollte gemäß Versailler Vertrag eine an Polen angeschlossene autonome Provinz werden, ein Versprechen, das die Polen nie honorierten. Ein Aufstand der Ukrainer wurde 1922 blutig niedergeworfen. Das Chaos der russischen Revolution ausnützend, besetzten die Polen im Osten weitere von vier Millionen Ukrainern und Weißrussen besiedelte Räume. Natürlich mußten diese nach dem letzten Kriege zurückerstattet werden, wofür sie dann im Westen ‚entschädigt‘ wurden, so daß heute ihre ‚Grenze‘ längs der Oder verläuft. Nun, für mit Unrecht angeeignetes Gut gibt es kein Entschädigungsrecht.

Niemand leugnet es heute, daß während der deutschen Besetzung Polens viele grausame Dinge geschehen sind — sogar sehr viele. Nicht anders war es aber während der Austreibungen aus den Gebieten östlich der Oder-Neiße, die allein an Toten und Vermißten 1,2 Millionen deutsche Opfer verursachten. Bei derartigen Massenmorden kommt es aber weniger darauf an, ob der eine oder andere die Rekordzahl an Verbrechen begangen hat, sondern aufs Prinzip. So betrachtet, sind sich heute in dieser Hinsicht Polen und Deutsche quitt. Und wenn die Polen vor den Deutschen noch immer Angst haben, dann ist es auch vielleicht wegen ihres ebenfalls nicht ganz reinen Gewissens. Wie könnte schon ein denkender Pole auf Grund einer an den Haaren herbeigezogenen Geschichtstheorie glauben, daß Breslau mit Recht heute Wroclaw und Stettin ewig Szczecin heißen soll und daß damit alles in Ordnung wäre?

Wahren Frieden kann es nur dann geben, wenn nicht nur die Deutschen, sondern auch die anderen die ihnen zufallende Schuld anerkennen, anstatt sich der Welt immer wieder als völlig unschuldige Opfer zu präsentieren. Alle sind wir dafür schuldig, was in den letzten Jahrzehnten in Europa geschah. Das, was soeben gesagt wurde, ist keineswegs antipolnisch, sondern nur geschichtstreu. Um was es sich handelt, ist nicht ein sinnloses Herumwühlen in alten Wunden, noch geht es darum, die Polen zu beschuldigen oder die Deutschen zu entschuldigen — die übrigens den Sport der mea culpa" (meine Schuld) „sowieso oft übertreiben.

F. O. Mikſche, Paris Officier de la Legion d'Honneur."

(„Ostpreußenblatt" vom 11. 6. 1960)

Über den polnischen Ausdehnungsdrang schreibt der Franzose Henry Lebre in dem Buch „Das Geheimnis um die Ursachen des zweiten Weltkrieges" z. B. folgendes:

„Graf Szembek" (der damalige Unterstaatssekretär im polnischen Außenministerium) „sah sich am 16. Mai 1939 gezwungen, die Aufmerksamkeit des Ministerpräsidenten, Skladkowski, ‚auf die Ausschreitungen unserer Propaganda im Innern über Deutschland, z. B. die Verbreitung einer Karte, auf der unsere Grenzen von Berlin bis Moskau gehen und ganz Litauen in unser Gebiet mit einbezogen ist, zu lenken. Die Bänkelsänger leisten sich allerlei unangebrachte Scherze über Deutschland und die Person Hitlers.' ..." (S. 81)

Der letzte Reichskanzler des kaiserlichen Deutschland, Prinz Max von Baden, schrieb einen Artikel gegen die Unterzeichnung des Versailler Friedensvertrages, der im „Berliner Tageblatt" am 11. und 13. Juni 1919 erschien. Darin heißt es u. a. über Polen:

„Das neu entstandene Polen aber würde der Schauplatz ununterbrochener Freiheitskämpfe werden.

Selbst wenn das Undenkbare einträte und sich eine deutsche Regierung bildete, die bereit wäre, Oberschlesien oder Ostpreußen oder Westpreußen preiszugeben, so wären doch diese deutschen Länder nicht gewillt, Deutschland preiszugeben.

Die gewaltsame Aufrichtung des polnischen Imperialismus, wie die Entente" (Entente = Staatenbündnis der damaligen Feinde Deutschlands) „ihn plant, ist ein schweres Unrecht auch gegen die Polen sebst, die einen Nationalstaat verwalten können, aber nicht den Aufgaben eines Nationalitätenstaates gewachsen sind.

Die Polen sind gewissenlose Hüter der ihnen anvertrauten nationalen Minderheiten. Das sind sie heute, wie sie es zur Zeit der polnischen Republik waren. Ich verweise auf die Nachrichten über die Pogrome in Polen, die jetzt täglich in der englischen Presse erscheinen, besonders auf den Bericht des amerikanischen Nahrungsmittelsachverständigen Zuckermann (‚Manchester Guardian' vom 9. Mai) über das Massaker in Pinsk, das die lokalen Behörden begünstigten und die Regierung straflos ließ.

Den Friedensvertrag verwirklichen, heißt die Pogromgrenze und die Balkangrenze weit nach Westen vortragen."

(„Erinnerungen und Dokumente" von Prinz Max von Baden, S. 674/675)

In dem „Ostpreußenblatt" vom 11. 6. 1960 ist folgende Ansicht des ersten Präsidenten der polnischen Republik, Marschall Pilsudski, veröffentlicht. Es heißt dort:

„In der großen Rede des amerikanischen republikanischen Abgeordneten Carroll Reece vor dem Repräsentantenhaus, von der wir wichtige Punkte bereits in der letzten Folge veröffentlichten, befaßte sich dieser sehr eingehend mit dem einwandfreien deutschen Charakter unserer Ostprovinzen, Reece erinnerte an das Zeugnis des amerikanischen Präsidenten Adams, der sich in Schlesien selbst von der deutschen Art dieses Landes überzeugen konnte. Er machte dann folgende hochbedeutsamen Ausführungen:

‚Bezüglich Ostpreußens haben wir das eindrucksvolle Zeugnis des Marschalls Josef Pilsudski, des Soldaten, Staatsmannes und ersten Präsidenten der Republik Polen nach dem ersten Weltkrieg, der die polnische Armee befehligte, die 1920 die sowjetischen Eindringlinge in die Flucht schlug. Es war gelegentlich seines Besuches in Genf 1927, als Pilsudski mit dem damaligen deutschen Außenminister Gustav Stresemann eine deutsche Beschwerde über polnische Presseangriffe gegen Ostpreußen besprach. Nach Deutschlands Niederlage im Ersten Weltkrieg hatte der südliche Teil Ostpreußens in einer international überwachten Volksabstimmung seine Zugehörigkeit zu Deutschland fast einstimmig bekräftigt. Jetzt sagte Pilsudski zu Stresemann:

„Als Kind bin ich oft von unserer litauischen Heimat aus über die damalige russisch-deutsche Grenze mit meinem Vater nach Ostpreußen gefahren; namentlich vor Weihnachten hatten wir dort mancherlei zu besorgen. Die Grenze schied nicht nur zwei Länder, sondern zwei Welten: So ganz anders erschien uns das benachbarte Ostpreußen, in dem alles deutsch war, selbst die Masuren, die damals noch mehr als heute ihren slawischen Dialekt sprachen. Nein, Ostpreußen ist unzweifelhaft deutsches Land. Das ist von Kindheit an meine Meinung, die nicht erst der Bestätigung durch eine Volksabstimmung bedurfte. Das können Sie — dazu gebe ich Ihnen ‚plein pourvoir'" (unbeschränkte Vollmacht) „— Ihren Ostpreußen in einer öffentlichen Versammlung in Königsberg zur Beruhigung mitteilen, sofern Sie eine solche Mitteilung, die meine innenpolitischen Gegner sichtlich erfreuen würde, für politisch geschickt halten sollten."

Dr. Stresemann hat diese Aussage des polnischen Staatsmannes niemals publik gemacht, sie jedoch zu den Akten des deutschen Auswärtigen Amtes gegeben ...'"

Die Einstellung Papst Pius XI., des früheren polnischen Nuntius Kardinal Ratti, zeigt sich in folgenden Worten. Am 10. 1. 1930 (der 10. Wiederkehr des Inkrafttretens des Versailler Friedenvertrages, der Polen große Gebiete mit deutscher Bevölkerung zusprach) teilte Pius XI. in einer Sonderbotschaft dem polnischen katholischen Klerus folgendes mit:

„Polen hat trotz aller Unterdrückung durch die feindlichen Mächte des Unglaubens treu und unerschütterlich zur heiligen katholischen Kirche gehalten.

Mit Dankbarkeit und Rührung erinnert sich heute der heilige Stuhl der großen unschätzbaren Verdienste des polnischen Volkes in dem heiligen Kampf gegen die feindlichen Mächte des Heidentums und Protestantismus."

(„Rom wie es ist — nicht — wie es scheint", Seite 41)

Das Verhalten des Vatikans in der deutsch-polnischen Frage des Jahres 1939 wird durch folgende Feststellungen deutlich. Der polnische Graf Szembek (der damalige Unterstaatssekretär im polnischen Außenministerium) „verzeichnet am 21. April die Ausführungen des Wirtschaftsbeirates der Botschaft Polens beim Vatikan:

‚Er hat mir über eine Unterredung mit Monsignore Montini berichtet, der ihn zu sich gebeten und offiziell erklärt hat, falls Polen zur Verteidigung seiner Rechte und seines Gebietes sich im Kriege befinde, sei der Vatikan der Auffassung, es sei ein gerechter Krieg.'"

(„Das Geheimnis um die Ursachen des zweiten Weltkrieges", S. 64)

Es heißt dann weiter:

„Am 11. August 1939 empfängt Graf Szembek den Botschafter Polens beim Vatikan, Papée, der ‚seine Eindrücke von Rom schildert, seine Unterredungen mit dem Papst, dem Kardinal Maglione und dem Pater Ledochowski' (damaliger Jesuitengeneral). ‚Nach ihrer Meinung wird man die imperialistischen Tendenzen' (Bestrebungen) ‚Deutschlands nicht dadurch verhindern, daß man ihm Konzessionen' (Zugeständnisse) ‚macht; es muß also eine unnachgiebige Politik eingeschlagen werden, die der Vatikan unbedenklich ermutigt. Dort empfindet man eine hohe Achtung vor Polen, die man mit den Worten zum Ausdruck bringt, wir seien es, die Hitler aufhalten. In letzter Zeit hat der Vatikan die Befürchtung hinsichtlich der Möglichkeit einer Verständigung zwischen Hitler und Stalin ausgesprochen.'" (Seite 64/65)

Die vom Vatikan hier aufgeführten „imperialistischen Tendenzen Deutschlands" bestanden zu dieser Zeit Polen gegenüber in der Forderung nach der Rückgabe Danzigs, über das der Unterstaatssekretär im polnischen Außenministerium, Graf Szembek, sich dem britischen Botschafter in Warschau gegenüber geäußert hatte, wonach

„... in Polen niemand leugnet, daß Danzig vom völkischen Standpunkt aus eine deutsche Stadt sei."

(„Das Geheimnis um die Ursachen des zweiten Weltkrieges", S. 77)

Wie beurteilt nun ein Engländer das Garantieversprechen, das England Polen Ende März bzw. Anfang April 1939 erteilte und das die Frage der Kriegsschuld eng berührt? Captain Russell Grenfell schreibt in seinem Buch „Bedingungsloser Haß?" auf Seite 97/98:

„Es ist sehr leicht, eilfertig zu folgern, daß ein Land durch den Angriff auf ein ‚garantiertes Gebiet' auch die Schuld an dem sich daraus ergebenden größeren Konflikt auf sich lädt. Sorgfältigere Überlegung offenbart indes zwei Gründe, die eine solche Annahme als bedenklich oberflächlich erscheinen lassen. Einmal, weil dies ein zu einfacher Weg ist, einen eventuellen Feind ins Unrecht zu setzen. Eine Großmacht, die ihre besonderen territorialen Interessen durch eine andere Macht für gefährdet hält, braucht dann ja nur Garantien über diese Gebiete auszustreuen, um den Herausforderer automatisch zum Weltverbrecher zu machen. Das hätte sehr peinliche Situationen für England ergeben können, als es selbst die herausfordernde Macht war, zum Beispiel gegenüber Spanien im 16., gegenüber Holland im 17., gegenüber Spanien und Frankreich im 18. Jahrhundert. Der zweite Grund ist, wie Hitlers Beispiel zeigte, daß eine Garantie, ohne den Ausbruch von Feindseligkeiten verhindern zu können, ihn sogar provozieren kann. Eine Garantie ist an sich bereits eine Herausforderung: sie fordert den Gegner öffentlich heraus, die Garantie zu mißachten und die Konsequenzen" (Folgen) „zu tragen. Ist sie einmal ausgesprochen, so ist es für den Gegner kaum noch möglich, sich um eine friedliche Lösung seines Streites mit dem garantierten Lande zu bemühen, will er nicht den Eindruck erwecken, daß er sich einer Erpressung füge. Eine Garantie kann deshalb gerade zu dem größeren Konflikt anreizen, den sie vorgeblich verhindern soll. Es ist in höchstem Maße bezeichnend, daß der deutsche Diktator, wie F. H. Hinsley auf Grund peinlich genauer Untersuchung des Beweismaterials in seinem Buch ‚Hitler's Strategy' nachgewiesen hat, genau an dem Tage den Entschluß zu einer notfalls auch kriegerischen Lösung des Polenproblems faßte, an dem die englische Garantie verkündet wurde."

Der Franzose Henri Lebre berichtet über eine Unterredung vom 19. 7. 1939 zwischen dem polnischen Grafen Szembek und dem britischen General Ironside, „der nach Warschau gekommen war, um Polen die bedingungslose Unterstützung durch die britischen militärischen Kräfte zuzusichern".

Graf Szembek schreibt:

„Schließlich haben wir auch von Danzig gesprochen, das nur der Vorwand für den künftigen Konflikt ist."

Weiter schreibt Henri Lebre:

„Die Churchill, Vansittard, Duff Cooper, Eden, Hore Belisha wollten Hitler vernichten. Um dieses Ziel zu erreichen, schienen ihnen alle Mittel recht, einschließlich eines Weltkrieges."

(„Das Geheimnis um die Ursachen des zweiten Weltkrieges", Seite 83/84)

Lange vor der Machtergreifung Hitlers brachten die „Münchener Neueste Nachrichten" vom 3. 10. 1930 über Polen folgendes:

„Ein dem Faschisten Pilsudski nahestehendes Blatt ‚Die Liga der Großmacht' schreibt heute unter anderen Schlagsätzen folgendes: ‚Der Kampf zwischen Polen und Deutschland ist unausbleiblich. Wir müssen uns dazu systematisch vorbereiten. Unser Ziel ist ein neues Grunwald (die Polen nennen jene Schlacht bei Tannenberg, in der im Jahre 1414" [richtig: 1410] „die Macht des Deutschen Ordens gebrochen wurde, Schlacht bei Grunwald), aber diesmal ein Grunwald in den Vororten Berlins, d. h. die Niederlage Deutschlands muß von polnischen Truppen in das Zentrum des Territoriums getragen werden, um Deutschland im Herzen zu treffen. Unser Ziel ist ein Polen im Westen mit der Oder und Neiße als Grenze. Preußen muß für Polen zurückerobert werden und zwar das Preußen an der Spree. In einem Kriege mit Deutschland wird es keine Gefangenen geben und es wird weder für menschliche noch kulturelle Gefühle Raum sein. Die Welt wird zittern vor dem Deutsch-polnischen Krieg. In die Reihen unserer Soldaten müssen wir übermenschlichen Opfermut und den Geist unbarmherziger Rache und Grausamkeit tragen. Vom heutigen Tag an wird jede Nummer dieses Blattes dem kommenden Grunwald in Berlin gewidmet sein.'"

(„Drehscheibe" vom 4. 10. 1931)

Einen Tag nach dem Ausbruch des deutsch-polnischen Krieges machte am 2. 9. 1939 Mussolini noch einen Versuch zur Erhaltung des Friedens. Der damalige Reichsaußenminister von Ribbentrop schreibt in seinem Buch „Zwischen London und Moskau" auf Seite 201/202 folgendes:

„Am 2. September machte Mussolini noch einen Versuch zur Lösung der Krise. Er schlug eine internationale Konferenz vor, die am 5. September zusammentreten und das Ziel haben sollte: ‚die Bestimmungen des Versailler Vertrages als die Ursache der dauernden Störung des europäischen Lebens einer Revision zu unterziehen'. Der Duce ließ wissen, daß er diese Konferenz zustandebringen könne, ‚wenn die Armeen stehenbleiben'.

Wir nahmen diesen Vorschlag an und als auch Frankreich positiv antwortete, sah es am 2. September einige Stunden lang so aus, als ob der Friede doch noch gerettet werden könnte. Nur die britische Regierung lehnte durch Lord Halifax am Nachmittag des 2. September im Oberhaus diesen letzten Friedenvorschlag ab."

Als Fußnote ist dort aufgeführt: „Daß die britische Regierung den Mussolini-Vorschlag ebenso wie die Dahlerus-Verhandlung nur als ‚Komplikation' betrachtete, wird in Chamberlains Tagebucheintragung vom 10. September 1939 mitgeteilt:

‚Die letzten lang hingezogenen Agonien (the final long-drawn-out agonies)' (Agonie = Todeskampf), ‚die der wirklichen Kriegserklärung vorausgingen, waren so unerträglich, wie es nur sein konnte. Es lag uns daran, die Dinge sich zuspitzen zu lassen (we were anxious to bring things to a head), aber es gab da drei Komplikationen' (Erschwerungen): ‚die geheimen Verhandlungen, die durch einen neutralen Mittelsmann mit Göring und Hitler liefen, der Konferenzvorschlag von Mussolini und das französische Bestreben, die eigentliche Kriegserklärung so lange wie möglich hinauszuschieben, bis sie ihre Frauen und Kinder evakuiert und ihre Armeen mobilisiert hatten, wir konnten darüber sehr wenig vor der Öffentlichkeit sagen . . . (there was very little of this what we could say in public). (Feiling aaO)"

„Die englische und die französische Kriegserklärung wurden im Auswärtigen Amt am 3. September vormittags abgegeben. Als der Führer sie erhielt, sagte er kein Wort. Er hatte meines Erachtens damit gerechnet."

Am Abend des 2. September 1939 suchte der DNB-Vertreter und Pressebeirat in London, der spätere Vortragende Legationsrat Fritz Hesse im Auftrage Hitlers, der ihm durch von Ribbentrop übermittelt worden war, den Chef der englischen Zivilverwaltung, Sir Horace Wilson, auf, um England vom Kriegseintritt abzuhalten. Hesse schreibt darüber in seinem Buch „Das Spiel um Deutschland" auf Seite 211 ff.:

„Ich erwiderte Sir Horace, daß ich im besonderen Auftrage Hitlers käme. Ich hätte den ausdrücklichen Auftrag, ihm den Vorschlag zu unterbreiten, den ich bäte, dem englischen Kabinett vorzulegen und damit den Versuch zu machen, die Lage noch einmal zu bereinigen. Hitler sei bereit, seine Truppen aus Polen wieder zurückzunehmen, Reparationen für den angerichteten Schaden zu leisten und sich mit der Lösung der Danziger Frage durch die Rückkehr Danzigs in das Reich und eine Straße durch den Korridor zu begnügen, wenn England die Vermittlung übernähme.

Sir Horace war durch den Bericht auf das tiefste beeindruckt. Es war sofort zu sehen, welche Schwierigkeiten es ihm bereiten würde, einen derartigen Vorschlag an das englische Kabinett heranzutragen. Er antwortete mir daher mit der Frage, ob ich denn nicht wüßte, wie außerordentlich sich die Lage verändert habe, seitdem wir uns das letzte Mal gesehen hätten. Churchill sei bereits in das Kabinett eingetreten, und er erinnere mich daran, was das bedeute: ‚Ich habe Ihnen bereits früher gesagt, daß ein Eintritt Churchills in das Kabinett nur dann in Frage kommt, wenn der Krieg sicher ist. Sie verstehen also, was diese Ernennung bedeutet. Bevin wird zwar nicht in das Kabinett eintreten, aber er hat versprochen, die Regierung in vollem Umfange zu unterstützen, wenn sie den Krieg erklärt. Auch Roosevelt hat sich in einem Telegramm bereit erklärt, Chamberlain durch dick und dünn zu unterstützen, wenn er es für richtig halten sollte, den Krieg zu erklären. Rußland wird im übrigen auch nicht auf deutscher Seite kämpfen. Wie stellen Sie sich denn vor, daß angesichts einer derartigen Lage Chamberlain noch zurück kann? . . .‘"

Im weiteren Verlauf der Unterhaltung sagte Sir Horace Wilson, nachdem ihm von einem Diener ein Zettel überreicht worden war:

„‚Ich will‘, so sagte er, ‚Ihnen die volle Wahrheit sagen: Ich kann Ihren Vorschlag dem Kabinett nicht mehr unterbreiten, da er keine Chance hat, angenommen zu werden. Seit dem Einmarschbefehl sind einige Dinge geschehen, die es mir und jedem Engländer unmöglich machen würden, auf Hitlers Vorschlag einzugehen. Wir sind vor 48 Stunden an das französische Kabinett herangetreten und haben durch Vermittlung unseres Botschafters in Paris, Sir Eric Phipps, das Kabinett Daladier aufgefordert, gemäß unserem Allianzvertrag an unserer Seite gegen Deutschland zu marschieren, wenn gemäß den Bestimmungen des englisch-polnischen Garantievertrages der Bündnisfall eintreten sollte. Der französische Generalstabschef Gamelin hat sich jedoch außerstande erklärt, die Verantwortung für eine Kriegserklärung an Deutschland zu übernehmen, solange Frankreich der Gefahr eines Zweifrontenkrieges gegenüberstehe. Nur wenn Italien neutral bleibe, werde Frankreich sich in der Lage sehen, an der Seite Englands zu marschieren.

Sehen Sie‘, so fuhr er fort, ‚wir haben daraufhin sofort unseren Botschafter, Sir Percy Lorraine, zu Ciano und Mussolini geschickt. Ciano habe ihm erklärt, daß Italien angesichts der Tatsache, daß es nicht konsultiert worden sei, bevor Hitler den Krieg erklärt habe, den Bündnisfall nicht als gegeben ansähe. Italien werde daher in dem kommenden Konflikt neutral bleiben und sich an dem Krieg gegen Polen nicht beteiligen. Mussolini hat diese Auskunft Cianos ausdrücklich bestätigt.

Mit diesem Bericht von Sir Percy Lorraine haben wir Sir Eric Phipps noch einmal zu Daladier geschickt und haben ihm gleichzeitig in ultimativer Form erklärt, daß wir nunmehr, nachdem die Gefahr eines Zweifrontenkrieges für Frankreich beseitigt sei, erwarteten, daß Frankreich innerhalb 24 Stunden an unserer Seite in den Krieg eintreten werde. Daladier habe geantwortet, daß er sich zwar auf den Zeitpunkt nicht festlegen könne, sich aber nunmehr in der Lage sähe, definitiv zu versprechen, daß Frankreich mit seiner Kriegserklärung der englischen in kürzester Frist folgen werde. Und‘, so fügte Sir Horare drohend hinzu, ‚wenn das französische Kabinett noch Sperenzchen‘ (Umschweife) ‚machen sollte, so können Sie sicher sein, daß wir Mittel in der Hand haben, um es diesmal zu zwingen, zu seinem Wort zu stehen.

Sie werden verstehen‘, so fuhr Sir Horace fort, ‚daß damit endgültig neue Tatsachen geschaffen sind. In allen Krisen der letzten Jahre ist es immer wieder Frankreich gewesen, das sich geweigert hat, an der Seite Englands zu marschieren. Es war nicht Chamberlain, der gezögert hätte, Hitler den Krieg zu erklären; das Kabinett ist vielmehr immer wieder der Ansicht gewesen, daß es ohne die Bereitschaft des französischen Bundesgenossen, sich auf unsere Seite zu schlagen, keinen Zweck habe, einen Krieg gegen Deutschland zu beginnen. Das ist jetzt anders. Jetzt ist die diplomatische Lage geschaffen, die es zum ersten Male gestattet, Seite an Seite mit Frankreich gegen Hitler in den Krieg zu gehen, in den Krieg, der durch Hitlers Schuld unvermeidlich geworden ist. England kann die Hegemonie‘ (Vorherrschaft) ‚einer anderen Macht auf dem Kontinent nicht zulassen, ohne zugrunde zu gehen oder die Grundlagen zu beseitigen, auf denen sein Weltreich und sein Weltprestige‘ (Ansehen) ‚beruhen. Wir haben 22 Jahre gegen Napoleon gekämpft, wir werden 100 Jahre gegen Hitler und Deutschland kämpfen, wenn es erforderlich sein sollte. Hitler hat diesen Kampf herausgefordert, gut, er soll ihn haben.

Sie verstehen, das ist die Lage, in der ich mich befinde und die ich berücksichtigen muß, wenn ich Ihren Vorschlag dem Kabinett unterbreiten würde. Chamberlain hat auf Ihre mündliche Mitteilung an Steward hin die Angelegenheit mit mir bereits besprochen. Ich kann Ihnen leider keine andere Auskunft geben. Kein Engländer könnte in dieser Lage dem unvermeidlichen Kriege ausweichen.'"

Chamberlain notierte am 10. 9. 1939 in sein Tagebuch:

„Ich glaube, daß Hitler ernstlich ein Übereinkommen mit uns angestrebt (seriously contemplated) und daß er ebenso ernstlich Vorschläge — die später über den Rundfunk veröffentlicht wurden — ausgearbeitet hat."

(„Zwischen London und Moskau", Seite 200)

Der Franzose Henri Lebre berichtet über die Gedanken Chamberlains beim Ausbruch des zweiten Weltkrieges folgendes:

„Chamberlain wenigstens machte sich keine Illusionen über die treibenden Kräfte in der ganzen Angelegenheit, und das ‚Journal' von Forrestal*) hat uns die Erklärung des Premierministers erhalten: ‚Amerika und das Weltjudentum haben England in den Krieg getrieben.'"

(„Das Geheimnis um die Ursachen des zweiten Weltkrieges", S. 85)

Der Franzose Henri Lebre führt weiter folgendes an:

„Am 18. Februar 1939 hat der in Rom weilende Graf Szembek eine Unterredung mit dem ehemaligen spanischen König, Alphons XIII. und schreibt dazu:

‚Der König beurteilt die internationale Lage mit Pessimismus. Die Internationalen treiben zum Kriege. Das Judentum und die Freimaurerei spielen bei diesen Machenschaften eine große Rolle. Er geht stark mit Lloyd George'" (dem britischen Premierminister während des ersten Weltkrieges) „‚und Eden ins Gericht. Die englische Freimaurerei sei heute mit dem Groß-Orient von Frankreich völlig verschmolzen.' (Szembek: „Journal", S. 421)

In einem Geheimbericht, den er am 12. Januar an Oberst Beck schickt, erwähnt Graf Potocki, der Botschafter Polens in Washington, die Heftigkeit der zum Kriege hetzenden Propaganda und bemerkt:

‚An diesem Feldzug beteiligten sich die verschiedensten jüdischen Intellektuellen, z. B. Bernard Baruch, Lehmann, der Gouverneur des Staates New York, Felix Frankfurter, der neu ernannte Richter im Obersten Gerichtshof, Morgenthau, der Schatzsekretär, und andere, die dem Präsidenten Roosevelt in persönlicher Freundschaft verbunden sind. Diese Gruppen von Personen, die die höchsten Stellungen in der amerikanischen Regierung innehaben und als Vertreter des ‚wahren Amerikanismus' und als ‚Verteidiger der Demokratie' gelten wollen, heften sich tief

*) damaliger Kriegsminister der USA

durch unlösbare Bande an das internationale Judentum. Für diese Internationale ist die Erhebung des Präsidenten der Vereinigten Staaten in dieses „geradezu ideale" Amt eines Verteidigers der Menschenrechte ein Geniestreich gewesen. Sie haben auf diese Weise einen sehr gefährlichen Mittelpunkt für Haß und Feindschaft in dieser Welthälfte geschaffen, und die Welt in zwei feindliche Lager gespalten.'

Sechs Monate später beharrte der von Washington nach Hause gekommene Graf Potocki mehr als je auf seinem Standpunkt und erklärt dem Grafen Szembek am 6. Juli 1939, daß

‚er über das in Polen herrschende Klima starr vor Entsetzen ist. Beim Vergleich mit der Psychose, die im Westen um sich greift, hat man den Eindruck, daß unser Land ein Erholungsheim ist. Noch während seines Aufenthaltes auf dem von Amerika nach Europa gehenden Schaff wurde das Gerücht verbreitet, in Danzig sei ein Staatsstreich verübt worden. Im Westen gibt es allerlei Elemente, die offen zum Kriege treiben: die Juden, die Großkapitalisten, die Rüstungsfabrikanten. Alle stehen heute vor einer glänzenden Konjunktur, denn sie haben einen Ort gefunden, den man in Brand stecken kann: Danzig; und eine Nation, die bereit ist, zu kämpfen: Polen. Auf unserem Rücken wollen sie Geschäfte machen. Die Zerstörung unseres Landes würde sie gleichgültig lassen. Im Gegenteil: da später alles wieder aufgebaut werden müßte, würden sie auch daran verdienen. Sie behandeln uns wie Neger, die nur zu arbeiten haben, damit sie ihr Kapital vermehren können.'

(Szembek: „Journal", S. 475—476)"

(„Das Geheimnis um die Ursachen des zweiten Weltkrieges", Seite 63/64)

Über den Präsidenten der USA, Roosevelt, schreibt der Franzose Jacques Béarn u. a. folgendes:

„Wir glauben unseren Lesern nichts Neues zu verkünden, wenn wir schreiben, daß Franklin Roosevelt, der große Verantwortliche für die Welle der Kriegshetze, die 1939 die Welt überflutete, Freimaurer war.

Er wurde schon bei Beginn seiner Laufbahn in die Geheimnisse dieser Sekte eingeweiht und erhielt den Meistergrad in der ‚Holland Lodge No 8' am 28. November 1911, d. h. kurz nach seiner Wahl in den Senat. Am 28. Februar 1929 erreichte er den 32. Grad des Schottenritus, der ihn zu einem ‚Erhabenen Fürsten des Königlichen Geheimnisses' machte.

Es ist also nicht erstaunlich, daß die Häupter der Maurerei damit rechneten, daß er ihre Sache fördern und ihre Pläne durchführen werde."

Weiter heißt es:

„Als die deutsch-polnischen Verhandlungen über die Danzigfrage begannen, unterrichtete er" (Roosevelt) „die Botschafter Englands, Frankreichs und Polens, daß die Vereinigten Staaten Polen eine unbegrenzte Hilfe für den Fall leisten würden, daß der Krieg nicht vermieden werden könne: ‚Auf jeden Fall' — fügte er hinzu — ‚dürfen die Demokratien nicht kapitulieren.' Das hieß, die Gegner des Reichs zum Radikalismus treiben."

(„Das Geheimnis um die Ursachen des zweiten Weltkrieges", Seite 157 und 164)

Über das polnische Verhalten vor Kriegsausbruch gegen die deutsche Bevölkerung in Polen ist u. a. folgendes aufzuführen:

Am 2. 10. 1938 hatten die Polen das Olzagebiet besetzt, das seit 1919 zu der Tschechoslowakei gehört hatte und in dem sehr viele Deutsche wohnten. Zu diesem Zeitpunkt war der deutsch-polnische Freundschaftsvertrag vom 26. 1. 1934 noch in Kraft. Der Franzose Henri Lebre schreibt über das Verhalten der Polen folgendes:

„Die polnischen Nationalisten, die einer Verständigungspolitik mit Deutschland entschieden widersprachen und Anhänger in der Armee, hauptsächlich aber im Innenministerium besaßen, benutzten die Lage, um sich gegenüber den Deutschen in Schikanen zu ergehen, die in dem neu besetzten Gebiet wohnten."

(„Das Geheimnis um die Ursachen des zweiten Weltkrieges", S. 43)

Die deutsche Reichsregierung hatte damals nur gegen diese polnischen Maßnahmen protestiert, aber keine Vergeltungsmaßnahmen unternommen.

Der deutsche Konsul in Lemberg berichtete am 15. 7. 1939 an das Auswärtige Amt u. a. folgendes:

„Der Reichsangehörige Jäger, der Volksdeutsche Grant, Fräulein Kiesewalter, Fräulein Neudam sowie andere Reichs- und Volksdeutsche wurden in polnischen Gefängnissen zur Erpressung von Geständnissen schwer mißhandelt. Ihnen wurden z. B. Einspritzungen brennender Flüssigkeiten in die Geschlechtsorgane gemacht, Rippen gebrochen, sie wurden mit elektrischem Strom mißhandelt, und es wurde ihnen nach langem Aufenthalt in heißen Räumen Salzwasser als Getränk verabfolgt. Der Volksdeutsche Schienemann, der in Sierads einsaß, ist körperlich völlig zerrüttet und verlor bei der Inquisition fast alle Zähne.

Vor allem gehen die polnischen Behörden nun auch dazu über, die letzten kulturellen Stützpunkte des Deutschtums zu vernichten. Die deutschen

Heime in Posen, Lodz, Tarnowitz, Karwin, Oderberg wurden geschlossen und enteignet. Auch das deutsche Genossenschaftswesen wurde zerschlagen. Selbst vor dem religiösen Leben der Volksdeutschen wurde nicht haltgemacht. Kirchen wurden geschändet und Pfarrer mißhandelt."

(„Deutsche Soldaten-Zeitung und National-Zeitung" vom 22. 6. 1962)

Der deutsche Generalkonsul in Thorn berichtet am 25. 7. 1939 u. a.:

„An den Ausschreitungen gegen die Volksdeutschen beteiligt sich insbesondere das Militär. So wurden am 2. Juli zwei Volksdeutsche nach abgehaltener und ergebnislos verlaufener Haussuchung von einem Offizier in dem Orte Schanzendorf, Kreis Bromberg, aufgefordert, mit dem Gesicht zum Zaun an der Straße niederzuknien. Sie wurden dann von Soldaten derartig mißhandelt, daß ihnen das Blut aus Nase, Mund und Ohren gelaufen ist. Zufällig vorbeikommende Kirchgänger wurden von dem Offizier aufgefordert, die Deutschen anzuspucken."

Konsul Seelos in Lemberg gibt am 9. August 1939 folgendes Bild der Lage:

„Das lebensstarke Deutschtum, das seit 150 Jahren in Galizien angesiedelt ist und etwa 55 000 Menschen zählt, hat in den letzten Jahrzehnten schon manche Krise überwunden. Die jetzige Krise aber greift tiefer, da sie nicht nur wirtschaftlicher Art ist, sondern die Grundlagen des völkischen Lebens bedroht. Seit etwa 3 Monaten wird den Deutschen jede Betätigung ihres Volkstums immer schwerer und sogar unmöglich gemacht."

(„Deutsche Soldaten-Zeitung und National-Zeitung" vom 22. 6. 1962)

Am 17. und 18. August 1939 schickt der deutsche Konsul in Teschen, von der Damerau, seine letzten Berichte an das Auswärtige Amt. Es heißt dort u. a. in dem Telegramm:

„Verhaftungsmaßnahmen noch im Gange. Namensliste der Betroffenen folgt. Polizeistreifen vornehmlich in Oderberg beunruhigen Bevölkerung. Aus zuverlässiger Quelle verlautet glaubhaft, daß Verhaftungswelle den Zweck verfolgt, sich in den Besitz von Geiseln zu setzen. Seit 15. August kleiner Grenzverkehr völlig unterbunden. Betroffen vor allem etwa 8 bis 10 000 Arbeiter, von der Damerau."

(„Deutsche Soldaten-Zeitung und National-Zeitung" vom 29. 6. 1962)

Das deutsch-sowjetische Verhältnis 1939—1941

In der Zeit vor 1933 hatte es sehr häufig heftige und blutige Auseinandersetzungen zwischen den Verbänden der Nationalsozialistischen Deutschen Arbeiterpartei und der Kommunistischen Partei Deutschlands gegeben; insbesondere in den Jahren 1931 und 1932 waren „Saalschlachten" und teilweise „Straßenschlachten" in den Großstädten „an der Tagesordnung". Die Nationalsozialisten sahen in den Kommunisten und diese umgekehrt in den Nationalsozialisten ihren ärgsten Feind. Als Zentrale des Weltkommunismus galt für die Nationalsozialisten Moskau.

Hitler hatte 1924 in seinem Buch „Mein Kampf" über die zukünftige deutsche Ostpolitik u. a. folgendes geschrieben:

„Damit ziehen wir Nationalsozialisten bewußt einen Strich unter die außenpolitische Richtung unserer Vorkriegszeit. Wir setzen dort an, wo man vor sechs Jahrhunderten endete. Wir stoppen den ewigen Germanenzug nach dem Süden und Westen Europas und weisen den Blick nach dem Land im Osten. Wir schließen endlich ab die Kolonial- und Handelspolitik der Vorkriegszeit und gehen über zur Bodenpolitik der Zukunft.

Wenn wir aber heute in Europa von neuem Grund und Boden reden, können wir in erster Linie nur an Rußland und die ihm untertanen Randstaaten denken." (Seite 742, Taschenausgabe 1941)

Im spanischen Bürgerkrieg 1936—1939 kämpften auf seiten des Generals Franco deutsche und italienische Truppenverbände gegen die rotspanische Regierung, bei der sich immer mehr kommunistische Einflüsse geltend machten und die durch „internationale Brigaden" unterstützt wurde. Gegen Ende des spanischen Bürgerkrieges, der mit einem Sieg des Generals Franco im Frühjahr 1939 endigte, hielt Stalin am 10. 3. 1939 eine Rede. Erich Kordt schreibt in seinem Buch „Wahn und Wirklichkeit" darüber auf Seite 156:

„Am 10. März 1939 behandelte Stalin vor dem 18. kommunistischen Parteikongreß in Moskau in sarkastischer Weise gewisse Aspekte der Politik der westlichen Demokratien; er bagatellisierte die Gefahren, die sich angeblich aus der Schaffung eines karpatho-ukrainischen Staatsgebildes für die Sowjetunion ergeben könnten, und ließ schließlich durchblicken, daß die Sowjetunion einer Verbesserung der Beziehungen zu Deutschland nicht grundsätzlich abgeneigt gegenüberstehe."

Die im Sommer 1939 von französischer und englischer Seite geführten militärischen Verhandlungen mit der Sowjetunion kamen zu keinem Abschluß, und ungefähr 5 Monate nach dieser Rede Stalins wurde am 23. August 1939 der deutsch-sowjetische Nichtangriffsvertrag in Moskau zwischen dem deutschen Reichsaußenminister von Ribbentrop und dem sowjetischen Außenkommissar Molotow abgeschlossen; der Vertrag hat folgenden Wortlaut:

„Die Deutsche Reichsregierung und
die Regierung der Union der Sozialistischen Sowjetrepubliken

geleitet von dem Wunsche, die Sache des Friedens zwischen Deutschland und der UdSSR zu festigen, und ausgehend von den grundlegenden Bestimmungen des Neutralitätsvertrages, der im April 1926 zwischen Deutschland und der UdSSR geschlossen wurde, sind zu nachstehender Vereinbarung gelangt:

Artikel I

Die beiden Vertragschließenden Teile verpflichten sich, sich jeden Gewaltakts, jeder aggressiven Handlung und jedes Angriffs gegeneinander, und zwar sowohl einzeln als auch gemeinsam mit anderen Mächten, zu enthalten.

Artikel II

Falls einer der Vertragschließenden Teile Gegenstand kriegerischer Handlungen seitens einer dritten Macht werden sollte, wird der andere Vertragschließende Teil in keiner Form diese dritte Macht unterstützen.

Artikel III

Die Regierungen der beiden Vertragschließenden Teile werden künftig fortlaufend zwecks Konsultation in Fühlung bleiben, um sich gegenseitig über Fragen zu informieren, die ihre gemeinsamen Interessen berühren.

Artikel IV

Keiner der beiden Vertragschließenden Teile wird sich an irgend einer Mächtegruppierung beteiligen, die sich mittelbar oder unmittelbar gegen den anderen Teil richtet.

Artikel V

Falls Streitigkeiten oder Konflikte zwischen den Vertragschließenden Teilen über Fragen dieser oder jener Art entstehen sollten, werden beide Teile diese Streitigkeiten oder Konflikte ausschließlich auf dem Wege freundschaftlichen Meinungsaustausches oder nötigenfalls durch Einsetzung von Schlichtungskommissionen bereinigen.

Artikel VI

Der gegenwärtige Vertrag wird auf die Dauer von 10 Jahren abgeschlossen mit der Maßgabe, daß, soweit nicht einer der Vertragschließenden Teile ihn ein Jahr vor Ablauf dieser Frist kündigt, die Dauer der Wirksamkeit dieses Vertrages automatisch für weitere fünf Jahre als verlängert gilt.

Artikel VII

Der gegenwärtige Vertrag soll innerhalb möglichst kurzer Frist ratifiziert werden. Die Ratifikationsurkunden sollen in Berlin ausgetauscht werden. Der Vertrag tritt sofort mit seiner Unterzeichnung in Kraft.

Ausgefertigt in doppelter Urschrift, in deutscher und russischer Sprache.

Moskau, am 23. August 1939

Für die Deutsche Reichsregierung: v. Ribbentrop	In Vollmacht der Regierung der UdSSR: W. Molotow

(Walther Hofer: „Die Entfesselung des zweiten Weltkrieges", Seite 97/98)

Zu dem Nichtangriffsvertrag gehörte ein geheimes Zusatzprotokoll, das folgenden Wortlaut hat:

„Aus Anlaß der Unterzeichnung des Nichtangriffsvertrages zwischen dem Deutschen Reich und der Union der Sozialistischen Sowjetrepubliken haben die unterzeichneten Bevollmächtigten der beiden Teile in streng vertraulicher Aussprache die Frage der Abgrenzung der beiderseitigen Interessensphären in Osteuropa erörtert. Diese Aussprache hat zu folgendem Ergebnis geführt:

1. Für den Fall der territorial-politischen Umgestaltung in den zu den baltischen Staaten (Finnland, Estland, Lettland, Litauen) gehörenden Gebieten bildet die nördliche Grenze Litauens zugleich die Grenze der Interessensphären Deutschlands und der UdSSR. Hierbei wird das Interesse Litauens am Wilnaer Gebiet beiderseits anerkannt.

2. Für den Fall einer territorial-politischen Umgestaltung der zum polnischen Staate gehörenden Gebiete werden die Interessensphären Deutschlands und der UdSSR ungefähr durch die Linie der Flüsse Narew, Weichsel und San abgegrenzt.

Die Frage, ob die beiderseitigen Interessen die Erhaltung eines unabhängigen polnischen Staates erwünscht erscheinen lassen und wie dieser Staat abzugrenzen wäre, kann endgültig erst im Laufe der weiteren politischen Entwicklung geklärt werden.

In jedem Falle werden beide Regierungen diese Frage im Wege einer freundschaftlichen Verständigung lösen.

3. Hinsichtlich des Südostens Europas wird von sowjetischer Seite das Interesse an Bessarabien betont. Von deutscher Seite wird das völlige politische Desinteresse an diesen Gebieten erklärt.

4. Dieses Protokoll wird von beiden Seiten streng geheim behandelt werden.

Moskau, den 23. August 1939

Für die Deutsche Reichsregierung: v. Ribbentrop	In Vollmacht der Regierung der UdSSR: W. Molotow

(Walther Hofer: „Die Entfesselung des zweiten Weltkrieges", Seite 102/103)

Am 1. 9. 1939 begann der deutsch-polnische Krieg.

Am 17. 9. 1939 marschierten sowjetische Truppen in Ostpolen ein. Ende September 1939 flog der deutsche Reichsaußenminister v. Ribbentrop nach Moskau. Von Ribbentrop schreibt darüber u. a.:

„Am 27. 9. 1939 — noch in den letzten Tagen des Polenfeldzuges — flog ich zur Regelung der durch das sowjetische Eingreifen in Polen aufgetretenen Fragen zum zweiten Male nach Moskau und fand bei Stalin und Molotow eine ausgesprochen freundliche, fast herzliche Aufnahme. Bei diesem Besuch wurden die bekannten Grenzen zwischen dem späteren Generalgouvernement und der Sowjetunion in der großen Linie festgelegt. Gleichzeitig wurden weitreichende Handelsvereinbarungen besprochen und ein Freundschaftsvertrag vom 28. 9. 1939 unterzeichnet.

Erneut zeigte sich die Zähigkeit der Russen bei der diplomatischen Verfolgung ihrer Ziele, als Stalin und Molotow unter Verzicht auf gewisse Gebiete in Polen (Lublin) im Gegensatz zu den im August getroffenen Abmachungen nun auch Anspruch auf Einbeziehung Litauens in die sowjetische Interessensphäre erhoben. Weil die Russen in dieser Frage ganz hartnäckig blieben, verständigte ich vom Kreml aus den Führer telephonisch. Einige Zeit später wurde ich von ihm wieder angerufen, er erklärte mir — anscheinend nicht ganz leichten Herzens — daß er einverstanden sei, Litauen mit in die russische Interessensphäre einzuschließen. Er fügte hinzu, ‚ich möchte ein ganz enges Verhältnis herstellen'. Als ich diese Bemerkung Stalin übermittelte, meinte er lakonisch: ‚Hitler versteht sein Geschäft.'

Nach meiner Rückkehr sagte mir Adolf Hitler, er habe in der litauischen Frage den Russen beweisen wollen, ‚daß er alles für einen Dauerausgleich mit dem östlichen Nachbarn tun und von Anfang an ein rechtes Vertrauensverhältnis herstellen wolle'. Ich zweifle auch heute noch nicht daran, daß diese Bemerkung damals aufrichtig gemeint war und daß Adolf Hitler zu diesem Zeitpunkt ernstlich mit einer Verständigung auf längste Sicht rechnete. Trotz des auffallenden russischen Interesses für Litauen beurteilte Hitler damals die sowjetischen Absichten gegenüber Deutschland als durchaus im Sinne der geschlossenen Verträge. In meiner Berichterstattung nach Rückkehr aus Moskau bestärkte ich ihn in dieser Auffassung."

(„Zwischen London und Moskau", Seite 205/206)

Weiter schreibt von Ribbentrop:

„Die Sowjet-Regierung war im Herbst 1939 sofort daran gegangen, die Baltenstaaten zu besetzen. Gerade in dem Augenblick, als ich zu meinem zweiten Besuch ankam, sah ich die baltischen Minister mit bleichen Gesichtern den Kreml verlassen — Stalin hatte ihnen kurz zuvor mitgeteilt, daß seine Truppen in ihre Länder einmarschieren würden.

Am Tage des Abschlusses unseres Grenz- und Freundschaftsvertrages schloß die Sowjetunion mit Estland, dann am 5. Oktober 1939 mit Lettland und am 10. Oktober mit Litauen militärische Beistandspakte ab. In diesen Staatsverträgen ließ sich die UdSSR das Recht einräumen, innerhalb der genannten Länder Stützpunkte für ihre Kriegsmarine und Küstenartillerie, ferner Flugplätze für ihre Luftwaffe und schließlich Standorte für ihre Land- und Luftstreitkräfte zu unterhalten.

Wenige Wochen später hat Rußland dann auch durch seinen Winterkrieg mit Finnland weitere Gebietserwerbungen erreicht." (Seite 226)

Der sowjetisch-finnische Winterkrieg dauerte vom 30. 11. 1939 bis 12. 3. 1940. Hauptsächlich das karelische Gebiet mußte bei dem Friedensschluß von Finnland an die Sowjetunion abgetreten werden.

Weiter schreibt von Ribbentrop:

„Mitte Juni 1940 wurde das gesamte Litauen, auch der in der deutschen Interessensphäre liegende Teil ohne vorherige Benachrichtigung der Reichsregierung von der Sowjetunion besetzt; kurz darauf geschah das gleiche mit Lettland und Estland. Am 3., 5. und 6. August 1940 wurden Estland, Lettland und Litauen schließlich durch Beschluß des Obersten Sowjets als Bundesrepubliken in die Sowjetunion einbezogen. Die wirtschaftlichen Abmachungen Deutschlands mit diesen Staaten, die nach den Moskauer Verhandlungen nicht beeinträchtigt werden sollten, wurden von der Sowjetregierung einseitig aufgehoben. Die drei Staaten wurden bolschewisiert, die bestehenden Regime rigoros beseitigt.

Gegen Ende des Frankreich-Feldzuges, am 23. Juni 1940, traf ein Telegramm unseres Botschafters aus Moskau ein, wonach die Sowjetunion in den nächsten Tagen die rumänische Provinz Bessarabien zu besetzen beabsichtige und uns dies nur mitteilen wolle. Gleichzeitig gelangte ein Hilferuf des Königs von Rumänien an den Führer, der wegen des russischen Ultimatums um einen Rat bat. Adolf Hitler war damals von dem schnellen russischen Vorgehen ohne vorherige Konsultation mit uns betroffen; in Erfüllung unserer Moskauer Verpflichtungen legte er aber dem Rumänenkönig nahe, sich der Besetzung nicht zu widersetzen. Die rumänische Regierung stimmte daraufhin der Forderung der Sowjetregierung zu, mit der Bitte, ihr genügend Zeit für die Evakuierung dieses großen Gebietes zu lassen. Darauf stellte die Sowjetunion ein neues Ultimatum und begann bereits vor dessen Ablauf mit der Besetzung von Teilen der Bukowina und anschließend Gesamt-Bessarabiens bis an die Donau. Daß hierbei auch die vorwiegend deutsch besiedelte Nordbukowina, altes österreichisches Kronland, ohne jede Verabredung von den Russen mitbesetzt wurde, hat Hitler besonders überrascht. Er empfand diesen Schritt Stalins als ein Zeichen des russischen Druckes nach Westen.

Im Frühherbst 1940 erhielt der Führer Nachrichten über zunehmende sowjetrussische Truppenstationierungen entlang der Grenze von Ostpreußen, in Polen und in Bessarabien. Danach sollten allein vor Ostpreußen 22 sowjetische Divisionen stehen, ferner starke Truppenmassen auch im östlichen Polen und in Bessarabien 30 russische Korps. Nach Beendigung des Frankreich-Feldzuges hat mich Hitler zum ersten Male über solche Symptome dieser einem befreundeten Staat gegenüber immerhin ungewöhnlichen Machtentfaltung unterrichtet. Ich habe mich bemüht, ihn zu beruhigen. Er ging damals auch nicht weiter auf die Frage ein und sagte mir nur, ich möge ein wachsames Auge auf die Dinge haben." (Seite 227/228)

Im Sommer 1940 beanspruchte Ungarn erneut die nach dem ersten Weltkrieg an Rumänien verlorenen Gebiete, und Bulgarien verlangte die Rückgabe des 1913 gewaltsam an Rumänien abgetretenen Gebietes der Süddobrudscha.

Am 30. 8. 1940 kam es zu dem Schiedsspruch von Wien durch die Achsenmächte (Deutschland und Italien), der zwei Drittel der ungarischen Forderungen erfüllte. Mit Bulgarien hatte Rumänien bereits eine friedliche Regelung der Rückgabe des nach dem zweiten Balkankrieg von Rumänien annektierten Teils der Dobrudscha getroffen. Rumänien erhielt von den Achsenmächten den Restbestand seines Staates garantiert. In der Folgezeit schloß sich Rumänien enger an die Achse an. Im Herbst

1940 rückten deutsche Lehrtruppen zur Sicherung des rumänischen Staates in Rumänien ein.

Am 28. 10. 1940 griff Italien von Albanien aus Griechenland an, ohne daß Deutschland den Angriff, der Hitler sehr ungelegen kam, verhindern konnte, da Mussolini erst kurz vorher Hitler von seinem Vorhaben verständigt hatte.

Erich Kordt schreibt in seinem Buch „Wahn und Wirklichkeit" auf Seite 273 zu dem Wiener Schiedsspruch u. a. folgendes:

„In einem Memorandum vom 21. September 1940 warf die Sowjetregierung der deutschen Regierung vor, durch den Wiener Schiedsspruch, insbesondere durch die Rumänien gegebene Garantie, Artikel 3 und 4 des Nichtangriffsvertrages vom 23. August 1939 verletzt zu haben. Sie fragte an, ob Deutschland diese Artikel abgeändert oder gestrichen sehen wolle. Noch übler wurde es von der Sowjetunion vermerkt, als ihr kurzfristig mitgeteilt wurde, Deutschland habe mit Finnland eine Vereinbarung über den Durchtransport deutscher Truppen nach Norwegen getroffen (Department of State, „Nazi-Soviet Relations 1939—41", Seite 190 ff.)."

Weiter schreibt Kordt:

„Als im Oktober 1940 deutsche ‚Lehrtruppen' nach Rumänien verlegt wurden, besetzte die Sowjetunion einige strategisch wichtige Inseln an der Donaumündung mit der Begründung, sie gehörten zu Bessarabien. Die Sowjetunion beherrschte damit den wichtigen Kilia-Arm des Donaudeltas." (Seite 274)

Auf Einladung der deutschen Reichsregierung traf der sowjetische Außenminister Molotow am 12. 11. 1940 zu einem Besuch in Berlin ein. Bei diesen Besprechungen brachte Molotow u. a. vor, daß die Sowjetunion mit Bulgarien genau so ein Vertragsverhältnis einzugehen wünsche, wie es zwischen Deutschland und Rumänien bestehen würde. Der bulgarische König wollte jedoch von einem solchen Vertrag nichts wissen. Außerdem wollte die Sowjetunion Land- und Seestützpunkte an den Meerengen errichten und diese gemeinsam mit den Türken verteidigen. Diese Besprechungen kamen zu keinem Ergebnis. Von deutscher Seite wurde der Sowjetunion der Vorschlag gemacht, die Sowjetunion solle sich dem Dreierpakt (Deutschland — Italien — Japan) anschließen. Nach der Rückkehr Molotows nach Moskau wurde am 25. 11. 1940 dem deutschen Botschafter eine zusammenfassende Darlegung des sowjetischen Standpunktes übergeben. Dabei wurde u. a. die Zurückziehung der deutschen Truppen aus Finnland, der Abschluß eines Beistandspaktes zwischen Bulgarien und der Sowjetunion und die Errichtung einer

Basis für Land- und Seestreitkräfte der Sowjetunion im Gebiete des Bosporus und der Dardanellen verlangt. Dieser Sowjetvorschlag wurde von Deutschland nicht mehr beantwortet.

Am 1. 3. 1941 trat Bulgarien dem Dreimächtepakt (Deutschland — Italien — Japan) bei und deutsche Truppen rückten in Bulgarien ein. Der damalige Reichsaußenminister v. Ribbentrop schreibt in seinem Buch „Zwischen London und Moskau" darüber folgendes:

„Als dann Anfang März die Verlegung deutscher Truppen nach Bulgarien wegen der in Griechenland entstandenen Lage durchgeführt wurde, ließ uns Molotow erklären, daß unser Schritt ‚bedauerlich' sei, eine ‚Verletzung der Sicherheitsinteressen der UdSSR' bedeute und daß die deutsche Regierung ‚auf eine Unterstützung ihrer Handlungen in Bulgarien von seiten der UdSSR nicht rechnen kann'. Eine ähnlich scharf gehaltene Erklärung wurde an die bulgarische Regierung gerichtet und veröffentlicht. Dies alles geschah, obwohl ich in Moskau bereits am 27. Februar hatte erklären lassen, daß der Fortfall der englischen Gefahr in Griechenland automatisch die Rücknahme der deutschen Truppen zur Folge haben werde." (Seite 244/245)

Über das deutsch-jugoslawische Verhältnis zu der damaligen Zeit schreibt v. Ribbentrop:

„Trotz aller Einmischungsversuche" (von seiten Englands und der USA) „gelang es mir indessen nach langwierigen Verhandlungen, Jugoslawien zum Anschluß an den Dreimächtepakt zu bewegen. Deutschland und Italien haben dabei weitgehende Zugeständnisse gemacht. Der offizielle Beitritt Jugoslawiens zum Dreimächtepakt erfolgte am 24. März 1941 in Wien. Der Führer sagte mir damals im Hinblick auf die von den jugoslawischen Ministern gezeigte Haltung, daß der Beitrittsakt ihm ‚wie ein Begräbnis' vorgekommen sei.

Unmittelbar nach ihrer Rückkehr von Wien wurden dann der jugoslawische Ministerpräsident Zwetkowitsch und sein Außenminister Markowitsch, die den Beitritt unterzeichnet hatten, verhaftet (27. März 1941), die Regierung gestürzt, Prinzregent Paul abgesetzt und seine Machtbefugnisse auf König Peter II. übertragen. Der junge König beauftragte den Armeegeneral Simowitsch, das Haupt der Verschwörer, mit der Regierungsbildung. Die gesamte jugoslawische Wehrmacht wurde in äußerste Bereitschaft versetzt.

Gleichzeitig mit den Nachrichten über diesen von England inszenierten und auch von Moskau unterstützten Putsch kamen Nachrichten von einem bevorstehenden Eingreifen Englands in Griechenland. Über die hier verfolgten Absichten waren wir durch die im Frankreichfeldzug aufgefundenen Akten des französischen Generalstabs bereits unterrichtet." (Britische Truppen waren am 3. 3. 1941 in Südgriechenland gelandet.) „Um die Errichtung einer neuen Balkanfront, die im Ersten Weltkrieg eine so große Rolle gespielt hatte, zu verhindern, beschloß der Führer die Besetzung sowohl Griechenlands wie Jugoslawiens und befahl am 27. März 1941 die sofortige Vorbereitung entsprechender militärischer Maßnahmen.

In Nürnberg hat man mir vorgeworfen, ich hätte an Jugoslawien eine Note über die Respektierung der jugoslawischen Grenzen zu einem Zeitpunkt gerichtet, in dem der deutsche Angriff bereits beschlossen bzw. im Gange war. Das ist unwahr. Diese Grenzzusicherung war im Anschluß an die Unterzeichnung des Dreimächtepaktes der jugoslawischen Regierung Zwetkowitsch gegeben worden und war absolut aufrichtig. Selbstverständlich habe ich der Putschregierung Simowitsch, deren Einsetzung nach Beseitigung der Bündnisregierung Zwetkowitsch einer Kriegserklärung an Deutschland gleichkam, keinerlei Grenzgarantie gegeben." (Seite 224/225)

Am 5. 4. 1941 schloß die Sowjetunion einen Freundschaftsvertrag mit der neuen jugoslawischen Regierung ab. Von Ribbentrop schreibt darüber: „Das war ein besonders unfreundlicher Akt gegenüber Deutschland, weil diese Putschregierung erst wenige Tage vorher an die Stelle einer uns freundlich gesinnten Regierung getreten war.

Dies alles geschah im Gegensatz zur deutsch-sowjetischen Erklärung vom 28. September 1939, die besagte, daß Rußland Deutschland seine moralische Unterstützung leihen wollte, falls die beiderseitigen Friedensbemühungen nicht zum Ziele führten. Es handelte sich durchwegs um Gebiete, die nach dem Vertrag nicht zur russischen Interessensphäre gehörten.

Schon die enge Verbindung, die die Sowjetregierung bereits im Sommer 1940 über den britischen Botschafter in Moskau, Sir Stafford Cripps, mit London herstellte, bedeutete einen Bruch unserer Abmachungen. Churchill soll damals gesagt haben, es würde höchstens ein bis anderhalb Jahre dauern, bis Rußland gegen Deutschland in Erscheinung trete.

Es folgte auch eine Annäherung der Vereinigten Staaten an Rußland, so daß Roosevelt ‚auf Grund neuester Informationen' andeuten konnte, bald werde es zu einem Kriegseintritt Rußlands gegen Deutschland kommen.

Für die in diesen politischen Entwicklungen zutage getretene feindliche Einstellung der Sowjetregierung gegen uns gibt es nur zwei Erklärungen: Entweder haben der Einfluß und die Zugeständnisse Amerikas und Englands die Neuorientierung Rußlands veranlaßt, oder es war Stalins ursprüngliche Absicht, den mit uns geschlossenen Vertrag überhaupt nicht zu halten. Das letztere war die Auffassung Adolf Hitlers, während ich der Meinung war und bin, daß die erstere Erklärung für die Wendung der russischen Politik zutreffend ist, und daß es hätte gelingen können — allerdings durch Konzessionen unsererseits — die Auseinandersetzung mit Rußland zu vermeiden.

Die gewaltige Stärke und Machtentfaltung der Sowjetunion wirft zwangsläufig die Frage auf, ob Adolf Hitler vor der Geschichte mit seiner Auffassung Recht behalten wird oder ob der von mir erstrebte Weg auf die Dauer gangbar gewesen wäre.

Als ich später über meinen Mittelsmann in Stockholm den Kreml wissen ließ, der Führer betrachte im Hinblick auf die Unterlagen, die wir über Rußlands Angriffsabsichten besäßen, etwaige weitere Abmachungen mit Moskau sehr skeptisch, ließen die Russen mir andeuten, daß die Schuldfrage eigentlich ziemlich gleichgültig sei. Die Erörterungen, ‚ob die Henne oder das Ei zuerst dagewesen sei', seien ‚typisch deutsch'." (Seite 245/246)

Am 6. April erfolgte der Angriff der deutschen Truppen auf Jugoslawien und Griechenland; beide Staaten wurden in wenigen Wochen von deutschen Truppen besetzt, und die britischen Truppen wurden aus Griechenland vertrieben.

Am 22. 6. 1941 begann um 03.15 Uhr deutscher Sommerzeit der Angriff Deutschlands gegen die Sowjetunion.

Über die Absichten Hitlers, die zum Entschluß zum Kriege mit der Sowjetunion führten, schreibt Reichsaußenminister von Ribbentrop:

„Die politischen Überlegungen, die Adolf Hitler zu seinem Entschluß, die Sowjetunion anzugreifen, bestimmt haben, waren nach seinen eigenen damaligen und späteren Äußerungen mir gegenüber in Umrissen etwa die folgenden:

Hitler war bekanntlich schon seit etwa 1938 der Überzeugung, daß England und Amerika gegen uns in den Krieg treten würden, sobald sie genügend aufgerüstet seien. Er befürchtete, daß beide Mächte sich mit Rußland verbünden würden und Deutschland dann eines Tages gleichzeitig einem Angriff von Osten und Westen ausgesetzt sein werde, wie dies schon einmal 1914 geschehen war. Im Laufe des Jahres 1940 sind ihm diese früheren Besorgnisse erneut gekommen, er hielt es für möglich, daß Rußland auf Grund seiner wiederaufgenommenen Verhandlungen mit England uns zu gleicher Zeit mit einer englisch-amerikanischen Offensive angreifen werde. Der gleichzeitige Einsatz des Gesamtpotentials von Amerika und Rußland erschien ihm als furchtbare Gefahr für Deutschland. Die große Sorge des Führers bestand darin, im weiteren Verlauf des Krieges in eine Ost-West-Zange, in einen menschen- und materialzersplitternden Zweifrontenkrieg gigantischen Ausmaßes verwickelt zu werden. Er hoffte, sich im Osten Luft verschaffen zu können bis zu dem Zeitpunkt, in dem das englisch-amerikanische Potential im Westen zum Einsatz kommen würde.

Dies war die wichtigste Überlegung Adolf Hitlers, wie er sie mir nach Beginn des russischen Krieges 1941 erläutert hat. Er hat sich zum Angriff entschlossen in der Hoffnung, die Sowjetunion schon nach wenigen Monaten ausschalten zu können. Sein Irrtum über Rußlands Potential und Amerikas Hilfe war verhängnisvoll. Ganz sicher war er sich aber selbst nicht, denn er sagte damals ausdrücklich: ‚Wir wissen nicht, welche Kraft dahinterliegt, wenn wir die Türe im Osten wirklich aufstoßen müssen.'" (Seite 239/240)

Über eine russische Aussage schreibt Ribbentrop:

„Interessant in diesem Zusammenhang ist die Aussage von drei russischen Offizieren, die von uns später gefangen genommen wurden. Sie waren Zeuge einer Rede gewesen, die Stalin im Mai 1941 im Kreml gehalten hat. Stalin sagte damals ganz offen, daß die Zukunftsziele der Sowjetunion von jetzt an nur noch mit Waffengewalt durchzusetzen seien. Die Rote Armee sei hierauf vorbereitet." (Seite 243)

Über den Aufmarsch von sowjetischen Truppen vor Kriegsausbruch schreibt von Ribbentrop:

„Kurz vor Ausbruch des Krieges waren auf sowjetischer Seite 158 Divisionen gegenüber 65 Divisionen bei Beginn des Polenfeldzuges festgestellt worden. Es soll sich, wie dem Führer berichtet wurde, dabei fast nur um motorisierte und Panzerverbände gehandelt haben. Im Frühjahr 1941 kamen bereits erhebliche Grenzverletzungen vor." (S. 242/243)

Die Politik des Präsidenten der USA, Roosevelt

(Präsident in den USA von 1932—1945)

Über amerikanische Kriegsvorbereitungen vor Beginn des zweiten Weltkrieges schreibt der amerikanische Historiker Frederic R. Sanborn u. a. folgendes:

„Die amerikanischen Kriegsvorbereitungen machten still und im Geheimen Fortschritte. Am 23. Juni 1939 wurde ein geheimes Tauschabkommen mit England abgeschlossen, ‚allerhand Geld' wurde ausgegeben, um verschiedenes Kriegsmaterial zu kaufen. Neunzehn neue Frachtschiffe wurden am 9. August vom Stapel gelassen, die Aufträge für hundert weitere vergeben, und am 10. August wurde ein Kriegsmaterial-Amt ins Leben gerufen."

(„Entlarvte Heuchelei", Seite 134)

Über die Zeit nach Beginn des deutsch-polnischen Krieges am 1. 9. 1939 schreibt Sanborn u. a.:

„Am oder vor dem 22. September 1939 wurde eine trügerisch so genannte ‚Neutralitäts-Patrouille' in den amerikanischen Gewässern eingerichtet, aber es dauerte nicht lange, bis amerikanische Kriegsschiffe unneutralerweise britische Kriegsschiffe begleiteten und dirigierten, um deutsche Schiffe aufzubringen. Völlig entgegen den festgelegten Regeln des internationalen Rechts wurde überall eine sogenannte neutrale Zone von 300—1000 Meilen Breite in die See hinaus verlegt, um England gegenüber Deutschland zu bevorzugen. Später, am 18. 10. 1939, wurde allen Unterseebooten der Kriegführenden, ausgenommen Rußland, verboten, amerikanische Häfen anzulaufen, außer im Falle höherer Gewalt.

. . . Roosevelt hatte eine Sondersitzung des Kongresses für den 21. 10. 1939 einberufen, um das Neutralitätsgesetz zu verbessern, und nachdem er dem Land versichert hatte, daß es ‚eine schamlose und unredliche Dreistigkeit' sei, zu behaupten, daß ‚irgendeine Person in verantwortlicher Stellung . . . in Washington . . . jemals in irgendeiner Form, Weise oder Gestalt die entfernteste Möglichkeit angedeutet hat, die Jungens amerikanischer Mütter auszusenden, um auf den Schlachtfeldern Europas zu kämpfen', und daß die Vereinigten Staaten ‚neutral sind und nicht beabsichtigen, sich in den Krieg verwickeln zu lassen', gelang es ihm, am 3. November 1939 die Zahlungs- und Transport-Verbesserungsanträge durchzubringen. Britische und französische Einkaufskommissionen waren bereits anwesend und erwarteten die Annahme der Verbesserungen, um ihre

Tätigkeit aufzunehmen. Morgenthau ging die Bewaffnung nicht schnell genug, aber nach einem Jahr etwa erwies es sich, daß sie sehr viel mehr Waffen bestellt hatten, als sie bezahlen konnten! . . .

Am 10. Mai 1940 hatte Deutschland seinen Angriff auf die Niederlande und Frankreich begonnen, und Churchill war Premierminister geworden. Am 15. Mai 1940 kabelte Churchill an Roosevelt einen langen Wunschzettel von greifbarem Luft- und Marine-Material sowie diplomatischer Hilfe und bat um nahezu alles, ausgenommen ein Expeditionskorps, aber einschließlich der Aufgabe der amerikanischen Neutralität. Roosevelt verweigerte keinen dieser Wünsche ausdrücklich, suchte aber für die Bewilligung einiger von ihnen Zeit zu gewinnen. Bereits am nächsten Tag, dem 16. Mai, ersuchte Roosevelt den Kongreß um zusätzliche Aufwendungen für die ‚nationale Verteidigung', die ersten in einer Serie ab 1940. Am 17. Mai befahl Roosevelt, die verbliebenen älteren Zerstörer wieder in Dienst zu stellen. Das war sein erster Schritt zum Zerstörer-Handel, ging aber nicht schnell genug, um Churchill zufriedenzustellen, dessen Forderungen bald zudringlich wurden und mit Ankündigungen gekoppelt waren, daß die britische Flotte unter gewissen Umständen vor Deutschland kapitulieren könnte. Man kann hier nicht einmal einen Überblick über die Korrespondenz und die nachfolgenden Verhandlungen geben. Sie gipfelten schließlich in dem Zerstörer-Basen-Handel vom 3. September 1940.

Am 28. Mai 1940 ergab sich König Leopold III. mit den belgischen Armeen, und am nächsten Tag begann die Räumung bei Dünkirchen. Am 1. Juni 1940 befahl Roosevelt der Armee und Marine zu untersuchen, welche Menge an Waffen England übertragen werden könne, und am 3. Juni bewilligte General Marshall, daß an England eine halbe Million Gewehre, 80 000 Maschinengewehre, 900 Feldgeschütze und vieles andere gesandt wurden. Am 5. Juni 1940 gab der (britische) erste Kronanwalt der Meinung Ausdruck, man könne England noch 600 000 Gewehre und 2 500 Feldgeschütze mit entsprechender Munition als ‚Zugabe' verkaufen. Von nun an wurden von Zeit zu Zeit mehr und mehr Waffen gesandt, so viel mehr, daß Churchill im Frühjahr 1941 vergnügt für ein ‚Paket', das nichts als eine Viertelmillion Gewehre und eine halbe Milliarde Schuß Munition enthielt, einen kurzen Dank an Hopkins kabelte . . .

Am 20. Juni 1940 wurde Woodring als Kriegsminister abgesetzt, weil er sich geweigert hatte, die Nation ihrer Verteidigungsmittel zu berauben, um den Alliierten zu helfen. Er wurde durch Stimson ersetzt, einen eingefleischten Interventionisten und Anwalt der militärischen Dienstpflicht zur Friedenszeit. Am gleichen Tage wurde das Aushebungsgesetz im Senat beschlossen, weil, wenn Meldungen zur Armee ein Maßstab für die öffentliche Meinung sind, das Land immer noch mit überwältigender Mehrheit gegen Roosevelts Politik eingestellt war. Die Rekrutierung war ein Fehlschlag. Nach sechs Wochen Werbung hatten sich nur 9000 Mann gemeldet ...

Am 19. Juli 1940 schlug Kanzler Hitler England vor, Frieden zu machen. Sein Angebot war aufrichtig, und kompetente Beobachter glauben, daß England versucht gewesen wäre, es anzunehmen, wenn es nicht mit Roosevelts Widerstand zu rechnen gehabt hätte. Die russisch-deutschen Beziehungen verschlechterten sich bereits, und die deutschen Pläne, Rußland anzugreifen, befanden sich im ersten Stadium ihrer Entwicklung. Kanzler Hitler wollte Frieden mit England und erwartete, ihn zu erhalten. Als der Frieden abgelehnt wurde, entwarfen im Juli Heer und Marine eilige Pläne, England anzugreifen, diskutierten darüber im August und ließen sie im September fallen, um sich auf das russische Abenteuer zu konzentrieren ..."

(„Entlarvte Heuchelei", Seite 134—139)

Im Herbst 1940 lief die zweite Wahlperiode Roosevelts ab und es erfolgte eine neue Präsidentenwahl. Der amerikanische Historiker William Henry Chamberlin schreibt über die Wahlreden Roosevelts u. a.:

„Roosevelt sagte am 30. Oktober in Boston: ‚Ich habe es bereits gesagt, aber ich will es nocheinmal und nocheinmal sagen: Eure Jungens sollen nicht in einen fremden Krieg gehen!' Der gleiche Gedanke wurde in einer Rede in Brooklyn am 1. November verkündet: ‚Ich kämpfe dafür, unser Volk aus fremden Kriegen herauszuhalten; und ich werde weiter kämpfen.'

Am 2. November sagte der Präsident seinen Zuhörern in Rochester, New York: ‚Eure nationale Regierung ... ist gleichbedeutend mit einer Friedensregierung — einer Regierung, die den Frieden zu erhalten beabsichtigt.' Am gleichen Tage wurde den Wählern in Buffalo versichert: ‚Euer Präsident sagt, daß dieses Land nicht in den Krieg gehen wird.'

Und am 3. November erklärte er in Cleveland: ‚Das Hauptanliegen unserer auswärtigen Politik ist es, unser Land aus dem Krieg herauszuhalten.'

Soweit die Worte des Präsidenten."

(„Entlarvte Heuchelei", Seite 150)

Im November 1940 wurde Roosevelt erneut zum Präsidenten der USA gewählt. Über die weiteren Handlungen von Präsident Roosevelt schreibt Sanborn u. a.:

„Am 12. Dezember 1940 begannen in London, Manila und Washington insgeheim gemeinsame Stabsbesprechungen mit den Engländern. Sie wurden Anfang 1941 fortgesetzt, und aus ihnen entwickelten sich die amerikanisch-britisch-niederländischen Kriegspläne. Der erste Plan richtete sich gegen Deutschland, der zweite gegen Japan, und Roosevelt billigte beide Pläne, ‚ausgenommen öffentlich', wie Admiral Stark sagte ...

Im März 1941 gingen amerikanische Offiziere nach England, um dort Flottenstützpunkte für Geleitzüge und Flugplätze auszuwählen, und kaum waren sie ausgewählt, begann der Ausbau. Beschädigte englische Kriegsschiffe sollten auf amerikanischen Werften repariert werden. Im April wurden zwei Millionen Tonnen Schiffsraum aufgebracht und durch das Rote Meer geschickt, um die britischen Feldzüge im Mittelmeerraum zu unterstützen, und in Basra wurde heimlich eine große Versorgungsbasis angelegt. Auch wurden in diesem Monat die Bewegungen der amerikanischen Kriegsschiffe mit denen der Engländer koordiniert und geheime Nachrichtenübermittlung vereinbart. Endlich, am 18. April 1941, schob Roosevelt die beanspruchte Grenze der westlichen Hemisphäre, in der die amerikanischen Kriegsschiffe den Engländern helfen würden, bis zum 26. Grad West — über 2000 Meilen von New York — vor. Der Befehl zu dieser Aktion wurde am 24. April 1941 veröffentlicht. Im März 1941 begannen amerikanische Armeeflugzeuge, den Nord-Atlantik von Neufundland aus gegen deutsche Unterseeboote zu überwachen. Im April 1941 wurde Grönland besetzt, im Mai 1941 wurden Pläne gemacht und später wieder aufgegeben, die Azoren und Martinique in Besitz zu nehmen ... Im Juni kam Roosevelt mit Churchill überein, die britischen Truppen auf Island abzulösen, und das geschah dann am 7. Juli 1941. Ebenfalls im Juni 1941 ordnete Roosevelt die Schließung aller deutschen und italienischen Konsulate in den Vereinigten Staaten an.

... Der deutsche Führer nahm indessen Gelegenheiten, einen Zwischenfall herbeizuführen, nicht wahr. Lange Zeit hatte er einen uneingeschränkten U-Boot-Krieg und das Versenken von Passagierschiffen verboten. Auch hatte er jegliche Gewalt gegenüber Schiffen befreundeter Nationen oder denen der Vereinigten Staaten außerhalb des englischen Kriegsgebietes unmittelbar um die Insel herum verboten. Als die sogenannte Neutralitätspatrouille in der ‚Neutralitätszone' eingeführt wurde, wies Kanzler Hitler heimlich alle deutschen Kriegsschiffe an, in diesem Gebiet Zwischenfälle zu vermeiden. Als Roosevelt die Grenzen der westlichen

Hemisphäre wesentlich weiter nach Osten vorschob, hielt der Führer immer noch daran fest, das Herbeiführen irgendwelcher Zwischenfälle zu verbieten. Trotzdem hoffte Roosevelt Anfang Juni immer noch, ‚Deutschland zum ersten Schuß zu treiben'."

(„Entlarvte Heuchelei", Seite 139, 141/142)

Nach Ausbruch des deutsch-russischen Krieges am 22. 6. 1941 begannen sofort amerikanische Hilfslieferungen an die Sowjetunion. Sanborn schreibt darüber u. a.:

„Ende Juni und Juli 1941 waren reichlich mit den Auswirkungen des deutschen Angriffes auf Rußland ausgefüllt. Roosevelt, Hopkins und andere beeilten sich, Rußland mit amerikanischen Hilfsangeboten zu überschwemmen. Sie scheinen die äußerst einfache Politik verfolgt zu haben, unbegrenzte und bedingungslose Hilfe nicht nur den wirklichen Feinden Deutschlands zu gewähren, sondern auch seinen früheren Komplizen. Wenigstens konnte Churchill bitter vom Standpunkt der Kommunisten sprechen, ‚daß sie uns einen großen Gefallen damit erweisen, in ihrem eigenen Land um ihr eigenes Leben zu kämpfen'. Aber als Hopkins nach Rußland ging, ‚verlangte er an Gegenleistung für das Angebot solcher Hilfe gar nichts'. Der Erfüllung der russischen Forderungen räumte Roosevelt größte Vordringlichkeit vor allen anderen ein und Ende 1941 erhielt Rußland Material und Ausrüstung zugeteilt trotz Opposition und trotz starker Proteste der Streitkräfte."

(„Entlarvte Heuchelei", Seite 142/143)

Im August 1941 fand eine Zusammenkunft von Präsident Roosevelt und Premierminister Churchill auf hoher See vor der kanadischen Küste statt. Hierbei wurde die sogenannte Atlantik-Charta beschlossen. Die Atlantik-Charta vom 12. 8. 1941 hat folgenden Wortlaut:

„Gemeinsame Erklärung

Der Präsident der Vereinigten Staaten von Amerika und der Premierminister, Herr Churchill, als Vertreter der Regierung Seiner Majestät im Vereinigten Königreich, die sich auf einer Zusammenkunft getroffen haben, erachten es für richtig, gewisse gemeinsame Prinzipien in der internationalen Politik ihrer jeweiligen Länder, auf die sie ihre Hoffnungen auf eine bessere Zukunft für die Welt gründen, bekanntzugeben.

Erstens, ihre Länder suchen keine territoriale oder sonstige Vergrößerung.

Zweitens, sie wünschen nicht, daß territoriale Veränderungen zustande kommen, die nicht mit den frei geäußerten Wünschen der betroffenen Völker übereinstimmen.

Drittens, sie achten das Recht der Völker, sich diejenige Regierungsform zu wählen, unter der sie leben wollen, und sie wünschen, daß Souveränitätsrechte und Selbstverwaltung denen zurückgegeben werden, denen sie gewaltsam entrissen worden sind.

Viertens, mit gebührender Rücksicht auf ihre bestehenden Verpflichtungen werden sie sich bemühen, die Möglichkeit des Zugangs aller Staaten, großer und kleiner, Sieger und Besiegter, zu gleichen Bedingungen, zum Welthandel und zu den Rohstoffen der Welt, welche für ihr wirtschaftliches Gedeihen gebraucht werden, zu fördern.

Fünftens, sie wünschen, die vollste Zusammenarbeit aller Nationen auf wirtschaftlichem Gebiet herzustellen mit dem Ziel, für alle verbesserte Arbeitsbedingungen, wirtschaftlichen Fortschritt und soziale Sicherheit zu gewährleisten.

Sechstens, nach der endgültigen Vernichtung der nationalsozialistischen Tyrannei hoffen sie, einen Frieden aufgerichtet zu sehen, der allen Nationen die Möglichkeit geben wird, in Sicherheit innerhalb ihrer eigenen Grenzen zu leben, und der Gewähr dafür geben wird, daß alle Menschen in allen Ländern ihr ganzes Leben lang frei von Furcht und Not leben können.

Siebentens, solch ein Frieden soll alle Menschen in die Lage versetzen, ungehindert die Meere und Ozeane zu befahren.

Achtens, sie glauben, daß alle Völker der Erde, aus realistischen sowohl wie aus geistigen Gründen, dazu kommen müssen, die Anwendung von Gewalt aufzugeben. Da kein künftiger Frieden bewahrt werden kann, wenn Bewaffnung für den Land-, See- oder Luftkrieg weiterhin Nationen zur Verfügung steht, welche mit Aggression außerhalb ihrer Grenzen drohen oder drohen können, glauben sie, daß die Entwaffnung solcher Nationen von wesentlicher Bedeutung ist, bis ein umfassenderes und dauerndes System der allgemeinen Sicherheit aufgebaut sein wird. Sie werden gleichermaßen alle anderen praktischen Maßnahmen, welche den friedliebenden Völkern die drückende Last der Rüstungen erleichtern, unterstützen und fördern."

(„Schrittmacher der Sowjets", Seite 103/104)

Roosevelt sagte bei dieser Konferenz zu Churchill:

„Ich kann niemals Krieg erklären; ich kann Krieg machen. Wenn ich den Kongreß ersuchen müßte, Krieg zu erklären, würden sie darüber drei Monate diskutieren."

(„Entlarvte Heuchelei", Seite 143)

Bereits am 11. 1. 1941 hatte der US-Diplomat Harry Hopkins zu Churchill bei einem Frühstück gesagt:

„Der Präsident ist entschlossen, daß wir den Krieg gemeinsam gewinnen werden. Geben Sie sich darüber keinem Zweifel hin."

(„Entlarvte Heuchelei", Seite 219)

Nach seiner Rückkehr von dieser atlantischen Konferenz sprach Churchill am darauf folgenden Sonntagabend im britischen Rundfunk. Der amerikanische Historiker George N. Crocker berichtet darüber u. a.:

„Zum Schluß kam Mr. Churchill klugerweise an diesem Sonntagabend auf die Religion zu sprechen, wobei er allerdings den doktrinären Atheismus seiner kommunistischen Verbündeten mit Stillschweigen überging. Er erzählte, welche Choräle sie auf dem Achterdeck des Schlachtschiffes Prince of Wales gesungen hatten; sie waren allen seinen Zuhörern von Jugend an vertraut. Er sagte: ‚Wir sangen „Vorwärts, christliche Soldaten", und tatsächlich hatte ich das Gefühl, daß dies keine eitle Anmaßung war, sondern daß wir berechtigt waren, uns als Kämpfer für eine Sache zu fühlen, um deretwillen eine Posaune aus der Höh' ertönte.' Befand man sich nicht wirklich schon in einem heiligen Krieg?

...

Wäre im August 1941 jemand bewußt darauf ausgegangen, etwas recht Unvergorenes und Dummes über den damals in Europa tobenden Krieg zu sagen, so hätte er sich nichts Besseres ausdenken können, als daß der Sieg der sowjetischen Soldateska — den ja der Zusammenschluß der Alliierten bezweckte und schließlich auch erreichte — den Völkern, die auf ihrem Wege lagen, Freiheit und Gerechtigkeit bringen werde. Noch grotesker wäre nur der Vorschlag gewesen, daß sie auf ihrem Vormarsch ‚Vorwärts, christliche Soldaten' singen sollten."

(„Schrittmacher der Sowjets", Seite 110/111)

Am 29. 9. 1941 unterschrieb der sowjetische Außenminister Molotow die Atlantik-Charta. Crocker schreibt darüber folgendes:

„Dann wurde am 29. September 1941 der sowjetische Kommissar für Außenpolitik, Wjatscheslaw Molotow, der berüchtigte, janusköpfige Russe, der mit Außenminister v. Ribbentrop zusammen Vorkehrungen für die Teilung Polens getroffen hatte, im St. James Palast empfangen, wo er im Namen der sowjetischen Selbstherrscher die Atlantikcharta unterschrieb und damit seine Regierung zur Befolgung der acht Punkte verpflichtete. Um es der amerikanischen Presse bequemer zu machen, wurde diese feierliche Handlung — wohl einer der ungeheuerlichsten Schwindel der Weltgeschichte — in Washington wiederholt. Das Possenspiel wäre kaum ärger gewesen, hätte sich Adolf Hitler für die Lieferung von fünfzigtausend Panzern und fünfundzwanzigtausend Flugzeugen durch seine auf ein Stück Papier gekritzelte Unterschrift zur Befolgung der im Talmud enthaltenen heiligen Gesetze des Judentums verpflichtet. Schließlich strömten noch die Bevollmächtigten von über dreißig Ländern herbei, um die Atlantikcharta ebenfalls zu unterschreiben. Auf diese Weise wurde sie zu einem multilateralen" (= mehrseitigen) „internationalen Pakt."

(„Schrittmacher der Sowjets", S. 116)

Der amerikanische Historiker Chamberlin stellt den vor der Wiederwahl zum Präsidenten von Roosevelt gesprochenen Worten die Taten des Präsidenten gegenüber. Er schreibt:

„Amerikas Verwicklung in den Krieg mit Deutschland war eine lange Reihe von Schritten vorausgegangen, die vernünftigerweise nicht als Verfolgung des vorgegebenen Zieles, die Vereinigten Staaten aus dem Kriege herauszuhalten, angesehen werden konnten. Die wichtigsten dieser Schritte sollen hier aufgezählt werden:

1. Die Überführung amerikanischer Zerstörer in britische Stützpunkte im Karibischen Meer und vor Neufundland im September 1940 bedeutete eindeutig Aufgabe der Bestimmungen der Neutralität und entsprechende Verletzung amerikanischer Gesetze. Eine Versammlung führender Regierungs-Juristen hatte damals entschieden, daß dieser Zerstörerhandel das Land rechtlich und moralisch in Kriegszustand versetze.

2. Das Inkrafttreten des Pacht- und Leihgesetzes im März 1941. In vollkommenem Gegensatz zu Wort und Sinn des Neutralitätsgesetzes, wie es im Landesgesetzbuch verankert ist, machte dies die Vereinigten Staaten zum uneingeschränkten Handelskriegspartner gegen die Achsenmächte auf der ganzen Welt.

3. Die geheimen amerikanisch-britischen Stabsbesprechungen in Washington vom Januar bis März 1941. Mit besonderer Sorgfalt wurde nicht nur der Inhalt, sondern auch die bloße Tatsache ihres Stattfindens vor dem Kongreß verheimlicht. Zur gleichen Zeit, da die Regierungssprecher versicherten, daß mit dem Pacht- und Leihvertrag keine Kriegsbeteiligung verbunden wäre, formulierte die Stabskonferenz die aufschlußreichen Worte: ‚Wenn die Vereinigten Staaten in den Krieg mit Deutschland verwickelt werden.'

4. Die Einrichtungen sogenannter ‚Neutraler Patrouillen', um den Engländern das Vorhandensein deutscher U-Boote im Atlantik melden zu können, im April 1941.

5. Die Beförderung amerikanischer Arbeiter nach Nord-Irland, um Marine-Stützpunkte zu bauen, mit dem offensichtlichen Hintergedanken an ein amerikanisches Expeditionskorps.

6. Die Besetzung Islands durch amerikanische Truppen im Juli 1941. Das war wohl etwas abwegig für eine Regierung, die behauptete, daß ihr Hauptanliegen sei, die Vereinigten Staaten aus dem Kriege herauszuhalten.

7. Die Atlantik-Konferenz von Roosevelt und Churchill vom 9. bis 12. August 1941. Abgesehen von der Bloßstellung Amerikas als Partner in einer wirkungsvollen Deklaration der Kriegsziele, erwog diese Konferenz die Übergabe eines Ultimatums an Japan und die Besetzung der Cap Verdischen Inseln — einer portugiesischen Besitzung — durch amerikanische Truppen.

8. Die am 11. September förmlich angekündigte Anweisung an amerikanische Kriegsschiffe, auf gesichtete deutsche U-Boote zu schießen. An diesem Tage kann man den Beginn tatsächlicher Feindseligkeiten eher ansetzen als bei der deutschen Kriegserklärung, die nach Pearl Harbour erfolgte.

9. Die Erlaubnis zur Bewaffnung von Handelsschiffen und deren Entsendung in das Kriegsgebiet.

10. Das Einfrieren japanischer Gelder in den Vereinigten Staaten ab 25. September 1941. Dieser Schritt, dem gleichlaufende Handlungen Englands und Niederländisch-Ostindiens gefolgt waren, kam einer Handelsblockade Japans gleich. Die möglichen Kriegsfolgen dieser Entscheidung sind von Roosevelt selbst, kurz nachdem sie ergriffen worden waren, anerkannt worden. Einer Delegation erklärend, warum Ölexporte nach Japan nicht vorher gestoppt worden seien, sagte er:

‚Vom Standpunkt unserer eigenen Verteidigung aus war es notwendig, dem Ausbruch des Krieges im Süd-Pazifik vorzubeugen. So versuchte unsere auswärtige Politik, einen Krieg, der dort ausbrechen würde, zu stoppen ... Wenn wir ihnen nicht das Öl abgeschnitten hätten, wären sie (die Japaner) wahrscheinlich schon vor einem Jahr nach Niederländisch-Ostindien gegangen, und wir hätten Krieg gehabt.'

11. Als der japanische Premierminister, Prinz Fumimaro Konoye, um ein persönliches Treffen mit Roosevelt nachsuchte, um eine freundschaftliche Regelung im Pazifik herbeizuführen, wurde dieses Ersuchen trotz der eindringlichen Empfehlung des amerikanischen Botschafters in Japan, Josef C. Grew, abgelehnt.

12. Der letzte Schritt auf dem Wege zum Kriege im Pazifik war die Note Staatssekretärs Hull an die japanische Regierung vom 26. No-

vember. Vor der Übersendung hatte Hull den Vorschlag eines Kompromisses erwogen, daß die Blockade Japans eingestellt werden würde, wenn die Japaner sich von Süd-Indochina zurückzögen und ihre Truppen in Nord-Indochina sammelten.

Jedoch ließ Hull diesen Gedanken auf britischen und chinesischen Druck hin fallen. So telegrafierte er am 26. November ein regelrechtes Ultimatum, das ein bedingungsloses Zurückziehen japanischer Truppen aus China und Indochina forderte und darauf bestand, daß ‚keine andere chinesische Regierung als die nationalchinesische (Tschiang Kai Schek) unterstützt werden dürfe'. Hull gab zu, daß diese Note die japanisch-amerikanischen Beziehungen aus dem Bereich der Diplomatie herauslöse und sie in die Hand militärischer Autorität lege.

Die negative Antwort Japans auf diese Note wurde fast gleichzeitig mit dem Angriff auf Pearl Harbour übergeben. Es bleibt ein seltsames und bis heute ungeklärtes Versagen in der Vorbereitung auf diesen Angriff, daß General Short und Admiral Kimmel, die Stadtkommandanten, nicht auf die große Gefahr hingewiesen wurden. Kriegsminister Stimson hatte die amerikanische Politik dahin erklärt, daß sie die Japaner dazu bringen wollte, den ersten Schuß abzufeuern, denn man hätte befürchten müssen, daß offene Vorsichts- und Verteidigungsbewegungen den bevorstehenden Angriff der japanischen Einsatzkräfte verhindert hätten, von denen man wußte, daß sie auf dem Wege zu irgendeinem amerikanischen Außenposten waren."

(„Entlarvte Heuchelei", Seite 150—153)

In einem Aufsatz in der „Waiblinger Kreiszeitung" vom 5. 12. 1961 über Pearl Harbour werden die japanischen Friedensbemühungen gegenüber den USA geschildert und es wird mitgeteilt, daß der japanische Geheim-Code den Amerikanern bekannt war und daß trotz dieses Wissens um den bevorstehenden japanischen Angriff Roosevelt die Flotte in Pearl Harbour nicht warnte. Der Aufsatz schließt mit folgenden Worten:

„Warum verhielt sich der Präsident so passiv? Wahrscheinlich, so urteilt heute die amerikanische Geschichtsforschung, wollte er Pearl Harbour nicht verhindern. Er wollte den Krieg, und da das amerikanische Volk und der amerikanische Kongreß ihm ohne Pearl Harbour kaum eine Kriegserklärung erlaubt hätten, so mußten eben ein paar tausend Soldaten sterben. Es ist ein hartes, ein furchtbares Urteil, doch es läßt sich schwerlich vermeiden. Hitler aber tat dann das, was Roosevelt selber kaum zu hoffen wagte: Am 11. Dezember erklärte er Amerika den Krieg."

Ein Anhänger der Politik Roosevelts, Professor Thomas A. Bailey, schreibt in seinem Buch „The man in the street" u. a.:

„Franklin Roosevelt betrog das amerikanische Volk wiederholt während der Periode von Pearl Harbour... Er war wie ein Arzt, der dem Patienten zu dessen eigenem Besten Lügen erzählt... Das Land war bis zum Tage von Pearl Harbour überwältigend nicht-interventionistisch eingestellt, und ein offenkundiger Versuch, das Volk in den Krieg zu bringen, hätte zu einem gewissen Mißerfolg und zu einer sicheren Abwahl Roosevelts 1940 geführt und damit zu einer vollkommenen Niederlage seines endgültigen Zieles."

Professor Bailey schreibt dann weiter:

„Ein Präsident, der einem Volk die Wahrheit nicht anvertrauen kann, zeigt einen gewissen Mangel an Vertrauen in die Grundlagen der Demokratie. Aber da die Masse tatsächlich kurzsichtig ist und gewöhnlich nicht die Gefahr sieht, bis sie ihr am Halse sitzt, sind unsere Staatsmänner gezwungen, sie zu betrügen, bis sie endlich ihre dauernden Interessen erkennt. Genau das ist es, was Roosevelt tun mußte, und wer will behaupten, daß die Nachwelt ihm dafür nicht danken wird." („Entlarvte Heuchelei", Seite 153/154)

Über die amerikanischen Kriegsziele schreibt Chamberlin:

„Vielleicht die originellste Formulierung der Kriegsziele stammt von Vizepräsident Henry A. Wallace. Nach Wallace war der Krieg ‚ein Kampf zwischen der freien und der versklavten Welt'. ‚Die Völker', sagte er vertraulich voraus, ‚sind auf dem Wege zu einer größeren Freiheit, als die glücklichsten Völker der Erde sie je genossen haben.'

‚Der Zweck dieses Krieges', erklärte Wallace in einem unangemessenen Fluge seiner Phantasie, ‚ist es, sicherzustellen, daß alle Menschen auf der Welt das Recht haben sollen, ein Viertel Liter Milch pro Tag zu trinken.'

Dann war da noch ein anderer Zweck: den Teufel zu schlagen. Um noch mehr von jener Rede zu bringen, die Wallace den Ruf eines seherischen Propheten der Kriegszeit eintrug: ‚Satan ist auf die Welt losgelassen ... Durch die Führer der Nazi-Revolution versucht Satan jetzt, den einfachen Mann in der ganzen Welt in Sklaverei und Finsternis zurückzuführen... Satan hat das Ungesunde auf uns losgelassen... Die Götterdämmerung ist für Odin und seine Scharen angebrochen... Wir werden den Schandfleck Europas — Hitler-Deutschland — tilgen und mit ihm den Höllenpfuhl des asiatischen Japan. Es gibt keinen Kompromiß mit Satan.'"

(„Entlarvte Heuchelei", Seite 162)

Über die Vier Freiheiten, für die Roosevelt eintrat, schreibt Chamberlin:

„Nach seiner dritten Wahl hatte der Präsident in seiner Antrittsrede vom Januar 1941 emphatisch die allgemeine Verwirklichung der Vier Freiheiten als Grundlage für den Weltfrieden vertreten. Es waren die Freiheit der Rede, der Religion, sowie die Freiheit von Not und Furcht ..."

(„Entlarvte Heuchelei", Seite 157)

Der Produktionsminister in Churchills Kriegskabinett, Hauptmann Oliver Lyttelton, erklärte in einer Rede vor der Amerikanischen Handelskammer in London, daß

„Amerika Japan so provozierte, daß die Japaner gezwungen waren, Pearl Harbour anzugreifen. Es wäre eine Verfälschung der Geschichte, wollte man behaupten, daß Amerika zum Kriege gezwungen wurde."

(„Schrittmacher der Sowjets", Seite 76/77)

Über die Verhältnisse in der Sowjetunion lag der amerikanischen Regierung ein vertraulicher Bericht von dem Leiter der U. P.-Organisation für Europa, Virgil Pinkley, vom 28. 11. 1940 — also mehr als 6 Monate vor dem deutschen Angriff auf die Sowjetunion — vor, in dem es heißt:

„Praktisch dient zur Zeit alles, was in der Sowjetunion geschieht, dem Ausbau eines ungeheueren militärischen Apparates. Viele sachkundige Beobachter glauben, daß der Gedanke einer Weltrevolution durch Propaganda vorerst beiseitegeschoben ist und daß der Schwerpunkt jetzt beim Ausbau einer riesigen Kriegsmacht liegt, die es der Sowjetdiplomatie ermöglichen soll, auf Verlangen in Gebieten und ganzen Ländern die Regierung zu übernehmen, und wenn die Forderung abgelehnt wird, dann soll das Ziel durch militärische Gewalt erreicht werden. Die Russen haben in Europa das Spiel der Machtpolitik studiert und sich als gelehrige Schüler erwiesen."

Weiter heißt es in dem Bericht über Stalin:

„Rußland hat sich inzwischen von der Linken weit entfernt und entwickelt sich rapide zu einer vollständig militärischen Diktatur auf absolut totalitärer Basis... Alle einigermaßen wichtigen Entscheidungen in Rußland trifft Stalin: er ist in dieser Hinsicht viel unabhängiger als Hitler und Mussolini und läßt seinen Gehilfen viel weniger freie Hand als andere Diktatoren."

(„Schrittmacher der Sowjets", S. 33/34)

Der amerikanische Historiker Crocker schreibt dazu:

„Diese Beobachtungen trafen zu. Sie wurden durch alles bestätigt, was sowohl vor als nach Hitlers Niederlage bekannt wurde. Eine weitere Bestätigung für Rußlands Habgier in der Zeit vor Hitlers Angriff kam später mit Akten ans Tageslicht, die in den Trümmern von Berlin beschlagnahmt wurden. Für viele leichtgläubige Leute in Amerika, die in ihrer geistigen Trägheit der ‚Liebe-unsern-Verbündeten-Rußland'-Propaganda erlegen waren, bedeutete der Fund des Protokolls von den Besprechungen zwischen dem russischen Außenminister Molotow und seinem deutschen Kollegen v. Ribbentrop wenige Wochen vor dem deutschen Angriff eine heftige Erschütterung. Denn dieses Dokument bewies, daß Molotow vom Kreml nach Berlin geschickt worden war, um Deutschland ein uneingeschränktes Militärbündnis anzubieten, und daß er nur darum keinen Erfolg hatte, weil die territorialen Gegenforderungen Rußlands in Europa und im nahen Osten Hitler allzu raffgierig erschienen ..."

(„Schrittmacher der Sowjets", S. 34)

Japan gegenüber erließ Roosevelt am 25. 7. 1941 „von Hyde Park aus eine Verordnung, durch die alle japanischen Guthaben in den Vereinigten Staaten eingefroren und der Handel zwischen den beiden Ländern praktisch verboten wurde".

(„Schrittmacher der Sowjets", S. 70)

Weiter heißt es auf Seite 71 des Buches „Schrittmacher der Sowjets" über Roosevelts Japanpolitik:

„In unverminderter Angriffslust gab er ferner seinem ‚Amt für Produktionslenkung' Anweisung, die Verarbeitung von Rohseide für den Zivilbedarf einzustellen. Damit hörte die Fabrikation von seidenen Strümpfen, Kleiderstoffen, Krawatten usw. schlagartig auf, und da Japan der größte Rohseidenexporteur der Welt und die Vereinigten Staaten seit Jahren sein Hauptabnehmer waren, traf dieser Schlag Japan schwer. Man sieht, wenn es darum ging, einen internationalen Konflikt herbeizuführen, war Mr. Roosevelt ebenso wendig und geschickt wie bei der Verschleierung drohender Folgen vor den Augen der Öffentlichkeit."

Über Vermittlungsversuche schreibt Crocker u. a. folgendes:

„Dann gab sich der amerikanische Botschafter in Tokio, Joseph C. Grew, die größte Mühe, eine Aussprache zwischen dem japanischen Premierminister Fürst Konoye und Präsident Roosevelt in Hawaii oder Alaska zustandezubringen. Fürst Konoye wünschte die Begegnung dringend; Mr. Grew, der bereits seit neun Jahren auf seinem Posten war und die japanische Denkungsart und Politik genau kannte, hielt sie für den besten Weg zu einer Verständigung. Doch auch seine Bemühungen mußten verständlicherweise scheitern. Präsident Roosevelt fegte sie mit einer Starrköpfigkeit beiseite, die nur möglich war, weil das amerikanische Volk von dem Angebot nichts wußte."

(„Schrittmacher der Sowjets", S. 73)

Weiter heißt es:

„Trotzdem bettelte Fürst Konoye fast darum, mit Präsident Roosevelt sprechen zu können, um zu versuchen, den Frieden zu erhalten.

Als seine Bitte wiederholt unbeachtet blieb, traten die von Botschafter Grew vorhergesagten Folgen ein: das Kabinett Konoye wurde gestürzt, und damit schwand die einzige Hoffnung auf Frieden dahin. Eine Militärdiktatur unter General Hideki Tojo nahm die Zügel in Japan in die Hand. Das amerikanische Volk erfuhr zwar, daß Konoye gestürzt worden war, wußte aber nicht, wer ihn gestoßen hatte ...

Kehren wir mit unseren Gedanken zu jenem Sommer 1941 zurück, so stellen wir fest, daß am 16. August der japanische Botschafter in Washington, Admiral Nomura, Außenminister Cordell Hull aufsuchte. Diese ganze Unterredung, bei der Nomura erneut für ernsthafte Verhandlungen eintrat, war gekennzeichnet durch die völlig negative Haltung des Ministers. Doch inzwischen hatte Nomura einiges gehört, um sich auch ein Bild zu machen. Noch am selben Tage sandte er an seine Regierung in Tokio ein Telegramm, in dem er zur Beurteilung der Lage folgendes sagte: ‚Wie ich erfahre, sind die Engländer der Meinung, wenn sie nur einen japanisch-amerikanischen Krieg an der Hintertür auslösen könnten, so bestünde gute Aussicht dafür, die Vereinigten Staaten dazu zu bekommen, daß sie sich auch am Krieg in Europa beteiligen.'

Das war keine Propaganda. Das berichtete ein japanischer Diplomat verschlüsselt an seine Vorgesetzten."

(„Schrittmacher der Sowjets", Seite 74 und 76)

Über die Zeit unmittelbar vor dem japanischen Angriff auf Pearl Harbour schreibt Crocker:

„Tatsächlich hatte der amerikanische Nachrichtendienst den japanischen Chiffrecode entschlüsselt, und viele Einzelheiten waren bereits vorher bekannt, sogar die genaue Zeit des japanischen Angriffes. Nur die amerikanische Öffentlichkeit wurde davon überrascht; und man ließ sie auch in dem Glauben, daß ihr liebenswerter Präsident, arglos wie ein Kind, sich schon in Hemdsärmeln auf dem Sofa räkelte und sich anschickte, den gemütlichen Sonntag für die Arbeit an seiner Briefmarkensammlung auszunutzen, als plötzlich aus heiterem Himmel der entsetzliche Stoß ihn traf.

Einmal hatte der harmlose Briefmarkensammler den japanischen Angriff sogar schon etwas früher erwartet. Am Dienstag, den 25. November, hatte er bei einer Sitzung mit Hull, Knox, Stimson, General Marshall und Admiral Stark bereits prophezeit — ganz geheim, versteht sich! —, daß ‚vielleicht schon am nächsten Montag' (1. Dezember) ein Angriff auf die Vereinigten Staaten erfolgen werde. Spätere Nachrichten besagten, daß der Schlag nicht vor dem Wochenende am siebenten kommen werde. Man sollte meinen, wenn einer das wußte, was Mr. Roosevelt offenbar schon am Dienstag, den 25. November, bekannt war, und er in einem letzten dramatischen Versuch, den Krieg abzuwenden, einen direkten Appell an Kaiser Hirohito richten wollte, daß er ihn dann sofort, spätestens noch am gleichen Tage, abgesandt hätte. Doch das tat er nicht. Er wartete damit bis zum 6. Dezember 9 Uhr abends, so daß er sicher sein konnte, daß das Telegramm in Tokio viel zu spät ankommen werde, um noch irgendeine Wirkung zu haben. Es wurde dann auch dem Kaiser erst zwanzig Minuten, ehe die ersten Bomben auf Pearl Harbour fielen, vorgelegt. Das Telegramm wurde nur abgesandt, ‚um den Appell aktenkundig zu machen', wie Cordell Hull später einmal sagte."

(„Schrittmacher der Sowjets", Seite 77/78)

Am 5. 8. 1941 — nachdem bereits die Unterstützung der Sowjetunion durch die USA angelaufen war und vier Monate vor dem Kriegsausbruch mit Japan und kurz vor der Atlantischen Konferenz zwischen Roosevelt und Churchill — wurde folgender scharfe Protest gegen die Politik Roosevelts zur Veröffentlichung freigegeben, der u. a. von dem früheren Präsidenten der USA, Herbert Hoover, und hohen Persönlichkeiten des öffentlichen Lebens in den USA unterzeichnet war:

„Das amerikanische Volk muß dringend verlangen, daß der Kongreß dem schrittweisen Eintritt der Vereinigten Staaten in einen unerklärten Krieg ein Ende macht ... Überschreitungen des ausdrücklich festgelegten Zweckes des Leih-Pacht-Gesetzes folgten kriegerische Handlungen der Marine, die militärische Besetzung von Stützpunkten außerhalb der westlichen Hemisphäre, die Zusage nicht genehmigter Unterstützungen an Rußland und andere kriegerische Maßnahmen ... Amerika ist soweit gegangen, wie es weder mit dem Gesetz noch mit unseren Gefühlen und unserer Sicherheit vereinbar ist ... Der Krieg ist nicht bloß ein weltweites Ringen zwischen Tyrannei und Freiheit.

Das Bündnis Englands mit den Russen hat diese Illusion zerstört ... Insoweit dies ein machtpolitischer Krieg ist, wünscht das amerikanische Volk daran nicht teilzunehmen ... Nur wenige Menschen glauben, daß die Achsenmächte jetzt oder in Zukunft in der Lage sein werden, die Unabhängigkeit irgendeines Teiles unserer Hemisphäre zu bedrohen, wenn unsere Verteidigungsmaßnahmen richtig durchgeführt werden. Die Freiheit in Amerika hängt nicht vom Ausgang von Kämpfen um materielle Macht zwischen anderen Nationen ab."

(„Schrittmacher der Sowjets", Seite 87)

Über die Lage Japans hatte in der „Hornbeck'schen Denkschrift" vom 3. 1. 1935 der Chef der Fernost-Abteilung des US-Außenministeriums festgestellt:

„Es liegt klar auf der Hand, daß Japan entweder seine Industrie weiter entwickeln und Zugang zu größeren Märkten für seine Waren bekommen oder verhungern muß. Die dem japanischen Volk angeborene Lebenskraft und Männlichkeit schließen jede Hoffnung aus, daß es die letztere Möglichkeit mit in den Schoß gelegten Händen hinnimmt."

(„Schrittmacher der Sowjets", Seite 105)

Am 7. 12. 1941 griffen die Japaner die US-Flotte auf den Hawaii-Inseln in Pearl Harbour mit See- und Luftstreitkräften an — damit begann der kriegerische Teil der Auseinandersetzung zwischen Japan und den USA. Mit der am 11. 12. 1941 erfolgten Kriegserklärung Hitlers begann der offizielle Kriegszustand zwischen den USA und Deutschland.

Über die amerikanische Politik vor Beginn des zweiten Weltkrieges schreibt der amerikanische Historiker Harry Elmer Barnes zusammenfassend u. a. folgendes:

„Zur Zeit der Münchener Episode von 1938 begünstigte Präsident Roosevelt scheinbar die britische Politik, Hitler nachzugeben. Seine Verbindungen zu den beteiligten europäischen Führern dürften tatsächlich entscheidend dazu beigetragen haben, daß England und Frankreich 1938 Hitlers Drohung nicht mit Waffen begegneten. Aber aus seinen Besprechungen mit amerikanischen Staatsbeamten, besonders mit General Henry H. Arnold, geht hervor, daß Roosevelt München eher als Vorspiel zum Kriege betrachtete, nicht als Sicherung eines ‚Friedens für unsere Zeit', wie Chamberlain es offensichtlich gehofft hatte. 1938 wünschte Roosevelt noch keinen Krieg, denn die Situation damals hätte sehr wohl so sein können, daß Hitler zu schnell geschlagen worden wäre, um einen Eintritt Amerikas in den Kampf noch zu ermöglichen. Die Tschechen hatten eine große und gut ausgerüstete Armee, und Rußland war eifrig darauf bedacht, sich an einem Kriege gegen Hitler zu beteiligen. Im Sommer 1939 hatte sich die Situation stark verändert. Die tschechische Armee gab es nicht mehr, und Rußland hatte einen Vertrag mit dem nationalsozialistischen Deutschland unterzeichnet. Wenn unter diesen Umständen ein Krieg ausbrach, mußte er wahrscheinlich lange dauern und Roosevelt reichlich Zeit lassen, die Vereinigten Staaten in den Kampf hineinzumanövrieren.

Es steht wohl außer Zweifel, daß Roosevelt bereits vor Kriegsausbruch Anfang September 1939 entschlossen war, wenn möglich in einen europäischen Krieg einzutreten. Das ‚Deutsche Weißbuch' (eroberte polnische Dokumente) und selbst die zensierten ‚Forrestal Diaries' bestätigen diese Überzeugung. Bis heute aber bleibt es ein Geheimnis, welche endgültigen Sicherheiten er Anthony Eden im Dezember 1938 und König Georg VI. im Juni 1939 gegeben haben mag."

(„Entlarvte Heuchelei", Seite 217)

Die in dem Abschnitt „Der Fall Polen" aufgeführte Ansicht eines polnischen Diplomaten über Roosevelts Vorkriegspolitik sei hier noch einmal im Zusammenhang mit der sonstigen Politik des Präsidenten Roosevelts wiedergegeben.

In einem Geheimbericht, den Graf Potocki, der Botschafter Polens in Washington, am 12. Januar 1939 — also mehr als sieben Monate vor Beginn des deutsch-polnischen Krieges — an Oberst Beck, den Außenminister Polens, schickte, heißt es:

„An diesem Feldzug beteiligen sich die verschiedensten jüdischen Intellektuellen, z. B. Bernard Baruch, Lehmann, der Gouverneur des Staates New York, Felix Frankfurter, der neu ernannte Richter im Obersten Gerichtshof, Morgenthau, der Schatzsekretär, und andere, die dem Präsidenten Roosevelt in persönlicher Freundschaft verbunden sind. Diese Gruppe von Personen, die die höchsten Stellungen in der amerikanischen Regierung innehaben und als Vertreter des ‚wahren Amerikanismus' und als ‚Verteidiger der Demokratie' gelten wollen, heften sich tief durch unlösbare Bande an das internationale Judentum. Für diese Internationale ist die Erhebung des Präsidenten der Vereinigten Staaten in dieses ‚geradezu ideale' Amt eines Verteidigers der Menschenrechte ein Geniestreich gewesen. Sie haben auf diese Weise einen sehr gefährlichen Mittelpunkt für Haß und Feindschaft in dieser Welthälfte geschaffen und die Welt in zwei feindliche Lager gespalten."

(„Das Geheimnis um die Ursachen des zweiten Weltkrieges", S. 63)

Sechs Monate später erklärt der von Washington nach Hause gekommene Graf Potocki dem Grafen Szembek, Unterstaatssekretär im polnischen Außenministerium, am 6. 7. 1939, daß

„er über das in Polen herrschende Klima starr vor Entsetzen ist. Beim Vergleich mit der Psychose, die im Westen um sich greift, hat man den Eindruck, daß unser Land ein Erholungsheim ist. Noch während seines Aufenthaltes auf dem von Amerika nach Europa gehenden Schiff wurde das Gerücht verbreitet, in Danzig sei ein Staatsstreich verübt worden. Im Westen gibt es allerlei Elemente, die offen zum Kriege treiben: die Juden, die Großkapitalisten, die Rüstungsfabrikanten. Alle stehen vor einer glänzenden Konjunktur, denn sie haben einen Ort gefunden, den man in Brand stecken kann: Danzig; und eine Nation, die bereit ist, zu kämpfen: Polen. Auf unserem Rücken wollen sie Geschäfte machen. Die Zerstörung unseres Landes würde sie gleichgültig lassen. Im Gegenteil: da später alles wieder aufgebaut werden müßte, würden sie auch daran verdienen. Sie behandeln uns wie Neger, die nur zu arbeiten haben, damit sie ihr Kapital vermehren können."

(„Das Geheimnis um die Ursachen des zweiten Weltkrieges", S. 63/64)

Über Roosevelt schreibt der französische Historiker Jacques Béarn u. a. folgendes:

„Wir glauben unseren Lesern nichts Neues zu verkünden, wenn wir schreiben, daß Franklin Roosevelt, der große Verantwortliche für die Welle der Kriegshetze, die 1939 die Welt überflutete, Freimaurer war.

Er wurde schon bei Beginn seiner Laufbahn in die Geheimnisse dieser Sekte eingeweiht und erhielt den Meistergrad in der ‚Holland Lodge No 8' am 28. November 1911, d. h. kurz nach seiner Wahl in den Senat. Am 28. Februar 1929 erreichte er den 32. Grad des Schottenritus, der ihn zu einem ‚Erhabenen Fürsten des Königlichen Geheimnisses' machte.

Es ist also nicht erstaunlich, daß die Häupter der Maurerei damit rechneten, daß er ihre Sache fördern und ihre Pläne durchführen werde. Darum ist verständlich, daß Br. Groussier" (ein französischer Freimaurer) „im Mai 1939 auf dem Kongreß der Logen des Ostens erklären konnte:

‚Die Maurerei ist die Grundlage der Botschaften des Br. Roosevelts. Unsere Gegner haben darin sehr richtig das Erkennungszeichen der französischen Maurerei gesehen, und ihre Kritiken machen zur Zeit in Europa die Runde.'"

(„Das Geheimnis um die Ursachen des zweiten Weltkrieges", S. 157)

Über die Ansicht Hitlers bei seiner Kriegserklärung an die USA äußert Reichsaußenminister von Ribbentrop u. a. folgendes:

„Sobald die ersten Nachrichten über Pearl Harbour — für uns eine völlige Überraschung — bei uns einliefen, war mein erster Gedanke, wir seien vertraglich nicht verpflichtet, auch in den Krieg gegen die USA einzutreten. Der Leiter der Rechtsabteilung im Auswärtigen Amt, Botschafter Gaus, mit dem ich darüber sprach, war der Ansicht, man könne sich so nicht verhalten, da sonst der Dreimächtepakt ‚politisch tot sei'. Trotzdem habe ich dann dem Führer ganz nüchtern nach vertragsrechtlichen Gesichtspunkten meine Stellungnahme vorgetragen, daß wir keine Verpflichtung hätten, den USA den Krieg zu erklären. Nach dem Wortlaut des Dreimächtepaktes mußten wir Japan nur beistehen, wenn es von einer dritten Macht angegriffen würde. Hitler erwiderte mir darauf mit folgenden Argumenten: ‚Die Amerikaner schießen ja schon auf uns, wir sind also mit ihnen bereits im Kriegszustand. Wir müssen daraus jetzt die Konsequenzen ziehen, sonst wird uns Japan das nie vergessen. Und binnen kurzem, wahrscheinlich aber sofort, kommt unser Krieg mit Amerika doch, denn das ist von Anfang an das Ziel Roosevelts gewesen.'"

(„Zwischen London und Moskau", Seite 249/250)

Die Schuld am Luftkrieg gegen die Zivilbevölkerung

In der Presse wird normalerweise die Ansicht vertreten, daß Hitler den Luftkrieg gegen die Zivilbevölkerung begonnen habe und somit verantwortlich sei für die Vergeltungsangriffe der alliierten Luftflotten gegen die deutsche Zivilbevölkerung. Maßgebende Engländer vom englischen Luftfahrtministerium sind anderer Ansicht. Der englische Rechtsanwalt Veale führt in seinem Buch „Der Barbarei entgegen" (H. H. Nölke Verlag) u. a. folgendes auf:

„Erst im April 1944, als die Luftwaffe" (der Deutschen) „durch Treibstoffmangel lahmgelegt und der Ausgang des Kampfes nicht mehr zweifelhaft war, wurde die über alle Tatsachenberichte verhängte strenge Sperre insofern aufgehoben, als man Mr. J. M. Spaight, C. B., C. B. E., dem früheren Staatssekretär des britischen Luftfahrtministeriums, erlaubte, sein Buch ‚Bombing Vindicated' (Rechtfertigung der Bombenangriffe) zu veröffentlichen. Schon der Titel war eine Überraschung, denn nur wenige hatten bisher gedacht, daß es einer Rechtfertigung für den Bombenkrieg überhaupt bedürfe. Dieses Buch führte dem Mann auf der Straße erstmalig vor Augen, daß er am 11. Mai 1940 eine heldenhafte Entscheidung gefällt hatte. Der Mann auf der Straße entsann sich natürlich nicht, an diesem Tage überhaupt eine Entscheidung gefällt zu haben, ob heldenhaft oder nicht; er konnte sich überhaupt nicht entsinnen, seit langer Zeit irgendeine Entscheidung gefällt zu haben, denn in einer Demokratie werden Entscheidungen nicht von Leuten seiner Art gefällt, sondern von internationalen Finanzleuten, Pressekönigen, Staatsbeamten und gelegentlich sogar von Kabinettsministern. Kein Wunder, daß der Mann auf der Straße verdutzt war.

Mr. Spaight, C. B., C. B. E., löste diese Bestürzung in folgendem lyrischen Absatz:

‚Da wir uns über die psychologischen Wirkungen nicht im klaren waren, die von der propagandistischen Verdrehung der Tatsache ausgehen würden, daß wir es waren, die mit der strategischen Bomberoffensive begannen, schreckten wir davor zurück, unseren großen Entschluß vom 11. Mai 1940 in der ihm gebührenden Weise vor die Öffentlichkeit zu bringen. Das war sicherlich ein Fehler. Es war ein großartiger Entschluß, ebenso heldenhaft und selbstaufopfernd wie Rußlands Entschluß zur Politik der verbrannten Erde. Coventry, Birmingham, Sheffield und Southampton konnten sich dadurch Kiew, Charkow,

Stalingrad und Sewastopol an die Seite stellen. Hätten sie begriffen, was wir getan hatten, würden unsere sowjetischen Alliierten unsere Tatenlosigkeit im Jahre 1942 mit weniger kritischen Augen betrachtet haben.'

(Fußnote: J. M. Spaight, ,Bombing Vindicated', Bles, London, 1944, S. 74) ..." (Veale, S. 142)

Warum gerade der 11. Mai 1940 ein so denkwürdiger Tag sein soll, erklärt Veale damit, daß an diesem Tage zum ersten Mal 18 Whitley-Bomber den Auftrag erhielten, außerhalb des militärischen Operationsgebietes (die deutsche Westoffensive hatte am 10. 5. 1940 begonnen) tief im deutschen Hinterland Eisenbahnanlagen zu bombardieren. Veale schreibt:

„Dieser Angriff in der Nacht des 11. Mai 1940, so unbedeutend er an sich war, stellte ein epochemachendes Ereignis dar als die erste absichtliche Verletzung der Grundregel zivilisierter Kriegführung, wonach sich die Feindseligkeiten nur gegen die kämpfende Truppe des Gegners richten dürfen." (S. 143)

Den Unterschied zwischen der deutschen Bombardierung von Warschau und Rotterdam und den englischen Luftangriffen auf die deutsche Zivilbevölkerung und die Abneigung Hitlers gegen die Bombardierung der englischen Zivilbevölkerung zeigt Veale mit folgenden Worten auf:

„Erst sehr viel später wurde es notwendig, derartige Greuel zu rechtfertigen, wie sie sich in jener Nacht abspielten, als sich die am dichtesten bevölkerten Teile Hamburgs in einen prasselnden Feuerofen verwandelten, in dem sich Tausende von Männern, Frauen und Kindern in die Kanäle warfen, um der grauenvollen Hitze zu entgehen. Die stereotype Entschuldigung damals hieß, daß dies nur eine Vergeltung für die Bombenangriffe der Deutschen auf Warschau und Rotterdam sei. Mr. Spaight schiebt dieses Argument mit der ihm gebührenden Verachtung beiseite. Er sagt:

,Als Warschau und Rotterdam bombardiert wurden, standen die deutschen Armeen unmittelbar vor den Toren. Die Luftangriffe waren ein Teil der taktischen Offensive.'

(Fußnote: Siehe das obenerwähnte Buch von J. M. Spaight, S. 43)

Captain Liddell Hart vertritt die gleiche Ansicht. Er schreibt:

,Bombenangriffe fanden erst statt, wenn sich die deutschen Truppen in die Städte hineinkämpften, und entsprachen somit den alten Regeln über Belagerungsbeschuß.'

(Fußnote: Hart, ,The Revolution in Warfare', S. 72)"

Weiter schreibt Rechtsanwalt Veale:

„Mr. Spaight gibt sich nicht mit dem Eingeständnis zufrieden, daß England für den Beginn der Bombenabwürfe auf die Zivilbevölkerung verantwortlich ist, sondern er besteht darauf, daß England der ganze Ruhm gebühre, diese Methode ersonnen und in die Praxis umgesetzt zu haben. Er verspottet die damals vom Informationsministerium ziemlich lau vorgebrachte Formulierung, daß das ‚ganze majestätische Unternehmen nur deshalb ins Rollen gebracht worden sei', weil ein Flugzeug unbekannter Nationalität einige Bomben in einen Wald in der Nähe von Canterbury geworfen habe ... Er besteht im Gegenteil sehr hitzig darauf, daß dieser Entschluß seinen Ursprung in ‚der glänzenden Idee britischer Fachleute im Jahre 1936' hatte, als das Bomberkommando organisiert wurde. ‚Einziger Zweck des Bomberkommandos', so erzählt er uns, ‚war die Bombardierung Deutschlands, sollte es unser Gegner werden.' Weiterhin, sagt er, war diese Absicht Englands im Falle eines Krieges Hitler offensichtlich klar, und er war daher ehrlich bestrebt, ein Abkommen mit England zu erreichen, das ‚den Einsatz der Flugzeuge auf das Kampfgebiet beschränkte'. Schließlich gibt er zu, daß Hitler sich nur widerstrebend zur Bombardierung der englischen Zivilbevölkerung entschloß — drei Monate nachdem die R. A. F. begonnen hatte, die deutsche Zivilbevölkerung zu bombardieren.

Ferner vertritt er die Ansicht, daß Hitler, nachdem die Bombardierungen einmal begonnen hatten, jederzeit bereit gewesen wäre, dieses Morden zu beenden — ‚Hitler wollte ganz gewiß nicht, daß der gegenseitige Bombenkrieg weiterging.' ..." (S. 144—146)

Über „Bomber Offensive" von Luftmarschall Harris schreibt Veale:

„Obwohl aus seinem Werk der gleiche Geist spricht, ist sein Ton weitaus gedämpfter. In den wesentlichen Punkten stimmt er jedoch mit Mr. Spaight völlig überein. Das Fehlschlagen des ‚Blitz' schreibt er ebenfalls der Kurzsichtigkeit der für die Luftwaffe Verantwortlichen zu, die es unterließen, bereits im Frieden für bewaffnete Bombenflugzeuge zum Angriff auf eine feindliche Zivilbevölkerung zu sorgen, eine Unterlassungssünde, durch die — wie er sagt — Deutschland den Krieg verlor. Hätten die Deutschen ihre Angriffe aufrechterhalten können, schreibt er, wäre London zweifellos das gleiche entsetzliche Schicksal zuteil geworden, das zwei Jahre später Hamburg erleiden mußte. Im September 1940 jedoch stand Deutschland ‚mit fast unbewaffneten Bombern da ...', so daß die Vernichtung der deutschen Bombengeschwader im „Kampf um England" dem Abschießen von Kühen auf der Weide sehr ähnlich war' ..." (S. 147)

Weiter schreibt Veale:

„Ob zu Recht oder Unrecht, ob es klug war oder nicht, das Grundprinzip zivilisierter Kriegführung wurde jedenfalls am 11. Mai 1940 über den Haufen geworfen — und zwar, wie Mr. Spaight sagt, infolge der ‚glänzenden Idee' im britischen Luftfahrtministerium im Jahre 1936. Als diese Grundlage fehlte, fiel das ganze Gebäude zivilisierter Kriegführung, das durch zwei Jahrhunderte in Europa langsam gewachsen war, in sich zusammen. Allgemein setzte sich die Auffassung durch, daß ein barbarisch geführter Krieg auch mit einem barbarischen Frieden enden müßte ..." (S. 149)

Die „Stuttgarter Nachrichten" brachten am 8. 7. 1958 eine kurze Besprechung der am 7. 7. 1958 in England veröffentlichten Erinnerungen des britischen Vizeluftmarschalls D. C. T. Bennett. Die Zeitung schreibt dabei u. a.:

„Bennett gibt zu, daß ein großer Teil der mittleren und kleineren deutschen Städte, die im Verlaufe des systematischen Bombenkrieges angegriffen wurden, praktisch unverteidigt waren und daß solche Angriffe gelegentlich Ausbildungszwecken dienten."

Über die Zahl der Verluste der deutschen Zivilbevölkerung durch die Bombardierung durch die alliierten Luftflotten melden die „Stuttgarter Nachrichten" vom 5. 4. 1962 folgendes:

„593 000 Menschen sind im zweiten Weltkrieg im damaligen deutschen Reichsgebiet bei alliierten Luftangriffen ums Leben gekommen. Die Bomben zerstörten rund 403 000 Wohngebäude bis auf die Grundmauern. Die Untersuchung des Statistischen Bundesamtes widerlegt Berichte aus England, in denen die Zahl der durch Bomben getöteten deutschen Zivilisten mit 180 000 angegeben worden war."

Der französische Professor Maurice Bardèche schreibt in seinem Buch „Nürnberg oder das gelobte Land" über den Luftkrieg gegen die Zivilbevölkerung u. a. folgendes:

„Wir finden, daß der Krieg schrecklich ist, und sprechen von deutschen Grausamkeiten. Aber es kommt uns nicht einen Augenblick in den Sinn, daß das Überschütten ganzer Städte mit Phosphorbomben eine ebenso ernstzunehmende Greueltat sein konnte ... Mir erscheint jener amerikanische Neger, der in aller Ruhe über den Wohnhäusern den Hebel zu seinem Bombenmagazin bewegt, bedeutend unmenschlicher, noch viel ungeheuerlicher, als der Gefängniswärter, der in unserer Einbildung finstere Gruppen in Treblinka" (einem Konzentrationslager) „zur Todesdusche führt. Ich gestehe, daß ich mich gegebenenfalls bei einer Gegenüberstellung jenes Himmler, der die Konzentrationslager entwickelte, und jenes britischen Luftmarschalls, der im Januar 1944 die Taktik der Bombenteppiche befahl, um in Hinkunft sein Personal zu neutralisieren, wohl kaum Himmler als den größeren Verbrecher ansehen würde. Aber wir haben ja auch Neger in unseren Straßen umarmt und sie Befreier genannt, und jener Luftmarschall schritt unter unseren Hochrufen vorbei . . ." (S. 130/131)

Die Nürnberger Gesetze 1935

Auf dem nationalsozialistischen „Parteitag der Freiheit" in Nürnberg wurden am 15. 9. 1935 vom Deutschen Reichstag folgende drei Gesetze einstimmig angenommen:

1. Das Reichsflaggengesetz, durch das die Hakenkreuzflagge, und zwar nur sie, zur Reichs- und Nationalflagge erklärt wurde,
2. das Reichsbürgergesetz, durch das der Begriff der Staatsangehörigkeit und der eines deutschen Reichsbürgers im Sinne des Programms der NSDAP festgelegt wurde,
3. das Gesetz zum Schutze des deutschen Blutes und der deutschen Ehre.

Das „Gesetz zum Schutze des deutschen Blutes und der deutschen Ehre" hat folgenden Wortlaut:

„Durchdrungen von der Erkenntnis, daß die Reinheit des deutschen Blutes die Voraussetzung für den Fortbestand des deutschen Volkes ist, und beseelt von dem unbeugsamen Willen, die deutsche Nation für alle Zukunft zu sichern, hat der Reichstag einstimmig das folgende Gesetz beschlossen, das hiermit verkündet wird:

§ 1

(1) Eheschließungen zwischen Juden und Staatsangehörigen deutschen oder artverwandten Blutes sind verboten. Trotzdem geschlossene Ehen sind nichtig, auch wenn sie zur Umgehung dieses Gesetzes im Ausland geschlossen sind.

(2) Die Nichtigkeitsklage kann nur der Staatsanwalt erheben.

§ 2

Außerehelicher Verkehr zwischen Juden und Staatsangehörigen deutschen oder artverwandten Blutes ist verboten.

§ 3

Juden dürfen weibliche Staatsangehörige deutschen oder artverwandten Blutes unter 45 Jahren in ihrem Haushalt nicht beschäftigen.

§ 4

(1) Juden ist das Hissen der Reichs- und Nationalflagge und das Zeigen der Reichsfarben verboten.

(2) Dagegen ist ihnen das Zeigen der jüdischen Farben gestattet. Die Ausübung dieser Befugnis steht unter staatlichem Schutz.

§ 5

(1) Wer dem Verbot des § 1 zuwiderhandelt, wird mit Zuchthaus bestraft.

(2) Der Mann, der dem Verbot des § 2 zuwiderhandelt, wird mit Gefängnis oder mit Zuchthaus bestraft.

(3) Wer den Bestimmungen der §§ 3 oder 4 zuwiderhandelt, wird mit Gefängnis bis zu einem Jahr und mit Geldstrafe oder mit einer dieser Strafen bestraft.

§ 6

Der Reichsminister des Innern erläßt im Einvernehmen mit dem Stellvertreter des Führers und dem Reichsminister der Justiz die zur Durchführung und Ergänzung des Gesetzes erforderlichen Rechts- und Verwaltungsvorschriften.

§ 7

Das Gesetz tritt am Tage nach der Verkündung, § 3 jedoch erst am 1. Januar 1936 in Kraft."

Dieses Gesetz wurde am 16. 9. 1935 verkündet.

Das Gesetz richtete sich gegen eine Vermischung von Deutschen mit Juden. Wie denken nun Juden über eine Vermischung mit anderen Völkern und über die Reinerhaltung des Blutes?

Einer der bedeutendsten Juden des 19. Jahrhunderts, der englische Premierminister D'Israeli — genannt Lord Beaconsfield — (geb. 21. 12. 1804, gest. 19. 4. 1881) läßt in seinem Roman „Endymion" folgende Worte aussprechen:

„Niemand wird das Prinzip der Rassenunterschiede mit Gleichgültigkeit behandeln wollen. Es ist der Schlüssel der Geschichte, und der Grund, weshalb die Geschichte oft so confus" (verworren) „erscheint, liegt darin, daß sie von Männern geschrieben wurde, welche jenes Prinzip ignorierten und von all der Wissenschaft, die es in sich schließt, nichts wußten. Als einer, der ein Staatsmann werden und bei der Regierung des Menschengeschlechts Beistand leisten dürfte, sollten Sie notwendigerweise nach dem Verständnis desselben streben; mögen Sie nun seinem Einflusse in Gemeinwesen oder Individuen begegnen, immer müssen dessen Eigenschaften in Betracht gezogen werden ... Und jetzt üben die Semiten einen ungeheuern Einfluß auf die Weltangelegenheiten durch ihren kleinsten, aber eigentümlichsten Volksstamm: die Juden. Keine Rasse gibt es, die mit solcher Zähigkeit und solchem Geschick im Organisieren begabt ist wie diese. Jene Eigenschaften haben sie einen beispiellosen Griff in alles Besitztum tun und sich unbeschränkten Credit erwerben lassen. Wenn Sie weiter im Leben vorrücken und sich immer mehr Erfahrung in den Dingen dieser Welt erwerben, so werden die Juden Ihnen überall in den Weg kommen. Sie haben sich schon lange in unserer geheimen Diplomatie eingeschlichen und sich dieselbe fast zu eigen gemacht; in einem weitern Vierteljahrhundert werden sie offen Ansprüche auf ihren Anteil an der Regierung erheben. Sehen sie, das sind Rassen; Menschen und Gruppen von Menschen, die in ihrem ganzen Verhalten von ihrer besondern Organisation beeinflußt werden, und welche bei allen Berechnungen eines Staatsmannes berücksichtigt werden müssen. Was verstehen jene Leute aber unter der lateinischen Rasse? Sprache und Religion machen keine Rasse; nur Eins macht eine Rasse — und das ist das Blut!"

(„Endymion" von Earl of Beaconsfield (Benjamin D'Israeli), Aus dem Englischen von Professor Dr. C. Böttger. Zweiter Teil, Seite 210—213. F. A. Brockhaus 1890)

Der jüdische Schriftsteller J. G. Burg schreibt in seinem Buch „Schuld und Schicksal" u. a. folgendes über jüdische Rassegesetze:

„Etwa 458 vor Christus führte dann der Schriftgelehrte Esra weitere Scharen Juden aus Babylonien heim. Er wurde der Führer und Erneuerer und sorgte für strengste Einhaltung der Gebote Jehovas. Kaum aus der Gefangenschaft befreit, verlangte Esra unter anderem die Lösung aller geschlossenen Mischehen und bildete Untersuchungskommissionen, die das Verhalten jedes Juden in der Gefangenschaft überprüfen sollten. Einer seiner wesentlichsten Programmpunkte war die rigorose Durchführung der Rassengesetze. So erleben wir etwa vor 2400 Jahren die ersten Nürnberger Rassengesetze und die erste Entnazifizierung, allerdings in umgekehrtem Sinne." (S. 233)

Die hier aufgeführten Rassengesetze stehen in der Bibel. In Esra, Kapitel 10, Vers 10—12, heißt es:

„Und Esra, der Priester, stand auf und sprach zu ihnen: Ihr habt euch vergriffen, daß ihr fremde Weiber genommen habt, daß ihr der Schuld Israels noch mehr machtet.

So bekennet nun dem Herrn, eurer Väter Gott, und tut sein Wohlgefallen und scheidet euch von den Völkern des Landes und von fremden Weibern.

Da antwortete die ganze Gemeinde und sprach mit lauter Stimme: Es geschehe, wie du uns gesagt hast."

Der Oberrabiner Hirsch Perez Chajes schreibt in dem Aufsatz über „Mischehe" vom 1. November 1918, veröffentlicht in „H. P. Chajes, Reden und Vorträge", Wien 1933, S. 136:

„Zu einer nationalen Katastrophe wuchs sich die Mischehe zur Zeit des Wiederaufbaues des zweiten jüdischen Staatswesens aus. Als Esra die Leitung des Volkes übernahm, da fand er bis in die höchsten leitenden Kreise hinauf Eheverbindung mit Nichtjüdinnen als tägliche Erscheinung; die Kinder den väterlichen Sitten und der Sprache der Väter entfremdet, das jüdische Haus entwurzelt. Er griff mit eiserner Hand ein ... Esra haben wir es zu verdanken, daß die Bibel aus einem privilegierten Besitz der Priesterkaste zum Gemeingut des Volkes wurde, ihm haben wir es zu danken, daß durch die Stärkung und Festigung der jüdischen Familie es uns möglich wurde, unsere Existenz in den Jahrtausenden des Exils auf eine feste Basis zu bringen. Durch lange Jahrhunderte hörte die Mischehe auf, eine Bedrohung unseres Volkskörpers zu werden; gewiß, auch im späteren Altertum und Mittelalter fehlte es an einzelnen Fällen nicht; man braucht ja nur die Entschlüsse der geistlichen Konzile in den ersten christlichen Jahrhunderten zu kennen, um zu wissen, daß ähnliche Verbindungen vorzukommen pflegten — aber, wie gesagt, zu einer Gefahr für die Gesamtheit konnten sie dank der inneren Abwehr der jüdischen Familie nicht mehr werden."

Die jüdische Zeitung „The Jewish World", London, schreibt am 14. 12. 1922:

„Der Jude bleibt Jude, auch wenn er die Religion wechselt; ein Christ, der die jüdische Religion annimmt, wird dadurch kein Jude, weil der Begriff Jude nicht von der Religion abhängt, sondern von der Rasse, und ein freidenkerischer, selbst ein gottloser Jude ebensosehr Jude bleibt wie irgendein Rabbiner."

Der Gesandte Harry Graf Keßler, ein Freund Walther Rathenaus, führt in seinem Buch „Walther Rathenau" folgende Ansicht Rathenaus an:

„‚Von vornherein will ich bekennen, daß ich Jude bin', so lautet der erste Satz, mit dem er in ‚Höre Israel' am 6. März 1897 in der ‚Zukunft' an die Öffentlichkeit trat. Bitter klingt dieser Satz und schicksalsschwer wie das Eingangsmotiv einer tragischen Symphonie; denn Rathenaus Judentum war sein Untergang. Dann ringt er, in einem Stile, in dem die Selbstzerfleischung nachzittert, nach einem anschaulichen Bild des Judentums. Wer es sehen will, ‚mag an Berliner Sonntagen mittags um 12 Uhr durch die Tiergartenstraße gehen oder abends in den Vorraum eines Theaters blicken: seltsame Vision! Inmitten deutschen Lebens ein abgesondert fremdartiger Menschenstamm. Glänzend und selbstgefällig staffiert, von heißblütig beweglichem Gebaren. Auf märkischem Sand eine asiatische Horde ... In engem Zusammenhang unter sich, in strenger Abgeschlossenheit nach außen; so leben sie in einem halbfreiwilligen, unsichtbaren Ghetto, kein lebendes Glied des Volkes, sondern ein fremder Organismus in seinem Leibe ...'"

In dem ÖTV-Magazin, Nummer 6, Juni 1960, steht bei einer Abbildung einer marschierenden Fraueneinheit folgende Begriffsbestimmung des Juden:

„Der israelische Innenminister Moshe Shapiro, der der Front der religiösen Parteien angehört, hat eine neue Definition des Juden gegeben. Nach dieser amtlichen Umschreibung ist Jude: wer von einer jüdischen Mutter geboren wurde und wer die jüdische Taufe, d. h. als Mann die Beschneidung und als Frau das rituelle Bad, erhalten hat. Unser Bild zeigt wehrpflichtige israelische Frauen einer Infanterieeinheit beim Vorbeimarsch."

Zwei nichtjüdische Stimmen seien hier noch aufgeführt:

Der Präsident der Paneuropa-Union, Richard Nikolaus Reichsgraf von Coudenhove-Kalergi, Sohn eines österreichisch-ungarischen Legationssekretärs und einer Ostasiatin, der in seinem im Jahre 1925 im Paneuropa-Verlag in Wien erschienenen Buch „Praktischer Idealismus" für die Rassenmischung eintritt und die „eurasisch-negroide Zukunftsrasse" erwähnt, schreibt über die Folgen der Rassenmischung auf Seite 20/21:

„In der Großstadt begegnen sich Völker, Rassen, Stände. In der Regel ist der Urbanmensch" (Stadtmensch) „Mischling aus verschiedensten sozialen und nationalen Elementen. In ihm heben sich die entgegengesetzten Charaktereigenschaften, Vorurteile, Hemmungen, Willenstendenzen und Weltanschauungen seiner Eltern und Voreltern auf oder schwächen einander wenigstens ab. Die Folge ist, daß Mischlinge vielfach Charakterlosigkeit, Hemmungslosigkeit, Willensschwäche, Unbeständigkeit, Pietätlosigkeit und Treulosigkeit mit Objektivität" (Sachlichkeit), „Vielseitigkeit, geistiger Regsamkeit, Freiheit von Vorurteilen und Weite des Horizontes verbinden. Mischlinge unterscheiden sich stets von ihren Eltern und Voreltern; jede Generation ist eine Variation" (Abänderung) „der vorhergehenden, entweder im Sinne der Evolution" (Entwicklung. „oder der Degeneration" (Entartung).

Weiter schreibt Graf Coudenhove-Kalergi:

„Inzucht stärkt den Charakter, schwächt den Geist — Kreuzung schwächt den Charakter, stärkt den Geist. Wo Inzucht und Kreuzung unter glücklichen Auspizien" (= Vorzeichen) „zusammentreffen, zeugen sie den höchsten Menschentypus, der stärksten Charakter mit schärfstem Geist verbindet. Wo unter unglücklichen Auspizien Inzucht und

Mischung sich begegnen, schaffen sie Degenerationstypen mit schwachem Charakter, stumpfem Geist." (S. 22)

Die Nervenärztin Dr. Mathilde Ludendorff, die die Anschauungen des Grafen Coudenhove-Kalergi ablehnt, schreibt in ihren philosophischen Werken über die Folgen der Rassen- und Völkermischung u. a.:

„Mischrassentum widerspricht den ehernen Gesetzen des Lebens, und wir haben eigentlich nicht Anlaß, uns bei unseren Betrachtungen mit ihm zu befassen. Da aber heute die Menschheit am Mischrassentum zugrunde zu gehen droht, so dürfte es wohl von Bedeutung sein, uns nach der Einwirkungsweise des Rasseerbgutes auf das Schicksal der Menschenseele eines Mischrassigen umzusehen. Weil das Rasseerbgut im Unterbewußtsein eines mischblütigen Menschen sich nicht ‚mischt', sondern die Erbgüter nebeneinander ungemischt ruhen (s. ‚Des Menschen Seele'), so könnte man annehmen, ein solcher Mensch sei in der angenehmen Lage, ein möglichst vielseitiges Mitschwingen des Rasseerbgutes zu erleben, besonders dann, wenn er sich in einer Mischkultur aufhält. Er könne also einmal dies, ein andermal jenes Gemütserleben haben und zeige dadurch den großen Vorzug eines vielseitig lebendigen Menschen! Wenn zum Beispiel ein ‚Philosoph' alles Rasseerleben der Erde ‚nachempfinden kann und im Gemüte miterlebt', so sei das doch das Ideal des kosmischen ‚Panmenschen'. In Wirklichkeit verhält es sich natürlich ganz anders. Eine Geige, die aus den verschiedensten Holzartstücken zusammengeleimt ist, wird um deswillen keine Stradivari! Mitschwingen kann nur das einheitlich Gerichtete! So sehen wir denn auch tatsächlich die Mischrassigen gerade dadurch so sehr verurteilt, zum Stollengänger, ja zum plappernden Toten zu werden, daß in ihrem Unterbewußtsein der gleiche Kampf der Rasseerbgüter tobt, wie er unter den Völkern herrscht, nur mit dem Unterschiede, daß die Einzelseele, die nicht bewußt ihr Ideal in einer bestimmten Rasse sieht und deren Kultur pflegt, niemals das heilsame Übergewicht eines Rasseerbgutes im Unterbewußtsein erreicht. Erst dieser Sieg aber gibt die Möglichkeit des lebensrettenden Mitschwingens eines der Erbgüter des Unterbewußtseins. Daraus erklärt es sich, daß Rassemischung, wenn sie gepaart ist mit einer Gleichheitslehre aller Menschen, zum Massentode der Menschenseelen führen muß, wie wir ihn heute sehen, nachdem vor etwa tausend Jahren die heiligen Rassegesetze mit Feuer und Schwert bekämpft und ihr Gedächtnis im Volke mit Gewaltmitteln vernichtet wurde. Wenn aber ein solcher Menschenbrei, wie wir ihn heute als Frucht dieses Tuns um uns sehen, wieder zurückfindet zur Weisheit der Rassereinheit, so taucht gleichzeitig mit dieser Genesung das Bild einer bestimmten Rasse als Idealbild und Wunschziel auf. Die Kultur dieser als Idealbild gewählten Rasse wird nun bewußt gepflegt, ihre Sprache gilt nun als heiliges Gut, und so kann in den Mischlingen das Rasseerbgut dieser Rasse am häufigsten mitschwingen, das Gemütserleben und das Handeln beeinflussen.

Gleichzeitig mit der Erkenntnis der Heiligkeit der Rassenfrage unterstehen aber auch die Ehewahlen unwillkürlich dem neuen Ideal, und schon in wenigen Geschlechterfolgen wird, da das Mendelsche Gesetz der Aufspaltung der Mischlinge diesem Wollen der Rassereinheit entgegenkommt, ein Überwiegen der Rasse, die zum Idealbild erhoben wurde, zu bemerken sein.

Wenn mehr als tausend Jahre nötig waren, um aus reinen Rassen einen den göttlichen Gesetzen abgetrotzten Menschheitsbrei zu machen, so werden wenige Geschlechterfolgen genügen, um das Wollen der Rassereinheit, das mit göttlichen Gesetzen im Einklang steht, der Verwirklichung näher zu führen." („Selbstschöpfung", S. 108/109)

Über die Auswirkung der Rassemischung im Kampf ums Dasein bei einem Volk schreibt Dr. Ludendorff:

„In den Schicksalstunden des Volkes, in denen es mehr noch als sonst für seine Erhaltung wichtig ist, daß es einheitlich handelt und sich als Schicksalsgemeinschaft auf Gedeih und Verderb fühlt, erzwingen sich der Selbsterhaltungswille und das Rasseerbgut der Volksseele die Herrschaft im Bewußtsein und bestimmen das Handeln des einzelnen. Was soll nun aus einem Volk werden, das Mischlinge zweier Rassen in großer Zahl beherbergt? Was werden diese Mischlinge erleben? Ich habe in dem Werk ‚Des Menschen Seele' gezeigt, daß in einem Mischling allmählich dasjenige Rasseerbgut eine stärkere Kraft erhält, welches durch die Sprache und alle Gebiete der Kultur zum Mitschwingen mit dem Erleben im Bewußtsein immer wieder Gelegenheit hat. Nehmen wir also als Beispiel einen Deutschen, der germanisches und ostisches Blut gemischt erbte, der aber in der deutschen Muttersprache auferzogen wurde und deutsche Kulturgüter, wenn auch in christlicher Abbiegung, dauernd genoß. Er wird, wenn das deutsche Volk in die Schicksalsstunde der Todesnot kommt, obwohl er Mischling ist, erleben, daß germanisches Erbgut sich im Bewußtsein die Herrschaft erzwingt. Handelt es sich aber um einen Mischling, der vorwiegend ostisch ist, so ist solches trotz der deutschen Sprache und Kultur nicht mehr so wahrscheinlich. Es kann sein, daß er die Schicksalsnot des deutschen Volkes nicht mit dem Erwachen des germanischen Rasseerbgutes zur Herrschaft in seinem Bewußtsein beantwortet sieht. Dann wird er die Taten, die das Volk nun von ihm erwartet, nur mißmutig, unter dem Druck der Volksstimmung, ohne jedwede eigene Begeisterung und deshalb auch nur sehr minderwertig ausführen. Ja, er wird sehr bald diesem Mißmut auch Ausdruck geben; wenn dann dem Volk durch das Schicksal schwere Leistungen abgezwungen werden, wird er, ohne sich dessen bewußt zu sein, die Volksstimmung einfach durch die ehrliche Äußerung seiner eigenen Stimmung unterhöhlen. So beschleunigt er den Rückfall des Volkes aus dem Erleben der Volksseele in selbstisches Sein. Er beschleunigt die sogenannte ‚Ernüchterung'. Er sorgt, ohne daß er dies will und ahnt, daß in seinen Volksgenossen, auch den rassereinen, die Volksseele nicht mehr im Bewußtsein herrscht, sondern der lustversklavte Selbsterhaltungswille wieder das Tun und Unterlassen bestimmt. War dies durch viele derartige Mischlinge erreicht, ehe die Todesnot des Volkes gebannt ist, etwa während der Feind bewaffnet vor den Grenzen des Landes steht, so kann der Mischling also mit zum Anlaß der unmittelbaren Volksvernichtung werden. Solches unbewußte Unterwühlen der geschlossenen Schicksalsgemeinschaft in der Zeit der Todesnot des Volkes wäre allein schon Anlaß, die Blutsvermischung als Todesgefahr zu bezeichnen. Tatsächlich ‚erträgt', wie man sich ausdrückt, ein stark blutgemischtes Volk keine außergewöhnlichen Proben, die ihm das Schicksal in der Pflicht der Abwehr der Feinde auferlegt. Die außergewöhnliche Leistung der Tapferkeit, die selbst heute noch den Ausgang der Schlachten in hohem Maße mitbestimmt, ist nur bei starkem Erwachen und Herrschen der Volksseele im Bewußtsein des einzelnen gewährleistet. Alles, was die Vernunft dem einzelnen vorredet oder was seiner Ruhmsucht etwa vorgegaukelt wird, hält in der furchtbaren Todesgefahr des Kampfes nicht stand, flattert in die Winde und gebiert nicht die zur Rettung notwendige übermenschliche, heldische Leistung. Es hält aber auch bei all den Forderungen zur Entsagung derer nicht stand, die in der Heimat ausharren und helfen. Vor allem aber fehlt die starke Tragkraft im Leid um die Kriegsgefallenen, wenn die Volksseele nicht allseitig lebendig im Bewußtsein der Volkskinder herrschen kann, weil Blutsmischung solches Erleben erschwert oder gar verhindert hat. Auch das gotterfüllte Ich kann diese Volksseele nicht ersetzen; denn es wertet zu sehr nach den göttlichen Wünschen. Das hemmt den Kampfwillen gegen einen etwa moralisch hochstehenden Gegner und erschwert die Begeisterung zum Kampf für ein etwa zur Stunde durch sehr entartete Volkskinder vertretenes Volk. Der Selbsterhaltungswille der Volksseele, der solche Erwägungen gar nicht kennt, sondern die Erhaltung des Volkes unbekümmert um seine zur Stunde verwirklichten sittlichen Werte will, ist allein imstande, die Leistungen in zäher Ausdauer zu erreichen, die die Todesnot des Volkes fordert. Seine Herrschaft im Bewußtsein der Menschen wiederum ist nur in einem rassereinen Volk gewährleistet." („Die Volksseele und ihre Machtgestalter", Seite 417/418)

Die Konzentrationslager und die Vernichtung von Juden

Nach dem Sieg der Alliierten über Deutschland im Jahre 1945 wurde den Deutschen die Vernichtung von 6 Millionen Juden in den Konzentrationslagern und in den besetzten Ostgebieten vorgeworfen. In dem Film „Nacht und Nebel" wird die Zahl der KZ-Toten mit 9 Millionen angegeben. In dem Buch „Der Nationalsozialismus, Dokumente 1933 bis 1945" von Walther Hofer steht u. a. folgendes:

„Der Kommandant von Auschwitz berichtet

... Ich befehligte Auschwitz bis zum 1. Dezember 1943 und schätze, daß mindestens 2 500 000 Opfer dort durch Vergasung und Verbrennen hingerichtet und ausgerottet wurden; mindestens eine weitere halbe Million starben durch Hunger und Krankheit, was eine Gesamtzahl von ungefähr 3 000 000 Toten ausmacht ... Ungefähr 400 000 ungarische Juden wurden allein in Auschwitz im Sommer 1944 von uns hingerichtet ..." (S. 305)

In dem gleichen Buch ist ein Augenzeugenbericht des SS-Obersturmführers Gerstein (siehe S. 307 ff.) aufgeführt, in dem angegeben ist, daß bei einer Judenvernichtung 750 Menschen in einem Raum von 45 Kubikmeter 2 Std. und 49 Min. lebten, bis der Dieselmotor, dessen Auspuffgase in den Raum eingeleitet wurden, endlich funktionierte. Dieser Bericht kann jedoch mit diesen Angaben nicht stimmen, denn 750 Menschen können lebend nicht in einem Raum von 45 Kubikmetern untergebracht werden. Dieser Bericht wurde vor den Amerikanern abgegeben.

Dr. M. Broszat, Institut für Zeitgeschichte, München, schreibt in einem Leserbrief an die Zeitung „Die Zeit" (Nr. 34, 19. 8. 1960) u. a.:

„Weder in Dachau noch in Bergen-Belsen noch in Buchenwald sind Juden oder andere Häftlinge vergast worden. Die Gaskammer in Dachau wurde nie ganz fertiggestellt und ‚in Betrieb' genommen ... Die Massenvernichtung der Juden durch Vergasung begann 1941/1942 und fand ausschließlich an einigen wenigen hierfür ausgewählten und mit Hilfe entsprechender technischer Einrichtungen versehenen Stellen, vor allem im besetzten polnischen Gebiet (aber nirgends im Altreich) statt; in Auschwitz-Birkenau, in Sobibor am Bug, in Treblinka, Chelmno und Belzec.

Dort, aber nicht in Bergen-Belsen, Dachau oder Buchenwald, wurden jene als Brausebäder oder Desinfektionsräume getarnten Massenvernichtungsanlagen errichtet, von denen in Ihrem Artikel die Rede ist ..."

Der französische Professor Maurice Bardèche schreibt in seinem Buch „Nürnberg oder das gelobte Land", Seite 95/96 u. a.:

„Um die Einbildungskraft der durch den Prozeß" (gemeint ist der Nürnberger Prozeß) „geworbenen Besucher von Internierungslagern zu beleben, um die Reise der eingeladenen ‚Touristen' durch die Lager interessanter zu gestalten, hat man kurzerhand einige Lager in Museen verwandelt. Mit Hilfe von Wachspuppen hat man den Vorgang in den Gaskammern rekonstruiert und hat mit solchen Wachsfiguren in jenen Lagern Folterszenen aufgebaut, als hätte man dem Museum Grévin einen neuen Saal hinzufügen wollen: Andenken an die Schrecken unter Hitler, dargestellt von der Propaganda. Das ist noch nicht so schlimm. Da es aber vorkam, daß gewisse Orte nicht für den Bau eines Wachsfigurenkabinetts vorbereitet waren, so griff man kurz entschlossen zur Kelle und baute, wie im Filmatelier, die vollständigen Dekorationen für Folterkammern auf, wo solche niemals vorher existiert haben. Immer in der frommen Absicht, das ‚Geschehene' wahrscheinlicher zu machen, mauerte man zum Beispiel in Auschwitz und in Dachau noch einige zusätzliche Verbrennungsöfen, um die Gewissensbisse zu beschwichtigen, die in einigen nachrechnenden Gehirnen entstehen könnten! So wird man in Zukunft immer Geschichte schreiben! Aus diesem Vorgang ersieht man, daß man sie sogar erfinden kann! Es ist damit bewiesen, daß wir in der schwierigen Kunst der Propaganda große Fortschritte gemacht haben ..."

Der französische Professor Paul Rassinier, Sozialist, selbst KZ-Häftling im Lager Buchenwald und Dora, schreibt in seinem Buch „Was nun, Odysseus?" u. a.:

„Über die deutschen KZs hat man drei Dinge behauptet:

1. Deutschland hätte sie erfunden: das ist nicht wahr;
2. In diesen KZ wären Greueltaten einer solchen Grausamkeit begangen worden, wie es sie bisher in der Weltgeschichte nicht gegeben hätte: das ist nicht wahr;
3. Das deutsche Volk trüge die Schuld für diese Greuel: das ist auch nicht wahr!" (Seite 13)

Weiter schreibt dieser französische Professor:

„In der Schuldfrage gibt es eine einleuchtende Wahrheit: das deutsche Volk als solches ist unschuldig — total unschuldig. Man hat ihm zwei Dinge vorgeworfen: es hätte die Regierung gewählt und nie gegen die Greuel protestiert.

Zu dem ersten Vorwurf ist zu sagen, daß kein Volk jemals seine Regierung bestimmt. In allen Staaten wird die öffentliche Meinung von den Zeitungen gemacht — und die großen Zeitungen gehören den Leuten, die das Geld haben. Unter diesem Aspekt" (Blickwinkel) „gesehen wird eine Wahl sehr leicht zu einer Verfälschung des Volkswillens. Zu dem zweiten Vorwurf ist zu sagen, daß das deutsche Volk nie gewußt hat, was in den Lagern vor sich ging. Das wußte nicht einmal immer die am Tor der Lager Posten stehende SS!

Und wie ist es heute? Auch das französische Volk weiß nicht, was in den algerischen Lagern vorgeht; es weiß nicht einmal, was in den französischen passiert.

Eine Schuld bleibt unbestritten: seit 1933 hat die deutsche Regierung KZs bauen lassen und sie benutzt. Die Tatsache, daß Rußland, Italien, Griechenland, Spanien, England und Frankreich das gleiche taten, ist keine Entschuldigung für Deutschland. Aber umgekehrt können sich Rußland, Italien, Griechenland, Spanien, England und Frankreich nicht zu Richtern aufwerfen. Eins ist ja wohl klar: nur ein Land, das keine Lager gebaut hat, kann hier Richter sein!

Warum sind alle Lager in allen Ländern so schrecklich? Hier ist die Antwort: weil es einfach unmöglich ist, in einem Lager die Beachtung einer Ordnung durchzusetzen. Um das zu verstehen, muß man wenigstens wissen, wie so ein Lager verwaltet wird.

Die deutschen Lager wurden unter der Aufsicht der SS von den Häftlingen selbst verwaltet, und das erklärt alles. Die wirkliche Verwaltung des Lagers war die Häftlingsführung. Diese Häftlingsführung war überaus mächtig und stützte sich auf die SS, die dieser Gruppe auch immer half." (Seite 18)

Weiter schreibt Paul Rassinier:

„Hier sei es ausgesprochen: weil die Überlebenden der KZ-Häftlingsführung uns so schamlos um unsere Kleidung und unsere Verpflegung gebracht haben, so übel behandelt, brutalisiert und in so unbeschreiblicher Weise geprügelt haben, daß — nach den Statistiken — 82% von uns gestorben sind, darum sehen sie jetzt in den Gaskammern das einzige, ihnen von wundertätiger Hand gereichte Mittel, mit dem sie gleichzeitig diese vielen Leichen erklären und sich selbst reinwaschen können!" (Seite 22)

Professor Eugen Kogon, selbst KZ-Häftling und dann Sekretär des Lagerarztes, SS-Sturmbannführers Dr. Ding-Schuler, schreibt in seinem Buch „Der SS-Staat" z. B. über diese Häftlingsselbstverwaltung:

„Im letzten Jahre gab es in einer Reihe von KZ eine so durchgebildete Selbstverwaltung, daß die SS in wichtige lagerinterne Angelegenheiten keinen Einblick mehr hatte. Müde geworden, war sie nun daran gewöhnt, daß die Dinge ‚von selbst liefen', und ließ, im großen gesehen, die Selbstverwaltung der Häftlinge in vielem gewähren." (Seite 290)

Auf Seite 280 schreibt Professor Kogon:

„Hauptgrundsatz des konsequenten, unerbittlichen Kampfes war es, gegen die SS eine undurchdringliche Mauer zu errichten, die nicht sichtbar war, aber überall dort in Wirksamkeit trat, wo ein SS-Angehöriger auftauchte. Die Lagerführungen waren nicht imstande, Zehntausende von Unterjochten anders als rein äußerlich und durch plötzliche Eingriffe zu kontrollieren. Was hinter dem Stacheldraht wirklich vorging, blieb ihnen verborgen. Sie ahnten es, witterten es, fürchteten es in dunklen Stunden des allmählichen Abstiegs der letzten Jahre, aber sie konnten es nicht greifen, das Anonyme nicht packen."

Und über die Verpflegung schreibt Professor Kogon u. a.:

„Die KL-Häftlinge haben nie das Wenige tatsächlich voll erhalten, das für sie vorgesehen war. Zuerst nahm sich die SS weg, was ihr paßte. Dann ‚organisierten' sich die Häftlinge, die in den Magazinen und Küchen beschäftigt waren, nach Strich und Faden ihr Teil weg. Dann zweigten die Stubendienste tüchtig für sich und ihre nächsten Freunde ab. Der Rest gehörte dem schäbigen, gewöhnlichen KZ-Häftling." (Seite 107)

Über die Gaskammern schreibt Professor Paul Rassinier:

„Die Gaskammern waren und sind noch immer das große Geheimnis des zweiten Weltkrieges! Gab es sie oder gab es sie nicht? Und wenn es sie gab, wieviel waren es, und wieviel Menschen sind auf diesem Wege ums Leben gebracht worden? Das sind die zwei wichtigsten Fragen.

Ich habe keine Gaskammern gesehen. Eugen Kogon hat auch keine gesehen. Trotzdem hat er geantwortet: es gab Gaskammern. Und er hat sie genau beschrieben und detaillierte Angaben gemacht, wobei er sich auf die Zeugenaussage

‚eines jungen Juden aus Brno, Janda Weiß, beruft, der 1944 dem

Sonderkommando (des Krematoriums und der Gaskammern) angehört hat, von dem die folgenden Einzelheiten stammen, die übrigens von anderen Personen bestätigt werden.' (Kogon, aaO, S. 155)

Dieser Zeuge ist natürlich gestorben, und Eugen Kogon ist der einzige, der ihn getroffen hat. Mehrere andere Zeugen haben erklärt, daß sie die Gaskammern gesehen hätten. Ihre Aussagen sind so voller Widersprüche, daß man nicht umhin kann zu sagen, daß sie lügen.

Es steht übrigens fest, daß kein lebender KZ-Internierter gesehen hat, daß mit diesem Mittel Menschenvernichtungen vorgenommen wurden. Das habe ich hundertmal festgestellt und habe die Unbesonnenen, die das Gegenteil behaupteten, in der Öffentlichkeit der Lüge überführen können ..." (Seite 26/27 in „Was nun, Odysseus?")

Weiter schreibt Paul Rassinier:

„Heute — ich bemerkte dies schon — spricht man nur noch von jenen Gaskammermorden, die in Auschwitz in der jetzt russisch besetzten Zone stattgefunden haben sollen, und man legt dazu Unterlagen vor, die niemand nachprüfen kann. Es ist übrigens einwandfrei beweisbar, daß die Zeugenaussagen, die uns von dort zugesandt werden, sich gegenseitig widersprechen (Hoeß widerspricht Miklos und Kogon) — ferner stecken sie voller Unwahrscheinlichkeiten und widersprechen sogar sich selbst von einer Seite zur anderen. Ein Beispiel: In „Der Lagerkommandant von Auschwitz spricht" heißt es:

‚Der Reichsführer hat den Befehl gegeben, alle Juden zu vernichten. (Seite 225)

und

‚Der Reichsführer wollte immer mehr Häftlinge, spezielle oder andere (d. h. Juden oder andere) für die Arbeit in der Rüstungsindustrie haben.' (Seite 189)

Es ist schwer zu verstehen, wieso Himmler einerseits ‚immer mehr Häftlinge, Juden oder andere' für die Rüstung verlangen konnte, wenn andererseits von ihm gesagt wird, er hätte immer mehr von ihnen durch Gas umbringen lassen wollen!

Man soll nur nicht denken, daß das Buch etwa zu schnell geschrieben worden wäre, und es sich also um Flüchtigkeitsfehler handelte. Zwölf Jahre hätten doch eigentlich reichen sollen!" (Seite 30/31)

Über dieses Buch, das Professor Walther Hofer in seiner Dokumentensammlung auch aufgeführt hat (siehe oben), schreibt Professor Rassinier:

„... ‚Der Lagerkommandant von Auschwitz spricht ...', angeblich ein von Rudolf Hoeß im Gefängnis abgefaßtes Geständnis, das er in seinen letzten Tagen niedergeschrieben haben soll, bevor er am 7. April 1947 in Krakau durch den Strang hingerichtet wurde." (Seite 58)

Über die Zahl der Verbrennungsöfen in Auschwitz steht in einer Fußnote in dem Buch „Was nun, Odysseus?" von Rassinier auf Seite 60:

„Es gab vier Leichenverbrennungsöfen in Auschwitz-Birkenau und nicht 46, wie noch heute alle Zeitungen behaupten."

Prof. Paul Rassinier untersucht die Statistiken der jüdischen Dokumentenzentrale und des Juden Arthur Ruppin, wobei er darauf hinweist, daß die Zahl der nach Ruppin in den von den deutschen Truppen besetzten europäischen Ländern vorhandenen Juden (8 710 000 vor dem zweiten Weltkriege) mit sonstigen statistischen Unterlagen annähernd übereinstimmt. Er schreibt dann:

„Die Bilanz aus diesen Statistiken wäre also:

Vor Hitler lebten im später besetzten Europa	8 710 000 Juden
Nach Hitler lebten dort	5 899 000 Juden
Tot oder verschollen	2 811 000 Juden

Hier aber tritt das schwerwiegendste Argument gegen die Statistiken der jüdischen Zentrale auf den Plan: Die Auswanderung der jüdischen Bevölkerung Europas zwischen 1933 und 1945. So ist zum Beispiel nachgewiesen worden, daß der jüdische Bevölkerungsteil der USA, der sich vor Hitler auf etwa 4 500 000 belief, 1946 etwa 6 000 000 ausmachte; und daß die Zahl der Juden in Palästina während derselben Zeit von 250 000 auf annähernd 1 000 000 anstieg, und endlich, daß sich in Südamerika die Judenbevölkerung um etwa 200 000 vermehrt hat. Hier wären also noch einmal — grob geschätzt — 2 400 000 Juden, die weder tot noch verschollen sind. Die Zahl der Toten und Verschollenen wäre damit also auf 2 811 000 minus 2 400 000 = etwa 400 000 reduziert (höchstens 500 000).

Wenn diese Zahl, die wir auf Grund einer genauen und objektiven Berechnung erhalten haben, richtig ist, so wird jeder, der auch nur eine Ahnung von den Lebensbedingungen in den Konzentrationslagern hat, einsehen müssen, daß man keine Gaskammern braucht, um diese Verluste zu erklären ..." (Seite 92/93)

Über die noch geplanten KZ-Prozesse schreibt Professor Rassinier:

„Es ist auch klar, daß die Nachwelt wissen muß, was sich in Wirklichkeit in allen Lagern abgespielt hat. Diese Menschen werden also vernommen werden müssen, um einen historisch bedeutsamen Punkt aufzuhellen. Man muß sie also als Zeugen vernehmen, nicht als Angeklagte, weil eine Vernehmung von Angeklagten, die eine Bestrafung zu erwarten haben, der sicherste Weg ist, niemals Klarheit zu gewinnen." (Seite 9/10)

Professor Rassinier wirft dann dem deutschen Volk vor:

„Ich habe niemals verstanden und werde niemals verstehen, warum das deutsche Volk bisher noch nicht die Bildung eines Komitees unabhängiger Historiker gefordert hat, welches alle Angaben und Aussagen über diese Geschehnisse gründlichst auf ihren Tatsachengehalt hin untersuchen soll." (Seite 32)

Über die Zahl der umgekommenen Juden äußerte sich Rabbiner Dr. Goldstein in einer Rede vor Bonner Studenten wenige Wochen vor seinem Tode (er starb am 17. 4. 1962):

„Manche sprechen noch heute von 6 Millionen jüdischer Opfer. Ich spreche diese Zahl nicht gern aus, denn sie ist unwahr. Mein Vater sagte zu mir: ‚Von einer lügenhaften Sache sollst du dich entfernen.' Und wir haben wahrhaftig soviel Opfer gebracht und ihr habt soviel Opfer gebracht, daß die Wahrheit ausreicht. Die Wahrheit wird uns zusammenführen ..."

(„Deutsche Soldaten-Zeitung und National-Zeitung" vom 4. 5. 1962)

Zu den o. a. und von Professor Rassinier zurückgewiesenen Behauptungen, daß Deutschland die Konzentrationslager erfunden habe, wäre noch folgender Hinweis auf die Bibel anzuführen. Aus folgender, unten aufgeführter Bibelstelle könnte vielleicht geschlossen werden, daß es Vernichtungslager mit Krematorien schon vor Jahrtausenden gegeben hat, denn im 2. Buch Samuel, Kapitel 12, Vers 31, steht folgendes:

„Aber das Volk" (die Ammoniter) „drinnen führte er" (David) „heraus und legte sie unter eiserne Sägen und Zacken und eiserne Keile und verbrannte sie in Ziegelöfen. So tat er allen Städten der Kinder Ammon. Da kehrte David und alles Volk wieder gen Jerusalem."

(„Die Bibel oder die ganze Heilige Schrift des Alten und Neuen Testaments nach der deutschen Übersetzung D. Martin Luthers, Stuttgart, 1930")

Bei deutschen Berichten, die Zahlenangaben über in Konzentrationslagern vernichtete Juden enthalten, muß gegebenenfalls auch geprüft werden, ob diese Angaben von ihren Verfassern aus durchsichtigen Gründen (z. B. um einer Beförderung willen o. a.) nicht entsprechend übertrieben wurden. Es ist bekanntlich eine sehr häufig vorkommende menschliche Eigenschaft, die eigene Tätigkeit um eines Vorteils willen entsprechend herauszustellen und zu übertreiben.

Über die Entstehung von KZ-Filmen schreibt der französische Professor Maurice Bardèche in „Nürnberg oder das gelobte Land" auf Seite 102:

„Ebenso wenig wird man diese Vorgänge" (Überbelegung der Lager durch Vorrücken der alliierten Front und die gesundheitlichen Folgen dieser Überbelegung) „in dem amerikanischen Belsen-Film finden, der Ende 1945 mit genügend ausgemergelten SS-Leuten gedreht wurde, um dem Publikum möglichst schlagende Musterbeispiele von Verschleppten vorführen zu können."

Der jüdische Schriftsteller J. G. Burg schreibt in seinem Buch „Schuld und Schicksal" auf Seite 113—115:

„Die amtlichen Protokolle der sogenannten Wannsee-Konferenz vom 20. Januar 1942 hatten dokumentarisch bestätigt, was wir in Transnistrien und zuvor in Lemberg und Czernowitz immer wieder vernommen hatten: Die deutsche Reichsregierung unternahm in den dreißiger Jahren alle Anstrengungen, um eine Massenauswanderung der Juden in die Wege zu leiten. Sie hatte diese Auswanderung nicht nur genehmigt, sondern teilweise auch unterstützt. Man sah damals die Endlösung der jüdischen Frage für Deutschland in einer geschlossenen Emigration. Erst als diese Auswanderung mißlang, der Krieg sich der Katastrophe für Deutschland näherte, wurde dem Massenmord freie Bahn gegeben.

An diesem 20. Januar 1942 traten in Berlin-Wannsee etwa 20 führende Vertreter aller jener deutschen Dienststellen zusammen, die mit der Judenfrage befaßt waren. Den Vorsitz führte der Chef des SS-Sicherheitshauptamtes, Reinhard Heydrich, der berichtete, daß er beauftragt wurde, sich mit der Endlösung der Judenfrage in Europa zu befassen. Er gab eine Übersicht über die bisherigen Bemühungen.

Auf Anordnung Görings sei schon im Januar 1939 eine Reichszentrale für jüdische Auswanderung errichtet worden, welche die Aufgabe hatte, alle Maßnahmen zur Vorbereitung einer verstärkten Auswanderung der Juden zu treffen, den Auswanderungsstrom zu lenken und die Durchführung der Auswanderung im Einzelfall zu beschleunigen. Heydrich zählte die Schwierigkeiten auf, die keinesfalls nur im Deutschen Reich, sondern in ganz Europa entstanden waren.

Trotzdem wanderten bis zum 31. Oktober 1941 537 000 Juden aus dem Deutschen Reich aus. Davon ab 30. Januar 1933 aus dem Altreich rund 360 000, ab 15. März 1938 aus Österreich rund 147 000 und ab 15. März 1939 nochmals rund 30 000. Die reichen Juden mußten die Ausreise für ärmere finanzieren, das Weltjudentum überwies durch Schenkungen rund 9 500 000 Dollar für die Kosten dieser Massenauswanderung.

Nun aber hatte Himmler im Hinblick auf die Gefahren einer Auswanderung im Kriege und namentlich auf die Möglichkeiten, welche die freien Räume im Osten, vor allem in Polen, gaben, die weiteren Versuche zur Organisierung der jüdischen Massenauswanderung verboten.

Dr. Grünbaum, der erste Innenminister des Staates Israel, kam etwa ein Jahr nach dem Nürnberger Urteil nach Breslau. Dort soll dieser eigenwillige Jude in einer Rede geäußert haben: ‚Die Hauptschuldigen an der jüdischen Tragödie waren in erster Linie die reichen jüdischen Amerikaner, die das Schicksal ihrer bedrohten jüdischen Brüder kalt ließ und die viel zu wenig halfen, in zweiter Linie alle englischen Regierungen einschließlich der sozialistischen, die mit Gewalt die Einwanderung nach Palästina verhinderten, und erst in dritter Linie die Nazis.'

Wenn Dr. Grünbaum das tatsächlich gesagt hat, wie die Gerüchte behaupten, so irrte er nicht. Zuzutrauen wäre ihm der Mut, die Wahrheit ausgesprochen zu haben, wohl.

Den reichen amerikanischen Juden waren ihre Dollars lieber gewesen als das Leben ihrer gefährdeten Glaubensgenossen. Die englischen Regierungen wehrten sich bis zur Waffengewalt gegen die jüdische Masseneinwanderung nach Palästina. Die Naziführer schließlich, die anfänglich bereit gewesen waren, die Auswanderung zu gestatten und zu unterstützen, ließen ihre Wut und Verzweiflung über die drohende Entwicklung des Krieges an jenen aus, die am wenigsten dafür konnten: an den Massen der armen Juden.

Die reichen Juden waren bis auf verschwindend geringe Ausnahmen von der grauenhaften Liquidation gar nicht betroffen. Für Geld konnte man sich selbst im Dritten Reich auch das Leben erkaufen. Der Preis hieß eben lediglich: Reichsfluchtsteuer."

Weiter berichtet Burg über einen Plan des ehemaligen Reichsbankpräsidenten, Dr. Hjalmar Schacht, der Hitler vorschlug, ein internationales Treuhänderkomitee zur Kontrolle des nach der „Kristallnacht" beschlagnahmten jüdischen Vermögens einzusetzen. Aus diesem Vermögen sollten die auswanderungswilligen Juden je nach Bedarf einen Betrag erhalten, der ihnen den Aufbau einer Existenz in einem neuen Lande ermögliche. Hitler stimmte diesem Plan sofort zu (Dezember 1938). Über die Ablehnung dieses Planes schreibt Burg:

„Noch im Dezember reiste Schacht nach London und weihte den ihm befreundeten Gouverneur der Bank von England, Montagu Norman, in den Plan ein. Norman stimmte den Ideen zu, und als Schacht ihn bat, eine geeignete jüdische Persönlichkeit zu nennen, mit der er darüber ernsthaft verhandeln könnte, schlug dieser Lord Berstedt, den Chef des

Hauses Samuel and Samuel, vor. Schacht war augenblicklich einverstanden, und Lord Berstedt wurde zu einer dringenden Konferenz in das Büro des Gouverneurs Norman in die britische Notenbank gebeten.

Lord Berstedt hörte die Ausführungen Dr. Schachts an und erklärte dann, daß er der Sache durchaus positiv gegenüberstehe, doch keinesfalls allein entscheiden könne, er müsse seine Glaubensgenossen unterrichten, vor allem mit dem Präsidenten des Zionistischen Weltkongresses, Chaim Weizmann, sprechen. Zu diesem Zweck erbat er sich einige Tage Zeit.

In dieser Pause informierte Dr. Schacht, ebenfalls auf den Rat des Gouverneurs Norman, den Amerikaner Mr. Rublee vom Evian-Komitee. Auch Mr. Rublee war mit dem Plan einverstanden, und alles schien in bester Ordnung, als schließlich beim nächsten Treffen Lord Berstedt Dr. Schacht niedergeschlagen mitteilte, daß Chaim Weizmann sich sehr entschieden gegen den Vorschlag ausgesprochen habe. Lord Berstedt sagte allerdings, selbst wenn Weizmann dagegen sei, sollte man sich doch um diese gute Sache kümmern und sie weiterhin verfolgen.

Dr. Schacht war wie vor den Kopf geschlagen. Resigniert reiste er nach Berlin zurück, denn er hatte mit allem gerechnet, nur nicht mit einer Ablehnung dieses einzig möglichen Rettungsplanes, der infolge der Zustimmung Adolf Hitlers berechtigte Aussicht auf Erfolg hatte. Wegen Differenzen, die später zwischen Hitler und Schacht entstanden, wurde dieser am 22. Januar 1939 aus seinem Amt als Reichsbankpräsident entlassen. Er hatte sich geweigert, weitere Reichsbankmittel für Hitlers Aufrüstungspläne zur Verfügung zu stellen.

Damit war eine der größten Chancen zur Rettung des deutschen Judentums vertan, in der Hauptsache, weil Chaim Weizmann nicht zustimmte.

In Nürnberg wurden zahlreiche Originaldokumente auch des Auswärtigen Amtes vorgelegt. Unter der Eintragung Berlin, 25. Januar 1939, hörte ich die erstaunliche offizielle Feststellung des Punktes 2 eines dieser Dokumente: ‚Das letzte Ziel der deutschen Judenpolitik ist die Auswanderung aller im Reichsgebiet lebenden Juden...' In Punkt 4 heißt es: ‚Der ausgewanderte Jude als beste Propaganda für die deutsche Judenpolitik', und weiter unten: ‚Nachdem in den Jahren 1933—34 über 100 000 Juden aus Deutschland legal oder illegal den Weg ins Ausland gefunden hatten, ... haben inzwischen fast alle Staaten der Welt ihre Grenzen gegen die jüdischen Auswanderer hermetisch verschlossen.'

Welch eine furchtbare, welch eine bittere und beschämende Wahrheit!

Doch diese Dinge wurden nur ganz am Rande behandelt und nach Möglichkeit unterdrückt ..." (Seite 123/124)

Dr. Schacht verteidigte vor dem Nürnberger Gerichtshof seinen o. a. Plan und sagte u. a.:

„Ich habe diesen Plan im Dezember 1938 in London mit Lord Berstedt von Samuel and Samuel, mit Lord Winterton und mit dem amerikanischen Vertreter Mr. Rublee besprochen. Sie alle nahmen den Plan sympathisch auf. Da ich aber kurz danach von Hitler aus der Reichsbank entfernt wurde, verfiel die Angelegenheit. Wäre sie durchgeführt worden, so wäre kein einziger Jude ums Leben gekommen." (Seite 117)

Burg berichtet über weitere Schwierigkeiten, die sich auch in anderen Ländern der Auswanderung der Juden entgegenstellten, und erwähnt dabei, daß im Jahre 1945 der Abtransport von Juden nach Schweden auf erhebliche Schwierigkeiten stieß, da Schweden die Juden nicht aufnehmen wollte (Seite 130/131). Der schwedische Minister Meller gab am 18. 1. 1945 auf eine entsprechende Anfrage im Parlament bekannt:

„Eines aber muß ich feststellen: Unsere Regierung war nicht weniger großzügig im Aufnehmen von Juden, als es die jüdische Kultusgemeinde von Stockholm war. Die schwedischen Juden haben uns keinen sonderlichen Mut gemacht, jüdische Flüchtlinge hereinzulassen. Dies möge im Parlamentsprotokoll vermerkt werden." (Seite 132)

Burg berichtet, daß durch die Haltung des Präsidenten der Stockholmer jüdischen Kultusgemeinde, Josefsohn, der Versuch der Rettung von 50 Angehörigen der jüdischen Intelligenz aus Riga im September 1940 gescheitert sei. Die jüdische Kultusgemeinde sollte gegenüber dem schwedischen Staat die Verantwortung dafür übernehmen, daß diese 50 Juden tatsächlich nach Palästina weiterreisen und nicht in Schweden bleiben wollten. Josefsohn sagte auf eine entsprechende Frage:

„Woher weiß ich, ob die wirklich weiterreisen und nicht in Schweden bleiben werden?" (Seite 125/126)

Über die Verhandlungen des SS-Obersturmbannführers Eichmann mit dem Juden Joel Brand zwecks Tausch von einer Million Juden gegen 10 000 Lastwagen berichtet Burg auf den Seiten 133 ff sehr ausführlich. Der Handel kam nicht zustande; Brand wurde von den Engländern verhaftet.

Über die Verhältnisse in Ungarn 1944 schreibt Burg u. a.:

„Es wurde bekannt, daß mit der Verschlechterung der allgemeinen Lage an der Ostfront die ungarische Szálasi-Regierung eine Totalvernichtung der Budapester Juden plante. Besonders Innenminister

Kovarcz bestand auf der Liquidierung sämtlicher Juden im Getto. Obwohl sich Ferenz Szálasi dagegen aussprach, war die Stimmung gegen die Juden tödlich. Die Waad erkannte, daß die einzige Rettung für die Budapester Juden nur noch bei den Deutschen liegen könnte.

Um jüdischerseits eine Geste des guten Willens zu machen, trachtete die Waad, irgendwelche Lastkraftwagen aufzutreiben. Der Sudetendeutsche Alois Steger in Preßburg, der schon oft den Budapester Juden geholfen hatte, sprang ein und trieb 30 Lastwagen auf. Nun appellierten die Juden an die SS, die ihrerseits schon längst wußte, daß die Pfeilkreuzler die Abschlachtung der Juden beschlossen hatten.

Verzweifelt führte Andreas Biß als Vertreter der Waad die Verhandlungen mit den einzelnen SS-Führern. Schließlich zeitigten diese Bemühungen den Erfolg: Der General der Polizei, Winkelmann, der in Budapest als höherer SS- und Polizeiführer saß, wandte sich an Himmler persönlich und befahl dann den ungarischen Innenminister Kovarcz zu sich. Er teilte Kovarcz mit, daß die 84 000 Juden des Budapester Gettos unter deutschem Schutz stünden, und verbot im „Reichsinteresse" ausdrücklich die Vernichtung des Gettos.

Die ungarischen Pfeilkreuzler wagten nun nicht, sich gegen den strikten Befehl der höchsten deutschen Autoritäten zu stellen, und ließen ihre Hand vom Budapester Getto.

Diese 84 000 Budapester Juden wurden durch die ausdauernden und tapferen Bemühungen ihrer örtlichen Waad-Funktionäre und — durch die deutsche SS gerettet.

Sie blieben am Leben.

Nicht am Leben blieb Dr. Rezsö Kastner, der auch nach der Befreiung in Israel nicht müde wurde, seine Stimme zu erheben und den wahren Verlauf der Geschehnisse in Budapest und der ganzen Affäre Adolf Eichmann — Joel Brand zu schildern. Er wurde von Zionisten am 3. März 1952 in Jerusalem auf offener Straße erschossen.

Man konnte damit wohl einen Menschenmund auf immer verstummen lassen, nicht aber die Wahrheit." (Seite 137/138)

Über die Schuld der Engländer und Amerikaner schreibt Burg u. a.:

„Schließlich und endlich hatten ja die Amerikaner und die Engländer ihrerseits die planmäßige Auswanderung der Juden aus dem deutschen Einflußgebiet systematisch und zum Teil sogar mit Waffengewalt verhindert. Ihre Mitschuld an dem Tode vieler Juden nimmt ihnen in alle Ewigkeit niemand ab." (Seite 158)

Über die heutigen Verhältnisse schreibt Burg u. a.:

„Wenn überhaupt der Antisemitismus in Deutschland gefördert wird, dann durch jene Clique von Kriminellen, welche die Wiedergutmachung so schändlich ausnutzten, und die zionistischen Politiker, die heute noch Haß und Rache predigen, um zu gleicher Zeit aus den verfluchten Deutschen möglichst viel Wiedergutmachungskapital herauszupressen.

Ich glaube im Gegenteil, daß es notwendig ist, zu erfahren, daß wir Juden nicht nur politisch, sondern auch in der Frage der Wiedergutmachungsskandale keinesfalls eine Front bildeten und bilden. Wie allein das Beispiel ‚Fides' zeigt, wurden die armen Juden und die deutschen Steuerzahler von einer Clique jüdischer Krimineller gleichermaßen betrogen und bestohlen. Wir, die kleinen Juden, hatten genauso wenig Möglichkeit, uns gegen die Diktatur jener Clique zu wehren, wie die Deutschen." (Seite 169)

Die „Deutsche Wochen-Zeitung" vom 15. 12. 1962 schreibt über die Zahl der an der Judenvernichtung beteiligten Personen in dem Aufsatz „Gerstenmaier auf der Anklagebank":

„Nach über einem Jahrzehnt ‚Wiedergutmachung' müßte es längst möglich sein, die tatsächlichen Zahlen zu ermitteln und dabei zu unterscheiden, welcher Teil durch allgemeine Kriegseinwirkung, wieviele durch Nichtdeutsche und welcher Teil durch deutsche Verbrecher vernichtet wurden.

Allein schon die relativ geringe Zahl der bisher namentlich festgestellten deutschen Verbrecher reduziert die Sechs-Millionenlegende auf einen Bruchteil dieser Ziffer. Könnten 100—200 Verbrecher sechs Millionen Menschen widerstandslos umbringen? Der Kronzeuge der Nürnberger Anklage, Hoettl, erklärte am 11. April 1946 unter Eid: ‚Eichmann erklärte mir, daß die ganze Aktion ein besonderes Reichsgeheimnis und nur ganz wenigen Menschen bekannt sei. Die Zahl der Angehörigen dieses Kommandos liegt nach meinem Dafürhalten bei kaum hundert Personen.'

Der englische Jude Reitlinger nennt ganze 156 Mann, die an der Judenvernichtung beteiligt gewesen seien. Der Richter am Vierten amerikanischen Militärgerichtshof, Leon Power, bestätigte, daß an der planmäßigen Judenausrottung ‚nicht mehr als hundert Personen im ganzen' beteiligt oder davon unterrichtet gewesen seien.

Auch wenn sich diese Zahlen der Schuldigen an den Geheimverbrechen verzehnfachen ließen, mit welchem Recht bezichtigt dann ein deutscher Politiker die übrigen 80 Millionen Deutschen der Kollektivschuld?

Gewiß, auch wenn nur 100 Deutsche an der geheimen Judenvernichtung mitschuldig geworden wären, dann würde dies eine entsetzliche Tatsache sein. Gibt es aber diese Minderheit von Verbrechern nicht in jedem

Volke? Und zwar in einer Zeit brutalster Kriegsverbrechen an allen Fronten?"

Bei dem hier erwähnten deutschen Politiker handelt es sich nach dem Aufsatz um den Bundestagspräsidenten Dr. Eugen Gerstenmaier, der am 21. 11. 1962 vor der Gesellschaft für Staatswissenschaft, Hebräische Universität Jerusalem, einen Vortrag gehalten hatte (siehe Abschnitt „Kollektivscham — Ja oder Nein?").

Die „Deutsche Wochen-Zeitung" führt folgende jüdische Zeugen für die Zusammenarbeit von jüdischen und deutschen Stellen bei der Judenvernichtung an:

„Da man aber dennoch nur die Deutschen 17 Jahre nach Kriegsende als das Verbrechervolk der Weltgeschichte brandmarken möchte, das auf der Anklagebank sitzt und niemals seine schwarze Vergangenheit werde bewältigen können, sind wir zur moralischen Notwehr gezwungen. Aus dieser Not und diesem Zwang heraus müssen wir jetzt leider auch immer deutlicher auf die furchtbare Tatsache hinweisen, daß es diese Minderheit von Verbrechern, die Juden gemordet haben, nicht nur unter Deutschen, Polen, Russen, Letten, Litauern, Ukrainern, Ungarn usw., sondern sogar auch unter Juden gegeben hat. Während Bundesdeutsche bisher zu feige waren, den Anklägern ihres Volkes diese schauerlichen Verbrechen entgegenzuhalten, waren mehrere jüdische Autoren so ehrlich, dieses Tabu zu brechen!

Nach ihrem Zeugnis waren unter den verbrecherischen Werkzeugen Himmlers nicht nur Deutsche, sondern auch Juden. Emanuel Ringelblum berichtet darüber in seinem Buche: ‚Chronique du Ghetto de Varsovie'. (Verlag Robert Laffont, Paris.) In Deutsch erschienen sind die Berichte „Im Feuer vergangen", Tagebücher aus dem Ghetto (Verlag Rütten und Loening, Berlin).

Im Warschauer Ghetto z. B. konnte die Gestapo nur mit Hilfe jüdischer Kollaborateure ihre Opfer bespitzeln oder Zwangsrekrutierungen vornehmen. Die jüdische Polizei war der Schrecken der jüdischen Ghetto-Bewohner. Mitten im Elend wucherten Luxus und Korruption. Ringelblum berichtet über ‚den grausamen Egoismus' von Juden:

‚Während der Deportationen erreicht sie (die jüdische Polizei) den Gipfel der Verkommenheit. Keiner der Polizisten fand ein Wort des Protestes gegen den abscheulichen Auftrag, die eigenen Brüder zum Schlachthof zu führen. Auf ihren Gesichtern war keine Spur von Trauer oder Leid zu erkennen. Man sah im Gegenteil zufriedene, glückliche und gutgenährte Gestalten, beladen mit der Beute, die sie zusammen mit der ukrainischen Miliz davonschleppten.'

Noemi-Szac-Wajnkranc berichtet:

,Graue Ghettomauern, Hunger, Tod auf Schritt und Tritt und in den Kellergeschossen prächtige Vergnügungslokale.'

Ringelblum bestätigt von Warschau auch:

,die Deutschen wissen nichts von den ständigen Morden und Vernichtungsaktionen, die von speziellen Henker-Kommandos ausgeführt werden.'

Ein Teil dieser Juden hat sicher nur unter Zwang gehandelt; diesem Zwang unterlagen aber auch die beteiligten Deutschen, die unter Kriegsgesetz standen und bei Befehlsverweigerung auch den Tod zu erwarten hatten. Diese Juden konnten mit Gewalt zu diesen Verbrechen gezwungen werden, keine Gewalt aber konnte sie zu Luxus, Korruption und Bereicherung an ihren Opfern zwingen. Das sind unerklärbare Abgründe menschlicher Bestialität auf beiden Seiten. Der eine Teil mordete in dem fanatischen Wahn, Feinde des eigenen Volkes vernichten zu müssen, der andere leistete Mordhilfe gegen die eigenen Volks- und Glaubensgenossen.

Im Nürnberger Prozeß wurden durch eidliche Zeugenaussagen noch schrecklichere Tatsachen bekannt, jedoch von den ,Rache-Richtern' nicht weiter beachtet:

Die Zeugen Dr. Morgen und Dr. Reinicke waren in den KZs mit der Untersuchung von Korruption und von Fällen der Häftlingsmißhandlung im Kriege beauftragt. Ihre Ermittlungen und ihre Aussagen bieten das wichtigste amtliche deutsche Material über die tatsächlichen Verhältnisse und auch über grauenhafte Mißstände in einzelnen Lagern. Im Rahmen ihrer Untersuchungen stießen sie als erste auf den Komplex der geheimen Juden-Vernichtung. Diese Entdeckung wurde durch ein Ereignis ausgelöst, das keine Hitchcock-Phantasie an Schauerlichkeit überbieten kann: Es war die Judenhochzeit im Vernichtungslager Lublin.

Dr. Morgen erhielt darüber den Bericht des Kommandeurs der Sicherheitspolizei von Lublin. Es sei dort ungewöhnlich zugegangen ,hinsichtlich des Konsums von Schlemmereien und des Verbrauchs von Alkoholika'. Das war Ende 1942. Mitten unter etwa 1100 jüdischen Hochzeitsgästen saßen auch Angehörige der Lagerwache und der SS. Als Dr. Morgen den Lagerkommandanten, den Kriminalkommissar Wirth, darüber befragte, gab dieser offen zu, daß eine solche Festlichkeit stattgefunden habe, und begründete dies mit der zynischen Erklärung: ‚man muß die Juden mit ihren eigenen Waffen schlagen', d. h. die Juden durch die Juden vernichten lassen. Aus seinem Vernichtungslager ließ Wirth zunächst Juden aussondern, die ihm als Kolonnenführer dienlich erschienen:

‚Diese Leute, die Juden, haben dann wieder andere Juden mitgebracht, die unter ihnen arbeiteten. Und mit diesen zunächst kleinen bis mittleren Kommandos von Juden hat er begonnen, die Vernichtungslager aufzubauen. Diesen Stab von Juden hat er erweitert, und mit diesen Juden hat Wirth die Vernichtung selbst durchgeführt. Wirth sprach mir davon, daß er vier Vernichtungslager habe, und daß etwa 5000 Juden an der Verwertung und der Erfassung der jüdischen Effekten tätig seien. Um nun diese Juden für das Geschäft der Tötung und Ausplünderung ihrer Glaubens- und Rassengenossen zu gewinnen, hat Wirth ihnen jegliche Freiheiten gegeben und sie sozusagen an der Ausbeutung der toten Opfer finanziell beteiligt. Als Folgen dieses Verhältnisses war es dann auch zu dieser fürstlichen Judenhochzeit gekommen.' (IMT Bd. XX, S. 538 ff.)

Verladung, Transport, Ausladung, erfolgten durch diese jüdischen Kommandos. Sie brachten die jüdischen Opfer bis zur Entkleidung und Vergasung. Und nach der Tötung entfernten sie von den Leichen Goldzähne usw. und brachten sie in das Krematorium. Nur dadurch, daß die jüdischen Opfer bis zur Vernichtung von Juden betreut wurden, gelang es, sie total zu täuschen und willig zur Schlachtbank zu führen. Nur drei Deutsche leiteten diese Verbrechen: Der Lagerkommandant, der Arzt und der Vergaser. Ein teuflischer Plan und eine teuflische Methode!

In diesem einzigen Falle waren die Untersuchungsrichter Dr. Morgen und Dr. Reinicke bereits im Kriege unmittelbar auf eine geheime Massenvernichtung gestoßen. In 800 anderen Fällen von Korruption und Mord hatten sie in offiziellem deutschen Auftrag Gerichtsverfahren vorbereitet. 200 dieser Fälle kamen noch vor Kriegsende zum Abschluß. ‚Es lagen 200 Urteile vor, die auch vollstreckt wurden.' (Dr. Reinicke, aaO, S. 522).

Ende 1944 begannen auch Verfahren gegen den KZ-Kommandanten Höß und bereits auch gegen Eichmann. Beide Verfahren konnten vor Kriegsende nicht mehr abgeschlossen werden. Zwei überführte KZ-Kommandanten aber, darunter der Lagerkommandant Koch von Buchenwald, wurden der Korruption und des Mordes überführt und in ihren Lagern hingerichtet ..."

(„Deutsche Wochen-Zeitung" vom 15. 12. 1962)

Die jüdische Zeitschrift „La Terre retrouvé“ veröffentlichte am 15. 12. 1960 eine Erklärung des Dr. Kubovy von der Jüdischen Dokumentenzentrale in Tel Aviv, in der dieser angibt:

„daß es nicht ein einziges Schriftstück mit der Unterschrift Hitlers, Himmlers oder Heydrichs gibt, in dem davon die Rede ist, die Juden zu vernichten und daß das Wort Vernichtung in dem Schreiben Görings an Heydrich über die Endlösung der Judenfrage nicht vorkommt ...“

(„Deutsche Wochen-Zeitung“ vom 17. 8. 1963, S. 2)

Der Kopenhagener Oberrabiner Dr. Marcus Melchior lehnte im Juli 1963 auf einer Tagung in der Evangelischen Akademie in Wannsee bei Berlin jede Kollektivschuld Deutschlands ab und sagte u. a.:

„Die Welt muß Deutschland die Hand reichen, weil auch sie an Deutschland schuldig geworden ist.“

(„Deutsche Wochen-Zeitung“ vom 17. 8. 1963, S. 2)

Am 20. 12. 1963 begann vor dem Schwurgericht in Frankfurt/Main der Prozeß gegen 22 ehemalige Angehörige der Wachmannschaft und Lagerleitung des ehemaligen Konzentrationslagers Auschwitz. Der Hauptangeklagte, der letzte Kommandant dieses Konzentrationslagers, SS-Obersturmbannführer Baer, starb am 17. 6. 1963 in der Untersuchungshaftanstalt in Frankfurt („Stuttgarter Nachrichten“ v. 19. 6. 63).

Über den Tod dieses KZ-Kommandanten schreibt die „Deutsche Wochen-Zeitung“ vom 14. 12. 1963 folgendes:

„Von der deutschen Öffentlichkeit nur wenig beachtet war im Spätsommer dieses Jahres der letzte Kommandant des Konzentrationslagers Auschwitz, Richard Baer, in der Untersuchungshaft überraschend verschieden. Die westdeutsche Presse widmete dem Tod dieses überaus authentischen Kronzeugen für die furchtbare Anklage nur wenige Zeilen. Umso größeres Aufsehen erregte der Tod des wohlbehüteten Untersuchungsgefangenen jedoch in Frankreich, wo die große französische Wochenzeitung ‚Rivarol‘ in sensationeller Aufmachung von merkwürdigen Begleitumständen des Todes zu berichten wußte. Danach habe sich Baer stets bester Gesundheit erfreut und noch 14 Tage vor seinem überraschenden Tod in keiner Weise über mangelnde Gesundheit geklagt. Als merkwürdig bezeichnete es das große französische Blatt vor allem, daß bei einem derartig prominenten Angeklagten auf eine nochmalige Obduktion der Leiche (‚contre-autopsie‘) verzichtet und die Leiche stattdessen bemerkenswert schnell eingeäschert worden sei.

Noch sensationeller als die französischen Berichte wirkte jedoch die Veröffentlichung von Auszügen des amtlichen Obduktionsbefundes des Instituts für gerichtliche Medizin der Universität Frankfurt a. M. in der angesehenen und gewöhnlich zuverlässigen ‚Deutschen Hochschullehrer-Zeitung‘, in welchem es hieß ‚bei der gesamten Sachlage kann jedoch die Einnahme eines nicht riechenden und nicht ätzenden Giftes nicht ausgeschlossen werden‘.

Aufgrund der genannten Veröffentlichungen hat ein Krefelder Rechtsanwalt sich eingehend mit dem Fragenkomplex befaßt und auf Grund seiner Prüfung eine ‚Strafanzeige gegen Unbekannt wegen Verdachts des Mordes‘ beim hessischen Generalstaatsanwalt gestellt. Hierin heißt es unter Hinweis auf die ausführlichen Veröffentlichungen der französischen Presse wörtlich:

Frau Baer habe niemals daran gezweifelt, daß ihr Mann freigesprochen werden müsse. Ein Anlaß zum Selbstmord lag also nicht vor. Sonst hätte Baer auch nicht die Wache verständigt, als er sich unwohl fühlte, und selbst nach einem Arzt verlangt. Frau Baer berichtete, wie die französische Wochenzeitung ausführt, ihr Mann habe sich stets einer ausgezeichneten Gesundheit erfreut. Auch als sie ihn zwei Wochen vor seinem plötzlichen Tode besuchte, habe er in keiner Weise über mangelnde Gesundheit geklagt. Baer hatte zwar nach einem Arzt verlangt, dieser erschien aber erst, als der Tod bereits eingetreten war.

‚Rivarol‘ nennt als Todesursache auf Grund des Obduktionsbefundes Herzschwäche, und schreibt, Frau Baer habe es in ihrer Erschütterung unterlassen, eine nochmalige Obduktion der Leiche zu verlangen. Der Tote sei unmittelbar danach eingeäschert worden.

Die in Tübingen erscheinende ‚Deutsche Hochschullehrer-Zeitung‘ Nr. III/63 schreibt nun ergänzend: ‚In dem Obduktionsbefund des Institutes für gerichtliche Medizin der Universität in Frankfurt hieß es u. a.: „Bei der gesamten Sachlage kann jedoch die Einnahme eines nicht riechenden und nicht ätzenden Giftes nicht ausgeschlossen werden“, obwohl eine Insuffizienz der Herzkranzgefäße genügt hätte, um den Tod herbeizuführen. Die Frage ist also, falls dieser Obduktionsbefund zutrifft, wer dann Baer dieses nicht riechende und nicht ätzende Gift gegeben hat.‘ Ein Mann, der auf Freispruch zu hoffen hat, hätte keinen Grund, sich selbst zu vergiften, was normaler Weise in einer Gefängniszelle ohne fremde Hilfe nicht möglich ist ...

Abschließend heißt es in der Strafanzeige wörtlich:

‚Baer hat nämlich bei seinen Vernehmungen erklärt, daß in Auschwitz keine Gaskammern existiert hätten. Erwiesen ist, daß in Dachau, Bergen-Belsen und Buchenwald ebenfalls keine Gaskammern existiert haben, wofür es genügend Beweise gibt, wie z. B. den Münchener Weihbischof Neuhäusler in seinem bekannten Buch, und vor allem das „Institut für Zeitgeschichte" in München, das schon im August 1961 dies ganz offiziell hat zugeben müssen. Wenn nach dem erpreßten „Geständnis" von Hoeß in Auschwitz Hunderttausende vergast worden sein sollten, und Baer nicht zu überführen war, unter seiner Lagerleitung seien 437 000 Juden aus Ungarn vergast worden, so ist dies nicht verwunderlich, da beim internationalen Suchdienst in Arolsen sämtliche Häftlingslisten vorliegen, wonach von 1933 bis 1945 in sämtlichen KZs zusammen nur 530 000 Personen inhaftiert waren, einschließlich der entlassenen, befreiten und verstorbenen Häftlinge.'

Vielleicht sollte der Tod des Auschwitz-Kommandanten die endgültige Klärung dieser Zahlen verschleiern?"

Der französische Professor und ehemalige KZ-Häftling Paul Rassinier, der dem Auschwitz-Prozeß beiwohnen wollte, wurde bei seiner Einreise in die Bundesrepublik zurückgewiesen. In den „Stuttgarter Nachrichten" vom 20. 12. 1963 steht darüber folgendes:

„Beamte des Grenzschutzamtes in Saarbrücken haben dem französischen Professor und ehemaligen Häftling des Konzentrationslagers Buchenwald, Professor Zaul Rassinier, die Einreise in die Bundesrepublik verweigert. Die Beamten handelten auf Weisung von Bundesinnenminister Höcherl. Nach Angaben des Frankfurter Landgerichts wollte Rassinier als Vertreter einer amerikanischen Zeitung am Auschwitz-Prozeß teilnehmen, der am Freitag in Frankfurt beginnt. Der Damm-Verlag in München erklärte, Rassinier sei regelmäßig in die Bundesrepublik eingereist, ohne daß man ihm Schwierigkeiten gemacht habe. Erst vor fünf Wochen habe sich der Professor in München aufgehalten. Im Damm-Verlag München erschienen von Rassinier „Die Lüge des Odysseus" und „Was nun, Odysseus?".

Wie unser Bonner Büro mitteilt, erklärte das Bundespresseamt zu dem Fall, die Zurückweisung Rassiniers habe nichts mit dessen Absicht zu tun, als Beobachter an dem Auschwitz-Prozeß teilzunehmen. Rassinier stehe seit Jahren auf der Liste des Bundesinnenministeriums für unerwünschte Ausländer. Er sei in Frankreich durch rechtsradikale Veröffentlichungen bekannt geworden. In einem Buch über das Konzentrationslager Auschwitz, in dem er selbst weilte, habe er nachträglich die Zustände dort beschönigt."

In seiner Beschwerde über die Zurückweisung an der deutschen Grenze an den Botschafter der Bundesrepublik in Paris vom 19. 12. 1963 schreibt Professor Rassinier u. a. folgendes:

„Ich möchte nicht annehmen, daß die genannte Maßnahme erfolgt ist, um mir auf diesem Umwege die Teilnahme am Auschwitzprozeß zu verbieten.

Das wäre eine derartige Verletzung der elementarsten Rechte der Publizistik bei einem juristischen Verfahren und ein solch absurder Versuch, die historische Wahrheit zu unterdrücken, daß ich mir nicht vorzustellen vermag, diese Maßnahme entspräche den Absichten der deutschen Regierung oder könnte im Interesse der deutschen Nation gerechtfertigt erscheinen.

Doch welche Gründe liegen nun vor?

Ich bin französischer Staatsbürger, unterstehe den Gesetzen meines Landes. Für Deutschland bin ich ein Mann, der ein deutsches KZ überlebt hat, in das ich während des Krieges durch die Gestapo gebracht worden bin, weil ich am Widerstand gegen Hitler beteiligt gewesen bin. Dort war ich 18 Monate lang interniert und bin als hundertprozentig kriegsversehrt zurückgekehrt. Es erscheint mir darum unmöglich, daß jene Maßnahme von politischen Absichten veranlaßt worden sein könnte.

In diesem Zusammenhang muß ich darauf aufmerksam machen, daß ich Abgeordneter der Sozialistischen Partei (S.F.J.O.) gewesen bin. Meine damalige Überzeugung vertrete ich heute noch, wenn ich mich auch seit 1946 parteipolitisch nicht mehr betätige.

Mein einziges Anliegen ist die historische Wahrheit, besonders die Erforschung der geschichtlichen Tatsachen der deutschen KZs, deren Untersuchung ich mich seit 17 Jahren ausschließlich widme. Wenn ich mich entschlossen habe, am Auschwitzprozeß teilzunehmen, dann deshalb, wie Sie verstehen werden, um vor allem mein Material über diese Vorgänge zu vervollständigen und die Aufgaben zu erfüllen, die mir meine Kollegen von den genannten Forschungsinstituten gestellt haben, und für die sie mich, berechtigt oder nicht, als besonders qualifiziert betrachten. Es soll über diese komplizierten historischen Probleme endlich die erforderliche Klarheit gewonnen werden ..."

(„Deutsche Wochen-Zeitung" vom 17. 1. 1964, S. 8)

Als Nebenkläger zu dem Auschwitz-Prozeß wurde der Ostberliner SED-Anwalt Friedrich Kaul am dritten Verhandlungstag zugelassen („Deutsche Wochen-Zeitung" vom 17. 1. 1964).

Der bekannte österreichische Sozialdemokrat jüdischer Abstammung, Dr. Benedikt Kautsky, der nach seinen Angaben in seinem Buch „Teufel und Verdammte" in fünf Konzentrationslagern war — Dachau, Buchenwald, Auschwitz 1 (Stammlager), Auschwitz 3 (Buna oder Monowitz genannt) und Gleiwitz, siehe Seite 200 — und dabei „zeitweilig Untergebener, zeitweilig Vorgesetzter von Juden" war (S. 153), schreibt über die inneren Verhältnisse in den Lagern u. a.:

„Ich will die Methoden, Menschen ohne Gerichtsurteil auf unbestimmte Zeit eingesperrt zu halten, in keiner Weise rechtfertigen. Auch die Tatsache, daß es sich um einen unheilbaren Schädling der Gesellschaft handelt, genügt hiefür nicht. Aber ich kann mich des Eindrucks nicht erwehren, daß der von den Nazi ausgesprochenen Sicherheitsverwahrung ein vernünftiger Gedanke zugrunde liegt und daß auch hier vorbeugen besser als heilen ist. Wenn man die Gewißheit gewonnen hat, daß ein Verbrecher immer wieder rückfällig wird, dann sollte das Gericht die Möglichkeit besitzen, ihn zu isolieren und die Gesellschaft vor seinen Verbrechen zu bewahren, statt zu warten, bis er ein neues begeht. Aber man darf solche Menschen nie wahllos mit anderen, und seien sie selbst leichte Verbrecher, zusammensperren, höchstens mit ihresgleichen . . .

Es wird noch zu schildern sein, wie sich die Grünen" (die kriminellen Häftlinge) „im Lager zu bereichern wußten, wie sie die anderen Häftlinge schlugen und erschlugen, wie sie die Herde der Homosexualität mit ihren zersetzenden Wirkungen bildeten, wie sie der SS die Spitzel stellten, wie sie sich nicht scheuten, die Lagerintrigen durch Verzinken ihrer Mithäftlinge bei der SS auszutragen, und wie sie auf diese Weise die Entstehung der Lagerfeme erzwangen. Das bitterste war, daß sie unter den Roten" (den politischen Häftlingen) „eine Reihe von Helfershelfern fanden, teils unter den Unpolitischen, teils in jener Gruppe der ‚ungeschulten' Kommunisten, die ich vorhin geschildert hatte . . ." (Seite 144).

Über die Lagerfeme in Buchenwald schreibt Kautsky u. a.:

„Der Krieg der Häftlinge gegen diese Schädlinge der Gemeinschaft führte in Buchenwald zur Ausbildung einer förmlichen Gerichtsorganisation, die ganz nach Art der mittelalterlichen Feme ihres Amtes waltete. Sie hatte ihr Zentrum im Revier und lag in der Hand der kommunistischen Schicht, die das Lager beherrschte. Sie kam empor im Kampf mit einer Gegenorganisation der Grünen, die ständig versuchte, die ihnen Anfang 1939 entrissene Machtposition wieder zu erobern. Im ersten Kriegswinter kam es zu einem erbitterten Streit zwischen den roten und grünen jüdischen Blockältesten und Capos, der mit dem Tod einer ganzen Reihe von Roten endete. Diese wurden, einer um den andern, in den Steinbruch geschickt und dort erschlagen oder in die Postenkette gejagt. Der Steinbruch-Capo, der zwar einen roten Winkel trug, aber vollständig zu den Grünen gehörte, forderte von der SS die betreffenden Häftlinge an, und sein Einfluß war groß genug, um jede dieser Anforderungen durchzusetzen.

Die Roten vergaßen den Grünen diese Morde nie. Sie bauten ihre Position sorgfältig aus und gewannen in dem schon früher erwähnten Lagerarzt Dr. Hoven einen Verbündeten. Jetzt gab es viele Möglichkeiten der Rache. Von der einfachen Vorladung ins Revier, die unter diesen Umständen stets tödlich endete, bis zur Verschickung auf einen ‚Himmelfahrtstransport' in eine Gaskammer oder zur Auswahl für medizinische Experimente (Fleckfieberstation auf dem berüchtigten Block 46), bestand eine ganze Kette von Gelegenheiten, den ‚Verurteilten' mehr oder minder unauffällig vom Leben zum Tod zu befördern. Es war eine ungeheure Macht über Leben und Tod ihrer Kameraden, die da völlig unkontrollierbar und unbeeinflußbar in die Hand einiger weniger gelegt wurde ..." (Seite 198/199).

Kautsky schildert u. a. auch die in den einzelnen Lagern verschieden lang währende Freizeit an Samstagen und Sonntagen, die im Laufe des Krieges zugunsten der Arbeitszeit verkürzt wurde, die Unterhaltung von Musikkapellen, die Einrichtung von Büchereien und Bordellen für die Häftlinge und die strenge Überwachung der Sauberkeit in den Lagern. Über seinen ersten Eindruck von Auschwitz berichtet Kautsky u. a. folgendes:

„In Auschwitz machten wir Bekanntschaft mit den Methoden eines Vernichtungslagers, das mit den ‚modernsten' Hilfsmitteln ausgestattet war. Die Auskünfte, die wir hier von arischen Kameraden erhielten, die uns von früher aus Dachau oder Buchenwald kannten, lauteten übereinstimmend: ‚Kein Jude hat bisher in Auschwitz länger als sechs Monate gelebt.' In dieser freudigen Zukunftshoffnung wurden wir durch die Behandlung, die uns die ‚arischen' Häftlinge — reichsdeutsche und polnische Faschisten — angedeihen ließen, nur noch bestärkt. Wir wurden von Kopf bis Fuß ausgeplündert, die Privatwäsche und -schuhe, Pullover, Geld, Zigaretten, Lebensmittel, die sich unsere Angehörigen mühselig verschafft, zum Teil abgedarbt und uns geschickt hatten und die mitzunehmen die SS-Lagerleitung in Buchenwald in einem Anfall von Anständigkeit gestattet hatte, wurden restlos — von Häftlingen! — konfisziert ..." (Seite 54)

Kautsky war über zwei Jahre in Auschwitz (von Oktober 1942 bis Januar 1945).

Über die Zahl der in den Konzentrationslagern umgekommenen Personen schreibt Kautsky:

„Die Gesamtzahl der in deutschen Konzentrationslagern Umgekommenen ist demnach auf etwa neun bis zehn Millionen zu schätzen" (S. 62). Über die Gaskammern, die er selbst nicht gesehen hat, schreibt Kautsky:

„Ich will hier noch eine kurze Schilderung der Gaskammern einflechten, die ich zwar selbst nicht gesehen habe, die mir aber von so vielen Seiten glaubwürdig dargestellt worden sind, daß ich mich nicht scheue, diese Schilderung hier wiederzugeben.

Das System der Gaskammern ist keine Improvisation, sondern das Ergebnis jahrelanger, sorgfältiger Versuche. Schon im Jahre 1941 fielen uns rätselhafte Transporte auf, die plötzlich zusammengestellt wurden, wobei die SS merkwürdig nervös war. Weder über das Ziel noch über den Zweck der Transporte war das geringste zu erfahren — wir wußten nur, daß die Kleider der Abtransportierten binnen 48 Stunden zurückkamen, daß die Verschickten also tot waren. Erst um die Jahreswende 1941/42, als diese ‚Himmelfahrtstransporte' sich häuften, bekamen wir Klarheit: Wir erfuhren jetzt, daß die Transporte zu Experimenten mit Gasen dienten. Wir dachten zuerst an Kampfgase und erwarteten für die nächsten Monate die Verwendung von Gasen bei Luftangriffen auf englische Städte; statt dessen erfuhren wir im Sommer 1942 von Kameraden, die von Auschwitz nach Buchenwald versetzt wurden, welche Bewandtnis es in Wirklichkeit mit den Versuchen hatte. Jetzt erhielten wir die ersten Schilderungen von der Existenz und der Arbeitsweise der Gaskammern. Man kann sich unsere Stimmung vorstellen, als wir im Oktober 1942 auf Transport nach Auschwitz geschickt wurden; aber wir hatten Glück: Wir kamen nicht nach Birkenau in die Gaskammern, sondern nach Buna zur Arbeit. Das Glück sah freilich so aus, daß von uns 405 nach einem halben Jahr etwa 110 am Leben waren" (auf Seite 56 heißt es: „von den etwa 310 Buchenwalder Juden, die Ende Oktober 1942 nach Buna gekommen waren . . ., lebten im März 1943 noch ungefähr 110 . . .").

„Immerhin waren wir den Gaskammern nahe genug, daß wir Zuverlässiges über sie erfahren konnten. Ich habe Dutzende von Häftlingen gesprochen, die die Vergasungen und Verbrennungen mit angesehen und die dort in der einen oder anderen Funktion tätig gewesen sind.

Das Verfahren war so ausgeklügelt, daß man den höchsten Effekt mit einem Minimum an Arbeit, aber auch an Widerstandsmöglichkeit verband. Die Transportzüge mit den zu Vergasenden, denen man den Zweck der Transporte sorgfältig verheimlichte, fuhren an einer Rampe ein, auf deren Seite sich die Krematorien und Gaskammern befanden. Die Insassen der Waggons mußten sich auf die Rampe begeben; hier wurde je nach den von der Berliner Zentrale gegebenen Weisungen eine Sortierung der zu Vergasenden und der zur Arbeit Bestimmten vorgenommen. Die für die Gaskammern Vorgesehenen wurden in einen Raum getrieben, in dem sie sich ausziehen mußten. Als Zweck wurde ihnen ein Bad angegeben. Um die Täuschung vollkommen zu machen, gab man ihnen unter Umständen noch Seife und Handtücher.

Die nackten Opfer wurden nun in einen anderen Raum zusammengepfercht, der gekachelt und mit Duschen an der Decke versehen war; daß die Wasserabflüsse fehlten, werden wohl die wenigsten in ihrer Aufregung bemerkt haben. War der Raum voll, wurden die Türen zugeschlagen und die Duschen in Tätigkeit gesetzt; ihnen entströmte kein Wasser, sondern Gas.

Verwendet wurde zumeist Kohlenoxyd, so daß die Menschen in wenigen Minuten erstickten. Alle Schilderungen stimmen darin überein, daß die Unglückseligen während dieser Zeit schrien und stöhnten, sich förmlich ineinander verkrampften und mit blauen Lippen, mit Blutaustritten aus Mund, Nase, Ohren und Augen aufgefunden wurden. Eine eigene Kolonne von Häftlingen war damit beschäftigt, die Leichen auseinanderzuzerren; diese wurden dann geschoren — denn die Haare der Toten waren ein nicht zu verachtender Rohstoff —, es wurden ihnen die Goldzähne aus dem Mund gebrochen, und sie kamen in die Verbrennungsöfen.

Die Kapazität der Gaskammern überstieg die der Krematorien bei weitem. Mir wurde als Grenze der Leistungsfähigkeit der Kammern die gleichzeitige Vergasung von 2000 Menschen angegeben. Da das Hineintreiben der Opfer in die Kammern und deren Räumung jeweils mehrere Stunden in Anspruch nahm, so konnten Tagesleistungen von 6000 bis 8000 Getöteten erzielt werden. Dieses Maximum wurde in den Monaten Mai bis Juli 1944 erreicht, als man etwa eine dreiviertel Million ungarischer Juden (einschließlich Transporten aus Theresienstadt usw.) vergaste.

Damals wurden Hunderttausende im Freien auf Scheiterhaufen verbrannt: Man schichtete jeweils eine Lage Holz auf eine Lage Leichen, übergoß das Ganze mit Petroleum und zündete es an. Brannte der Scheiterhaufen einmal, so brauchte man kein Brennmaterial mehr dazulegen: waren es doch Menschen aus der Freiheit und nicht ausgemergelte, fettlose Häftlinge, die da brannten. Die schauerlichen Einzelheiten dieser Verbrennungen lassen sich wirklich kaum wiedergeben. Tage- und wochenlang sah man die Rauchwolken, die auf Kilometer die ganze Umgebung mit dem Gestank von verbranntem Fleisch und Fett, mit dem Ruß und der Asche verpesteten, und nachts sah man die Flammen, ein grauenhaftes Fanal der Vernichtung, nicht nur Hunderttausender von Menschenleben, sondern auch der Vernichtung des deutschen Kulturanspruches ..."

Bei dieser Schilderung muß ein Irrtum vorliegen, denn Leichen brennen auf Grund ihrer chemischen Zusammensetzung von alleine in keinem Falle, ob es sich nun um „Menschen aus der Freiheit“ oder um „ausgemergelte, fettlose Häftlinge“ handelt. Nach diesem Bericht müßten die arbeitsunfähigen Häftlinge, die zur Vergasung und Verbrennung kamen, in einer weit besseren körperlichen Verfassung gewesen sein als die arbeitenden Häftlinge.

Weiter schreibt Kautsky:

„In Auschwitz sind durch Massenvergasungen — neben denen der Arbeitsunfähigen, die im Lager registriert waren und von denen zweifellos eine sechsstellige Zahl in die Gaskammern gewandert ist — mindestens dreieinhalb Millionen Menschen getötet worden. Nach den zuverlässigsten Schätzungen betrug die entsprechende Zahl für Majdanek (Lublin) anderthalb Millionen ...

Sicher ist, daß nach der Zerstörung der Gaskammern in Polen infolge des russischen Vormarsches neue Vernichtungsstätten in deutschen Lagern eingerichtet wurden. Bekannt sind mir solche in Ravensbrück, Dachau und Mauthausen; angeblich war in Buchenwald ebenfalls ein solcher Bau geplant, doch kann ich nicht angeben, ob die immerhin mit verdächtiger Eile in den letzten Wochen vor dem Zusammenbruch begonnenen Arbeiten auf dem Gelände der Gustloff-Werke der Errichtung einer Gaskammer oder, wie es offiziell verlautete, eines Notlazaretts dienten ...“ (Seite 264—266, 267—268).

Hier ist zu bemerken, daß es nach dem o. a. Bericht des Instituts für Zeitgeschichte in München im Altreich keine Vernichtungsstätten gegeben hat.

Über den Einsatz der Häftlinge zur Arbeit schreibt Kautsky:

„Zum erstenmal seit Errichtung der Konzentrationslager begann sich unter dem Einfluß der militärischen Lage“ (Frühjahr 1943) „der sachliche Gesichtspunkt der Arbeit durchzusetzen — langsam, unvollkommen, von mancherlei Einflüssen in der SS immer wieder durchkreuzt, aber doch unverkennbar. Wir glaubten in Auschwitz zunächst, diese Entwicklung sei auf den Einfluß der IG Farben zurückzuführen, für die wir eine immer wichtiger werdende Gruppe von Arbeitskräften darstellten. Wurden doch von jetzt an dieselben Juden, die bisher gerade gut genug für die Verrichtung der untergeordnetsten manuellen Arbeiten gewesen waren, als Chemiker, Ingenieure, Lohnverrechnungsbeamte, Kalkulanten usw. in leitende Stellen gebracht. Wie ich aber später feststellen konnte — namentlich nach meiner Rückkehr nach Buchenwald —, ist in anderen Lagern um dieselbe Zeit der gleiche Umschwung eingetreten. Er erfolgte also nicht auf Veranlassung der IG Farben, sondern war der Ausfluß von Erwägungen zentraler Stellen, entweder der SS oder der Wehrmacht — wahrscheinlich beider Faktoren zusammen ..." (S. 57)

Als Anhang Nr. 8 ist folgender Geheimbefehl des SS-Wirtschaftsverwaltungshauptamtes Amtsgruppe D Konzentrationslager D III/Az.: 14 h (KL) 12.42 Lg/WY vom 28. 12. 1942 an die 1. Lagerärzte der Konzentrationslager Da., Sh., Bu., Neu., Au., Rav., Flo., Lu., Stu., Gr.-Ro., Nied., Natz., Hin., Mor., Herzog., Mau. (Kautzky bemerkt dazu: „Soweit ich feststellen konnte, bedeuten die Abkürzungen: Dachau, Sachsenhausen, Buchenwald, Neuengamme, Auschwitz, Ravensbrück, Flossenbürg, Lublin, Stutthof, Groß-Rosen, Natzweiler, Hertogenbosch, Mauthausen.") aufgeführt, der folgenden Wortlaut hat:

„In der Anlage wird eine Aufstellung über die laufenden Zu- und Abgänge in sämtlichen Konzentrationslagern zur Kenntnisnahme übersandt. Aus derselben geht hervor, daß von 136.000 Zugängen rund 70.000 durch Tod ausgefallen sind. Mit einer derartig hohen Todesziffer kann niemals die Zahl der Häftlinge auf die Höhe gebracht werden, wie es der Reichsführer SS befohlen hat. Die 1. Lagerärzte haben sich mit allen ihnen zur Verfügung stehenden Mitteln dafür einzusetzen, daß die Sterblichkeitsziffern in den einzelnen Lagern wesentlich herabgehen. Nicht derjenige ist der beste Arzt in einem Konzentrationslager, der glaubt, daß er durch unangebrachte Härte auffallen muß, sondern derjenige, der die Arbeitsfähigkeit durch Überwachung und Austausch an den einzelnen Arbeitsstellen möglichst hochhält.

Die Lagerärzte haben mehr als bisher die Ernährung der Häftlinge zu überwachen und in Übereinstimmung mit den Verwaltungen den Lagerkommandanten Verbesserungsvorschläge einzureichen. Diese dürfen jedoch nicht nur auf dem Papier stehen, sondern sind von den Lagerärzten regelmäßig nachzukontrollieren. Ferner haben sich die Lagerärzte darum zu kümmern, daß die Arbeitsbedingungen auf den einzelnen Arbeitsplätzen nach Möglichkeit verbessert werden. Zu diesem Zweck ist es nötig, daß sich die Lagerärzte auf den Arbeitsplätzen an Ort und Stelle von den Arbeitsbedingungen persönlich überzeugen.

Der Reichsführer SS hat befohlen, daß die Sterblichkeit unbedingt geringer werden muß. Aus diesem Grunde wird Obiges befohlen, und es ist monatlich über das Veranlaßte an den Chef dem Amtes D III zu berichten. Erstmalig am 1. Februar 1943.

SS-Brigadeführer und Generalmajor der Waffen-SS
gez. (unleserlich) Klüder?

Übersicht über die Monate Juni bis November 1942

Monat	Zugang			Abgang				
	Einlief.	Überst.	Gesamt	Entlass.	Überst.	Tod	Exek.	Gesamt
Juni	10.322	1.575	11.897	673	1.903	4.080	243	6.899
Juli	25.716	6.254	31.970	907	4.340	8.536	477	14.260
August	25.407	2.742	28.149	581	2.950	12.733	99	16.363
Sept.	16.763	6.438	23.201	625	6.805	22.598	144	30.199
Oktober	13.873	5.345	19.218	1089	6.334	11.858	5954	25.236
November	17.780	4.565	22.345	809	5.514	10.805	2350	19.478
Insges.	109.861	26.919	136.780	4684	27.846	70.610	9267	112.434"

(„Teufel und Verdammte", Seite 303/304)

Die Stadt Auschwitz liegt ungefähr 30 km südostwärts von Kattowitz/Oberschlesien. Nach dem Bericht von Dr. Kautsky gab es im Hauptlager Auschwitz 1 und in Auschwitz-Buna (Monowitz) keine Gaskammern, sondern nur in Birkenau, dem anderen Nebenlager von Auschwitz.

Das während der deutschen Besatzungszeit heimlich von jüdischen Nationalisten in Frankreich herausgegebene Nachrichtenblatt „Shem" brachte als einziges Organ der Widerstandsbewegung Angaben über die Verschickungslager, die für die Familien der Verschleppten bestimmt waren. In Shem 8, Ausgabe Juli 1944, Seite 78 ff., steht folgendes:

„Auskünfte über die Konzentrationslager. Wir veröffentlichen hier die Meldungen, die im vergangenen März aus den Lagern in Schlesien und Polen an uns gelangten und in welche ein großer Teil der in Frankreich von französischen und deutschen Behörden festgenommenen Juden verbracht worden ist ...

Gebiet Kattowitz — Birkenau — Wadowitz.

Das Leben in diesen Lagern ist erträglich, weil in der Nähe nichtjüdische Arbeitslager liegen und stellenweise mit diesen zusammen Arbeiten durchgeführt werden. Diese Arbeit besteht im Bau von Straßen, Brücken und Wohnhäusern in den Städten. Insbesondere bevorzugt man hier die Handwerker. Die Moral unter den Verschleppten ist im allgemeinen gut, und sie haben Vertrauen in die Zukunft. ...."

(Maurice Bardèche: „Nürnberg oder das gelobte Land", S. 103/104)

Im Gegensatz zu dem Bericht von Dr. Kautsky enthält dieser jüdische Bericht keinerlei Angaben über Vergasungen und Verbrennungen in dem Gebiet Birkenau. Der französische Professor Paul Rassinier schreibt über die Aussonderungen der Häftlinge in arbeitsfähige und nicht arbeitsfähige u. a. folgendes:

„Was nun die vier Gaskammern des Lagers Birkenau betrifft — ich meine die, von denen offiziell erklärt wird, daß sie benutzt worden seien, um eine große Zahl von Juden umzubringen —, so entnehme ich den Presseberichten über die Aussagen der Angeklagten" (im Auschwitzprozeß in Frankfurt/Main), „daß diese alle ‚davon gewußt hätten' oder ‚hätten erzählen hören', daß es sie gäbe. Aber sogar jene, die gesehen haben, wie Menschen dahingeschickt worden seien (Selektionen) oder auch selbst Menschen dorthin schickten, haben nicht gesehen, daß irgendwelche Transporte dort eingetroffen seien, haben keiner Vergasung von Menschen beigewohnt oder dabei mitgewirkt.

Bei den Belastungszeugen ist es wieder anders: sie geben positive Erklärungen ab, aber was sie sagen, zeigt eine merkwürdige Ähnlichkeit mit den Angaben von Rudolf Höß in seinem Buch ‚Der Lagerkommandant von Auschwitz spricht' oder mit denen des Dr. Miklos Nyiszli in seinem Buch ‚Auschwitz': alle Zeugen machen dieselben Angaben, die sich in diesen beiden Büchern befinden — und wiederholen diese Angaben vor Gericht.

Das ist der große Nachteil eines solchen Prozesses, daß über dessen Gegenstand seit nahezu zwanzig Jahren Tausende von Büchern veröffentlicht worden sind: die Zeugen sagen vor Gericht nicht nur das aus, was sie gesehen haben, sondern auch das, was sie in den betreffenden Büchern gelesen haben.

Es bleibt mir noch die Aufgabe, zu untersuchen, was mit den Kranken geschehen ist, die bei den Selektionen im Lager selber oder an der Rampe von Birkenau aussortiert wurden. Man hat festgestellt, daß viele Menschen von Auschwitz-Birkenau abtransportiert wurden; ich bleibe aber dabei, daß bisher niemand mit Sicherheit hat erklären können — daß er diese Menschen in eine Gaskammer gehen sah, oder — daß er einer Vernichtung dieser Menschen beigewohnt hätte, oder — daß er bei ihrer Vernichtung mitgewirkt hätte. Dagegen haben viele Zeugen solche Transporte in Bergen-Belsen, Neuengamme, Flossenbürg, Ravensbrück usw. eintreffen sehen.

Ich habe selber als Häftling in Dora (wo ich 14 Monate inhaftiert war, und nicht 43 Tage, wie deutsche Behörden behaupten) solche Transporte ankommen sehen. In der französischen Zeitung Le Figaro littéraire vom 2. April schreibt Herr Louis Martin-Chauffier, daß er gesehen hat, wie „einige Tausende" in Bergen-Belsen ankamen. In der Ausgabe vom 4. April der gleichen Zeitung teilt Herr Rémy Roure mit, daß er einem Transport angehörte, der, von Auschwitz kommend, in Buchenwald landete. Vor kurzer Zeit haben Frau Olga Wormser und Herr

Henri Michel in Frankreich einen Sammelband Tragédie de la déportation herausgegeben (Hachette, Paris, Nov. 1963), in dem 208 Zeugenaussagen enthalten sind, die von den Erfahrungen in rund hundert Lagern oder Kommandos berichten. In der Mehrzahl dieser Aussagen (u. a. in denen der Frau Germaine Tillion und der Frau Geneviève de Gaulle) wird erwähnt, daß in dem jeweiligen Lager oder bei dem jeweiligen Kommando Transporte von Auschwitz eingetroffen seien. Und wie viele mögen wohl noch in den Lagern und bei den Kommandos eingetroffen sein, ohne daß diese Tatsache in einem später veröffentlichten Augenzeugenbericht festgehalten wurde?

Wenn wir die ‚einigen tausend', von denen Martin-Chauffier spricht, mit mindestens dreitausend ansetzen und davon ausgehen, daß jeder Transport einen solchen Umfang hatte, so erreicht die Gesamtzahl der Menschen, die aus Auschwitz in andere Lager verlegt wurden, etliche Hunderttausende. Da diese Menschen vor dem 25. Jan. 1945 in Auschwitz als Zugänge registriert wurden, bei der Befreiung des Lagers am 25. Januar aber nicht mehr dort auffindbar waren, hat man sie vermutlich zu den Vernichteten hinzugezählt.

Wenn Höß' Behauptung, daß die Gesamtzahl der in Auschwitz internierten Personen 1 130 000 nicht überstiegen habe, zutrifft, so werden die ‚Millionen von Opfern', von denen Herr Langbein spricht, um ein Wesentliches ermäßigt.

Am 19. August 1960 brachte die ‚Zeit' eine von Herrn Dr. Broszat verfaßte Mitteilung des „Instituts für Zeitgeschichte", München, daß es ‚in keinem in Deutschland gelegenen Konzentrationslager eine Gaskammer gegeben hat'.

Bis zu dem Tage hatten Hunderte von Zeugen ausgesagt, daß es in Bergen-Belsen, in Ravensbrück, in Dachau usw. Gaskammern gegeben hätte ...

1962, beim Prozeß in Jerusalem, haben wieder Zeugen erklärt, daß es in den oben genannten Lagern Gaskammern gegeben hätte ...

1963 behauptete noch immer eine Reihe von Zeugen — und zwar in dem in Frankreich veröffentlichten Buch ‚Tragédie de la déportation' —. daß es in diesen Lagern Gaskammern gegeben hätte.

Es hat in diesen Lagern aber keine gegeben, wie ich schon 1948 in meinem Buch ‚Die Lüge des Odysseus' gesagt habe.

Jedenfalls ist es die Pflicht des Historikers, sich schon jetzt zu fragen, ob nicht auch die Aussagen der im jetzigen Auschwitzprozeß auftretenden Zeugen subjektiv sind, wie die jener Zeugen, die damals ähnliche Behauptungen aufstellten mit Bezug auf Bergen-Belsen, Ravensbrück, Dachau und . . . sogar Buchenwald! . . ."

(„Deutsche Wochen-Zeitung", 8. Mai 1964, Seite 9)

Nach allen diesen Berichten ist die Frage zu stellen: Gab es Gaskammern? Wieviele? In welchen Lagern? Wozu wurden sie verwendet? Zur Vernichtung von Menschen oder zur Desinfektion von Gegenständen (Kleidern u. ä.)?

Bekanntlich wurden ja auch z. B. nach Ausbruch des deutsch-sowjetischen Krieges bei allen Grenzbahnhöfen des Ostens für die nach Deutschland zurückkehrenden Soldaten große Entlausungsstationen eingerichtet, die Duschräume und Desinfektionsräume für die Bekleidung enthielten.

Den zahlenmäßigen Anteil der Häftlingsführung an der Gesamtzahl der Häftlinge gibt Professor Rassinier mit „ein Zehntel der Belegschaft des Lagers" an („Die Lüge des Odysseus", Seite 111), während Dr. Kautsky die Lagerbelegschaft in die Prominenz, den Mittelstand und die große Masse der Häftlinge aufteilt und dabei allein den Mittelstand in Buchenwald zu der Zeit, als der große Zustrom der Ausländer nicht eingesetzt hatte, mit 2000 bis 3000 bei einer Gesamtbelegschaft von 10 000 angibt (in Auschwitz-Buna mit rund 10 Prozent) — siehe „Teufel und Verdammte", Seite 162. Dr. Kautsky weist genauso wie Professor Rassinier und Professor Kogon (siehe oben) in seinem Buch daraufhin, daß sich die SS und die Häftlingsführung besonders am Essen bereichert hat, so daß „die an sich vielleicht gerade noch zulänglichen Rationen nicht ausreichten" (Seite 246). Was die Folgen solcher Lebensmittelschiebungen bei einer zahlenmäßig so großen Häftlingsführungsschicht für die Masse der gewöhnlichen Häftlinge sind, ist ja weiter oben von Professor Rassinier schon angegeben worden und kann sich der Leser leicht selbst ausrechnen.

Die „Deutsche Hochschullehrer-Zeitung" bringt im Jahre 1959 in Nr. 3/4 u. a. folgenden jüdischen Bericht über die Zahl der umgekommenen Juden:

„Ein amerikanischer Statistiker jüdischer Herkunft hat zur Zahlenfrage in einem Aufsatz über die Lage des jüdischen Volkes am 11. 5. 1952 in der Zeitschrift „The Broom" die in San Diego in Kalifornien erscheint, geschrieben: ‚Ich habe als Statistiker zweieinhalb Jahre mich bemüht, die Zahl der während der Hitlerzeit ums Leben gekommenen Juden festzustellen. Die Zahl schwankt zwischen 350 000 und 500 000. Wenn wir Juden behaupten, es wären sechs Millionen, so ist das eine infame Lüge.' . . ." (Seite 7)

Der Plan der Sterilisierung der deutschen Bevölkerung

Die im vorhergehenden Abschnitt behandelte Bekämpfung der Juden durch den Nationalsozialismus muß auch noch unter dem Gesichtspunkt betrachtet werden, daß der jüdische Schriftsteller Theodore N. Kaufman in seinem im Jahre 1941 erschienenen Buch „Germany must perish" (= Deutschland muß sterben) die Sterilisation (= Unfruchtbarmachung) der gesamten zeugungsfähigen deutschen Bevölkerung verlangte, um auf diese Weise innerhalb der nächsten 60 Jahre das deutsche Volk vollständig aussterben zu lassen. Mit dem Satz:

„Demzufolge wäre das Ziel, das Millionen Leben und Jahrhunderte vergeblichen Mühens gekostet hat, nämlich die Ausschaltung des deutschen Wesens und seiner Träger, nach zwei Generationen eine vollendete Tatsache",

weist der jüdische Verfasser daraufhin, daß seit Jahrhunderten der Plan zur „Ausschaltung des deutschen Wesens und seiner Träger" — also zur Vernichtung des deutschen Volkes – besteht.

Die Wirkung dieses Buches in Deutschland schildert der französische Historiker, Professor Paul Rassinier, in seinem im Jahre 1963 in der Bundesrepublik (Druffel-Verlag, Leoni am Starnberger See) erschienenen Buch „Zum Fall Eichmann: Was ist Wahrheit? oder die unbelehrbaren Sieger", wie folgt:

„Während der zweiten Hälfte dieses Jahres 1941 nahm die Lösung des Juden-Problems eine mörderische Wendung. Da war zunächst die Kriegserklärung an Rußland. Dr. Goebbels ließ das Gerücht verbreiten, daß Hitler zu diesem extremen Schritt gezwungen worden wäre durch die Juden, die Stalin beeinflußt hätten. Dann erschien das berühmte Buch ‚Germany must perish' (eines gewissen amerikanischen Juden Theodore N. Kaufman), von dem man sagen kann, daß es den baldigen Kriegs-Eintritt der Vereinigten Staaten an der Seite Englands, Frankreichs und Rußlands ankündigte.

In diesem Buch setzt Theodore N. Kaufman ganz schlicht auseinander, daß alle Deutschen auf Grund der alleinigen Tatsache, daß sie Deutsche sind, selbst wenn sie Antinazis, Kommunisten, Judenfreunde seien, nicht zu leben verdienen und daß man nach dem Kriege 20 000 Ärzte einsetzen werde, von denen jeder täglich 25 deutsche Männer oder Frauen zu sterilisieren hätte, so daß es nach drei Monaten keinen zeugungsfähigen Deutschen in Europa mehr gäbe und das deutsche Volk in

60 Jahren auf dem Kontinent völlig ausgelöscht sein würde. Er versicherte außerdem, daß dies auch die Ansicht der deutschen Juden sei...

Hitler ließ dieses Buch über alle Rundfunksender verlesen. Man kann sich denken, was für einen Eindruck es auf die öffentliche Meinung Deutschlands machte. Ich selbst habe Deutsche getroffen, die mir sagten, daß man von dem Tage ab, an dem dieser Plan bekannt wurde, im Volk, im Heer, bei der Polizei und überall von der Notwendigkeit, die Juden physisch zu vernichten, zu sprechen begann; man drückte die Hoffnung aus, daß Hitler den Befehl dazu geben würde und war sehr häufig sogar davon überzeugt, daß ein solcher Befehl an Himmler oder Heydrich bereits ergangen war. Es gab Leute, die behaupteten, gut informiert zu sein, und sagten, sie wüßten es von einer sehr hochgestellten Persönlichkeit; und wenn dann ein armer Jude in die Hände eines ungebildeten Polizisten fiel, der von so einem Gerücht gehört hatte und fest daran glaubte, dann hatte er bestimmt nichts zu lachen. Kurz und gut, die Verlesung des Buches von Theodore Kaufman im deutschen Rundfunk entfesselte die Volkswut gegen die Juden ..." (Seite 116/117)

In dem oben erwähnten Buch des jüdischen Verfassers Kaufman steht über die Sterilisierung (= Unfruchtbarmachung) des deutschen Volkes u. a. folgendes:

„Die Sterilisierung, die nicht mit Kastrierung verwechselt werden darf, ist eine einfache, gefahrlose Operation, harmlos und schmerzlos, die den Patienten weder verstümmelt, noch ihn zu einem geschlechtslosen Wesen macht. In den meisten Fällen sind die Nachwirkungen weniger unangenehm als die einer Impfung und nicht schlimmer als die nach dem Ziehen eines Zahnes. Außerdem kostet die Operation nur sehr wenig Zeit — nicht mehr als zehn Minuten. Der Patient kann sofort danach wieder an die Arbeit gehen. Sogar bei Frauen, wo die Operation allerdings zeitraubender ist, kann sie ebenso gefahrlos und einfach durchgeführt werden. Sie wurde Tausende von Malen durchgeführt, ohne daß Komplikationen oder tödliche Folgen bekannt geworden wären. Wenn man bedenkt, daß gesundheitsfördernde Maßnahmen wie Impfungen und Serumbehandlungen als eine direkte Wohltat für die Bevölkerung betrachtet werden, muß man zu dem Schluß kommen, daß die Unfruchtbarmachung des deutschen Volkes eine großartige gesundheitsfördernde Maßnahme für die Menschheit darstellen würde, die sich dadurch für immer immun machen würde gegen den Virus des deutschen Wesens. Wenn man die Bewohner der eroberten oder annektierten Gebiete abzieht, zählt die deutsche Bevölkerung etwa 70 000 000 Personen, etwa zu gleichen Teilen männlichen und weiblichen Geschlechts. Um den

Zweck ihrer völligen Auslöschung zu erreichen, müßten nur etwa 48 000 000 Menschen sterilisiert werden – die Männer über 60 und die Frauen über 45 bleiben außer Betracht, da deren Fortpflanzungsfähigkeit nur noch in sehr beschränktem Maße gegeben ist.

Was die unfruchtbarzumachenden Männer betrifft, so wäre die Behandlung der organisierten militärischen Einheiten am leichtesten und einfachsten durchzuführen. Wenn man, um nur eine Zahl zu nennen, davon ausgeht, daß 20 000 Chirurgen zur Verfügung stehen und daß jeder mindestens 25 Operationen am Tage durchführen könnte, so würde die Sterilisierung der in militärischen Einheiten zusammengefaßten Männer nicht mehr als einen Monat beanspruchen. Es braucht nicht betont zu werden, daß bei einer größeren Anzahl von Ärzten, und die Zahl würde sicher weit über 20 000 liegen, wenn man berücksichtigt, aus wievielen Völkern sie rekrutiert werden könnten, entsprechend weniger Zeit erforderlich sein würde. Die restliche männliche Bevölkerung Deutschlands könnte innerhalb von drei Monaten behandelt werden.

Wenn man berücksichtigt, daß für die Sterilisierung von Frauen etwas mehr Zeit benötigt wird, läßt sich errechnen, daß die gesamte weibliche Bevölkerung Deutschlands in drei Jahren oder noch kürzerer Zeit unfruchtbar gemacht werden könnte. Die vollständige Sterilisierung beider Geschlechter, und nicht nur eines Geschlechtes, muß als notwendig angesehen werden angesichts der heutigen deutschen Lehre, daß ein einziger Tropfen deutschen Blutes einen Menschen zu einem Deutschen macht.

Natürlich wird es, nach erfolgter vollständiger Sterilisation keine Geburtenrate in Deutschland mehr geben. Bei der normalen Sterblichkeit von 2 Prozent im Jahr wird die Zahl der lebenden Deutschen alljährlich um 1 500 000 abnehmen. Demzufolge wäre das Ziel, das Millionen Leben und Jahrhunderte vergeblichen Mühens gekostet hat, nämlich die Ausschaltung des deutschen Wesens und seiner Träger, nach zwei Generationen eine vollendete Tatsache. Der deutsche Wille wird durch Atrophie verschwinden, da er nicht mehr übertragen werden kann, und die Macht Deutschlands wird überhaupt keine Rolle mehr spielen."

(„Zum Fall Eichmann: Was ist Wahrheit? oder die unbelehrbaren Sieger", Seite 239–241)

Professor Paul Rassinier kommt zu folgenden Schlußfolgerungen:

„Die Deportation der Juden nach Osten wurde dann als ‚Sonderaktion' bezeichnet. All dies geschah in einer u. a. durch das Buch von Theodore N. Kaufman erzeugten Atmosphäre von Judenhaß und des

Sichüberstürzens der Ereignisse in Richtung auf den ‚totalen Krieg' — dieser Ausdruck wurde jetzt zum allgemeinen Schlagwort. In den Augen aller Deutschen war es Kaufman, der den Gedanken an solche Maßnahmen aufgebracht hatte und der eingestanden hatte, daß seine Rassegenossen eine solche Behandlung für ihre deutschen Gegner vorbereiteten: Diese Deportation war brutal und mörderisch, darüber sind sich alle einig.

Die Juden sprachen untereinander schon vorher mit großem Entsetzen davon. Und wenn sie dieses Schicksal dann erlitten, wurden ihre Leiden noch vergrößert durch die Angst vor dem, was sie erwartete. In Auschwitz war ein eigener Sektor des Lagers — laut Hoeß: Auschwitz III (Monovitz), — an das dort im Bau befindliche Werk der IG-Farbenindustrie angegliedert. Man weiß, daß die Chemiker zur Herstellung ihrer Farben auch giftige Stoffe verwenden. Außerdem gab es da Kammern, in denen Kleider desinfiziert wurden, wozu man ausgerechnet Zyklon B verwendete ... Was lag da näher als anzunehmen, daß die Gaskammern zur Vergasung der Juden bestimmt wären, die Häftlinge im Lager glaubten das bereits, und nur allzu gern folgten ihnen die Historiker der Jüdischen Dokumentenzentrale: Jedes Mal, wenn sie in einem Text die Ausdrücke ‚Sonderlager', ‚Sonderbehandlung'*) oder ‚Sonderaktion' antraten, entschieden sie als ‚Fachleute', daß es sich um Decknamen für Gaskammern handelte. Das ist — um keinen stärkeren Ausdruck zu gebrauchen — eine recht wenig stichhaltige Beweisführung.

(Fußnote i. Original: *) „Am 12. Apr. 1944" (muß 1946 heißen) „warf der stellvertretende amerikanische Ankläger, Oberst Amen, Kaltenbrunner vor, verlangt zu haben, daß im „Walsertraum" im Walsertal und in der „Winzerstube" in Godesberg „Sonderbehandlungen" stattfinden sollten. Er erhielt folgende Antwort:

„Wissen Sie, was ‚Walsertraum' im Walsertal, und wissen Sie, was ‚Winzerstube' in Godesberg sind? Wohin diese Fälle Ihrer behaupteten sogenannten ‚Sonderbehandlung' zu bringen sind? ‚Walsertraum' ist das fashionabelste Alpinistenhotel des gesamten Deutschen Reiches, und die ‚Winzerstube', Godesberg, ist das hochberühmte Hotel, das sich dem Namen nach in Godesberg befindet, welches zu vielen internationalen Tagungen verwendet worden ist. In diesen beiden Hotels sind besonders qualifizierte, besonders angesehene Persönlichkeiten, ich nenne hier M. Poncet und M. Herriot und so weiter untergebracht gewesen, und zwar bei dreifacher Diplomatenverpflegung, das ist die 9fache Nahrungsmittelzuteilung des normalen Deutschen während des Krieges, bei täglicher Verabreichung einer Flasche Sekt, bei freier Korrespondenz mit der Familie, bei freiem Paketverkehr mit der Familie in Frankreich, bei mehrmaligem Besuch dieser Häftlinge und Erkundigung nach ihren Wünschen an allen ihren Orten. Das ist das, was wir unter ‚Sonderbehandlung' verstehen." (IMT Bd. XI, S. 374 f). Sonderbehandlung bedeutete einerseits, daß Rassenhäftlinge in bestimmte Sonderlager kamen und insofern anders behandelt wurden als die anderen, aber andererseits auch die Inhaftierung hochstehender Persönlichkeiten — nicht in Konzentrationslager, sondern in Hotels. Also ein ziemlich großer Unterschied von einer Deutung, die von den „Historikern" der Jüdischen Dokumentenzentrale gegeben wurde – und gegeben wird!")

Aber nun die Zeugen? Zunächst Hoeß, Lagerkommandant von Auschwitz. Wir konnten sehen, was seine mündlichen (Nürnberg) und schriftlichen (in seiner Zelle in Krakau niedergeschriebenen) Zeugenaussagen zwischen einem drohenden Todesurteil und der Hoffnung auf Begnadigung oder Strafmilderung wert sind; er widersprach sich selbst darüber hinaus von Seite zu Seite, oder auch den Aussagen aller anderen Zeugen.

Gerstein? Nachdem er seine Aussage niedergeschrieben hatte (?), war er so vorsichtig, Selbstmord zu verüben: andernfalls hätte er in Nürnberg dafür einstehen müssen, daß es Gaskammern von 25 Quadratmeter Fläche und 1,90 Meter Höhe gab, in die man 750—800 Juden hineinzwang, um sie mit Dieselmotor-Abgasen zu vergiften. Oder wurde dieses ganze Dokument als Mittel zum Zweck von einem schwachsinnigen Menschen fabriziert und einem erdichteten Menschen zugeschrieben? Über Herrn Dr. Miklos Nyiszly aus Ungarn, der Gaskammern von 200 Meter Länge und 1,05—2,55 Meter Breite erwähnte und sah, wie man die Toten, die man herausholte, schor, wie man täglich auf französisch 20 000, auf deutsch 10 000 Juden vergaste, kann man wohl zur Tagesordnung übergehen.

Die weiteren Zeugen? Sie haben Gaskammern hingestellt und in Betrieb gesehen in Lagern, in denen es, wie wir heute wissen, keine gab (Dachau), oder sie sahen ihre Kameraden in Gaskammern ziehen, deren Existenz sie nur vom Hörensagen kannten ... und das ist die Regel.

Bleibt noch der unglückliche Nachfolger von Hoeß als Lagerkommandant in Auschwitz" (SS-Obersturmbannführer Baer, gestorben am 17. 6. 1963 in der Untersuchungshaftanstalt Frankfurt/Main — siehe „Stuttgarter Nachrichten" vom 19. 6. 1963), „der gegenwärtig in Frankfurt am Main inhaftiert ist und dessen Prozeß vorbereitet wird. Er wird wie Hoeß unter der Drohung einer schweren Strafe aussagen, so daß man seinen Angaben mit der gleichen Reserve begegnen muß, wie denen von Hoeß. Das alles ist nicht ernst zu nehmen.

Wenn uns in der Mitte des XX. Jahrhunderts eine historische Frage von solcher Bedeutung, an der alles in allem mehrere Millionen Personen — Henker und Opfer zusammengezählt – beteiligt waren, wobei sechs Millionen in Gaskammern oder auf irgend eine andere ebenso schreckliche Art gestorben sein sollen, nicht anders belegt werden kann, als mit einer so kleinen Anzahl von Dokumenten und Zeugenaussagen von offensichtlich zweifelhafter Qualität, — dann kann man wohl ohne Gefahr eines Irrtums behaupten, daß es sich nicht um Tatsachen, sondern um eine Geschichtsfälschung handelt: der tragischste und makaberste Betrug aller Zeiten."

(Seite 118–120)

Der jüdische Schriftsteller Burg führt in seinem Buch „Schuld und Schicksal" den Wortlaut eines Gespräches zwischen Juden während des zweiten Weltkrieges an, in dem es u. a. heißt:

„‚... Nicht umsonst haben Weizmann, Goldmann, Schertok, der sich nun Scharet nennt, und andere versichert: „Sollte es zu einem Zusammenstoß zwischen den Interessen des jüdischen Staates und jenen der Juden im Galuth (Verbannung) kommen, müßten die letzteren geopfert werden."'

‚Na also', Isidor (einer der Gesprächspartner) stand auf, ‚deutlicher könnt ihr es ja gar nicht haben. Und wir wurden eben geopfert. Der Zionismus ist nicht nur geistig verwandt mit dem Antisemitismus, er kann ohne ihn überhaupt nicht leben. Das Furchtbare ist, daß gerade die Zionisten allergrößtes Interesse am Antisemitismus haben. Je mehr Unrecht die Juden in der Welt erleben müssen, je mehr sie verfolgt werden, desto besser stehen die Chancen der Zionisten.'" (Seite 32/33)

Der französische Professor Paul Rassinier kommt zu ähnlichen Schlußfolgerungen, wenn er schreibt:

„Aber es ist nicht ganz sicher, ob Tel Aviv nicht zur Erreichung seiner Ziele von Zeit zu Zeit eine kleine antijüdische Welle nötig hat, und sei es auch nur, um die Millionen Juden, die hartnäckig das süße Leben im Westen der Strenge eines Kibbuz vorziehen, nach Israel zu locken." („Zum Fall Eichmann: Was ist Wahrheit? oder die unbelehrbaren Sieger", Seite 139)

Der Kibbuz ist eine landwirtschaftliche Siedlung in Israel, die nach kommunistischen Gesichtspunkten geleitet wird („Der Begriff des Eigentums, selbst in kleinster Form, existiert im Kibbuz nicht. Er ist so total ausgelöscht, daß die kommunistische Kolchose vor Neid erblassen könnte, die immerhin ihren Mitarbeitern zum Teil eigene Häuschen und im kleinsten Rahmen sogar Nutzvieh und ein Gärtchen beläßt." Burg: Seite 296)

Inwieweit diese o.a. jüdische Ansicht über den Antisemitismus für in der weiter zurückliegenden Zeit stattgefundene Judenverfolgungen gilt oder nicht, möge der Leser selbst prüfen.

Hitler,
seine Wegbereiter und die Wurzeln des nationalsozialistischen Antisemitismus

Der Fall „Hitler" ist durchaus nicht so klar, wie es nach den Presseberichten oft erscheinen könnte. Manches wird an dem Aufstieg des „unbekannten Gefreiten" des 1. Weltkrieges zum Führer und Reichskanzler des Deutschen Reiches wohl nie ganz eindeutig zu klären sein.

Hitler war im September 1919 zu der damaligen kleinen „Deutschen Arbeiterpartei", aus der später die „Nationalsozialistische Deutsche Arbeiterpartei" (NSDAP) hervorging, gestoßen und hatte nach und nach infolge seiner Rednergabe die Führung der Partei an sich gerissen. Bis zum Jahre 1923 blieb der Wirkungsbereich dieser Partei mehr oder weniger auf Bayern beschränkt. Kurz vor dem Höhepunkt der infolge der großen Reparationszahlungen entstandenen Geldentwertung (Inflation) und angesichts starker separatistischer Bestrebungen im Rheinland und in Bayern war es in München am Abend des 8. 11. 1923 zu einem Abkommen zwischen dem damaligen bayerischen Generalstaatskommissar von Kahr, dem General von Lossow (7. bayerische Infanterie-Division) und dem Polizeioberst von Seißer einerseits und Hitler andererseits gekommen, bei dem ein gemeinsames Vorgehen gegen die Berliner Regierung beschlossen wurde. Noch in der Nacht vom 8./9. 11. 1923 traten die Vertreter der bayerischen Regierungsgewalt von dem Abkommen zurück. Der geplante Marsch auf Berlin mußte entfallen, da ohne Mithilfe der Reichswehr von den zahlenmäßigen schwachen nationalen Verbänden das Unternehmen gar nicht durchgeführt werden konnte. Um diese nationale Erhebung nicht sang- und klanglos enden zu lassen, wurde ein Aufklärungsmarsch durch München am 9. 11. 1923 durchgeführt. Während des Umzugs wurde der Zug von der bayerischen Landespolizei bei der Feldherrnhalle beschossen und dadurch zur Auflösung gebracht; es gab dabei 16 Tote. Der Engländer Alan Bullock schreibt in seinem Buch „Hitler" über diesen Vorfall u. a.:

„Die Schießerei dauerte nur eine Minute, aber es lagen sechzehn Nationalsozialisten und drei Polizisten tot oder sterbend auf der Straße ... Alles war in Verwirrung; keine der beiden Parteien wußte auch nur entfernt, was nun weiter geschehen solle. Ein einziger allein behielt die Fassung; aufrecht und unbeirrt, marschierte General Ludendorff mit seinem Adjutanten, Major Streck, weiter, drängte sich durch die Polizeikette und erreichte den dahinterliegenden Platz.

Die Situation hätte noch gerettet werden können, aber kein einziger folgte Ludendorff. Hitler hatte im kritischen Augenblick die Nerven verloren. Nach der voneinander unabhängigen Aussage zweier Augenzeugen, von denen einer ein Nationalsozialist war — es handelt sich um Dr. Walter Schulz und Dr. Karl Gebhard —, war Hitler der erste, der wieder aufstand, aber er stürzte zurück, ans Ende des Zuges, und ließ es zu, daß ihn Dr. Schulz am Max-Josefs-Platz in ein gelbes Automobil schob. Zweifellos bereitete ihm seine verrenkte Schulter große Schmerzen, und wahrscheinlich glaubte er auch, verwundet zu sein. Aber es war nicht zu leugnen: die Nazi-Führer, als erster Hitler, waren im Feuer in Verwirrung geraten und geflohen." (Seite 108/109)

General Ludendorff, erster Generalquartiermeister im 1. Weltkrieg und bei den Alliierten wegen seines militärischen Könnens geachtet, hatte sich der nationalen Erhebung angeschlossen.

Vom 26. 2.—1. 4. 1924 fand vor dem Volksgerichtshof in München der Prozeß gegen Hitler, Ludendorff und weitere Führer der nationalen Verbände statt. Ludendorff wurde freigesprochen, Hitler erhielt fünf Jahre Festungshaft, die er zu einem Teil zu verbüßen hatte.

Im Frühjahr 1924 errangen die „Deutschvölkische Freiheitspartei" und die „Nationalsozialistische deutsche Freiheitsbewegung" — die „Nationalsozialistische deutsche Arbeiterpartei" war nach dem Novemberputsch verboten worden — bei der Reichstagswahl beinahe 2 Millionen Stimmen und damit 32 Reichstagssitze. General Ludendorff versuchte mit nicht verhafteten nationalsozialistischen Führern, während der Festungshaft Hitlers die nationale Bewegung weiterzuführen, doch immer schärfere Gegensätze traten zwischen den einzelnen Gruppen hervor und Hitler selbst griff von Landsberg aus nicht ein. Infolge der Zwistigkeiten innerhalb des Völkischen Blocks sank bei einer zweiten Reichstagswahl im Dezember 1924 die Zahl der für diesen Block abgegebenen Stimmen von 1 918 300 auf 907 300 und die Zahl der Sitze von 32 auf 14.

Am 20. 12. 1924 wurde Hitler aus der Festungshaft entlassen. Kurz vor Weihnachten 1924 fand zwischen Hitler und Ludendorff eine Unterredung in der Wohnung Ludendorffs statt. Die Zeugin der Unterredung, Dr. med. von Kemnitz, schreibt darüber in ihren Lebenerinnerungen u.a. folgendes:

„Vor dem Weihnachtsfeste rief Ludendorff bei mir an: ‚Könnten Sie wohl morgen mittag um 3 Uhr zu mir kommen? Hitler hat sich nach seiner Freilassung in Landsberg zum Besuch bei mir angesagt, und ich muß einen zuverlässigen Zeugen für diese Unterredung haben, den Hitler auch kennt.' Als dann in Ludwigshöhe Hitler auch mich im Empfangszimmer traf, war er natürlich nicht erfreut, einen Zuhörer anzutreffen. Er erzählte erst, daß er mit dem wunderschönen Auto hergefahren sei, das Bechsteins ihm geschenkt hätten. ‚Das freut mich', sagte Ludendorff, fuhr aber dann sehr ernst fort: ‚Hitler, nun sind wir mal wieder kurze Zeit unter meinem Dache zusammen, und da bleiben Sie mal schön bei der Wahrheit. Sie haben verbreiten lassen, Ihr erster Besuch nach Landsberg werde bei Ludendorff sein. Das aber ist ja eine Unwahrheit. Ihr erster Besuch war bei Minister Held.' Er sagte es so ruhig und sicher, daß wohl Hitler ebenso wie ich bestimmt annahm, daß er das genau wußte. Hitler fuhr etwas zusammen und sagte: ‚Mein Versuch, illegal zur Macht zu kommen, ist gescheitert. Ich muß legal zur Macht kommen, und das kann ich nicht ohne Roms sehr gründliche Hilfe.' – ‚Sie haben also dem Minister Held das so lange vom Papst ersehnte, für ganz Deutschland gültige Konkordat versprochen. Es wird dem Papst wohl größere Rechte sichern, als er sie in rein katholischen Ländern hat; denn Rom läßt sich die Hilfe für Sie sicher sehr gut bezahlen.' Wieder war Hitler bei diesen Worten zusammengezuckt. Wieder hatte er auch diesmal wohl den Eindruck, daß Ludendorff informiert worden sei. Wieder verzichtete er also auf jedes Bestreiten. Und Ludendorff sprach langsam und sehr ernst die Worte: ‚Die Romkirche ist stets der größte Feind der Deutschen gewesen, von ferner Heidenzeit an bis zur Stunde. Schon ein Unterlassen des Kampfes gegen sie wäre eine sehr gefährliche Stärkung dieses Gegners. Aber Ihr Bündnis mit Rom ist Unheil. Wenn Rom sein Konkordat hat, wird es Ihnen auch anders gegenübertreten! Hitler, gehen Sie Ihren Weg, und ich gehe den meinen! Unsere Wege haben sich nun vollkommen getrennt!' Erst saß Hitler eine kurze Weile sichtlich von diesen Worten getroffen. Dann aber wurde sein Gesichtsausdruck so ungut, daß der Feldherr tief aufatmete, als wir allein im Raum waren. Ich sah, er hatte sich nun endlich nach all dem, was er rücksichtslos gegen sich selbst seit dem Hochverratsprozeß von Hitler ertragen hatte, von diesem Menschen gelöst. Hitlers Bündnis mit Rom hatte ihn nun freigesprochen von weiteren Opfern. Als ich von ihm ging, sagte er noch: ‚Nun wird er emporgetragen werden, denn Rom braucht noch Jahre hindurch dies Bündnis. Nun ist alles, was wir in Weimar erlebten, erklärt!' Und ich antwortete: ‚Vor allem ist es auch ganz selbstverständlich, daß Frl. Z., der Zögling einer belgischen Jesuitenerziehungsanstalt, die Führerin des Frauenordens der

NSDAP wurde und getreu den fünf K, die die Jesuiten den Frauen als einziges Amt zusprechen, in Weimar die Samariterdienste an in den Saalschlachten Verwundeten als die einzige Aufgabe der deutschen Frauen in der Bewegung ansah.' ‚Eine völkische Bewegung,' sagte Ludendorff, ‚die sich mit dem Papst verbindet und die orientalische Stellung der Frau sogar noch verschärft; das Ganze wäre lächerlich, wenn es nicht so entsetzlich ernst wäre.' ‚Ja', sagte ich, ‚in Weimar hatten wir schon den Gegenkampf Roms. Die bayerische Bischofskonferenz, die bald nach der Weimarer Tagung von der Kanzel aus warnen ließ, der religionsfeindlichen Bewegung beizutreten, hat mich auf meiner Vortragsreise gegen diesen Erlaß der Bischöfe in 17 bayerischen Städten sehr, sehr klar erkennen lassen, wohin die Reise gehen soll.'" (S. 197/198)

Alan Bullock schreibt über die Unterredung Hitlers mit dem bayerischen Ministerpräsidenten Held in seinem Buch „Hitler" folgendes und zitiert dabei Otto Strasser („Hitler und ich", Konstanz 1948, S. 82):

„Das erste, was Hitler nach seiner Haftentlassung tat, war, sich mit Pöhner zu beraten. Und auf Pöhners Rat machte er dem bayerischen Ministerpräsidenten und Vorsitzenden der streng katholischen und partikularistischen Bayerischen Volkspartei, Dr. Heinrich Held, einen Besuch. Die Begegnung fand am 4. Januar 1925 statt. Obwohl Hitler sich um eine Aussöhnung bemühte, wurde er von Dr. Held kühl empfangen. Der Putsch, gab Hitler zu, sei ein Fehler gewesen. Sein vornehmstes Ziel sei es, der Regierung im Kampf gegen den Kommunismus beizustehen. Er habe für Ludendorffs und der Norddeutschen Angriffe auf die katholische Kirche nichts übrig, vielmehr die aufrichtige Absicht, die Autorität des Staates zu respektieren. Held war skeptisch, und in seine Skepsis mischte sich Verachtung; dennoch willigte er — von Gürtner, der immer noch Justizminister und sowohl mit Held wie mit Hitler befreundet war, gedrängt — darin ein, das Verbot der Partei und ihrer Zeitung aufzuheben. ‚Die Bestie ist gezähmt', sagte Held zu Gürtner, ‚jetzt kann man die Fesseln lockern.'

Die Tatsache, daß Hitler mit der vom Klerus beherrschten bayerischen Regierung Frieden geschlossen hatte, vermehrte nur die Verachtung und Feindseligkeit von seiten Ludendorffs und der norddeutschen völkischen Führer Reventlow und Graefe, die die Kirche ganz offen bekämpften. Hitler empfand jedoch keine Reue. Vielmehr griff er die völkischen Abgeordneten des bayerischen Parlaments an, weil sie einen Ministersessel, den Held ihnen in seinem Kabinett anbot, abgelehnt hatten. Als einer der Abgeordneten erwiderte, es gebe Grundsätze, die man selbst nicht um den Preis von Hitlers Freilassung aufgeben könne, entgegnete Hitler, seine Freilassung sei tausendmal wichtiger für die Bewegung gewesen als die Grundsätze von zwei Dutzend völkischen Parlamentariern.

Diese kompromißlose Auseinandersetzung hatte das Ergebnis, daß Hitler den größten Teil der Anhänger aus dem völkischen Block verlor: nur 6 von 24 völkischen Abgeordneten des bayerischen Landtags blieben ihm treu, die übrigen gingen nach und nach zu andern Parteien über. So willfährig sich Hitler auch Held und der bayerischen Regierung gezeigt hatte, innerhalb der Partei bestand er auf bedingungsloser Autorität und auf Gehorsam." (S. 125/126)

Im Frühjahr 1925 entsprach Ludendorff trotz der bereits vollzogenen Trennung von Hitler dessen Bitte, sich als Kandidat für die Reichspräsidentenwahl aufstellen zu lassen. Ludendorff schreibt darüber in seinen Lebenserinnerungen u. a.:

„Herr Hitler wußte damals genau, daß ich seine Wege nicht gehen würde, da er auch in späteren Unterredungen ‚jeden Kampf gegen Rom' ablehnte ... Dieser Grund zu einem Auseinandergehen war für viele Deutsche zu einfach, anderes lag nicht vor. Darum konnte ich auch jener Bitte, mich zum ersten Wahlgang, wie ich wußte, als aussichtslosen Bewerber aufstellen zu lassen, entsprechen, ohne mich irgendwie an die Nationalsozialistische Deutsche Arbeiterpartei zu binden ...

Die Deutschvölkische Freiheitspartei, die die Erfüllungspolitik bisher bekämpft hatte, stimmte unter dem Einfluß des Herrn Wulle für den Erfüllungspolitiker Herrn Jarres. So offenbarte sich auch für mich die Gesinnung dieser Partei gegenüber meiner Person klar und deutlich. Sie beteiligte sich sogar an der Hetze gegen mich, die naturgemäß auch die anderen Parteien gegen mich betrieben. Die ‚Rechtsparteien' hatten sich sogar hinter den General v. Hindenburg gesteckt, der mir einen unangemessenen Brief schrieb, ich verhindere durch meine Kandidatur die Wahl des Herrn Jarres. Ich lehnte klar und bestimmt dieses Schreiben ab, das überdies gar keine Einsicht in die Tatsache zeigte, daß im ersten Wahlgang überhaupt kein Kandidat gewählt würde.

Fürchtete General v. Hindenburg vielleicht, daß ich ihm in der zweiten Wahl zu einem Konkurrenten werden könnte?

Das Ergebnis der Wahl war für das Deutsche Volk nicht erfreulich. Ich erhielt 280—290 000 Stimmen. Da, wie zu erwarten gewesen war, keiner der Bewerber die absolute Mehrheit, d. h. über die Hälfte der insgesamt abgegebenen Stimmen erhalten hatte, war nun ein zweiter Wahlgang erforderlich, zu dem ich mich selbstverständlich nicht mehr aufstellen ließ. Ich hatte meine Aufgabe erfüllt, allerdings auch erkannt, welch geringer Abwehrwille im Volke vorhanden und wie außerordentlich leicht es zu beeinflussen war.

Ich sprach mich nun noch einmal sachlich mit Herrn Hitler aus, dann schieden sich unsere Wege. Wie ich nochmals hervorheben will, ohne irgendwelchen Zusammenstoß. Es gingen zwei Männer auseinander, die jeder ihr Ziel, allerdings auf erheblich verschiedenen Wegen, erreichen wollten, und wohl auch aus recht verschiedenen Beweggründen." (S. 405, 406, 407/408)

Im zweiten Wahlgang wurde Generalfeldmarschall von Hindenburg mit knapper Mehrheit vor dem Kandidaten des Zentrums und der Sozialdemokratie, Marx, zum Reichspräsidenten gewählt.

Über die 1925 wieder neu zugelassene NSDAP urteilt Dr. Hans Frank, der „Kronjurist" der NSDAP und spätere Generalgouverneur von Polen, in seinem in der Nürnberger Gefängniszelle 1946 geschriebenen Buch „Im Angesicht des Galgens" auf Seite 42:

„Man kann daher folgendes sagen: das Jahr 1924 isolierte Hitler und trennte ihn endgültig von allen Motiven und Formen der NSDAP, wie sie vorher war, indem zugleich dieses alte politische Gebilde mit Mann und Maus versank. 1924 ist eine echte totale Grenzscheide. Bis dahin diente Adolf Hitler der Partei des von anderen gegründeten Nationalsozialismus. Als er später wieder begann, fing eine Periode an, in der eine von Adolf Hitler errichtete neue Partei unter formeller Übernahme von Namen und Programm eines tatsächlich erloschenen Gebildes für den Dienst eines einzigen Mannes zur Durchsetzung von dessen ureigenstem, persönlich bestimmten politischen Wollen — völlig ohne jede Bindung an ein formales ‚Programm' irgendwelcher Art — nach außen hin zur Verfügung zu stehen hatte."

(Dr. Hans Frank wurde in Nürnberg am 16. 10. 1946 hingerichtet)

Der Gegensatz zwischen Hitler und Ludendorff verschärfte sich nach ihrer Trennung immer mehr. Worin unterschieden sich nun Hitler und Ludendorff in ihren Zielen?

Hitler war ein scharfer Gegner der Juden, er erklärte z. B. in seiner Rede in München am 28. 7. 1922:

„Er" (der Jude) „hat noch keine Kultur gegründet, aber hunderte zerstört. Er besitzt nichts Eigenes, auf was er hinweisen könnte. Was er hat, ist alles gestohlen. Fremde Völker, fremde Arbeiter läßt er seine Tempel bauen, Fremde sind es, die für ihn schaffen und arbeiten, Fremde sind es, die für ihn bluten ... Er hat keine eigene Kunst, es ist alles nach und nach den übrigen Völkern teils gestohlen, teils abgeguckt. Ja, er versteht es nicht einmal, das kostbare Gut auch nur zu bewahren ... Der Arier allein war es letzten Endes, der Staaten bilden und einer Zukunft entgegenzuführen vermochte. Das alles kann der Jude nicht. Und weil er das nicht kann, deshalb müssen seine Revolutionen alle ‚international' sein. Sie müssen sich fortverbreiten, so wie eine Krankheit sich verbreitet ... Rußland ist bereits zerstört; und so kommt nun Deutschland in jenes Stadium. In seinem Trieb zur Zerstörung versucht er, das Nationalgefühl der Deutschen zu zerstören und ihr Blut zu verseuchen." (Alan Bullock: „Hitler", S. 406)

Noch schärfer drückt sich Hitler in seinem Buch „Mein Kampf" aus, siehe Seite 357–359 (Taschenausgabe 1941). Eine weitere Steigerung erfolgt in seiner Reichstagsrede vom 30. 1. 1939:

„... Wenn es dem internationalen Finanzjudentum inner- und außerhalb Europas gelingen sollte, die Völker noch einmal in einen Weltkrieg zu stürzen, dann wird das Ergebnis nicht Bolschewisierung der Erde und damit der Sieg des Judentums sein, sondern die Vernichtung der jüdischen Rasse in Europa! ..."

(„Der Nationalsozialismus, Dokumente 1933—1945" von Professor Walther Hofer, Fischer Bücherei, S. 277)

Der spätere Gauleiter von Franken, Julius Streicher, gab eine Zeitung „Der Stürmer" heraus, die in Wort und Bild die Taten einzelner Juden darstellte und die Juden als Volk sehr scharf angriff. Die Art der Darstellungen erregte bei sehr vielen Deutschen Mißfallen und Ablehnung.

Die römisch-katholische Kirche und die evangelische Kirche wurden von den Nationalsozialisten normalerweise nur in Fragen der Macht über die Gläubigen angegriffen. Die christliche Lehre selbst wurde nicht angetastet; im Programm der nationalsozialistischen Partei stand folgendes:

„Die Partei als solche vertritt den Standpunkt eines positiven Christentums, ohne sich konfessionell an ein bestimmtes Bekenntnis zu binden." (siehe Punkt 24 des Parteiprogramms)

Die Freimaurerei wurde nach der Machtergreifung verboten, da sie unter jüdischem Einfluß stehe.

Im Gegensatz zu Hitler lehnte General Ludendorff zusammen mit seiner Frau, der Nervenärztin Dr. med. von Kemnitz, die christlich-jüdische Lehre des Alten und Neuen Testaments als völkerverderbend für die nichtjüdischen Völker ab — ihr Kampf richtete sich nicht gegen den einzelnen Christen und Juden, sondern gegen die Lehre und die oberen Führer, die mit Hilfe dieser Lehre die Völker knechten würden. Ludendorff vertrat in zahlreichen Schriften die Ansicht, daß „überstaatliche Mächte" mit ihren Helfershelfern den ersten Weltkrieg verursacht hätten und Deutschland und die meisten Völker durch ihre „Hörigen" beherrschen würden. Ludendorff lehnte außerdem alle Geheimorden ab, da sie auch nur dazu dienen würden, die Völker irrezuführen. Er schrieb z. B. in seiner Schrift „Weltkrieg droht" im Oktober 1930 u. a.:

„Gelingt es aber durch Verbreitung dieser Schrift im In- und Auslande, den Weltkrieg für die nächsten Jahre zu verhindern, so bleibt dennoch die Gefahr bestehen, daß er danach jederzeit kommt, solange die überstaatlichen Mächte an der Herrschaft bleiben. Sollten ihre heutigen Waffen, z. B. der Faschismus, einmal stumpf werden, so schmieden sie andere und zeigen sie den ahnungslosen Völkern durch ihre Hörigen, die sie zu Führern und Diktatoren des Volkes machen, als vermeintlichen Weg zur endlichen Rettung.

Diese überstaatlichen Mächte wollen den Freiheitsdrang der Völker im Blut ersticken, Faschismus, Bolschewismus, sozialistische Demokratie, Rom, Moskau und der Jude ihre Gegensätze austragen und eine über die andere triumphieren. Für die Völker aber ist es gleich, in welchem Kollektiv sie verderben.

Diese Mächte können aber nur solange wirken, als sich ganze Völker, große Gruppen und einzelne Menschen in ihren Dienst stellen, sich von ihnen suggerieren, knechten und als Waffe gegeneinander gebrauchen lassen ..." (S. 92/93)

Da in dieser Schrift der „Faschismus" angegriffen wurde, ist es verständlich, daß diese Schrift nach der Machtergreifung des Nationalsozialismus verboten wurde.

Weiter vertraten General Ludendorff und seine Frau die Ansicht, daß sich jedes Volk nach seiner Eigenart entwickeln solle, und lehnten jede Völkervermischung ab. Beide standen daher in scharfem Gegensatz zu dem Präsidenten der Paneuropa-Union, dem Grafen Coudenhove-Kalergi, der die Völkervermischung in seinem Buch „Praktischer Idealismus" als erstrebenswert ansieht.

Dr. M. Ludendorff schrieb mehrere philosophische Bücher (insgesamt 15); die von ihr vertretene Weltanschauung wurde „Deutsche Gotterkenntnis" genannt. Auf ihrer Grundlage bildete sich 1930 die Vereinigung „Deutschvolk", die von Hitler 1933 verboten wurde. Der 1937 gegründete „Bund für Gotterkenntnis" erhielt im gleichen Jahre als Religionsgemeinschaft die Gleichberechtigung mit den christlichen Kirchen, wurde jedoch als angeblich verfassungsfeindlich am 25. 5. 1961 durch die Innenminister der Länder der Bundesrepublik verboten.

In der Wochenzeitung „Ludendorffs Volkswarte" warnte Ludendorff laufend vor Hitler. Er schrieb z. B. am 3. 7. 1932:

„Der gewaltsame Umsturz wird kommen, wie 1918, nur kommen dann keine Volksbeauftragten, denen es schließlich noch gelang, das Blutbad auszuschließen, sondern es kommt der ‚Volksbeauftragte' Herr Hitler, der sich natürlich ebenso wie jene Volksbeauftragten von 1918 auf den Willen des Volkes berufen, aber nicht imstande sein wird, die von ihm und dem Chef seines Stabes in die SA und SS gelegte Blutrünstigkeit zu bannen.

Nach zehn bis zwölf Jahren wird das deutsche Volke erkennen, daß die Revolution von 1932/33 ein Volksbetrug war, wie die Revolution von 1918/19, nur noch ein viel größerer."

Am 1. 2. 1933 richtete Ludendorff nach der Ernennung Hitlers zum Reichskanzler folgendes Schreiben an den Reichspräsidenten von Hindenburg:

„Sie haben durch die Ernennung Hitlers zum Reichskanzler einem der größten Demagogen aller Zeiten unser heiliges deutsches Vaterland ausgeliefert. Ich prophezeihe Ihnen feierlich, daß dieser unselige Mann unser Reich in den Abgrund stoßen, unsere Nation in unfaßliches Elend bringen wird, und kommende Geschlechter werden Sie verfluchen in Ihrem Grabe, daß Sie das getan haben."

(Hans Frank: „Im Angesicht des Galgens", S. 45)

In einer persönlichen Unterredung am 30. 3. 1937 mit Hitler, die wohl auf Bitten der Wehrmachtführung zustandekam, warnte Ludendorff Hitler sehr ernst davor, einen Krieg zu beginnen. Den Wortlaut des Gesprächs über außenpolitische Fragen gab Ludendorff wie folgt wieder:

„Hitler: ‚Die Demokratien sind morsch. Sie schwätzen nur und handeln nicht. Die jungen totalitären Staaten werden die Geschichte gestalten und eine neue Ordnung in Europa schaffen. Der Krieg in Spanien hat das deutlich gezeigt.'

Ludendorff: ‚Wenn Sie nicht das Unheil heraufbeschwören, einen Krieg anzufangen — der sich sehr bald zu einem Weltkrieg ausweiten wird, und das wird jeder Krieg — dann können Sie noch manches erreichen. Die Leistungen unserer Truppen im Weltkrieg sind in den anderen Völkern unvergessen. Sie werden sich scheuen, Deutschland noch einmal einzukreisen in der Hoffnung, es zermalmen zu können. Ich warne Sie aber sehr ernst davor, einen Krieg zu beginnen. Wir müssen uns überhaupt aus jeder kriegerischen Verwicklung heraushalten. Nur ein Verteidigungskrieg kommt für Deutschland in Frage, sonst nur strikte Neutralität. Die neue Armee braucht sowieso noch Jahre, bis sie diese Aufgabe erfüllen kann.

Nach allem, was ich über den Aufbau der neuen Wehrmacht erfuhr, wird Ihnen zu Beginn des Krieges großer Erfolg sicher sein. Es mag sogar sein, daß sie bis vor Kairo und Indien kommen. Der weitere Krieg wird aber zur völligen Niederlage führen. Die Vereinigten Staaten werden diesmal in noch ganz anderem Ausmaß eingreifen, und Deutschland wird schließlich vernichtet.'

Hitler: ,Ich bin weit davon entfernt, an einen Krieg zu denken. Als Frontsoldat des Weltkrieges will ich meinem Volk den Frieden erhalten. Aber die Demokratien sind morsch. Ich werde meine Ziele ohne Krieg erreichen.'

Ludendorff: ,Ich glaube Ihnen nicht, Herr Hitler!'"

(Siehe: Erich Ludendorff: „Meine Lebenserinnerungen" (III.), S. 165/166)

General Ludendorff starb am 20. 12. 1937.

Auf gewisse Hintermänner des Nationalsozialismus und Hitlers weist Louis Pauwels in seinem Buch „Gurdjew der Magier" (Paul List Verlag München) auf den Seiten 45—48 hin. Es steht dort über den ehemaligen General Haushofer und seine Verbindung zu dem asiatischen Magier Gurdjew und zu den Führern der NSDAP folgendes:

„Karl Haushofer sollte später der Begründer der Geopolitik und einer der wichtigsten Ideologen des Dritten Reiches werden. Man kann seine Spuren an der Seite Gurdjews in Tibet 1903, dann 1905, 1906, 1907 und 1908 verfolgen. Zwischen 1907 und 1910 war er in Japan. Die gleichen Zeugen erklären, daß Gurdjew niemals die Verbindung zu Haushofer verlor. Er war es vor allem, der Haushofer (als dem Vertreter Hitlers) den Tänzer Gitkow aus der in Frankreich bestehenden weißrussischen Kolonie empfahl. Gitkow soll seit 1945 verschwunden sein. Er soll Haushofer geraten haben, das rückläufige Hakenkreuz als Abzeichen zu wählen.

1923 gründete Haushofer eine esoterische Gesellschaft" (esoterisch = nur für Eingeweihte bestimmt; geheim) „tibetanischer Prägung. Er gründete sie zur gleichen Zeit, als Gurdjew sich in Frankreich niederließ. Ein Adlatus" (Helfer) „von Haushofer war Doktor Morell, der später Hitlers Leibarzt wurde und der ebenfalls 1923 den späteren Führer Deutschlands und seinen Kameraden Himmler in diese Gesellschaft einführte.

Diese Gruppe nannte sich ,Thule-Gesellschaft'. Sie bezog ihre philosophischen Grundbegriffe aus dem berühmten Dzyan-Buch, einem geheimen

Zauberbuch tibetanischer Weiser. Nach diesem Buch gibt es zwei Kraftquellen in dieser Welt:

Die Quelle der rechten Hand kommt aus einem unterirdischen Kloster, einer Zitadelle der Meditationen, die in einer symbolisch Agarthi genannten Stadt gelegen ist. Es ist die Quelle der kontemplativen Kräfte" (kontemplativ = beschaulich).

„Die Quelle der linken Hand ist die Quelle der materiellen Kräfte. Sie entspringt in einer oberirdischen Stadt namens Shampullah. Das ist die Stadt der Gewalt, die vom ‚König der Furcht' regiert wird. Wer sich mit ihr verbündet, kann die Welt beherrschen. Durch Vermittlung der bedeutenden tibetanischen Kolonie in Berlin, die laufend Beziehungen zu Haushofer unterhielt, nahm die Thulegesellschaft 1928 ihre ‚Verbindungen' auf. Bei dieser Gelegenheit wurde das rückläufige Hakenkreuz eingeführt. Zu dieser Zeit gehörten der Thulegesellschaft Hitler, Himmler, Göring, Rosenberg und Dr. Morell unter der Leitung von Haushofer an.

Die Mitglieder der Gesellschaft standen mit Shampullah und dem ‚König der Furcht' (wohlgemerkt: symbolische Bezeichnungen) auf zwei Wegen in Verbindung: durch elektronische Sender und Empfänger, über die Verbindung zu einer Zentrale aufrechterhalten wurde, die wir ‚tibetisch' nennen wollen und von wo ziemlich genaue Berichte über Indien und Japan kamen, und durch eine Art ‚Spiel', das sie sehr häufig auf ihren Sitzungen spielten und das im einzelnen so vor sich ging:

Die ‚Autoritäten', vertreten durch Haushofer, vertrauten ihnen einen einfachen Code an, der sich auf Buchstaben des Alphabets bezog. Man ordnete sie einer Gleichung entsprechend an, die es ermöglichte, diese Chiffren in abwandelbaren Parametern zu vertauschen". (Parameter = unbestimmter Festwert einer Funktion, Gleichung u. a.) „Um die Parameter festzulegen, zog man Karten aus einer Art tibetanischen Kartenspiels, wie es die Ostasien-Sammler kennen: es sind runde Karten, die auf helles, durchscheinendes Holz gezeichnet sind.

Dieses Spiel betrieben, zumindest zwischen 1928 und 1941, einige der obersten Lenker des Dritten Reiches regelmäßig. Es sieht so aus, als gäbe es hierüber ganz bestimmte Urkunden, unwiderlegbare Aufzeichnungen. Einige meiner Vertrauensleute haben sich übrigens bereit erklärt, das öffentlich zu bestätigen (einer von ihnen steht an wissenschaftlich bedeutsamer Stelle).

Man hat mir versichert, daß Hitler durch dieses ‚Spiel' von dem bevorstehenden Tod Roosevelts erfuhr und daß er dieses ‚Zeichen' und dessen Datum als für tausend Jahre segensreich deutete. Daher seine mystische und leicht irre Rede zum Tode des Präsidenten der Vereinigten Staaten.

Man versichert mir auch, daß eine der Bedingungen des zwischen den Mitgliedern der Thule-Gesellschaft und den tibetanischen ‚Autoritäten' geschlossenen Abkommens die Beseitigung der Zigeuner war. Diese Beseitigung, für die sich nirgends in den amtlichen Auslassungen und Reden eine Rechtfertigung findet, wurde von Hitler und Himmler mit außerordentlichem Nachdruck durchgeführt; man setzte die Kommandanten der Todeslager unter Druck, um gründliche Exekutionen zu erreichen. Nach recht glaubwürdigen Aussagen sind 750 000 Zigeuner umgekommen.

Ich möchte hinzufügen, daß im gleichen Augenblick, in dem die Russen in Berlin einfielen, und unmittelbar nach dem Selbstmord Hitlers 1 500 Tibeter und Hindus bewaffnet die Stadt verließen, um den Tod zu suchen.

Schließlich erschien es mir als sicher, daß Stalin von dem Bestehen der Thule-Gesellschaft gewußt hat (er war Mitschüler Gurdjews auf dem Seminar in Alexandropol). Er erklärte auf einer Sitzung, es sei für ihn ‚unfaßbar, daß sich im zwanzigsten Jahrhundert Staatsmänner mit derartigen Teufeleien abgeben'.

Als ich dies ‚Postskriptum' schrieb, veröffentlichte das französische Wochenblatt Les lettres Francaises zwei Sonette" (Sonett = Gedichtform), „die sich bei der Leiche des Sohnes von Haushofer gefunden hatten, den 1945 die SS im Gefängnis Moabit ermordete, wo er wegen seiner Teilnahme am Attentat gegen Hitler festgehalten wurde. Sein Vater Karl Haushofer hat sich nach ‚amtlicher' Darstellung wenige Tage nach dem Tode seines Sohnes das Leben genommen, aber das ist nicht ganz sicher.

Im Zusammenhang mit diesen Informationen gelesen, macht mich eines dieser Sonette des Sohnes ganz besonders betroffen:

Der Vater

Ein tiefes Märchen aus dem Morgenland
erzählt uns, daß die Geister böser Macht
gefangensitzen in des Meeres Nacht,
versiegelt von besorgter Gotteshand,
bis einmal im Jahrtausend wohl das Glück
dem einen Fischer die Entscheidung gönne,
der die Gefesselten entsiegeln könne,
wirft er den Fund nicht gleich ins Meer zurück.

Für meinen Vater war das Los gesprochen.
Es lag einmal in seiner Willenskraft,
den Dämon heimzustoßen in die Haft.

Mein Vater hat das Siegel aufgebrochen.
Den Hauch des Bösen hat er nicht gesehn.
Den Dämon ließ er in die Welt entwehn."

Die „Stuttgarter Zeitung" vom 20. 7. 1961 brachte in der „Totentafel des 20. Juli 1944" folgende Angaben über Albrecht Haushofer:

„**Albrecht Haushofer**
Professor für Geoplitik. Geboren am 7. 1. 1903. Mitarbeit an außenpolitischen Plänen des Widerstands. Dichter der ‚Moabiter Sonette'. Am 23. 4. 1945 im Trümmergelände von Moabit von SS ermordet."

Zu diesem Bericht von Louis Pauwels ist zu bemerken, daß im Jahre 1938 eine SS-Expedition Tibet erreichte und von dem Dalai Lama empfangen wurde.

Über die Tätigkeit des Leibarztes von Hitler, Dr. Morell, des „Adlatus von General Haushofer" (als „Adlatus" = Helfer war nach dem o. a. Bericht Dr. Morell rangmäßig in der Thule-Gesellschaft höher stehend als Hitler) schreibt Alan Bullock in dem Buch „Hitler":

„Unter der Anspannung des Krieges jedoch begann Hitler immer größere Mengen Anregungsmittel für seine nachlassende Energie zu nehmen. Seit 1936 hielt er sich einen für ihn ständig bereitstehenden Leibarzt. Es war Professor Morell, ein Quacksalber, der einmal in Berlin als Spezialist für Geschlechtskrankheiten praktiziert hatte. Morell wurde durch den Photographen Hoffmann bei Hitler eingeführt. Er gewann sein Vertrauen, als er ihm ein Ekzem am Bein kurierte, und benutzte seine Stellung, um durch die Herstellung von Patentmedizin unter der Schutzherrschaft des Führers ein Vermögen zu machen. Von Trevor-Roper wird er nach dem Kriege als ‚ein dicker, aber heruntergekommener alter Mann' beschrieben, ‚mit kriecherischen Manieren, undeutlicher Aussprache und den hygienischen Gewohnheiten eines Schweins'. Selbst für Hitlers Kreis war er eine groteske Figur und wurde von den anderen Ärzten, die den Führer behandelten, heftig angegriffen. Hitler selbst hat Morell niemals ganz getraut. Er versuchte dauernd, ihn bei einem Fehler zu ertappen, und bedrohte ihn mit Entlassung oder Schlimmerem. Offensichtlich war er ihm böse, weil er von ihm abhängig war. Aber seine Abhängigkeit war nun einmal eine unbestreitbare Tatsache. Bei jeder Mahlzeit nahm Hitler eine beträchtliche Menge der von Morell präparierten Tabletten; außerdem ließ er sich von ihm häufig – während der beiden letzten Jahre seines Lebens so gut wie täglich — Injektionen machen.

Wie Trevor-Roper berichtet, gab Morell zu, Hitler 28 verschiedene Arzneimischungen verabreicht zu haben, darunter sein eigenes gesetzlich geschütztes Sulphonamid-Präparat (das von der Pharmakologischen Fakultät der Leipziger Universität als für die Nerven schädlich abgelehnt worden war), verschiedene Wunderarzneien, Narkotica, Stimulantien und Aphrodisiaca" (Narkotica = Betäubungsmittel, Stimulantien = Reizmittel, Aphrodisiaca = den Geschlechtstrieb anregende Mittel). „Als Dr. Giesing Hitler nach dem Attentatsversuch im Juli 1944 untersuchte, stellte er fest, daß Morell ihm gegen seine Magenschmerzen seit mindestens zwei Jahren eine Medizin gegeben hatte, die aus Strychnin und Belladonna zusammengesetzt und unter dem Namen ‚Dr. Koesters Antigas-Tabletten' bekannt war. Giesing glaubte, daß Hitler mit dieser Medizin langsam vergiftet werde und daß sowohl die Zunahme seiner Schmerzen wie auch die fortschreitende Verfärbung seiner Haut auf sie zurückzuführen sei. Die Mitteilung, die man Hitler davon machte, hatte aber nur eine Folge: die anderen Ärzte, die Giesing unterstützten, wurden entlassen, und Giesing selbst war zum letztenmal im Führerhauptquartier gewesen. Während der beiden Jahre am Ende des Dritten Reichs war es nicht nur Hitler, sondern auch seine ganze Umgebung, die sich mit den von Dr. Morell entgegenkommenderweise verabreichten Drogen aufrechterhielt." (S. 720/721)

Dr. Morell starb im Jahre 1949 in Hamburg.

Wer war nun die o. a. Thule-Gesellschaft, der nach dem Buch „Gurdjew der Magier" Hitler angehörte?

In dem Buch „Bevor Hitler kam" von Rudolf von Sebottendorff (Deukula-Verlag, Grassinger & Co., München 2 NW, 1933) steht über den Thule-Orden, der ein Teil des „Germanenordens" und aus antisemitischen Kräften zusammengesetzt war, u. a. folgendes:

„Unter den Wissenschaftlern, die für die Aufklärung im deutschen Sinne kämpften, seien Wilser, Much, Penka genannt. Sie lieferten die Waffen, die dazu dienten, die Legenden zu zerstören, die über die Herkunft aller Kultur aus dem Osten verbreitet wurden. Sie wiesen nach, daß alle Kultur von Norden kam und nur vom Arier stammte. Aus dem Hammerbunde war der Schutz- und Trutzbund hervorgegangen, der besonders den Juden auf geschäftlichem Gebiete entgegentrat. Neben diesen Gruppen und Verbänden bestanden eine Anzahl kleinerer Vereine, so in Magdeburg eine antisemitische Loge, in Berlin ein Verein zur Bekämpfung der Überheblichkeit des Judentums und andere mehr.

Aus allen diesen kristallisierte sich 1912 der Germanenorden heraus, dessen erste Tat es war, die völkischen Verbände im Mai 1914 zu einer Pfingsttagung in Thale (Harz) zusammen zu bringen. Die Aktivisten im Germanenorden bildeten die erste antisemitische Loge, einen Geheimbund, der bewußt als Geheimbund dem jüdischen Geheimbunde entgegentreten sollte. Die Richtlinien, die ausgearbeitet wurden, waren die folgenden:

1. Mitglied des Germanenordens konnte nur ein Deutscher werden, der seine Blutreinheit bis ins dritte Glied nachweisen konnte. Dadurch sollte verhindert werden, daß Abkömmlinge von Juden (Judstizen und Jüdlinge) in den Orten eindrangen. Ferner sollten, da in den Freundschaftsgrad des Ordens auch Frauen aufgenommen wurden, für die dieselbe Bedingung galt, die Bekanntschaften reinblütiger Deutscher zwecks Eheanbahnung gefördert werden.

2. Besonderer Wert sollte auf die Propaganda der Rassenkunde gelegt werden; es sollten die Erfahrungen, die man im Tier- und Pflanzenreiche gemacht hatte, auf den Menschen angewendet und es sollte gezeigt werden, wie die Grundursache aller Krankheit, alles Elends in der Rassenvermanschung liege.

3. Die Prinzipien der Alldeutschen sollten auf die ganze germanische Rasse ausgedehnt werden; es sollte ein Zusammenschluß aller Völker germanischen Blutes angebahnt werden.

4. Der Kampf gegen alles Undeutsche, die Bekämpfung des Internationalen, des Judentums im Deutschen, sollte mit aller Energie vorwärts getrieben werden.

Die Leitung des Ordens befand sich in Berlin. Ordensprovinzen wurden geschaffen, und es gelang sehr schnell, in allen bedeutenden Städten Fuß zu fassen. Als der Krieg ausbrach, zählte der Orden mehrere tausend Mitglieder und über hundert Logen. Der Vorstand setzte sich aus den Leitern der einzelnen Gruppen zusammen. Nach außen trat der Orden nur durch Philipp Stauff (Großlichterfelde) und Pohl (Magdeburg) in Erscheinung." (S. 33/34)

Die in diesem Zitat aufgeführte Bezeichnung „Judstize" und „Jüdling" wird im Personen- und Sachverzeichnis dieses Buches wie folgt erläutert: „Jüdling = Bezeichnung eines Halbjuden, dessen Vater Arier, die Mutter Jüdin ist. Judstize = Bezeichnung eines Halbjuden, dessen Vater Jude, die Mutter Arierin ist."

Die in München wirkenden Teile des Germanenordens nannten sich Thule-Gesellschaft. Es heißt auf Seite 52 des o. a. Buches:

„Die Gesellschaft selbst war nunmehr so stark geworden, daß an die Weihe gedacht werden konnte. Als Decknamen für die Gesellschaft schlug Nauhaus den Namen Thule vor. Das wurde von Sebottendorff angenommen, denn der Name klang geheimnisvoll genug, er sagte aber dem Wissenden sofort, worum es sich handelte. Die Weihe der Räume fand am 17. Ernting (August) 1918 statt. Zu der Feierlichkeit hatten sich die Vorsitzenden des Ordens aus Berlin eingefunden. Sie bestimmten Sebottendorff zu ihrem Vertreter und zum Meister, setzten den Logenkopf ein und hielten die erste Loge ab. Am Sonntage darauf wurden 30 Brüder und Schwestern in den ersten Grad feierlich aufgenommen, es waren darunter Mitglieder aus ganz Bayern, die zu diesem Zwecke nach München gekommen waren. Schon am nächsten Sonnabend konnte wieder eine neue Weihe stattfinden, in der die Loge Nauhaus geweiht wurde. Es wurde nun immer der dritte Samstag des Monats zu Weihelogen bestimmt, an den anderen Samstagen wurden Vorträge gehalten.

Den Schmuck der Logenräume hatte Meister Griehl übernommen, der das Wahrzeichen der Thule-Gesellschaft, das siegende Sonnenrad in allen Räumen anbrachte . . .

Jedes Mitglied trug die bei der Firma Ecklöh in Lüdenscheid hergestellte Bronzenadel, die auf dem Schilde das von zwei Speeren durchkreuzte Hakenkreuz zeigte. Urtyp des Symbols war das Hakenkreuz, das auf einer in Schlesien gefundenen germanischen Axt angebracht war. Die Schwestern der Gesellschaft trugen ein goldenes, einfaches Hakenkreuz.

Am 1. November 1918 hatte der Germanenorden in ganz Bayern rund 1 500 Mitglieder, in München rund 250. Die gezahlten Eintrittsgelder gingen nach Berlin zu weiterer Propaganda. Jedes Mitglied erhielt die Runen und den Beobachter. Auch im Reiche hatte der Orden in seinen beiden Zweigen gute Fortschritte gemacht, mit dem Erfolg in Bayern konnten sie jedoch nicht verglichen werden.

Die Revolution brachte gewaltige Einbuße, die Mitglieder in Bayern gingen fast ganz verloren, es zeigte sich, daß nur dort ein Bestand verbürgt ist, wo der Führer immer in Berührung mit dem Gefolge bleibt..." (S. 52/53)

Die Angehörigen der Thule-Gesellschaft mußten auf Grund ihrer antisemitischen Einstellung scharfe Gegner der bayrischen Revolutionsregierung unter Kurt Eisner (Salomon Kosmanowsky) sein.

Während dieser Zeit brachte die Zeitschrift der Thule-Gesellschaft, der

„Münchener Beobachter" — ein Vorläufer des späteren „Völkischen Beobachters" — u. a. folgenden antisemitischen Aufsatz:

„Der Jude

Wenn man jemanden über den Juden als Rasse aufklären will, so erhält man oft die Antwort: ‚Aber ich begreife Sie nicht, ich kenne eine Menge Juden, das sind alle ganz nette Leute.' Wir meinen jedoch, wenn wir vom Juden als Rasse sprechen, nicht das Einzelwesen, sondern die gesamte Judenschaft. Hören wir, was Theodor Fritsch in seinem Buche ‚Der falsche Gott' sagt. (Leipzig, Hammerverlag 1916): ‚Gerade dieses Nettsein ist eine ihrer besonderen Kriegslisten. Wollten sie allerwegen ihren tiefinnersten Haß gegen uns offen zur Schau tragen, wie könnten sie dann überhaupt gesellschaftlich oder geschäftlich bestehen? Sie brauchen uns, um uns auszunutzen, und sie erreichen ihren Zweck um so sicherer, je mehr sie uns über ihr wahres Denken und Wissen zu täuschen wissen.'

‚Denn wüßten sie, was wir gegen sie lehren', sagte vor Jahren ein Lemberger hebräisches Journal, ‚würden sie uns dann nicht alle totschlagen?' Seine wahre Gesinnung zu verbergen, ist für den Hebräer eine Lebensnotwendigkeit, und in beständiger Übung dieser Kunst hat er es bisher zur Meisterschaft gebracht in der Heuchelei. Der Talmud sagt einmal: ‚Der Jude versteht es, jemandem die Zähne auszureißen und ihm vorzuspiegeln, daß er ihm die Backen streichle.'

Diese jüdischen Verdrehungskünste wirken auf Leute mit schwachem Verstande geradezu hypnotisch. Sie lassen sich vom Juden suggerieren, was sie fühlen und denken sollen. So sind Fälle bekannt, wo Hebräer vertrauensvolle Leute durch Wucher und Betrug bis aufs Hemd ausgezogen haben und doch bei ihnen immer in dem Rufe standen, Wohltäter zu sein . . ." („Bevor Hitler kam", S. 79)

Auf Seite 171 ff steht folgendes:

„Auf der Weihnachtstagung des Jahres 1918 beschloß der Germanen-Orden den folgenden Aufruf an das deutsche Volk. Der Aufruf ist in den Allgemeinen Ordens-Nachrichten Nr. 15, Julmond des Einbulwinters 1918/19, veröffentlicht und wurde den Logen zur Weiterverbreitung freigegeben:

An das deutsche Volk!

Weltkrieg, Umsturz und Aufruhr liegen hinter uns! Durch Elend, Blut und Erniedrigung sind wir gewatet und dennoch ist alles beim Alten geblieben, ja, schlimmer wie zuvor droht es zu werden.

Nur Regierungsform und führende Männer haben gewechselt, aber Kapitalismus und Judentum werden unter der Demokratie ihr Haupt höher als je erheben. Nach wie vor wirst Du, deutsches Volk, ausgesogen, bewuchert und zu Mühen und Sorgen verdammt sein. Wie kommt das und soll das ewig bleiben? Der Grund des Mißerfolges liegt darin, daß der Kampf gegen jene beiden Mächte bisher getrennt geführt wurde. Beide sind aufs engste verkuppelt.

Die Sozialdemokratie kämpft nur einen Scheinkampf gegen den Kapitalismus, denn ihre Führer sind Juden und Kapitalisten!

Die Judenkenner aber kämpfen vergeblich gegen das Judentum, weil sie auf dem Boden der kapitalistischen Staatsordnung stehen, so mußten beide Fronten zusammenbrechen.

Hier Wandel und endlich dem deutschen Volke die wirkliche Freiheit zu schaffen, ist eine Deutsch-Sozialistische Partei zu bilden.

Deutschvölkisch u n d sozialistisch.

Lassalle, der Gründer der deutschen Sozialdemokratie, mußte als Jude seine Rassegenossen kennen, wenn er sagte: ‚Eine Volksbewegung hat sich reinzuhalten von Kapitalisten und Juden, wo diese als Leiter und Führer auftreten, da verfolgen sie auch eigene Zwecke.'

Die sozialistische neue Partei nimmt nur deutschgeborene Männer auf. Sie steht natürlich auf dem Boden der politischen Umgestaltung; wird an der Demokratie zuerst nicht rütteln, will jedoch keine Demokratie nach westlichem Muster mit jüdisch-plutokratischer Spitze, sondern einen freien Volksstaat, in dem Kapitalismus und Judentum überwunden sind.

Der reine Parlamentarismus, bei welchem die ausführende Gewalt allein bei den Abgeordneten liegt, genügt ihr nicht, sondern sie fordert für grundlegende Neugesetze jedesmal die Volksbefragung, um die Gefahr der Parteimißwirtschaft auszuschalten.

Die Hauptforderungen sind durchgreifender Art, mit Scheinreformen gibt sich die neue Partei nicht ab. Sie geht an die Wurzel der völkischen und sozialen Not.

Solchen Reformen standen bisher der Kapitalismus und das Judentum im Wege. Alle unsere Parteien waren mehr oder weniger bewußt oder unbewußt Schleppenträger des einen oder des anderen, oder gar beider Mächte. Das ist der Grund, warum bis jetzt alle Arbeit unnütz war und nur Scheinreformen gebar. Die neue Partei kennt keine Rücksichten, sie ist aber durchaus unkapitalistisch und judenrein. Sie läßt sich allein von der Wohlfahrt des Ganzen leiten und erstrebt eine weit gleichmäßigere Verteilung der Lebensgüter und die Gesundung sowie Erweckung der deutschen, so schwer getroffenen Volkskraft. Aber nicht durch neuen Umsturz und plötzliche Änderung soll das Neue erstrebt werden, denn das führt stets zum Gegenteil des Gewollten, sondern auf gesetzlichem Wege durch stufenweisen Abbau des Bisherigen und Aufbau des Neuen. Die Grundursache unserer Not liegt in unserer falschen Bodengesetzgebung, in unserm sozialen Recht und in unserm Geldwesen. Dementsprechend fordern wir:

1. Freien Grund und Boden ...

2. Ablösung des bisherigen Römischen Rechtes durch ein Deutsches Gemeinrecht ...

3. Verstaatlichung des Geldwesens ...

...

11. Grundlegende Änderung in der Stellung der Deutschen zum Juden. Prüfung der Gesetze und Religion der Juden. Die heutige staatsbürgerliche Gleichberechtigung gründet sich auf die irrtümliche Auffassung, daß es sich bei dieser Frage um die Verschiedenheit der Religion handle. Forschung und bewiesene Tatsachen lassen heute keinen Zweifel mehr, daß die Judenfrage eine Rassenfrage ist, die mit religiösem Bekenntnisse nichts zu tun hat. Es handelt sich um die Frage: Wollen wir deutsche Volksgenossen uns in Zukunft weiter politisch, wirtschaftlich und geistig von einer verschwindenden Minderheit eines rassefremden Volkes, das sich bewußt als solches fühlt und sich durch Gesetz und Religion, die bei den Juden zusammenfließen, geflissentlich blutrein und abseits hält, beherrschen lassen? Es ist dies eine Angelegenheit unserer Ehre, um so mehr, als es für den einfachsten Mann heute ersichtlich ist, daß die angeborene Herrschsucht und Raffgier des Juden auf jedes Volk zerstörend wirkt.

Wir fordern: Das neue Deutschland dem Deutschen, nicht dem Juden! Die Juden sind durchaus ein Fremdvolk, sie sollen den Schutz des Staates, seine Wohltaten genießen, aber nicht mehr das Recht haben, Vertreter, Führer, Lehrer des Volkes zu sein. Das jüdische Volk kann seiner Kopfzahl nach Vertreter in das deutsche Parlament senden. Zum jüdischen Volk zählen Getaufte und Mischlinge.

12. Schutz dem deutschen Arbeiter gegen ausländische Arbeitskräfte, die die Löhne und Lebenshaltung des deutschen Arbeiters herabdrücken."

In dem Programm der NSDAP heißt es:

„4. Staatsbürger kann nur sein, wer Volksgenosse ist. Volksgenosse kann nur sein, wer deutschen Blutes ist, ohne Rücksichtnahme auf Konfession. Kein Jude kann daher Volksgenosse sein.

5. Wer nicht Staatsbürger ist, soll nur als Gast in Deutschland leben können und muß unter Fremdengesetzgebung stehen.

8. Jede weitere Einwanderung Nicht-Deutscher ist zu verhindern. Wir

fordern, daß alle Nicht-Deutschen, die seit 2. August 1914 in Deutschland eingewandert sind, sofort zum Verlassen des Reiches gezwungen werden."

Zu der Verwendung des Hakenkreuzes ist noch folgendes zu bemerken: Das Hakenkreuz, das bekanntlich ein uraltes germanisches Zeichen ist, ist zum Beispiel auch als deutlich sichtbares Zeichen in der 250-Rubelnote der ersten russischen Revolutionsregierung von Kerenski im Jahre 1917 zu sehen. Diese Regierung wurde in der sogenannten Oktoberrevolution (25. 10. 1917 alter russischer Rechnung = 7. 11. 1917) von Lenin und Trotzki dann gestürzt.

Auch in Tibet ist das Hakenkreuz zu finden. Die Führerin der Theosophie, Annie Besant, trug neben einem fünfzackigen Stern auf ihrem Blusenaufschlag an einer Halskette ein Hakenkreuz.

Doch nun wieder zurück zum Jahre 1919.

Am 21. 2. 1919 wurde der bayrische Ministerpräsident Eisner von dem Grafen Anton Arco auf Valley auf dem Weg zum bayrischen Landtag in München erschossen.

Am 6. 4. 1919 wurde in München die Räterepublik ausgerufen; die eigentliche bayrische Regierung des Sozialdemokraten Johannes Hoffmann mußte flüchten.

Die Thule-Gesellschaft und der von ihr gegründete Kampfbund waren sehr aktiv bei der Organisation des Widerstandes gegen die rote Räteregierung.

Der Leiter der Thule-Gesellschaft, Rudolf von Sebottendorff, stellte selbst das Freikorps Oberland auf. In dem Buch „Bevor Hitler kam" heißt es auf Seite 125:

„Am Ostersonntag 1919 erschien Sebottendorff in der Kommandantur des 3. Armeekorps und zeigte seine Vollmachten vor. In Übereinstimmung mit den bereits getroffenen Vorkehrungen wurde Eichstätt zum Standort des Freikorps Oberland bestimmt.

Die Order der Regierung lautete:

Durch Beschluß des Ministerrates und des Landessoldatenrates erhält Rudolf von Sebottendorff die Ermächtigung, in Treuchtlingen das Freikorps Oberland aufzustellen.
Bamberg, den 19. April 1919.

Der Landessoldatenrat	Der Minister für militär. Angelegenheiten
gez. Simon	gez. Schneppenhorst"

Auf Seite 130 steht über das Freikorps Oberland u. a.:

„Das Freikorps Oberland ist der Stamm der heutigen S.A. Hochland und der ersten deutschen S.A.-Abteilungen überhaupt."

Am 26. 4. 1919, als bereits Freikorps gegen München vorrückten, wurden 7 Mitglieder der Thule-Gesellschaft verhaftet und am 30. 4. 1919 im Hof des Luitpoldgymnasiums auf Befehl der Räteregierung erschossen. Unter den Erschossenen befand sich auch eine Frau, die zweite Sekretärin der Thule-Gesellschaft, Heila Gräfin von Westarp. Außer den 7 Mitgliedern der Thule-Gesellschaft sind noch drei weitere Geiseln erschossen worden. Im sogenannten Geiselmordprozeß vom 1.—18. 9. 1919 wurden 6 der Angeklagten zum Tode verurteilt und erschossen. Das Organ der Thule-Gesellschaft, der „Beobachter", brachte zum Geiselmordprozeß in Nr. 45 v. 17. 9. 1919 folgenden Bericht (S. 161/162):

„Lange Abhandlungen wurden in anderen Zeitungen darüber geschrieben. Wir allein haben bis heute geschwiegen, wie wohl niemand sonst; denn für uns stand alles auf dem Spiel, für uns entschied sich die Frage, ob wir rücksichtslose Wahrheitskämpfer oder gewissenlose Hetzer waren. Immer wieder hatten wir auf den Zusammenhang zwischen Juda und Bolschewismus hingewiesen, immer wieder waren wir der verhängnisvollen Legende entgegengetreten, die Macher der Münchener und aller anderen Räterepubliken seien nur zufällig Juden gewesen, Juden, die aus reinem Idealismus für die Menschenverbrüderung kämpfen und nur mit Schmerz ihren Weg über Leichen nahmen. Man verlachte uns als Toren oder schob uns selbstsüchtige Beweggründe für unsere Aufklärung unter. Rußland ersoff im Blut: die deutschen Arbeiter glaubten es nicht. Ungarn verwandelte sich in einen rauchenden Trümmerhaufen: die deutschen Arbeiter wollten es nicht sehen. Willkür und Mord rasten durch München: man hielt sich noch immer krampfhaft die Augen zu. Aber drohender und immer dringlicher erhob sich die Frage: Wer sind die Schuldigen an Tod und Unglück vieler Tausender ...?

Doch endlich kam der ängstlich erwartete Geiselmordprozeß. Er entrollte ein erschütterndes Bild abgrundtiefer Gemeinheit und teuflischer Niedertracht. Die Welt starrt gebannt auf das entsetzliche Schauspiel, und langsam, ganz langsam mit unentrinnbarer innerer Notwendigkeit schießen die Fäden in e i n e m Punkt zusammen: Haußmann, Seidel und der viel gelästerte Egelhofer waren nur die Henkersknechte. Zwei Namen sind aber, am Schluß der Beweiserhebung, mit grellem Höllenschein beleuchtet: Levien und Levine. Und noch ein Dritter wird in ihren Bannkreis gezogen: Toller, der glimpflich Davongekommene. Sie waren die Spieler, an deren Hand die willenlosen Puppen tanzten. Sie haben zum Mord berechnende Grausamkeit gesellt. Auf ihren Befehl wurden die Mitglieder der Thule-Gesellschaft dem Tod überantwortet, auf ihren Befehl die Opfer wie Schlachtvieh in einem feuchten Loch zusammengepfercht. Sie haben die Scheußlichkeit begangen, die zum Himmel schreien wird, solange es Menschen deutschen Blutes gibt: Sie haben Heila von Westarp, die Unschuldigste von allen, geschändet, sie körperlich und seelisch zugrunde gerichtet, längst vor ihrem leiblichen Tod. Mit höllischer Niedertracht haben sie ihre asiatische Wollust und Unversöhnlichkeit an ihr gebüßt. Ein wahres Glück, daß die Gemarterte starb. Ihr Leben war zerbrochen, in ewigem Siechtum hätte sie es weitergeschleppt.

Und warum taten sie das? Merke es Dir, deutscher Arbeiter: Nicht zur Strafe für angebliche Verfehlungen gegen den heiligen Geist der Räterepublik. Sie wollten vernichten und entehren, was ihrem Wesen fremd, ihrer Herrschsucht das einzige, wirkliche Hindernis war: das Deutsche. Wie sie in Rußland alles edle Blut vergossen und in Ungarn gegen alles Nichtjüdische mit schonungsloser Härte vorgingen, so sollte, was den deutschen Namen mit Recht noch trägt, verderben und verkommen ..."

Eine der drei erschossenen Geiseln, die nicht der Thule-Gesellschaft angehörten, war Professor Berger aus München, der jüdischer Abstammung war.

In dem Buch „Bevor Hitler kam" steht weiter folgendes:

„Am 18. Januar 1919 wurde in den Räumen der Thule-Gesellschaft der national-sozialistische Deutsche Arbeiterverein gegründet. Schriftsteller Karl Harrer war erster, Metalldreher Anton Drexler zweiter Vorsitzender. Bei den regelmäßigen wöchentlichen Zusammenkünften schwankte die Besucherzahl zwischen zehn und dreißig Personen." (S. 81)

„Wenige Wochen nach Sebottendorffs Weggang betrat Adolf Hitler die Räume der Thule, und er war an jenem Großkampftage beteiligt, an dem unter Dannehls Leitung ganz München mit Flugblättern und Klebezetteln bedeckt wurde." (S. 167)

(Im Personen- und Sachverzeichnis des Buches wird Hitler als „Gast der Thule" aufgeführt.) Der Weggang Sebottendorffs war im Sommer 1919.

„Aus der Thule-Gesellschaft gingen hervor und wurden selbständig: der Deutsche Arbeiterverein, später Deutsche Arbeiterpartei (D.A.P.) und die Deutsch-Sozialistische Arbeitsgemeinschaft, später Deutsch-Sozialistische Partei (D.S.P.) mit ihrem Organ: Münchener Beobachter, später Völkischer Beobachter." (S. 171)

„Die Deutsche Arbeiterpartei gewann zunächst keinen größeren Einfluß und blieb in der Hauptsache auf München beschränkt. Erst als durch jene schicksalhafte Fügung im Herbst 1919 Adolf Hitler in die damals noch so dünnen Reihen der Partei trat, kam die Wendung, die für das ganze deutsche Volk große geschichtliche Bedeutung erlangte." (S. 184)

„Mit dem Aufblühen der Deutschen Arbeiterpartei durch Hitler, trat die Deutsch-Sozialistische Partei mehr und mehr in den Hintergrund. Julius Streicher hatte in Nürnberg eine Bewegung entfacht; die dortigen Glieder des Germanenordens, der Thule und der Deutsch-Sozialistischen Partei zusammengefaßt und sie Adolf Hitler angeschlossen." (S. 189)

„Das ‚Heil und Sieg', den Gruß der Thule-Leute, machte Hitler zum ‚Sieg-Heil' der Deutschen!

Den ‚Völkischen Beobachter' machte der Führer zum Kampfblatt der nationalsozialistischen Bewegung Großdeutschlands.

Das Hakenkreuz machte Hitler zum Symbol der siegenden N.S.D.A.P." (S. 190)

„Bedeutende Persönlichkeiten, die später in der N.S.D.A.P. in führender Stellung standen und noch stehen, waren Mitglieder und Mitarbeiter der Thule, der Zeitung und der Partei." (S. 183)

(Im Personen- und Sachverzeichnis ist Alfred Rosenberg als „Gast der Thule im Frühjahr 1919" und Rudolf Heß als „Mitglied der Thule und des Kampfbundes" aufgeführt.)

„Noch einmal war Hochbetrieb in der Thule Gesellschaft, als nach jenem 9. November 1923 die N.S.D.A.P. zerschlagen wurde. Damals traten unter dem jetzigen Oberbürgermeister Fiehler, München, die meisten Mitglieder der Partei in die Thule-Gesellschaft ein. Sie konnten so ihre Propaganda fortsetzen, bis Adolf Hitler, aus Landsberg zurückgekehrt, von Neuem die Glieder zusammenfaßte.

Im Jahre 1925 hatte die Thule noch 25 Mitglieder ...

Im Jahre 1926 waren nur noch fünf Mitglieder vorhanden ...

Durch Verfügung des Registerrichters vom Juni 1930 wurde die Thule-Gesellschaft gelöscht.

In den letzten Jahren hatten auch die Thulefeiern im Luitpoldgymnasium aufgehört. Erst im Jahre 1933 fand wieder eine solche statt. Sebottendorff sollte die Gedächtnisrede halten, doch wurde dies durch Sesselmann hintertrieben. Aber nach der Feier fanden sich 75 alte Thuleleute im Domhofe zusammen, um den alten Meister zu begrüßen. Die Versammelten kamen überein, die Thule wieder aufleben zu lassen und die registergerichtliche Löschung der Gesellschaft rückgängig zu machen ...

Durch Entgegenkommen der Brüder Walterspiel, der Besitzer des Hotel ‚Vier Jahreszeiten', wurden Sebottendorff für die Thule die alten historischen Räume wieder zugeteilt und so konnte am 9. September 1933 das 15jährige Stiftungsfest gefeiert werden ..." (S. 198/199)

Dem Text des Buches „Bevor Hitler kam" ist folgende „Widmung" vorangesetzt, die weiteren Aufschluß gibt:

„Widmung

Dies Buch ist gewidmet dem Gedächtnis der sieben Thule-Leute, die im Luitpold-Gymnasium geopfert wurden; dem Andenken der Thule-Leute und der Mitglieder des Kampfbundes, die um der Befreiung Münchens willen als Angehörige der Freikorps ihr Leben ließen und all den Mitarbeitern in der schweren Zeit der Vorbereitung der Erhebung.

Es umfaßt die Zeit von den bescheidenen Anfängen der nationalsozialistischen Bewegung inmitten des Weltkriegs bis zum Auftreten des Führers Adolf Hitler. Deshalb trägt dieses Buch den Titel: ‚Bevor Hitler kam.'

Jetzt kann endlich gesagt werden, was bisher nicht gesagt werden durfte, um nicht den Haß des ‚Systems' auf die Wegbereiter zu lenken. Es braucht nun nicht mehr verhehlt werden, daß jene sieben Thule-Leute nicht als Geiseln starben, nein, daß sie gemordet wurden, weil sie Antisemiten waren. Sie starben für das Hakenkreuz, sie fielen Juda zum Opfer, sie wurden gemordet, weil man die Ansätze der nationalen Erhebung vernichten wollte. Heute ist das erfüllt, was jene Sieben und die ganze Thule ersehnt, wofür sie mit heißem Herzen und hartem Sinne gekämpft haben, wofür sie zum Sterben bereit waren und gestorben sind. Wir erkennen das Verdienst, die Größe und die Kraft Adolf Hitlers. Er hat geschaffen, was wir erstrebten; wir sammelten, er führte ans Ziel.

Als wir vor fünfzehn und mehr Jahren anfingen, vom Deutschtum und Sozialismus zu sprechen, wurden wir verlacht. Hitler war es, der dem Deutschen die Einheit dieser beiden Begriffe einhämmerte.

Wenn wir von Reinheit des Blutes sprachen, wurden wir verhöhnt. Hitler war es, der diesen Gedanken in Millionen deutscher Menschen lebendig machte.

Wenn wir vom alten Deutschen Reich träumten, davon sprachen, daß das Römische durch das Deutsche ersetzt werden müsse, stießen wir auf Verständnislosigkeit. Dieser Gedanke ist durch Hitler endlich Allgemeingut des deutschen Volkes geworden. Aber unsere Arbeit war damals nicht vergeblich, sie war die Aussaat, sie schmiedete die Werkzeuge, mit denen Hitler arbeiten konnte und nach seiner Bestimmung arbeiten mußte.

Dies Buch zeigt auf, was war, ehe der Führer in die Bewegung kam. Es zeigt die Quellen, die dann zu dem Strome zusammenflossen, der alles Undeutsche hinwegschwemmen mußte.

Thule-Leute waren es, zu denen Hitler zuerst kam und Thule-Leute waren es, die sich mit Hitler zuerst verbanden!

Die Rüstung des kommenden Führers bestand außer der Thule selber, aus dem in der Thule Gesellschaft von dem Bruder Karl Harrer gegründeten Deutschen Arbeiterverein und der von Hans Georg Graßinger geleiteten Deutsch-Sozialistischen Partei, deren Organ der Münchener, später der Völkische Beobachter war. Aus diesen drei Quellen schuf Hitler die Nationalsozialistische Deutsche Arbeiterpartei.

Wir grüßen unseren Führer Adolf Hitler mit Sieg-Heil!

Zum 9. November 1933 Der Verfasser."

Das Buch wurde sogleich nach Erscheinen unterdrückt.

Im Zusammenhang mit der Behandlung des nationalsozialistischen Antisemitismus seien noch Auszüge aus einem jüdischen Aufsatz erwähnt. Im Jahre 1936 erschien im U. Bodung-Verlag, Erfurt, eine Schrift „Zwei jüdische Aufsätze" vom Juden Marcus Eli Ravage. Die Aufsätze waren im „The Century Magazine", Januar 1928 und Februar 1928, in den USA erschienen und vom U. Bodung-Verlag „ohne Erlaubnis des Verfassers und des Verlages" abgedruckt worden. Der erste Aufsatz trägt die Überschrift: „Ein tatsächlicher Anklagefall gegen die Juden". Darin steht u. a.:

„Ihr habt noch nicht einmal den Anfang gemacht, die wahre Größe unserer Schuld zu erkennen. Wir sind Eindringlinge. Wir sind Zerstörer. Wir sind Umstürzler. Wir haben Eure natürliche Welt in Besitz genommen, Eure Ideale, Euer Schicksal und haben Schindluder damit getrieben. Wir waren die letzte Ursache nicht nur vom letzten Krieg, sondern von fast allen Euren Kriegen. Wir waren die Urheber nicht nur der russischen, sondern aller größeren Revolutionen in Eurer Geschichte. Wir haben Uneinigkeit und Durcheinander in Euer persönliches und öffentliches Leben gebracht. Wir tun es heute noch. Niemand kann sagen, wie lange wir das noch tun werden.

Lassen Sie den Blick ein wenig in die Vergangenheit schweifen, um zu sehen, was sich alles ereignete. Vor neunzehnhundert Jahren wart Ihr eine unverdorbene, sorgenfreie, heidnische Rasse ... Wer weiß, welch große und erhabene Bestimmung Euch zuteil geworden, wenn wir Euch Euch selbst überlassen hätten. Doch wir haben Euch nicht allein gelassen. Wir nahmen Euch in unsere Hand und rissen das schöne und erhabene Bauwerk, das Ihr Euch schufet, nieder. Wir änderten den gesamten Verlauf Eurer Geschichte. Wir brachten Euch so unter unser Joch, wie nie eine Eurer Mächte jemals Afrika oder Asien in seine Knechtschaft brachte. Und all dies vollbrachten wir ohne Waffen, ohne Kugeln, ohne Blut und Schlachtengetümmel, ohne Gewaltmaßnahmen irgendwelcher Art. Wir vollbrachten es einzig und allein durch die unwiderstehliche Macht unseres Geistes, mit Ideen und Propaganda.

Wir machten Euch zum willfährigen und unbewußten Träger unserer Mission in der ganzen Welt, bei den wilden Völkern der Erde und den unzähligen ungeborenen Generationen. Ohne volles Verständnis dessen, was wir Euch antaten, wurdet Ihr Großvermittler unserer rassischen Tradition, trugt Ihr unser Evangelium zu den zuvor noch nicht entdeckten Teilen der Erde.

Unsere Stammes-Sitten wurden der Kern Eures Sitten-Gesetzes. Unsere Stammes-Gesetze lieferten das Material für die Fundamente all Eurer erhabenen Verfassungen und Rechtssysteme. Unsere Legenden und Volkssagen sind die heiligen Botschaften, die Ihr Euren lauschenden Kindern mit geheimnisvoller Stimme leise zuflüstert. Eure Gesang- und Gebetbücher sind mit den Werken unserer Dichter angefüllt. Unsere Nationalgeschichte ist ein unentbehrlicher Teil des Unterrichts geworden, den Eure Pfarrer, Priester und Lehrer erteilen. Unsere Könige, unsere Propheten und unsere Krieger sind Eure Heldengestalten. Unser früheres Ländchen wurde Euer Heiliges Land. Unsere nationale Literatur ist Eure Heilige Bibel. Was unser Volk dachte und lehrte, wurde unlöslich verwoben in Eure eigene Sprache und Tradition, so daß keiner unter Euch als gebildet gelten kann, der nicht mit unserem volkseigenen Erbgut vertraut ist.

Jüdische Handwerksleute und Fischer sind Eure Lehrer und Heiligen, deren Bild in zahllosen Statuen verewigt wurde und zu deren Angedenken unzählige Kathedralen errichtet wurden. Ein jüdisches Mädel ist Euer Ideal der Mutterschaft und des Frauentums. Ein jüdischer Rebellen-Prophet ist der Mittelpunkt Eurer Gottesverehrung. Wir haben Eure Götzen niedergeworfen, Euer rassisches Erbe beiseitegedrängt und dafür unseren Gott und unsere Tradition untergeschoben. Keine Eroberung in der Weltgeschichte läßt sich auch nur im entferntesten mit der ganzen Arbeit vergleichen, die wir leisteten, da wir Euch uns untertan machten.

... Die Hälfte Eurer Kriege, die kleinen und die großen, sind nur Religionskriege, die ausgetragen wurden wegen der Auslegung der einen oder anderen Stelle in unserer Lehre. Ihr entkamt Eurer primitiven religiösen Einfalt nicht eher, und Ihr griffet die Ausübung der heidnischen, römischen Lehre nicht eher an, als Luther, bewaffnet mit unserem Evangelium, aufstand, um Euch niederzuwerfen und unser Erbe wieder auf den Thron zu setzen. Nehmen Sie die drei großen Revolutionen der Neuzeit, die französische, die amerikanische und die russische Revolution. Was waren die anderes als der Triumph der jüdischen Idee von sozialer, politischer und wirtschaftlicher Gerechtigkeit?

.... Wir haben Euch ein fremdes Buch und einen fremden Glauben aufgebürdet, den Ihr nicht genießen und verdauen könnt, der mit Eurem angeborenen Geist in Widerspruch steht und Euch unaufhörlich unruhig macht. Dabei ihn zurückzuweisen oder Euch ihm ganz hinzugeben habt Ihr nicht die geistige Kraft.

Natürlich habt Ihr niemals voll und ganz die christliche Lehre übernommen. In Eurem innersten Herzen seid Ihr noch Heiden. Ihr liebt immer noch den Krieg, geschnitzte Bilder und den Hader. Noch immer setzt Ihr Stolz in die Pracht des nackten menschlichen Körpers. Trotz aller Demokratie und all Eurer sozialen Umwälzungen ist Eure Gesellschaftsordnung immer noch eine jämmerlich unvollkommene Sache. Wir haben Eure Seele gespalten, Eure Triebe verwirrt, Eure Wünsche unmöglich gemacht. Inmitten des Lebenskampfes müßt Ihr niederknien vor dem, der Euch das Gebot gab, ‚auch die andere Wange hinzu halten', vor dem, der Euch sagte, ‚Erwidere Böses nicht mit Bösem' und ‚Selig sind die Friedfertigen'. Inmitten Eurer Sucht nach Geld und Gut überkommt Euch die Erinnerung an die Stunden im Sonntags-Unterricht, wo man Euch lehrte, sich keine Sorgen um den morgigen Tag zu machen. Wenn Ihr bei Euren Lohnkämpfen Euch ohne Gewissensbisse in einen Streik stürzen wollt, dann werdet Ihr daran erinnert, ‚daß selig sind die Armen', und ‚daß alle Menschen Brüder in Christo sind'. Wenn Ihr einer Versuchung nachgeben wollt, dann legt sich durch das jüdische Training eine abschreckende Hand auf Eure Schultern und reißt Euch den vollen Becher von den Lippen. Ihr Christen wurdet niemals zum Christentum bekehrt. In der Hinsicht seid Ihr uns nicht geraten. Doch haben wir Euch für immer den Geschmack am Heidentum verdorben.

Warum solltet Ihr also nicht über uns empört sein? Wenn wir an

Eurer Stelle ständen, dann würden wir wahrscheinlich Euch viel weniger mögen als Ihr uns. Wir würden aber keine Umstände machen, Euch das Warum zu sagen. Wir würden uns nicht auf Ausflüchte und fadenscheinige Vorwände berufen. Bei Millionen peinlich reeller jüdischer Geschäftsleute würden wir nicht durch das Geschwätz, der Kommunismus sei eine jüdische Weltanschauung, die Grundlagen jeglicher geistigen Bildung bei Euch und unsere eigene Ehrenhaftigkeit verletzen. Bei Millionen von schwer schaffenden und armen jüdischen Hausierern und Arbeitern würden wir uns nicht durch das Gerede, der internationale Kapitalismus sei ein jüdisches Monopol, auch noch lächerlich machen. Nein, wir würden ganz gerade auf unser Ziel losgehen. Wir würden uns dieses konfuse und schädliche Durcheinander, das man Zivilisation nennt, dieses christlich-heidnische Gemisch einmal näher ansehen, und dann würden wir — wären unsere Rollen vertauscht — rundheraus sagen: ‚Nein, danke für dies Schlamassel, für Eure Propheten und Eure Bibel.'"

Die Stellung des jüdischen Volkes gegenüber den anderen Völkern ist in der Bibel klar beschrieben; es gibt bekanntlich dort sehr scharfe Worte gegen die anderen Völker, wie z. B. 5. Buch Mose, Kap. 7, Vers 16:

„Du wirst alle Völker verzehren, die der Herr, dein Gott, dir geben wird. Du sollst ihrer nicht schonen und ihren Göttern nicht dienen; denn das würde dir ein Strick sein."

Auch im Neuen Testament steht jenes wenig bekannte Wort von Jesus in Lukas 19, Vers 27:

„Doch jene meine Feinde, die nicht wollten, daß ich über sie herrschen sollte, bringet her und erwürget sie vor mir."

Im Jahre 1912 — im gleichen Jahre, in dem der oben erwähnte Germanenorden gegründet wurde — veröffentlichte die Zeitschrift „Janus" („Kritische Halbmonatszeitschrift für deutsche Kultur und Politik" Zweiter Jahrgang, erstes Halbjahr Oktober 1912 bis März 1913, Janus-Verlag G.m.b.H., München) den Aufsatz „Das große Hassen. Ein Beitrag zur Judenfrage in Deutschland" von dem jüdischen Verfasser Cheskel Zwi Klötzel, Hamburg, in dem das Verhältnis der Juden zu den Nichtjuden behandelt wird. Der Aufsatz lautet:

„Der Verlag von Axel Juncker hat einen Roman aus dem vormärzlichen Dänemark durch Neuauflage der Gegenwart wiedergeschenkt. Im Jahre 1912 ist ein Buch wiedergeboren, das 1846 geschrieben wurde, der Roman ‚Ein Jude' von Meier Aaron Goldschmidt.

Das ist kein Zufall, daß man dieses Buch jetzt wieder ans Tageslicht zieht. Vielleicht, daß man noch mehr ausgraben wird aus den Schätzen der Vergangenheit, zur Illustration und Förderung einer der größten Weltfragen, die speziell in Deutschland heute aktueller als je ist: die Judenfrage. Ich erinnere kurz an die letzten wissenschaftlichen Arbeiten eines Sombart und verweise auf die, — sagen wir ruhig ‚Mode' der ‚Judenromane', wie sie sich nach Schnitzlers ‚Weg ins Freie' bis heute durchgesetzt hat. Da ist es doppelt interessant, zwischen all diesen Gegenwartsstimmen über die ‚Judenfrage' einen Ruf aus der Vergangenheit zu vernehmen, einen Ruf aus einer Zeit, die wir innerlich wie äußerlich überwunden zu haben glauben. Und noch ein Umstand erhöht besonders den Wert dieses Buches: es kommt aus Dänemark. Dänemark ist eines jener Länder, in denen die ‚Judenfrage' als Kulturfrage kaum je aufgerollt worden ist, in dem noch heute kaum eine Spur von Antisemitismus zu finden ist, da es immer nur verhältnismäßig sehr wenig Juden gezählt hat. Man darf das ruhig auf die vormärzliche Zeit zurückprojizieren; mag immerhin Dänemark von damals seinen Juden nicht einsichtsvoller und toleranter gegenübergestanden haben als die übrigen Länder; seine äußeren Verhältnisse haben es damals wie heute an die Peripherie des Schlachtfeldes gestellt, auf dem der Kampf um und gegen das Judentum toben durfte.

Aus dieser Peripherie nun kommt in Meier Aaron Goldschmidts Roman ein Buch von rücksichtsloser Ehrlichkeit, ein Buch, das groß genannt werden müßte, selbst wenn die zunftmäßige Kritik ihm den Charakter eines Kunstwerkes absprechen würde. Und diese ganze große Offenheit, dieses mit grausamer Deutlichkeit und Klarheit geschriebene Bekenntnis einer gefährlichen Erkenntnis schreibt Meier Aaron Goldschmidt auf das erste Blatt seines Werkes:

‚Und ich will Feindschaft setzen zwischen dir und dem Weibe, und zwischen deinem Samen und ihrem Samen. Der soll dir den Kopf zertreten und du wirst ihn in die Ferse stechen.' (1. Buch Mose, 3. 15)

Mit diesem Leitmotiv hat Goldschmidt einen Gedanken ausgesprochen, den zu äußern sich heute jeder hütet: den Gedanken der ewigen Feindschaft zwischen Judentum und Nichtjudentum! Vor nichts hat man heute mehr Angst auf seiten des Judentums als vor dem offenen und ehrlichen Bekenntnis: ‚Dem Antisemitismus, dem Judenhaß, steht auf jüdischer Seite ein großes Hassen alles Nichtjüdischen gegenüber; wie wir Juden von jedem Nichtjuden wissen, daß er irgendwo in einem Winkel seines Herzens Antisemit ist und sein muß, so ist jeder Jude im tiefsten Grunde seines Seins ein Hasser alles Nichtjüdischen.' Ich hüte mich wohl, ‚Antichrist' oder ähnliches zu sagen, denn vielleicht gerade dem Christentum gegenüber ist unser Hassen am lauesten, weil wir im Christentum von heute einen Feind nicht zu sehen brauchen.

Dieses große ‚jüdische Hassen' hat in der Weltliteratur eine wahrhaft geniale künstlerische Würdigung gefunden: in Shakespeares Shylock. Aber all das Übertriebene, dem Charakter des Lustspiels Entsprechende sehen wir notgedrungen hinweg, vor uns steht ein Jude, mehr der Jude, der Jude der haßt!

Gewiß, es hat vielleicht niemals einen Juden gegeben, den es wirklich nach dem Fleischstück aus der Brust eines Antonio gelüstet hat. Sicherlich, daß heute kein Jude mit dem Nerogedanken herumläuft: ‚Das ganze Nichtjudentum auf einen Hals — und das Messer in die Hand!' Sicherlich, daß viele der zahlreichen ‚Annäherungsversuche', Assimilationsbestrebungen auf jüdischer Seite so ernst und liebevoll gemeint sind wie die tragikomische Judenmission auf der anderen Seite. Aber trotz alledem: wie im innersten Herzen eines jeden Christen das Wort ‚Jude' kein völlig harmloses ist, so ist jedem Juden der Nichtjude der ‚Goi', was beileibe keine Beleidigung ist, aber ein deutliches, nicht mißzuverstehendes Trennungszeichen. Und seien wir offen: wir mögen den einzelnen Nichtjuden noch so hoch schätzen, wir mögen mit ihm befreundet und sogar verschwägert sein: das Nichtjudentum als unpersönliche Masse, als Geist, Wirkungssphäre, Kultureinheit, das stellt ein jeder von uns — wer wagt das zu leugnen! — hinter das Judentum! Ich glaube, man könnte beweisen, daß es im Judentum eine Bewegung gibt, die das getreue Spiegelbild des Antisemitismus ist, und ich glaube, dieses Bild würde vollkommen werden wie nur je irgend eins. Und das nenne ich das ‚große jüdische Hassen'.

Vielleicht ist dieser Ausdruck zu hart, oder besser: zu unpräzise. Aber es liegt mir daran, um keinen Preis die Wahrheit abzuschwächen; gebe ich zu, daß es kein Hassen ist, so muß ich doch darauf bestehen: ist's kein Hassen, so kommt's doch dem Hassen am nächsten; drum laßt's mich Hassen nennen.

Wer unter uns kein seelischer und geistiger Kastrat ist, wer nicht überhaupt impotent ist, zu hassen, der hat an diesem Haß teil! Gerne sei zugegeben, daß es manchem gegen den Strich geht, aber das ist nur ein Beweis für die Lebenskräftigkeit dieses Hasses! Ich bin nicht befugt, im Namen des Judentums zu sprechen; vielleicht habe ich gerade über diese Dinge noch nie ein Wort mit Juden gewechselt; aber diese Verwahrung ist rein juristischer Form, in Wirklichkeit ist nichts in mir so lebendig als die Überzeugung dessen, daß, wenn es irgend etwas gibt, was alle Juden der Welt eint, es dieser große, erhabene Haß ist.

Ich glaube, darauf verzichten zu müssen, irgend einen wissenschaftlichen Grund, etwa historischer oder psychologischer Natur, aufzuspüren. Ich fühle diesen Haß, diesen Haß gegen etwas Unpersönliches, Unangreifbares als ein Stück meiner Natur, das in mir reif geworden ist, für dessen Wachstum und Entwicklung ich ein Naturgesetz verantwortlich machen muß. Und darum erscheint es mir schamlos, wenn man sich dieses Hasses, als eines Stückes Natur, schämt, niedrig und gemein, wenn man ihn versteckt. Denn das erscheint mir als Kern alles Menschentums: sich seiner Natur bewußt zu sein und für sie einzustehen.

Man nennt uns eine Gefahr des ‚Deutschtums'. Gewiß sind wir das, so sicher, wie das Deutschtum eine Gefahr für das Judentum ist! Aber will man von uns verlangen, daß wir Selbstmord begehen? An der Tatsache, daß ein starkes Judentum eine Gefahr für alles Nichtjüdische ist, kann niemand rütteln. Alle Versuche gewisser jüdischer Kreise, das Gegenteil zu beweisen, müssen als ebenso feige wie komisch bezeichnet werden. Und als doppelt so verlogen wie feige und komisch! Aber noch sonderbarer muß es anmuten, wenn Nichtjuden allen Ernstes an uns das Verlangen stellen, der Betätigung unseres natürlichen Hasses zu entsagen, wenn sie Zurückhaltung, Bescheidenheit, Demut von uns erwarten. Wenn sie verlangen, ernstlich verlangen, uns unseres gefährlichen Charakters zu entkleiden, geistig abzurüsten, unsere Waffen zu zerbrechen, noch ehe der Kampf begonnen, uns auf Gnade und Ungnade zu ergeben!

Den Juden des Mittelalters machte man zum Vorwurf, daß sie alles Gold an sich zögen und es dann nicht wieder herausgäben. Man half sich ja leicht — mit Gewalt. Die Juden der Gegenwart machen es genau so mit dem geistigen Gold, wir werden sehen, ob es dem Deutschtum möglich ist, es ihm abzunehmen. ‚Der gesamte geistige Schatz Deutschlands liegt in Händen der deutschen Juden.' Diese Behauptung Goldsteins im ‚Kunstwart' hat ernstlichen Widerstand noch nicht gefunden. Im Gegenteil, sogar die grob-antisemitische Presse hat es bestätigt. Man mag in seinem jüdischen Herzen für das Judentum hoffen und wünschen, was man will; heute leben wir noch in Deutschland, heute sind wir noch deutsche Juden, weh uns, wenn es uns nicht gelingt, im Deutschtum zu bleiben. Wir können nach Recht hier nicht fragen, denn auf unserer Seite steht das höchste Recht, das der Lebensnotwendigkeit! Ob wir die Macht haben oder nicht, das ist die einzige Frage, die uns interessiert, und darum müssen wir danach streben, eine Macht zu sein und zu bleiben!

Das Judentum kann nur geistig überwunden werden! Werdet stark im Nichtjudentum, stärker, als wir im Judentum sind, so werdet ihr Sieger bleiben!"

Die Aufgabe, die im Alten Testament dem jüdischen Volk als dem auserwählten Volk von seinem Gott zugedacht ist — nämlich die Beherrschung aller Völker —, ist nach der Bergpredigt auch für Jesus von Nazareth bindend und maßgebend, denn er sagt in Matthäus, Kapitel 5, Vers 17 und 18:

„Ihr sollt nicht wähnen, daß ich gekommen bin, das Gesetz" (die 5 Bücher Mose) „oder die Propheten aufzulösen; ich bin nicht gekommen, aufzulösen, sondern zu erfüllen.

Denn ich sage euch wahrlich: Bis daß Himmel und Erde zergehe, wird nicht zergehen der kleinste Buchstabe noch ein Tüttel" (Strichlein) „vom Gesetz, bis daß es alles geschehe."

Doch nun zurück zu einem Mann der nächsten Umgebung Hitlers. Seit dem Englandflug des Stellvertreters des Führers, Reichsminister Rudolf Heß, am 10. 5. 1941, der durch persönliche Verhandlungen zu einem Frieden mit England kommen wollte, trat Martin Bormann immer mehr in Erscheinung.

Über ihn berichtet Alan Bullock in seinem Buch „Hitler":

„Der letzte der großen Lehnsmänner des Nazi-Hofes, der sich seine Domäne absteckte, war Martin Bormann. Seine Chance verdankte er dem Flug von Heß nach Schottland im Mai 1941. Himmlers Reich war die SS und die Polizei; Görings der Vierjahresplan und die Luftwaffe; Leys die Arbeitsfront — Bormanns Reich die Partei. Als Nachfolger von Heß Leiter der Parteikanzlei, war er bereits im Januar 1942 in der Lage, eine Verordnung durchzusetzen, nach der die Mitwirkung der Partei an allen Gesetzgebungsakten sowie ‚Beamtenernennungen und Beförderungen' (mit anderen Worten, an der Besetzung von Verwaltungsposten durch Parteimitglieder) ausschließlich durch ihn zu erfolgen habe; sodann hatte der Verkehr zwischen den verschiedenen Ministerien und der Partei durch seine Hände zu gehen. Ein unmittelbarer Verkehr zwischen den höchsten Reichsbehörden und den anderen Parteiämtern war verboten.

Daraus ließ sich eine große Machtstellung entwickeln, und Bormann arbeitete unermüdlich daran, seine Ansprüche zu erweitern. Ihm unterstellt waren die Gauleiter, die ihm unmittelbar verantwortlich waren. Im Dezember 1942, als alle Gaue zu Reichsverteidigungsgebieten gemacht wurden, erhielten die Gauleiter, die nun auch noch Reichsverteidigungskommissare wurden, eine wirksame Kontrolle über alle zivilen Kriegsanstrengungen. Die durch die schweren Bombardierungen notwendig gewordene Dezentralisation der Verwaltung legte nun eine noch stärkere Macht in die Hände der Gauleiter. 1943, nachdem Himmler Innenminister geworden war, mußte es unvermeidlich zu Zusammenstößen zwischen den beiden Reichen der SS und der Partei kommen. Zur Überraschung der meisten Leute behauptete sich Bormann nicht nur gegen den mächtigen Reichsführer SS, sondern gewann sogar im Kampf um Einfluß bis Ende 1944 die Oberhand.

Beide Männer beherrschten machtvolle Organisationen, aber Bormann hatte außerdem noch erfaßt, wie wichtig es war, sich für den Führer unentbehrlich zu machen. Da er sich ständig in seiner Nähe befand, gelang es ihm, die meisten Fäden der inneren Verwaltung in seiner Hand zusammenlaufen zu lassen. Hitler, ganz vom Krieg in Anspruch genommen, war froh, daß ihm die Bürde der Verwaltung, die er immer verabscheut hatte, abgenommen war, und im April 1943 wurde Bormann offiziell zum Sekretär des Führers ernannt. Es war Bormann, der darüber entschied, wer zum Führer vorgelassen wurde oder nicht, was ihm zum Lesen vorgelegt oder nicht vorgelegt werden sollte. Er war bei fast jedem Besuch zugegen und arbeitete die Instruktionen des Führers aus. Die Wichtigkeit seiner Stellung kann kaum überschätzt werden, denn es war schon so, wie Weizäcker, der Staatssekretär im Auswärtigen Amt, sagt: ‚Die Kunst der Ministerien im Dritten Reich bestand darin, die gute Stunde oder Minute zu benutzen, wo Hitler, manchmal durch ein hingeworfenes Wort, eine Entscheidung traf, die dann als ‚Führerbefehl' ihren Weg nahm.'

Auf diese Weise gelangte Bormann, ein brutaler und viel gehaßter Mann, zu ungeheurer Macht. Es war jedoch eine Macht, die er nicht auf eigene Kappe ausübte, sondern einzig und allein im Namen Hitlers. ‚Ein paar kritische Worte Hitlers', sagte Speer nach dem Kriege, ‚und alle Feinde Bormanns würden ihm an den Hals gesprungen sein.' Wie sein großer Rivale Himmler war Bormann ohne Hitler eine politische Null. Denn alle diese Männer verdankten ihre Stellung Hitlers Gunst, nicht aber dem Wagnis, sich gegen ihn durchzusetzen. Wie Goebbels erhob Bormann immer nur seine Stimme, um noch schärfere Maßnahmen zu befürworten." (S. 732—734)

Nach dem Tod von Hitler am 30. 4. 1945 verschwand Bormann bei einem Ausbruch der Restbesatzung aus der Reichskanzlei. Bormann wurde in Nürnberg in Abwesenheit von dem Internationalen Militärtribunal zum Tode verurteilt.

Die Schweizer Illustrierte Wochenzeitung „Sie und Er" brachte mit der Nummer 48/1961 beginnend einen Bericht eines nicht genannten Verfassers über Martin Bormann. Darin wird behauptet, daß Bormann mit den Sowjets zusammengearbeitet und nach Kriegsende längere Zeit in der Türkei gelebt habe. Eine Vermutung dieser Art (Zusammenarbeit mit der Sowjetunion) wird auch in dem Buch „Agenten funken nach Moskau" (Neptun Verlag Kreuzlingen) ausgesprochen. Danach waren Entscheidungen, die im engsten Kreis des Führerhauptquartiers beschlossen worden waren, kurze Zeit später über einen sowjetischen Geheimsender in der Schweiz nach Moskau gefunkt worden.

Der Chefredakteur der nur kurze Zeit erschienenen Zeitung „Tempo der Welt", Karl Heinz Kaerner, schreibt in dieser illustrierten Zeitung, daß er am 14. Juli 1949 mit Martin Bormann auf dessen Landsitz mit Privatflugplatz in Spanisch-Marokko gesprochen habe. Nach diesem Bericht sagte Bormann u. a. folgendes:

> „Uns steht in unserem Kampf nicht nur eine Macht, sondern eine ganze Mächtegruppe zur Seite....
>
> Wir haben uns damals als Nationalsozialisten den Kampf gegen den Kommunismus auf unsere Fahnen geschrieben und ihn als Staatsfeind Nr. 1 angeprangert. Diesen Kampf führen wir heute als Weltfaschisten weiter — und mit Gottes Hilfe — siegreich zu Ende. Wir werden nicht ruhen, bis auch die letzte Faser dieser Idee getilgt ist . . ."

Und weiter sagte Martin Bormann nach diesem Bericht kurz vorher folgendes:

> „Noch ist aber keine Polizei der Welt in der Lage, mich festzunehmen oder auch nur ernsthaft unsere Arbeit zu stören."
>
> („Tempo der Welt", Heft 3, 8. Mai 1950)

Über die Aufgaben, die Hitler und sein „Drittes Reich" erfüllen soll, und die Zusammenhänge zwischen der katholischen Kirche und dem Nationalsozialismus steht in dem Buch „Adolf Hitler und die Kommenden" u. a. folgendes (das Buch erschien im Jahre 1932 und der Verfasser scheint okkulten Kreisen anzugehören):

> „Wir erleben heute den katastrophalen Übergang vom Fische-Zeitalter zum Wassermann-Zeitalter. Wir stehen in einer aeonischen Wende" (Wende eines Zeitalters), „wie zur Zeit der Geburt Christi, als die Menschheit in den neuen christlichen Aeon" (Zeitalter) „der Fische trat. Eine alte Welt ging zugrunde, eine neue stieg auf: das christliche Abendland. Nach 2000 Jahren hebt jetzt ein neues gewaltiges ‚Stirb und Werde' an: Untergang des Abendlandes und Aufstieg der neuen atlantischen Welt. Das sterbende Abendland abzubauen, ist die Bestimmung des dritten Reiches. Die Gestaltung

des neuen atlantischen Kulturreiches im Wassermann-Aeon wird Aufgabe des vierten Reiches sein." (Seite 15)

Das dritte Reich stellt also nur einen Übergang zu einem vierten Reich dar.

Über das äußere Erscheinungsbild des Nationalsozialismus heißt es:

„Auch die Hitlersche Bewegung muß gewertet werden als ein Vorstoß romano-germanischer Kräfte in den slawo-germanischen und nordischen Lebensraum. Römisch ist der Gruß, römisch sind die Adler, romanisch ist die ganze Aufmachung, romanisch ist die ganze auf Eindruck eingestellte Agitation. Römisch-absolutistisch ist die Hitlersche Diktatur, unter der scheinbaren Gefolgschaft verbirgt sich römisches Prätorianertum. Hinter diesem stehen heischend und fordernd die neuen ‚Septemberlinge', als Anwärter auf eine neue Bonzokratie." (Seite 61/62)

Hitlers Haltung gegenüber Südtirol wird folgendermaßen gedeutet:

„Wie stark das Romanisch-Römische in Hitlers Gefühlswelt überwiegt, zeigt seine Stellungnahme zu den Südtirolern, unserm wertvollsten Volkstum, da es am stärksten gotische Restbestandteile in sich aufgenommen hat. Sicherlich ist die Politik, die Hitler gegenüber Italien und Mussolini betreibt, sehr klug gedacht. Aber sie ist durchaus undeutsch und wird schon aus diesem Grunde den Vorstoß der Hitlerpartei in Österreich außerordentlich erschweren." (Seite 63)

Über den Einfluß der „Vatikanfront" auf die nationalsozialistische Revolution heißt es:

„Inzwischen hat nämlich im stillen das römisch-katholische und das romanisch-faschistische Element seinen Siegeszug über Deutschland angetreten. Im Jahre 1932 wird das Weimarer System mit dem veralteten Ideal von 1848 durchbrochen werden. Die faschistische Hitlerfront schickt sich an, das Erbe anzutreten, wie etwa in der Revolte 1918/19 die Anti-Bismarckfront der Reichsfeinde die schwarz-weiß-rote Front ablöste. Aber in diesem Augenblick erfolgt das Unerwartete. Weil sie über die genialste Führung und über die raffinierteste Diplomatie verfügt, gelingt es der römisch-katholischen Vatikanfront, die ja inzwischen im Kampf mit dem revolutionären Mussolini weitere Schulung erfahren hat, sich vor der Hitlerfront einzuschieben. Genau so, wie es 1918/19 nicht zu einer bolschewistischen Totalrevolution kommt, sondern nur zu einer Revolte, kommt es auch jetzt nicht zu einem faschistischen Totaldurchbruch, sondern nur zu einer Contre-Revolte" (Gegenrevolte), „deren Führung in den Händen der Kleriko-Girondisten" (kirchlich gesinnte gemäßigte Republikaner) „liegt, deren Heeresmassen gebildet werden von der Hitler-Partei und anderen Teilen der nationalen Opposition." (Seite 66)

Das Verhältnis von Rom und Moskau zu Hitler wird, wie folgt, geschildert:

„So ist es kein Zufall, daß Hitler auf dem Schachbrett der russischen und vatikanischen Diplomatie heute eine wichtige Figur spielt. Jede von beiden Gegenkräften sucht Hitler für die eigenen Ziele auszunutzen. Der Vatikan geht von der Verneinung und von der Hemmung aus. Man rechnet im Vatikan, daß, je legaler Hitler wird, um so mehr wird er sich schließlich auch der vatikanischen Legalität unterwerfen, so sehr er sich auch heute noch dagegen sträubt. Schließlich gibt es ja auch noch andere Mittel, eine ultima ratio!" (letztes Mittel) ...

Auf der anderen Seite — und ich glaube diese Politik ist die klügere und liegt mehr in der kosmischen Bestimmung — sucht Moskau Hitler für eine kurze Wegstrecke zu bejahen und im stillen zu fördern. Das trat ja schon in die Erscheinung beim letzten Volksentscheid in Preußen. Auf der Tagung des ‚Exekutiv-Kommitees der kommunistischen Internationale' in Moskau am 15. Dezember 1931 erklärte Manuilsky: ‚Der Hauptfeind ist nicht Hitler, der Hauptfeind ist das System Severing-Brüning-Hindenburg. Wir werden mit Hitler keinen Vertrag schließen oder mit ihm in geheime Verhandlungen eintreten. Wir lassen Hitler ruhig seinen Weg gehen, aber nutzen all' das aus, was uns sein Sieg über den Staatsapparat der Bourgoisie geben wird. Mit seiner Hilfe werden wir zunächst den sozialdemokratischen Polizeiapparat und den Brüningschen Staats-Apparat zertrümmern' .... ‚Im gegenwärtigen Abschnitt der Entwicklung der deutschen Revolution ist Hitler unser unzweifelhafter Bundesgenosse' ....

‚Von der richtigen Einschätzung dieser Tatsache hängt unsere weitere Taktik und die Taktik der kommunistischen Partei Deutschlands ab.'

Diese Stellungnahme der kommunistischen Internationale in Moskau besagt doch nichts anderes als die klare Forderung:

Bahn frei für Adolf Hitler!"

(Seite 93/94)

Hitlers Zwischenspiel:

„Die schwarz-weiß-rote Front und die schwarz-rot-goldene Front gehören der Vergangenheit an. (Auch die Mehrheitsparteien, die Vertreter des Weimarer Systems, die Reichsfeinde Bismarcks sind Vergangenheit.) Die schwarz-weiß-roten und die schwarz-rot-goldenen Fahnen werden abgelöst werden durch die roten Fahnen, durch die roten Fahnen der Sowjetfront und durch die roten Fahnen mit dem Hakenkreuz. Aber auch die beiden roten Fahnen sind nur Fahnen des Überganges. Die Fahne der Zukunft ist die schwarze Fahne, das ernste Symbol des Dritten Reiches.

Adolf Hitler leitet somit auf dem politischen Theater Deutschlands nur ein Zwischenspiel. Jedoch der Trommler zum Aufbruch der Nation ist und bleibt ein notwendiger Übergang; — für manche vielleicht das kleinere Übel, zu dem jeder geistige Revolutionär Stellung nehmen muß, an dem keiner achselzuckend und naserümpfend vorbeigehen kann und darf.

Alles in allem: Hitler ist der uns vom Schicksal gesandte ›Katalysator‹ der deutschen Revolte von 1918/19.

Fußnote: Als Katalyse bezeichnet man wissenschaftlich die Beschleunigung (oder auch Verlangsamung) eines chemischen Vorgangs durch die Gegenwart eines fremden Stoffes, nämlich des ›Katalysators‹, der selber aber nicht in den Endprodukten der Reaktion erscheint." (Seite 96)

Was kommt nach der „kleinen" Revolution?

„Pflicht der Frontkämpfer, die jetzt endlich langsam eine Einheitsfront bilden werden, und Aufgabe der schwarzen Front ist es, an Stelle der Revolte der Deserteure, Pseudo-Pazifisten und ›Contre-Revolutionäre‹ von 1918/19 die kleine deutsche Revolution zu Ende zu führen, d. h. dem National-Sozialismus zum Siege zu verhelfen.

Auch hier haben sich bereits deutlich zwei Fronten gebildet. Zunächst wird die Gruppe der Frontkämpfer antreten und noch einmal im Dienste der römischen, von Süd nach Nord gerichteten Doppelwelle eine westlerisch-faschistische Gesellschafts- und Wirtschaftsform durchzusetzen versuchen. Sie kann rechnen auf die stille Unterstützung von Wallstreet, Papst-Rom und Mussolini-Rom." (S. 100) „Ist die kleine deutsche Revolution zum Abschluß gebracht, dann stehen wir Deutschen vor dem größten Problem, das die bürgerliche Welt uns hinterlassen hat, vor der Lösung der kirchlich-konfessionellen Frage. Die kleine Revolution hat die Spaltungen von 1918/19, von 1848/66 und von 1870/71 aufzuheben, die große dagegen hat die durch Luther hervorgerufene Glaubenszerklüftung von 1517 aus der Welt zu schaffen. Erst müssen wir großdeutsch und nationalsozialistisch geworden sein, dann können wir zur nordisch-vertieften, gotisch-katholischen Glaubensgemeinschaft, die wir mit Luther aufgegeben haben, zurückkehren.

Erst wenn Volk und Staat, Wirtschaft und Recht, Glaube und Kirche wieder geschlossen in sich ruhen, wird die gewaltige deutsche Spannkraft für die Welt freiwerden. Dann werden wir uns nicht mehr, wie es bisher deutsche Art war, untereinander zerfleischen, sondern unsere Kräfte geschlossen nach außen richten. Dann schlägt die Stunde der großen deutschen Revolution, dann wird aus Jungdeutschland eine neue Welt und eine neue Menschheit hervorgehen.

Mit anderen Worten, die kleine Revolution wird die preußisch-österreichische, großdeutsche Aufgabe erfüllen. Der mitteleuropäische Lebensraum wird sich lösen aus der abendländischen Verflechtung und wird sich einstellen auf die neue atlantische Kultur-Welt. Dann erst kann Mittel-Europa seiner Erfüllung entgegengehen, indem nun die große deutsche Revolution das deutsch-menschheitliche Problem aufrollt. Dann gilt es zwischen den vier Polen: zwischen Rom und Moskau, zwischen USA und Indien eine einheitliche, neue Kulturwelt zu schaffen, wie sie früher auf dem viel kleineren westeuropäischen Raum das christliche Abendland verkörperte.

Die Lösung des klein-mitteleuropäischen, d. h. des groß-deutschen Problems wird wohl die Zeitspanne eines Jahrhunderts von 1848 bis etwa 1948 umfassen. Erst dann ist die Stunde gekommen für das viel größere deutsch-menschheitliche Problem, das in einer Reihe von Etappen zum atlantischen Kulturreich deutscher Nation führen wird. Dann wird auch Papst-Rom aus dem heutigen Miniatur-Kirchenstaat von Mussolinis Gnaden erlöst werden und in einer höheren Aufgabe am anderen Ort aufgehen ....“ (Seite 101—103)

Hitler, der Trommler:

„In Hitler vollzieht sich die große Wende vom mechanistischen Marxismus zum organischen Nationalsozialismus, vom zweiten zum dritten Reich, vom sterbenden Zeitalter der Fische zum neuen Wassermann-Aeon. Hitler durchrast die deutschen Lande, überall trommelt er: ‚Deutschland erwache! Eine neue Zeit ist angebrochen!‘ Wie der Rattenfänger von Hameln weiß er die Deutschen, diese sonst so parteisüchtige Menschenart, zu fangen durch seine Rhetorik, durch seine Symbole, durch seine romanische Sinnenbetörung, und sie zu einer festen, geschlossenen Einheit zu formen.

Seit den Tagen Wallensteins hat kein einzelner in deutschen

Landen solche Menschenmassen durch bloße Werbung zu hypnotisieren, zu sammeln und zu binden verstanden. Aller Anfang ist schwer, sagen wir im Sprichwort. Wohl nur eine medial-dämonische Persönlichkeit, wie es Hitler ist, konnte diese vom Schicksal gestellte Aufgabe meistern, die Wende zwischen zwei Zeitaltern zu vollziehen, eine neue Zeit einzuleiten. Dann wird aber seine Aufgabe erfüllt sein. An seine Stelle werden andere treten.....

Wie wenig jedoch die absoluten National-Revolutionäre, die sich heute oft so überheblich gebärden, den Geist der Zeiten zu überschauen verstehen, zeigt die Skizze auf Seite 129. Auch sie sind, genau wie Hitler, nur Zwischenglied, nur Werkzeug des Schicksals, nur Mörtel in den Händen des großen Baumeisters der Welten. Nimmt man Adolf Hitler, den Trommler der deutschen Revolution als These" (= aufgestellter Leitsatz) „an, gegen den die absoluten National-Revolutionäre schicksalsmäßig als Antithese" (entgegengesetzte Behauptung) „Sturm zu laufen haben, so ist die kommende Synthese" (Überwindung der Gegensätze), „auf dem Wege zum dritten Reich, bereits angedeutet in der ‚Schwarzen Front' unter Führung von Dr. Otto Strasser, im ‚Tatkreis' unter Führung von Hans Zehrer und in der Zeitschrift ‚Die Kommenden', dem führenden Organ der bündischen Jugend." (Seite 125—128)

Hier sei kurz darauf hingewiesen, daß z. B. in der Freimaurerei auch der Begriff des „Baumeisters der Welten" vorkommt und daß Dr. Otto Strasser einige Jahre nach dem Ende des zweiten Weltkrieges wieder in der Bundesrepublik Deutschland auftrat. Die Fahne des nationalsozialistischen Jungvolks (10—14jährige Kinder) war schwarz mit einem weißen nordischen Runenzeichen; die Uniform der SS (nicht der Waffen-SS) war schwarz, und die Amtstracht der katholischen Priester ist ebenfalls schwarz.

Wirtschaftliche Auswirkungen:

„Mit dem dritten Reich wird eine mächtige Kolonisationswelle nach dem Osten einsetzen. Zu den beiden in früheren Jahrhunderten führenden Ideen des Universalstaates und der Universalkirche hat sich eine dritte gesellt, die es nun zu verwirklichen gilt: die Idee der föderalistischen, universalistischen Weltwirtschaft, die als übervölkisches Gebilde zunächst im mitteleuropäischen Raum die einzelnen völkischen Nationalwirtschaften zusammenfassen wird." (Seite 137/138)

Eine Parallele zur Jetztzeit: Durch die EWG (Europäische Wirtschaftsgemeinschaft) — die sogenannten römischen Verträge, die die

EWG begründeten, wurden am 25. 3. 1957 in Rom unterzeichnet und sind seit 1. 1. 1958 in Kraft — sollen die einzelnen Volkswirtschaften in Westeuropa zu einem überstaatlichen Gebilde zusammengefaßt werden.

Weiter heißt es im Hinblick auf die Zukunft:

„Das armanisch-atlantische Reich deutscher Nation wird gewissermaßen die Linie des heiligen, römischen Reiches fortsetzen. Alle Völker und alle Staaten des atlantischen Kulturkreises werden bis dahin durch die Höllenfahrt im dritten aufsteigenden Ast zu der Erkenntnis gekommen sein, daß alle nationale Ichhaftigkeit in den Dienst einer kosmischen Sachlichkeit einzuordnen ist, daß auch das einzelne Volkstum, genau so wie die übrige Kreatur, in den großen Heilsplan Gottes eingereiht ist." (Der hier erwähnte dritte aufsteigende Ast bezieht sich auf eine Zeichnung in dem Buch) „Längst haben es ja die Seher und Propheten aller Völker und aller Zeiten verkündet: einst soll die Beilzeit durch die Heilszeit abgelöst werden. Unermüdlich ist die Gottheit am Werke, den Menschen durch Not und Leid zur inneren Wandlung zu führen. Nur so kann der ‚Tiermensch' (der ‚natürliche Mensch', wie Luther ihn nannte) langsam sich wandeln. Er muß die Hölle der Beilzeit bis zur letzten Neige auskosten, wie es die Evangelien und die Apokalypse andeuten, bis er vor der Gottheit die letzte Prüfung bestanden hat und nun für würdig befunden wird, als ‚Christmensch', als echter Jünger des Buddha und des Jesus von Nazareth in die Heilszeit eintreten zu dürfen.

Alles in allem: eine neue Erde will werden. Die Weltenwende, der Untergang des Abendlandes und der Aufstieg der neuen atlantischen Welt, der Wechsel vom Fischezeitalter zu dem Aeon des Wassermann beginnt mit der französischen Revolution, welche gleichzeitig die letzte Epoche des bürgerlichen Menschen in Europa einleitet. In der Mitte der Weltenwende führt die russische Revolution zur Diktatur des Proletariats. Der vierte Stand kann sich aber noch nicht organisch in das Volksmassiv eingliedern, sondern er kann sich nur rein mechanisch durch Blut und Eisen, durch Terror und Bann (Fußnote: Verbannung nach Sibirien) in der Herrschaft behaupten. So bleibt es Aufgabe des deutschen Volkes, in seiner großen Revolution am Ende der kosmischen Weltwende, in organischer Weise das Fundament zu einem neuen Menschentum zu legen, und damit zu einer biologisch-leiblichen, seelisch-völkischen und religiös-spirituellen" (spirituell = geistig) „Wiedergeburt des europäischen Menschen." (Seite 138/139)

Diese hier aufgeführte Aufgabe des deutschen Volkes besteht, mit anderen Worten ausgedrückt, in der Vermischung mit den anderen Völkern; damit hört natürlich das deutsche Volk zu bestehen auf. Nach dem vom Nationalsozialismus oft betonten Rassegedanken soll also nach den Angaben in diesem Buch das Gegenteil — die Auflösung der rassischen Bestandteile des deutschen Volkes — folgen. Walther Rathenau schrieb in seiner Schrift „Der Kaiser" (1919, S. Fischer Verlag, Berlin, Seite 58):

> „Trümmer hinter uns und Trümmer vor uns. ‚Wir sind ein Geschlecht des Übergangs, zum Düngen bestimmt, der Ernte nicht würdig', schrieb ich zu Beginn des Krieges."

Weiter heißt es in dem Buch „Adolf Hitler und die Kommenden":

> „In der Sprache Marx' zu sprechen, vollzieht sich also sehr langsam der Übergang aus der bürgerlich-westlerischen Zivilisation von Versailles, durch die geburtshelferischen Kräfte des russischen Proletariats, zu einer neuen menschlichen Gesellschafts- und Wirtschaftsform, unter Führung des preußisch-deutschen Menschen.
>
> Am Anfang des absteigenden Astes II in der kosmischen Weltenwende steht die ‚Heilige Allianz', als Endergebnis der französischen Revolution" (die Heilige Allianz war ein Bündnis zwischen den Fürstenhäusern von Rußland, Österreich-Ungarn und Preußen). „Einer der treuesten Hüter des Gedankens der heiligen Allianz war Kaiser Wilhelm I.; auch Bismarck versuchte in jeder Weise, die Fühlung mit Rußland aufrecht zu erhalten. Diese Rückendeckung durch Rußland löste dann in geradezu frivoler Weise Wilhelm II., trotz der dringenden Warnungen Bismarcks. Es ist gewissermaßen, als ob der stärkste Felsblock aus dem Bismarckschen Fundament durch Wilhelm II. herausgerissen wird. Dem zuerst langsam, später immer katastrophaler zusammenbrechenden und herabstürzenden Fundament hat Ludendorff die Bahn frei zu machen, aufzufangen hat es schließlich Hitler, — im bereits vorher aufgeworfenen Massen-Grabe, wie es der Maler Paul Weber schon gezeichnet hat.
>
> Nun erst beginnt die schwerste Aufgabe: das Hinaufwinden der herabgestürzten Felsblöcke. Auch die aus stolzer Höhe herabgestürzten Quadern des Bismarckschen Werkes müssen wieder auf die Höhe geschafft werden. Generationen haben in schwerer Notzeit daran zu arbeiten. So kann das Symbol des dritten Reiches nur die schwarze Fahne sein, als Ausdruck der Not, der Armut und der Vereinfachung der ganzen Lebenshaltung . . ." (Seite 139—141)

Über Hitlers Abstammung und Jugenderlebnisse schreibt Dr. Hans

Frank, der spätere Generalgouverneur von Polen, in seinem Buch „Im Angesicht des Galgens" folgendes:

„Wer war Hitler aber seinem Blute nach? Es gab zum Prozeß Hitlers 1924 ein Gutachten über ihn, das Professor Gruber aus München aufgestellt hatte. Darin waren viele Wahrheiten. Gruber urteilte im wesentlichen phrenologisch, schloß aus der eigenartigen fliehenden Stirn auf dessen Mangel an objektiver Denkkraft und zugleich angesichts seines starken Hinterkopfes auf dessen übersteigertes intellektuell-subjektives Wesen. Rassisch bezeichnete Gruber Hitler als typisch unnordisch, ostisch-slawisch. Dies war das Wesentliche, was in diesem Gutachten stand. Gruber hatte ja Hitler niemals spezialbehandelt, sondern seine Beurteilung aus Reden, denen Gruber beiwohnte, und bei denen er ihn von der ersten Reihe aus, in unmittelbarer Nähe also, beobachtete, gefolgert.

Eines Tages, etwa Ende 1930 muß es gewesen sein, wurde ich zu Hitler gerufen. Er war in seiner Wohnung am Prinzregententheater. Er sagte mir unter Vorlage eines Briefes, daß hier eine ‚ekelhafte Erpressergeschichte' eines seiner widerlichsten Verwandten vorliege, die seine, Hitlers, Abstammung betreffe. Wenn ich nicht irre, war es ein Sohn seines Stiefbruders Alois Hitler (aus der anderen Ehe von Hitlers Vater), der leise Andeutungen machte, daß sicher ‚im Zusammenhang mit gewissen Presseäußerungen ein Interesse daran bestünde, sehr gewisse Umstände unserer Familiengeschichte nicht an die große Glocke zu hängen'. Die Presseäußerungen, auf die hier angespielt wurde, lauteten dahin, daß ‚Hitler Judenblut in seinen Adern hätte, und er daher eine geringe Legitimation hätte, Antisemit zu sein'. Aber sie waren zu allgemein gehalten, um irgendwie Anlaß zu weiteren Schritten zu geben. Im Rahmen des Kampfgewoges ging das auch alles unter. Aber diese erpresserhaften Hinweise aus dem Verwandtenkreis waren doch irgendwie bedenklich. Und ich ging im Auftrag Hitlers der Sache vertraulich nach. Insgesamt habe ich zu alledem folgendes aus allen möglichen Quellen festgestellt: der Vater Hitlers war das uneheliche Kind einer in einem Grazer Haushalt angestellten Köchin namens Schickelgruber aus Leonding bei Linz. Er trug daher, entsprechend dem Gesetz, wonach das uneheliche Kind den Familiennamen der Mutter führt, bis etwa zu seinem vierzehnten Lebensjahr auch den Namen Schickelgruber. Als nun seine Mutter, also Adolf Hitlers Großmutter, heiratete, nämlich einen Herrn Hitler, wurde ihr uneheliches Kind, der Vater Adolf Hitlers, durch Rechtsakt per matrimonium subsequens als eheliches Kind der Ehe Hitler-Schickelgruber legitimiert. Insoweit ist alles klar und eigentlich durchaus nichts Ungewöhnliches. Aber das ganz über alle Maßen Merkwürdige an der Geschichte ist folgendes: diese Köchin Schickelgruber, Großmutter Adolf Hitlers, war in einem jüdischen Familienhaushalt mit Namen Frankenberger bedienstet, als sie ihr Kind gebar. Und dieser Frankenberger hat für seinen damals — die Sache spielt in den späten Dreißigerjahren des vorigen Jahrhunderts — etwa neunzehnjährigen Sohn, mit der Geburt beginnend, bis in das vierzehnte Lebensjahr dieses Kindes der Schickelgruber Alimente bezahlt. Es gab auch einen jahrelangen Briefwechsel zwischen diesen Frankenbergers und der Großmutter Hitlers, dessen Gesamttendenz die stillschweigende gemeinsame Kenntnis der Beteiligten war, daß das uneheliche Kind der Schickelgruber unter den Frankenberger alimentenpflichtig machenden Umständen gezeugt worden war. Dieser Briefwechsel befand sich jahrelang im Besitz einer über die Raubals mit Adolf Hitler verwandten Dame, die in Wetzelsdorf bei Graz lebte. Er war es vor allem, der manch minderwertiges Glied aus der weitverzweigten Verwandtschaft Hitlers zu scheußlichen Briefen, wie einer der oben von mir erwähnten, veranlaßte. Zu alledem möchte ich folgendes feststellen: Adolf Hitler selbst wußte, daß sein Vater nicht von dem geschlechtlichen Verkehr der Schickelgruber mit dem Grazer Juden herstammte. Er wußte es von seines Vaters und der Großmutter Erzählungen. Er wußte auch von den vorehelichen geschlechtlichen Beziehungen seiner Großmutter mit ihrem späteren Mann. Aber diese beiden waren arm. Der Jude zahlte die Alimente als höchst erwünschte jahrelange Zulage zum armseligen Haushalt. Man hatte ihn als den Zahlungsfähigen als Vater angegeben, und ohne Prozeß zahlte der Jude, weil er wohl einen prozessualen Austrag und die damit zusammenhängende Öffentlichkeit scheute. Diese gesamte Geschichte war zwar höchst peinlich. Aber wer konnte dem Enkel die Sünden seiner Großeltern aufbürden?! Daß Adolf Hitler bestimmt kein Judenblut in seinen Adern hatte, scheint mir aus seiner ganzen Art dermaßen eklatant erwiesen, daß es keines weiteren Wortes bedarf. Zudem ist dieser ‚Grazer Komplex' die einzige Quelle, aus der heraus überhaupt an einen Zusammenhang abstammungsmäßiger Art zwischen Hitler und dem Judentum gedacht werden könnte. Freilich gibt es hierzu nur eine — wenn schon überragend begründbare Meinung. Wer wollte alles dazu als Wissen der Wirklichkeit darstellen?! Ich muß also sagen, daß es nicht vollkommen ausgeschlossen ist, daß der Vater Hitlers demnach ein Halbjude war, aus der außerehelichen Beziehung der Schickelgruber zu dem Grazer Juden entsprungen. Demnach wäre dann Hitler selbst ein Vierteljude gewesen. Dann wäre sein Judenhaß mitbedingt gewesen aus blutempörter Verwandtenhaßpsychose. Wer mag das alles ausdeuten können!

Sehr beachtlich für Hitlers Wesensbeurteilung scheint mir aber der Umstand zu sein, daß sein Vater in starkem Maße der Trunksucht verfallen war. Er litt an manchmal zu peinlichsten Familienerlebnissen für den Knaben Adolf Hitler führender Hemmungslosigkeit dem Alkohol gegenüber. Wie oft mußte dieser Knabe Adolf seinen Vater abends in später Stunde aus dem Wirtshaus holen, wo dieser schon stundenlang dem Alkohol gefrönt hatte! Hitler selbst erzählte es mir, als wir damals, im Jahre 1930, über die ganzen Verwandtschaftsverhältnisse sprachen. ‚Da mußt' ich dann als zehn- bis zwölfjähriger Bub immer spät abends in diese stinkende, rauchige Kneipe gehen. Ich trat dann immer ohne jede Schonung auf, trat an den Tisch, wo mein Vater saß, und mich stier anschaute und rüttelte ihn. Dann sagte ich: „Vater, du mußt jetzt heim! Komm jetzt, wir müssen geh'n!" Und oft mußte ich gleich eine viertel- oder halbe Stunde stehen, betteln, schimpfen, bis ich ihn endlich so weit hatte. Dann stützte ich ihn und brachte ihn heim. Das war die gräßlichste Scham, die ich je empfunden habe. Oh, Frank, ich weiß, was für ein Teufel der Alkohol ist! Er war — über meinen Vater — eigentlich mein größter Feind in meiner Jugend.'

Ist es möglich, aus solcher Tatsache etwas für den Charakter Hitlers zu folgern? Ich weiß es nicht. Aber vielleicht sind viele Hemmungslosigkeiten gegenüber dem Grauen aus solchen Abstammungsmerkmalen zu erklären, die Hitler in sich trug.

Das alles genügt noch nicht zur Deutung. Hitler war Ende 1938 verpflichtet, sich seiner riesigen Verantwortung vor seinem Volke bewußt zu werden und nicht umgekehrt aus einer übersteigerten Selbstbesessenheit heraus dem selbstverherrlichenden Wahn zu verfallen, daß nun, da er fünfzig Jahre alt wurde, bald alles Entscheidende für das ‚endgültige Reich' zu geschehen hätte, denn sonst würde er zu alt und zu schwach werden. Dieser Wahn, ‚zu alt zu werden', war es, der an der rapid sich beschleunigenden Hybris" (Selbstüberhebung) „des ersten Halbjahres 1939 eine entscheidende

Schuld hat. Dazu kam der Umstand, daß jede Hybris des Helden vorher schon eine Hybris der Gefolgschaft erzeugt, ein ungeheuer wichtiger Gesichtspunkt für die Erkenntnis der Entwicklung. Nicht darin nämlich liegt die Verbindung der Gefolgschaft zu Hitler, daß dieser seine Männer etwa zu konkreten Plänen als Vertraute heranzog, sondern daß von diesen seinen Gefolgsleuten in geradezu einzigartiger Verblendung die generelle, grundsätzliche Bedeutung Hitlers in Reden, Proklamationen, Kundgebungen, Büchern und Artikeln als die Gesamtheit einer in einem einzigen Manne überhaupt nur denkbaren Gestaltungskraft auf allen Gebieten ins Maßloseste emporgesteigert wurde. Aber nicht nur dieses. Die Gefolgschaftshybris führte Gedanken und Pläne des Führers selbsttätig, in sich stets übernehmender Weise und dessen ursprüngliche Worte oder Grundsätze oder Aufträge verklärend-steigernd, weit über jene Grenzen hinausgehend, die Hitler sich selbst oft gezogen hatte. Es war also eine Hybris der übersteigerten Dienstwilligkeit. Himmler und Bormann zum Beispiel machten oft aus Tischbemerkungen des Führers, die dieser gelegentlich fallen ließ, ‚große konkrete Aufträge', oder holten sich dabei Vollmachten für ihr Handeln. Die Geschichte des ganzen späteren Dritten Reiches ist voll von solchen übersteigert vollzogenen Führervollmachten. Doch er selbst war dann in der Regel in seiner Angst, für ‚nicht radikal genug' angesehen werden zu können, zu schwach, diese Übertreibungen zurückzupfeifen. Es geschah trotzdem auch manchmal. Ein sehr eindrucksvolles Beispiel war jener ‚Bormann-Erlaß', der den Satz enthält: ‚Das Christentum ist mit dem Nationalsozialismus nicht vereinbar', und dessen sofortige Zurücknahme sogar unter Zurückfordern der bereits verschickten Erlaßexemplare von den Adressaten der Führer sogleich befohlen hatte, als er von diesem ohne seine Autorisierung hinausgegebenen Parteierlaß Kenntnis erlangt hatte.

Was sich an derartigen Übersteigerungen aber immer wieder zeigte, war eine generelle Hybris in Worten und Werken. Goebbels sagte 1940: ‚Hitler ist der größte Feldherr aller Zeiten.' ‚Hitler', so sagte Gauleiter Wagner in einer Rede in München, ‚ist der größte Künstler aller Zeiten', und der Führer saß dabei, hörte sich das an und schwieg. Ley sagte einmal: ‚Der Führer hat immer recht. Er ist ein Mensch, der sich als einziger auf der Erde und in der ganzen Geschichte der Menschheit niemals irrt.' ... Noch Legionen derartiger Äußerungen könnten als Belege der ‚Gefolgschaftshybris' angeführt werden." (Seite 319—323)

Der Prozeß von Nürnberg

Am Ende des zweiten Weltkrieges, am 6. und 9. 8. 1945, fiel je eine Atombombe auf die japanischen Städte Hiroshima und Nagasaki. Um diese Zeit wurde von den Alliierten die Bildung des Nürnberger Gerichtshofes beschlossen. In dem Buch „Das Urteil von Nürnberg", München 1946, heißt es:

„Am 8. August 1945 haben die Regierung des Vereinigten Königreiches von Großbritannien und Nordirland, die Regierung der Vereinigten Staaten von Amerika, die Provisorische Regierung der Französischen Republik und die Regierung der Union der Sozialistischen Sowjetrepubliken ein Abkommen getroffen, wonach dieser Gerichtshof zwecks Aburteilung von solchen Kriegsverbrechern gebildet wurde, für deren Verbrechen ein geographisch bestimmter Tatort nicht vorhanden ist. Gemäß Artikel 5 haben die nachfolgend angeführten Regierungen der Vereinigten Nationen ihren Beitritt zu dem Abkommen erklärt:

Griechenland, Dänemark, Jugoslawien, die Niederlande, die Tschechoslowakei, Polen, Belgien, Abessinien, Australien, Honduras, Norwegen, Panama, Luxemburg, Haiti, Neuseeland, Indien, Venezuela, Uruguay und Paraguay.

Durch das dem Abkommen angefügte Statut sind die Zusammensetzung, die Zuständigkeit und das Verfahren des Gerichtshofes geregelt worden. Dem Gerichtshof ist die Vollmacht verliehen worden, alle Personen abzuurteilen, die Verbrechen gegen den Frieden, Kriegsverbrechen und Verbrechen gegen die Menschlichkeit nach den im Statut festgelegten Begriffsbestimmungen begangen haben." (Seite 11)

Weiter heißt es im Artikel 6 des Statuts:

„... Die folgenden Handlungen (oder jede einzelne von ihnen) stellen Verbrechen dar, die unter die Zuständigkeit des Gerichtshofes fallen und für die persönliche Verantwortung besteht:

a) Verbrechen gegen den Frieden: nämlich Planung, Vorbereitung, Einleitung oder Führung eines Angriffskrieges oder eines Krieges unter Verletzung internationaler Verträge, Vereinbarungen oder Zusicherungen, oder Teilnahme an einem gemeinsamen Plan oder einer gemeinsamen Verschwörung zur Ausführung einer der vorgenannten Handlungen;

b) Kriegsverbrechen: nämlich Verletzungen des Kriegsrechts und der Kriegsbräuche. Solche Verletzungen umfassen, ohne jedoch darauf beschränkt zu sein, Ermordung, Mißhandlung oder Verschleppung der entweder aus einem besetzten Gebiet stammenden oder dort befindlichen Zivilbevölkerung zur Zwangsarbeit oder zu irgendeinem anderen Zwecke, Ermordung oder Mißhandlung von Kriegsgefangenen oder Personen auf hoher See, Tötung von Geiseln, Raub öffentlichen oder privaten Eigentums, mutwillige Zerstörung von Städten, Märkten und Dörfern oder jede durch militärische Notwendigkeit nicht gerechtfertigte Verwüstung;

c) Verbrechen gegen die Menschlichkeit: nämlich Ermordung, Ausrottung, Versklavung, Verschleppung oder andere an der Zivilbevölkerung vor Beginn oder während des Krieges begangene unmenschliche Handlungen; oder Verfolgung aus politischen, rassischen oder religiösen Gründen in Ausführung eines Verbrechens oder in Verbindung mit einem Verbrechen, für das der Gerichtshof zuständig ist, unabhängig davon, ob die Handlung gegen das Recht des Landes, in dem sie begangen wurde, verstieß oder nicht.

Anführer, Organisatoren, Anstifter und Helfershelfer, die an der Fassung oder Ausführung eines gemeinsamen Planes oder einer gemeinsamen Verschwörung zur Begehung eines der vorgenannten Verbrechen teilgenommen haben, sind für alle Handlungen verantwortlich, die von irgendwelchen Personen in Ausführung eines solchen Planes begangen worden sind." (Seite 13/14)

Der Engländer Captain Russell Grenfell schreibt über dieses zeitliche Zusammentreffen des Atombombenwurfes und des Entschlusses zum Nürnberger Prozeß in seinem Buch „Bedingungsloser Haß?" auf Seite 246 folgendes:

„Sie" (die Deutschen) „betrachten die ganze Serie der Nürnberger Prozesse als epochemachende Beispiele von Heuchelei, und genau das waren sie ja auch. Um dies einwandfrei zu beweisen, braucht man gar nicht nach weiterem Material zu suchen: es genügt anzuführen, daß die Amerikaner mit englischer Zustimmung 80 000 ahnungslose Japaner, Männer, Frauen und Kinder in Hiroshima (und noch mehr in Nagasaki) durch die fürchterliche neue Waffe der Atombombe vernichteten und unmittelbar danach mit majestätischer Selbstgerechtigkeit hingingen, um den führenden Deutschen wegen ‚Verbrechen gegen die Menschlichkeit' den Prozeß zu machen. Es wäre kaum überraschend, wenn die Deutschen uns allein aus diesem Grunde für moralische Schwindler von Olympiadeformat halten würden."

Am 20. 11. 1945 begann in Nürnberg, der Stadt der Reichsparteitage in der Zeit des Dritten Reiches, der Prozeß vor dem Internationalen Militärgerichtshof gegen hohe militärische und politische Führer des im zweiten Weltkrieg wieder besiegten deutschen Volkes. Durch diesen Prozeß sollte ein neues Recht für die Zukunft geschaffen werden.

Bereits nach dem ersten Weltkrieg hatten die Alliierten die Auslieferung von 900 Deutschen in den Artikeln 227—230 des Versailler Friedensvertrages gefordert, um diese vor ihre Militärgerichte zu stellen. Da aber der Deutsche Reichstag bereits vor der Unterzeichnung des Versailler Vertrages in seiner Sitzung am 22. 6. 1919 die Auslieferung von Deutschen einstimmig abgelehnt hatte, verzichteten die Alliierten auf diese Forderung und gaben sich mit einer Untersuchung durch das Reichsgericht in Leipzig zufrieden.

In diesem Nürnberger Prozeß wurden die Anklagevertreter und die Richter von den Siegerstaaten gestellt.

Angeklagt waren:

Reichsmarschall Hermann Göring,
Rudolf Heß, Stellvertreter des Führers Adolf Hitler,
Joachim von Ribbentrop, Reichsaußenminister,
Wilhelm Keitel, Chef des Oberkommandos der Wehrmacht,
Ernst Kaltenbrunner, Chef des Reichssicherheitshauptamtes,
Alfred Rosenberg, Reichsminister für die besetzten Ostgebiete,
Hans Frank, Generalgouverneur der besetzten polnischen Gebiete,
Wilhelm Frick, Reichsinnenminister,
Julius Streicher, Gauleiter von Franken,
Walter Funk, Wirtschaftsminister,
Hjalmar Schacht, zeitweise Reichsbankpräsident und Wirtschaftsminister,
Karl Dönitz, seit 30. 1. 1943 Oberbefehlshaber der Kriegsmarine und als Nachfolger Hitlers Staatsoberhaupt,
Erich Raeder, Oberbefehlshaber der Kriegsmarine bis 30. 1. 1943,
Baldur von Schirach, Reichsjugendführer und dann Gauleiter von Wien,
Alfred Jodl, Chef des Wehrmachtführungsstabes,
Fritz Saukel, Generalbevollmächtigter für den Arbeitseinsatz,
Franz von Papen, Vizekanzler, später Botschafter in der Türkei,
Arthur Seiß-Inquart, Reichsstatthalter für die besetzten Niederlande,

Albert Speer, Reichsminister für Bewaffnung und Munition,
Konstantin von Neurath, Reichsaußenminister und später vom 18. 3. 1939 bis 27. 9. 1941 Reichsprotektor von Böhmen und Mähren,
Hans Fritsche, Leiter der Rundfunkabteilung des Propagandaministeriums und Generalbevollmächtigter für die politische Organisation des Großdeutschen Rundfunks,
Martin Bormann, Leiter der Parteikanzlei und Sekretär des Führers.

Außer diesen Personen waren in Nürnberg noch folgende Organisationen angeklagt:

Die Reichsregierung,
das Korps der Politischen Leiter der NSDAP,
die Schutzstaffeln der NSDAP (SS),
der Sicherheitsdienst (SD),
die Geheime Staatspolizei (Gestapo),
die Sturmabteilungen der NSDAP (SA),
der Generalstab und das Oberkommando der deutschen Wehrmacht.

Die Nürnberger Gesetze hatten rückwirkende Kraft. Der französische Professor Maurice Bardèche stellt hierzu u. a. fest:

„... So erfuhr man zum ersten Male durch dieses am 8. August 1945 veröffentlichte Statut, daß gewisse Handlungen, die bis dahin in völkerrechtlichen Gesetzestexten nicht erwähnt worden waren, als verbrecherisch anzusehen seien, und man erfuhr zugleich, daß die Angeklagten für solche Handlungen voll verantwortlich seien, obwohl nirgends auf der Welt vorher gesagt worden war, daß es sich dabei um Verbrechen handele. Man erfuhr außerdem, daß die Straffreiheit, die seit je dem Untergebenen bei Ausführung eines rechtswidrigen Befehls zugebilligt wurde, von jetzt an nicht mehr berücksichtigt werden würde. Ja, man mußte vernehmen, daß das Gericht zu der Erklärung ermächtigt sei, diese oder jene vor seine Schranken zitierte Organisation stelle keine politische Vereinigung dar, sondern sei eine Zusammenrottung von Übeltätern zum Zwecke der Verübung von Verbrechen und somit seien alle ihre Mitglieder als Verschwörer oder Verbrecher zu betrachten."

(„Nürnberg oder das gelobte Land", S. 17/18)

Der Vorsitzende bei dem Nürnberger Prozeß, Lord-Justice Lawrence, der jetzige Lord Oaksey, sagte in seiner Rede vor dem britischen Oberhaus in der Debatte über die Abschaffung der Todesstrafe am 27. 4. 1948 über die Nürnberger Prozesse:

„Wir haben uns lediglich, als Nation, mit anderen Nationen zusammengetan und unsere Feinde in Deutschland vom Leben zum Tode befördert."

(Veale: „Der Barbarei entgegen", Seite 219)

In seiner Rede in Paris am 9. Juni 1948 sagte der britische Feldmarschall Montgomery:

„Die Nürnberger Prozesse haben einen verlorenen Krieg zum Verbrechen gestempelt: die Generale der besiegten Seite werden erst vor Gericht gestellt und dann an den Galgen gebracht."

(Veale: „Der Barbarei entgegen", S. 219)

Der sowjetische Richter in Nürnberg, General Nikitschenko, sagte bei einer Zusammenkunft zur Vorbereitung des Verfahrens am 29. 6. 1945:

„Wir haben es hier mit den Hauptkriegsverbrechern zu tun, die bereits schuldig gesprochen sind und deren Verurteilung schon bei den beiden Konferenzen in Moskau und Jalta durch die Regierungschefs verkündet wurde."

Bei einer späteren Zusammenkunft am 19. 7. 1945 erklärte General Nikitschenko:

„Die Tatsache, daß die Naziführer Verbrecher sind, ist bereits festgestellt worden. Die Aufgabe des Gerichts besteht nur darin, das Maß an Schuld jedes einzelnen festzustellen und die notwendige Strafe zuzumessen."

Weiter gab General Nikitschenko folgende Auffassung seiner Pflicht als Richter in einem Prozeß an:

„Es ist wohl beschlossen worden, daß die Gefangenen einem Prozeß vor einem Gericht unterzogen werden sollen, aber der Zweck dieses Verfahrens ist auf jeden Fall die Bestrafung der Verbrecher. Die Rolle des Anklägers sollte mehr die Rolle eines Helfers des Gerichtshofes sein: es kann keine Rede davon sein, daß der Richter den Charakter einer unparteiischen Person trägt."

(F. J. P. Veale: „Verschleierte Kriegsverbrechen", Seite 244)

Der hohe amerikanische Richter Wennerstrum vom obersten Gerichtshof des Staates Iowa, der zum Richter am Internationalen Gerichtshof in Nürnberg ernannt worden war, verließ seinen Posten nach einigen Monaten mit folgender Erklärung:

„Wenn ich vor sieben Monaten gewußt hätte, was ich heute weiß, wäre ich nie hierher gekommen. Es ist klar, daß in keinem Kriege der Sieger der bessere Richter über Kriegsverbrechen sein kann. Allen ihren Anstrengungen zum Trotz ist es unmöglich, die Angeklagten, ihre Verteidiger und ihre Mitbürger zu überzeugen, daß das Gericht mehr die gesamte Menschheit zu verkörpern sucht, als das Land, von dem seine Mitglieder ernannt wurden."

(„Nürnberg oder die Falschmünzer", Seite 36)

Lord Hankey, der während der beiden ersten Kriegsjahre Minister der Krone im Kabinett Churchill war — er gab diese Stellung auf, als er mit der Politik der „bedingungslosen Kapitulation" Deutschlands nicht einverstanden war —, brachte u. a. vor dem Oberhaus folgendes vor (siehe sein Buch: „Politics, Trials and Errors" (Politik, Gerichte und Irrtümer)):

„Im Gegensatz zu dem, was man allgemein glaubt, ist die geschichtliche Darstellung der Tatsachen, auf welcher der Urteilsspruch und die Erwägungen des Nürnberger Gerichts beruhen, nicht der Wahrheit entsprechend (is no accurate).

Man hat uns alles herausgegeben, was Hitler, Dönitz, Keitel, Jodl, Raeder, Rosenberg usw. belastete, aber es wurde kein Schimmer von dem durchgelassen, was zu derselben Zeit das britische Kriegskabinett, Mr. Churchill und die Admiralität zusammenbrauten."

(„Nürnberg oder die Falschmünzer", Seite 40)

Der hohe indische Richter Radhabinode Pal vom obersten Gerichtshof in Kalkutta, der Indien beim Gerichtshof in Tokio (dem Parallelprozeß in Japan) vertrat und auf die Ausübung seines Amtes verzichtete, sagte folgendes:

„Ein sogenannter Prozeß, der auf Anklagepunkten beruht, die von den Siegern heute als rechtskräftig bestimmt werden, löscht Jahrhunderte der Kultur aus, die uns von der summarischen Hinrichtung der Unterlegenen trennen. Ein Prozeß, der auf einer solchen Rechtsauslegung basiert, ist nichts weiter, als der entehrende Gebrauch gesetzlicher Formen zur Befriedigung eines Rachedurstes. Er entspricht keinerlei Vorstellung von Gerechtigkeit ... Würde man zugeben, daß es dem Sieger zusteht, zu bestimmen, was ein Verbrechen ist und es nach seinem Belieben zu bestrafen, so hieße dies, in jene Zeiten zurückzukehren, in denen es ihm erlaubt war, das von ihm besiegte Land mit Feuer und Blut zu überziehen, alles in ihm Vorhandene zu rauben und alle seine Einwohner zu töten oder in die Sklaverei zu führen."

(„Nürnberg oder die Falschmünzer", Seite 36/37)

In Portugal veröffentlichte Professor Joao das Regras im Februar 1947 in Lissabon unter dem Titel „Un Nuovo Direito International,

Nuremberg" (Nürnberg, ein neues Völkerrecht) eine Studie des Nürnberger Prozesses. Es heißt hier u. a.:

„Weil es den Anklägern nicht möglich war, das historische Phänomen Hitler ‚in Person' zu verurteilen, haben sie den Versuch unternommen, das wundervolle Bauwerk seines politischen und geistigen Werkes mittels einer Formel von fünf Anklagepunkten einzureißen... Der Prozeß gegen die Kriegsverbrecher ist nicht ein Beispiel des Rechts der freien demokratischen Verteidigung, sondern ganz im Gegenteil eine Kette von Rechtsbrüchen und der Verteidigung auferlegten systematischen Behinderungen, die in der Rechtsgeschichte ohne Beispiel dastehen..."
(„Nürnberg oder die Falschmünzer", Seite 60)

Der französische Professor Maurice Bardèche schreibt in dem Buch „Nürnberg oder das gelobte Land", Seite 19 ff. u. a.:

„Der Schein des Rechtmäßigen wurde peinlichst gewahrt. Die Verteidigung hatte wenig Rechte, aber diese wurden respektiert. Einige hitzige Gehilfen der Staatsanwaltschaft wurden zur Ordnung gerufen, als sie voreilig sich herausnahmen, die Schriftstücke, die sie vorlegten, in ihrem Wert zu beurteilen. Das Gericht unterbrach den Vortrag des französischen Staatsanwaltes wegen seines unehrenhaften und konfusen Inhalts und verweigerte ihm den weiteren Vortrag. Mehrere Angeklagte wurden freigesprochen. So waren denn die Formen vollendet. Niemals wurde zweifelhafteres Recht in vornehmerem Rahmen gesprochen.

Diese ganze moderne Maschinerie ließ, wie man inzwischen weiß, ja nur die Rechtsprechung gewisser Negerstämme wieder aufleben. Der siegreiche König setzt sich auf seinen Thron und läßt die Zauberer kommen. In Gegenwart der Krieger, die mit verschränkten Beinen im Kreise herumsitzen, werden die besiegten Häuptlinge erwürgt. Langsam ahnen wir, daß alles übrige nur Komödie ist... Man hängt die Besiegten, weil sie besiegt worden sind ... Doch diesem Gerichtshof gelang es, sich zu einer Versammlung von Negern im Stehkragen zu machen. Das ist auch das Programm unserer künftigen Zivilisation. Es ist eine Maskerade, ein Alpdruck: Sie sind gekleidet wie Richter, sie tragen ernste Mienen zur Schau, anstelle von Perücken tragen sie Kopfhörer, Köpfe haben sie wie Patriarchen, mit sanfter Stimme lesen sie Papiere herunter, vier Sprachen auf einmal. Und in Wirklichkeit sind sie nur Negerkönige mit Negerjustiz...

Aber im übrigen sind der innere und äußere Anblick dieser Justizkomödie gar nicht das, was uns interessiert. . . . Es interessiert daher im Grunde genommen wenig, daß der Gerichtshof von Nürnberg ziemlich summarisch Recht sprach. Viel wichtiger und mit viel mehr Nachdruck werfen wir Nürnberg vor, daß es sich mit einer solchen summarischen Rechtsprechung nicht begnügte, daß seine Fürsten sich vielmehr anmaßten, wirkliche Richter zu sein. Und das streiten wir ab! Wir greifen damit das an, was ihre Parteigänger an ihnen zu verteidigen suchen. Wir werden überprüfen, was sie berechtigt, sich Richter zu nennen. . ."

Der Chefredakteur Paul Sauriol, der größten, in französischer Sprache erscheinenden Zeitung „Le Devoir" in Montreal (Kanada) schreibt u. a.:

„Die Historiker beurteilen diesen großen Prozeß, der so furchtbare Präzedenzfälle für das Völkerrecht schafft, mit Erstaunen. Vermöge des Nürnberger Urteils ist es selbstverständlich, daß die Sieger das Recht haben, die Besiegten zu richten und sie kraft rückwirkender ‚Gesetze', die erst nach ihrer Niederlage verkündet werden, zu verurteilen; die Sieger können sich zugleich als Ankläger und Richter einsetzen; sie allein können auch die Handlungen der Besiegten richten, ohne überhaupt auf analoge, von den Siegern begangene Handlungen einzugehen; schließlich wird also die Tatsache, einen Angriffskrieg vorbereitet zu haben, ein Verbrechen sein . . . für die Besiegten, denn die Sieger werden bestimmen, von welcher Seite der Angriff ausgegangen ist." (Leitartikel vom 12. April 1948 zur Veröffentlichung des Nürnberger Prozesses.) („Nürnberg oder die Faschmünzer", Seite 28)

Über den Vorwurf der Entfesselung von Angriffskriegen durch Deutschland schreibt der französische Professor Maurice Bardèche u. a.:

„Es gibt keine nackten Tatsachen. Es gibt kein Dokument ohne nähere Umstände. Diese Umstände systematisch leugnen, heißt, die Wahrheit entstellen. Aber unsere Lügen werden nicht von Dauer sein. Morgen wird das deutsche Volk seinerseits seine Stimme erheben und wir wissen, daß die Welt dann gezwungen sein wird, sie anzuhören. Es wird uns sagen, daß Hitler allerdings Polen angegriffen hat. Einige Männer haben mit Sehnsucht darauf gewartet. Sie erwarteten diesen Angriff, sie wünschten ihn und beteten dafür. Diese Männer hießen Mandel, Churchill, Hore Belisha" (Fußnote: „Großbritanniens jüdischer Kriegsminister im Kabinett Chamberlain. Er war später einer der Verfechter der Anwendung von Bombenteppichen auf deutsche Städte"), „Paul Reynaud. Die jüdisch-reaktionäre Allianz wollte ‚ihren' Krieg. Er war für sie

ein heiliger Krieg. Sie wußten, daß nur ein richtiger Überfall ihnen die Möglichkeit geben würde, die öffentliche Meinung mitzureißen. Die deutschen Archivare werden kaum Mühe haben, uns zu beweisen, daß jene Herren kaltblütig die Bedingungen für diesen Überfall zurechtbauten. Wehe ihnen, wenn man beginnt, die Geschichte dieses Krieges zu schreiben! Von dem Augenblick an werden die näheren Umstände zu den örtlichen Überfällen klar werden. Das Schweigen der Alliierten wird diese dann selbst anklagen. Man wird sehen, daß sie manches verschwiegen, daß ihre Ränke und Manöver jene Interventionen" (Einmischung in die Angelegenheiten eines fremden Staates) „erst notwendig machten. Ihre Heuchelei wird dann im rechten Licht erscheinen..."
(„Nürnberg oder das gelobte Land", Seite 44/45)

Fast sämtliche erbeuteten deutschen Dokumente der Kriegs- und Vorkriegszeit befinden sich noch in den Händen der Alliierten des zweiten Weltkrieges.

Professor Dr. Brandt, der in einem der sogenannten Nürnberger Nachfolgeprozesse zum Tode verurteilt und in Landsberg 1948 hingerichtet wurde, sagte folgende letzten Worte am Galgen:

„Ich stelle fest, daß dieses eben verlesene Urteil eines amerikanischen Militärtribunals der formelle Ausdruck eines politischen Racheaktes ist. Dieses sogenannte Urteil dient — abgesehen von der bestrittenen Zuständigkeit — nicht der Wahrheitsfindung und nicht dem Recht. Man verstehe die Rabulistik" (Rechtsverdreherei), „welche General D. Clay durch diesen Akt deckt, wenn der Ankläger des Nürnberger Prozesses feststellt, das Verfahren habe zwar gezeigt, daß Karl Brandt von den und den Versuchen nichts gewußt habe; da er es aber hätte wissen müssen, werde er nachträglich zum Mittäter. Wie kann überhaupt die Nation, welche die Spitze in der Durchführung von Humanversuchen" (Versuche an Menschen) „in jeder nur erdenklichen Form hält, wie kann es diese Nation wagen, andere, welche höchstens die vorgemachten Versuchsanordnungen nachmachen konnten, deswegen anklagen und verurteilen?

Und gar Euthanasie!" (Euthanasie = leichtes Sterben, Sterbeerleichterung durch Medikamente) „Man schaue heute auf Deutschland und seine ausgeklügelte, hingehaltene Not! Da ist es freilich nicht verwunderlich, wenn die Nation, welche vor der Menschheit ewig das Kainszeichen von Hiroshima und Nagasaki tragen wird, wenn diese Nation versucht, sich hinter moralischen Superlativen zu vernebeln. Es diktiert die Macht. Und diese Macht will Opfer.

Wir sind solche Opfer! Ich bin solches Opfer! Aber eben auch darum ist es keine Schande, auf diesem Schafott zu stehen: Ich diene hier bereit und mit ganzem Einsatz meinem Vaterland! Durch Kameraden vor mir ist es schon so geworden: Der Galgen von Landsberg ist das Symbol innerer Verpflichtung aller Aufrechten!

Ich bedauere als Offizier, daß Angehörige der amerikanischen Armee sich dazu hergeben, Handlanger für Heuchelei und politischen Mord zu sein, und daß sie den Schild ihres Soldatentums weiterhin beflecken. Ich kann sie darum nicht hassen. Henker und ihre Mittler sind mir weder Partner noch Gegner. Ich habe für sie nur Verachtung, tiefste Verachtung. Mein Herz ist frei! Ich gedenke meiner Freunde. Ich gedenke meiner Mitarbeiter im weitesten Sinne. Sie haben in dem furchtbaren Kriege ihre Pflicht phrasenlos erfüllt.

Ich gedenke meiner armen, mir heiligen, Heimat meines Volkes, seiner Jugend, die strebend sich bemüht und sucht, sich und das Ewige. In ihm fühle ich mich wohl und geborgen. Und ich habe in dieser für mich feierlichen Stunde dem Leben zu danken, daß es mich als ganzen Menschen nahm. Ich habe seine Schmerzen ertragen, und es hat mir seine Freuden nicht vorenthalten. Ich habe das Schöne erlebt, wenn mir auch das Niedrige nicht erspart blieb. Der Begrenzung bin ich begegnet, und ich durfte dennoch das Unendliche ahnen in Ehrfurcht und in heiterer Andacht. Mein Dank für das schwere Glück eines Daseins ist mein Bekenntnis zum Leben! Ich wollte ihm dienen mit meinem ganzen Wesen. Ihm wollte ich Helfer sein! Aber immer habe ich mich geplagt und gesorgt und immer habe ich auch gekämpft für meine Überzeugung und um meines Gewissens willen: aufrecht, aufrichtig und mit offenem Visier.

So sehe ich es und so wollte ich das Leben. So habe ich gelebt! Nein! So lebe ich!

Meine alten Eltern und mein tapferer Sohn brauchen sich meiner nicht zu schämen. Ich bin ihnen nahe und in unerschütterbarer Zuversicht verbunden. In Liebe ist mit mir meine Frau. Ich bin bereit!"

(„Deutsche Wochenzeitung" vom 5. 5. 1962, Seite 3)

Der jüdische Schriftsteller J. G. Burg schreibt in seinem Buch „Schuld und Schicksal" u. a.:

„Man hatte nun in Nürnberg die Henker verurteilt. Und was war mit den Heuchlern, die den Henkern Zutreiberdienste geleistet und sie teilweise so lange provoziert hatten, bis der Massenmord geschah? Sie gingen frei aus! Sie schlugen nicht einmal die Augen nieder, als sie jene Naziführer zum Tode verurteilten, wie zum Beispiel Göring oder Ribbentrop, die doch von Anfang an bereit waren, die Juden lebend aus dem Chaos zu entlassen. Eine Bereitschaft, die nicht zuletzt an alliierten und zionistischen Widerständen scheiterte.

Der Krieg war nun endgültig vorbei, die Rache hatte ihr Opfer genossen. . ." (Seite 115)

Am 30. 9. und 1. 10. 1946 wurde das Urteil im Nürnberger Prozeß verkündet. Zum Tode verurteilt wurden:

Göring, von Ribbentrop, Keitel, Kaltenbrunner, Rosenberg, Frick, Frank, Streicher, Sauckel, Jodl, Seiß-Inquart, Bormann (in Abwesenheit).

Drei Angeklagte (Schacht, von Papen, Fritsche) wurden freigesprochen, die übrigen zu Freiheitsstrafen verurteilt.

Am 16. 10. 1946, zwischen 01.00 Uhr und 03.00 Uhr, fand die Hinrichtung der zum Tode durch den Strang Verurteilten in Nürnberg statt; Reichsmarschall Göring entzog sich der Hinrichtung durch Selbstmord mit Hilfe einer Blausäurekapsel.

Die „Münchner Illustrierte", Nr. 38, vom 20. 9. 1958 schreibt über die Hinrichtung und die Vorgänge nach der Hinrichtung u. a. folgendes:

„Dreizehn hölzerne Stufen führen zu den Plattformen hinauf, über denen die Galgen aufragen...

Um 1 Uhr 01 wird Ribbentrop in die Turnhalle geführt. Alles soll schnell gehen. Die Gehilfen des Henkers binden Ribbentrops Hände...

Die Leichen wurden auf Umwegen nach München gebracht und noch am gleichen Tag im Krematorium des Ostfriedhofs eingeäschert. Die amerikanische Militärregierung hatte selbst die Leitung des Krematoriums übernommen, alle deutschen Angestellten wurden auf Lebenszeit durch Eid zum Schweigen verpflichtet.

Die amtliche Verlautbarung besagt in dürren Worten, die Asche der Hingerichteten sei ‚in einen Fluß irgendwo in Deutschland' gestreut worden, an einer Stelle, die für alle Zeiten geheim bleiben werde, ‚um zu verhindern, daß irgendwann einmal ein Schrein an dieser Stelle errichtet werden könnte.'

Heute kennt man den Fluß — die Isar — und kennt man die Stelle. Aber einen Schrein? Über ein Jahrzehnt ist vergangen, und die Dinge sind in unbegreiflicher Ferne versunken. . ."

Die Hinrichtung des ehemaligen SS-Obersturmbannführers Adolf Eichmann, der vom israelischen Geheimdienst im Mai 1960 aus Argentinien entführt und von einem israelischen Gericht in einem mehrmonatigen Prozeß zum Tode verurteilt worden war, wurde am 31. 5. 1962 auf ähnliche Weise wie die Hinrichtung der in Nürnberg zum Tode verurteilten Führer des Dritten Reiches vollzogen. Die „Stuttgarter Nachrichten" vom 2. 6. 1962 berichten darüber u. a. folgendes:

„Am Donnerstag, zwei Minuten vor Mitternacht, sühnte der 57jährige Eichmann seine Mitwirkung an der Ermordung von sechs Millionen jüdischer Menschen mit dem Tod am Galgen. Sein Leichnam wurde wenige Stunden später an Bord eines Polizeischiffes eingeäschert und die Asche auf See in alle Winde verstreut."

Der englische Journalist Douglas Reed schreibt über die Hinrichtung in Nürnberg in seinem Buch „From Smoke to Smother" (Deutsche Ausgabe: „Der große Plan der Anonymen") u. a.:

„Wem gehörte nun eigentlich die Rache in Nürnberg? Etwas anderes geschah dort, worüber die Welt völlig in Unkenntnis gelassen wurde...

Aber was für mich das bedeutungsvollste Ereignis in Nürnberg, wo die ganze Weltpresse versammelt war, zu sein schien — das fand keine Erwähnung in der Massen-Weltpresse. Die Tage der Verurteilung und der Hinrichtung waren jüdische Feiertage! Rosch Hoschanni, das jüdische Neujahr und der Tag der Buße, fiel auf den 26. September 1946; Yom Kippur, der Tag der Sühne, auf den 5. Oktober; Hoschanna Rabba (da der jüdische Gott nach einer Pause, während der er seinen Urteilsspruch über jedes einzelne menschliche Wesen erwogen hat und Sünder immer noch begnadigen konnte, sein endgültiges Urteil bekannt gibt) auf den 16. Oktober.

Die Urteile in Nürnberg wurden am 30. September und 1. Oktober verkündet (zwischen dem jüdischen Neujahr und dem Tag der Sühne). Die Hinrichtungen wurden gleich nach Mitternacht in den Morgenstunden des 16. Oktobers, am Tage Hoschanna Rabba, vollzogen. Für das Judentum in der ganzen Welt lag eine unmißverständliche Bedeutung in der Wahl dieser Tage. Den Nicht-Juden in der ganzen Welt bedeuteten sie nicht mehr als andere Tage.

Der Prozeß und die Hinrichtungen fanden in der amerikanischen Zone statt. Mir will scheinen, daß diese symbolischen Daten mit Absicht gewählt worden sind, und daß diejenigen, die sie auswählten, Stellungen bekleideten, die ihnen erlaubten, die amerikanischen Behörden ihren Wünschen willfährig zu machen...

Die Wahl dieser Tage kann schwerlich zufällig erfolgt sein, und auf diese Weise erhielten die Hinrichtungen den Charakter einer Stammesrache nach dem Gesetz des Alten Testaments...

Der lange Schatten von Nürnberg und von den Mächten, die hinter dem Prozeß standen, reicht bis weit in die Zukunft. Wer so mächtig ist, derartige Dinge zustande zu bringen, wie es ihm gerade paßt, wird seine Anstrengungen natürlich nicht auf Deutschland beschränken." (Seite 134—137)

Der Völkermord in der Tschechoslowakei

Erich Kern schreibt in dem Buch „Das andere Lidice" über den Massenmord an Deutschen durch die tschechische Bevölkerung auf Seite 78/79 folgendes:

„Hunderttausende wurden unter unvorstellbaren Qualen und Folterungen ermordet.

Zehntausende Frauen wurden gräßlich mißhandelt und mißbraucht. Tausende Greise beiderlei Geschlechts, Tausende unmündiger Kinder, Tausende Kranker, Krüppel, Kriegs- und Arbeitsversehrter wurden planmäßig vernichtet. Die internationale Pressekorrespondenz ED-Frankfurt berichtet am 7. November 1949 von einer Erklärung des Vorsitzenden der Sudetendeutschen Landsmannschaft, wonach in den Jahren 1945 bis 1949 800 000 Sudetendeutsche von den Tschechen erschossen, erhenkt oder auf sonstige Weise umgebracht wurden. All diese Verbrechen wurden nicht nur an kleinen und kleinsten Trägern des zusammengebrochenen Systems und deren Angehörigen begangen; selbst in diesem Falle wären diese Verbrechen noch immer Verbrechen geblieben.

Diese Ermordungen, Beraubungen, Vergewaltigungen, kurz, alle diese Vergehen gegen die Menschlichkeit wurden in der C.S.R begangen an jedermann, der das Unglück hatte, von einer deutschen Mutter geboren worden zu sein. Zwischen Nationalsozialisten und Sozialdemokraten, zwischen Katholiken, Gottgläubigen und Protestanten, ja selbst Kommunisten, Männern, Frauen und Kindern wurde keinerlei Unterschied gemacht....

Obgleich jede Gewaltanwendung gegen den Besiegten prinzipiell verwerflich ist, ganz gleich von wem, wo und zu welcher Zeit sie geschieht, könnte man vielleicht noch verstehen, wenn in Revolutionszeiten die Träger eines gestürzten Systems unter die Räder kommen. Aber auch in diesem Falle wäre es eine Frage des Charakters eines Volkes, wie es sich in den Tagen einer solchen Rache benimmt und inwieweit überhaupt eine moralische Berechtigung zur Rache vorhanden ist.

In der C.S.R. hat man nicht nur die Träger eines politischen Systems erschlagen, beraubt und gemartert, sondern hier wurde ohne Unterschied der politischen und konfessionellen Richtung gejagt, gemordet, vergewaltigt und geplündert."

Ein ungarischer Halbjude, Sandor Kovac, der kurz vor Kriegsschluß im KZ war und bei seinem Heimmarsch nach Budapest durch Prag kam, gab zu Protokoll:

„Im Hitlerischen KZ sah ich Sachen, die ich nie für möglich gehalten hätte, daß sie von Menschen anderen Menschen angetan würden. Als ich aber im Mai 1945 auf dem Rückmarsch in meine Heimat in Prag von dem Ausbruch des tschechischen Wahnsinns überrascht wurde, erlebte ich ein Inferno menschlicher Armseligkeit und moralischer Tiefe, gegen das meine KZ-Zeit fast eine Erholung gewesen war. Frauen und Kinder wurden bei lebendigem Leib mit Petroleum übergossen und angezündet, Männer unter unvorstellbaren Qualen ermordet. Dabei mußte ich einwandfrei feststellen, daß sich die gesamte Bevölkerung an diesen Verbrechen beteiligte, nicht nur der übliche Mob. Ich sah hochelegante junge Tschechinnen, die vielleicht noch vor kurzem mit den deutschen Offizieren geflirtet hatten, und die nun mit Revolver und Hundepeitschen durch die Straßen liefen und Menschen quälten und mordeten, ich sah offensichtlich höhere tschechische Beamte gemeinsam mit tschechischem Straßenmob johlend Frauen vergewaltigen und qualvollst umbringen. Ich fürchtete mich, und ich fürchte mich vor einer deutschen Wiedererwachung. Denn was an den Deutschen geschah, ist unbeschreiblich!"

(„Das andere Lidice", Seite 22)

In „Nation Europa", Heft 9, September 1959, ist u. a. auf Seite 30 zu lesen:

„Allein in Budweis in Südböhmen wurden rund 12 000 deutsche Wehrmachtsangehörige, die bereits entwaffnet waren und sich den Amerikanern ergeben wollten, von den Tschechen meuchlings ermordet. Es handelte sich hier um eine Masse von Angehörigen verschiedener Truppenteile in Divisionsstärke, die sich bei Budweis angesammelt hatten. Tschechische ‚Offiziere' haben mit den entwaffneten deutschen Offizieren und Landsern noch ‚gefeiert', dann warteten die tschechischen Maschinengewehre. Es gibt noch etwa 300 Überlebende..."

Über die Zusammenarbeit der tschechischen Bevölkerung mit der deutschen Regierung in der Zeit von 1939—1945 schreibt Erich Kern u. a.:

„Nach einer Statistik des Prager Zentralverbandes der Industrie lag im Jahre 1944 der Leistungsgrad der tschechischen Arbeiter auf dem Rüstungssektor, besonders in der metallverarbeitenden Industrie, im Durchschnitt 15 bis 18 Prozent über dem Reichsdurchschnitt — eine Tatsache, die durch keinen Zwang und keine Gewalt der Welt zu erklären ist. Die Sabotagefälle im Protektorat blieben im Jahresdurchschnitt unter der Zahl der im Reich durchgeführten Sabotageakte. Die Bergarbeiter von Ostrau und Karwin fuhren in ihre Gruben, als im April 1945 der Russe nur noch 10 km vor Ostrau stand ...

Entscheidend ist, daß das Ergebnis dieser Arbeit ein für das Kriegspotential des Dritten Reiches unentbehrlicher Faktor wurde. Und entscheidend ist, daß das Ergebnis dieser von den Tschechen geleisteten Arbeit um ein Vielfaches hätte geringer sein können, ohne daß die deutsche Führung in der Lage gewesen wäre, etwas praktisch Wirksames dagegen zu unternehmen. Mit einem Wort: der tschechische Arbeiter und mit ihm der tschechische Beamte und der tschechische Bauer war einfach von sich aus bereit, das zu arbeiten, was ihm der Deutsche auftrug, und so viel zu arbeiten, wie er nur konnte. Er setzte damit der deutschen Herrschaft nicht einmal auf jenen Gebieten einen Widerstand entgegen, auf denen ein Widerstand auch ohne Gefährdung der eigenen Person durchaus möglich war. Er erhob sich umso weniger gegen das deutsche Regime dort, wo die Auflehnung ein persönliches Risiko, einen Einsatz des Lebens oder der Existenz bedeutete...

Überall haben die Tschechen willig und brav mitgearbeitet. Nach dem Zusammenbruch ihres Brotgebers versuchten sie nun, mit einer geradezu unglaublichen Hysterie vor dem Sieger, vor den Nachbarn und sich selbst, den Beweis anzutreten, welch nationale Helden sie seien. Mit jeder geschändeten Frau, mit jedem lebendig verbrannten deutschen Soldaten, mit jedem zu Tode getrampelten Kind glaubten sie sich von der jahrelangen Kollaboration reinzuwaschen. Wie weit die Tschechen dabei gegangen sind, beweisen die Tausende von Tatsachenberichten, in denen festgehalten ist, daß sogar der grausamste und herzloseste aller Sieger, der Russe, in vielen Fällen an dem Tun der Tschechen keinen Gefallen mehr fand und wiederholt Einhalt gebot."

(„Das andere Lidice", Seite 74—77)

In diesem Buch „Das andere Lidice" sind u. a. auch folgende tschechischen Ansichten aufgeführt. Es heißt dort:

„In der Zeitung ‚CAS' vom 22. Mai 1947 mußte der Justizminister Dr. Drtina selbst zugeben: ‚Bei den Volksgerichten werden viele nicht deshalb verurteilt, weil sie schuldig sind, sondern aus persönlicher Rachsucht, oder weil sie jemand ihres Eigentums berauben will!'" (Seite 48)

„Die Zeitung ‚Svobodné novini' schreibt mit erstaunlicher Offenheit am 5. Dezember 1945: ‚Die Untersuchungsmethoden haben sich derart verändert, daß sie keinesfalls mit den bestehenden Gesetzen vereinbar sind, sie müßten entweder legalisiert werden, oder, wenn sie der Humanität nicht entsprechen, abgeschafft werden.'

Die Zeitung ‚CAS' gibt am 20. Mai 1947 zu: ‚Wir haben Berichte über unmenschliche Behandlungen, Berichte von Prügeleien und Tötungen während der Untersuchungen.'

Dr. Lettrich schrieb in ‚CAS' am 3. Juni 1945 wortwörtlich: ‚Alle Deutschen und Ungarn müssen aus unserem Land rücksichtslos vertrieben werden. Die Juden, die deutsch oder ungarisch sprechen und denken, müssen dieses Los teilen.'" (Seite 49)

Auf Seite 55/56 steht folgendes:

„In der tschechischen Zeitschrift ‚Obzory' schrieb ein Ivo Hais, daß die Deutschen behaupten, sie hätten von den Vorgängen in den Konzentrationslagern nichts gewußt; diejenigen, die von den Vorgängen wußten, hätten sich nicht getraut, sie anzuprangern.

Wenn nun die Tschechen diese letztere Haltung als feige verurteilen, müßten sie ihrerseits auch Stellung zu den Vorgängen und Grausamkeiten nehmen, welche nicht nur während der Revolution, sondern auch in den späteren Monaten vorgekommen seien.

‚Daß wir am 9. Mai', so schreibt er, ‚in den Prager Straßen einzelne Leute angebrannt haben, welche mit einem Bein an einem Kandelaber aufgehängt waren, daß wir Leute totgeschlagen haben, welche zum Wegräumen von Barrikaden bestimmt waren (es konnten ja unter ihnen auch Tschechen sein, welche ihre Ausweispapiere nicht in Ordnung hatten), das läßt sich alles mit der revolutionären Empörung entschuldigen. Daß noch im Juni in den Prager Gassen deutsche Frauen durch Schüsse der früheren Revolutionsgarde gefallen sind, welche diese Frauen aus einem Sammellager in ein anderes überführen sollten — auch das läßt sich mit der ausklingenden Revolution entschuldigen. Es geht aber nicht nur um Deutsche, es geht auch um ‚Kollaboranten' unter den Tschechen...' Damit meint Ivo Hais jene Tschechen, die unschuldig des Kollaborantentums angeklagt wurden und um die es sehr schade sei.

Dr. Tyrdon vom tschechoslowakischen Propagandabüro erklärte in einem Interview dem Berichterstatter der norwegischen Zeitung ‚Tagbladet', Oslo, wortwörtlich:

„Wie Sie wissen, hat dieses deutsche Pack uns jahrhundertelang ausgesaugt und germanisiert. Aber jetzt ist Schluß damit. Die Rollen sind vertauscht. Die Deutschen sind keine Menschen. Wir müssen den Deutschenhaß und die Angst vor Deutschland jedem unserer Bürger einprägen. Das ist Realpolitik, mein Herr!'

Aus tschechischem Munde sind hiemit interessanterweise die Verbrechen zugegeben worden, die mit den Augenzeugenberichten zahlreicher Deutscher vollauf übereinstimmen."

In der „New Yorker Staatszeitung" schreibt am 8. September 1946 Friedrich Stampfer unter dem Titel „Die Sudeten-Tragödie" u. a.:

„Was sich in dieser Zeit im deutschen Sprachgebiet der Tschechoslowakischen Republik abspielt, ist eine Tragödie nicht nur des deutschen, sondern auch des tschechischen Volkes. Wir sehen dreieinhalb Millionen Deutsche ihrer Menschenrechte beraubt, einer Behandlung unterworfen, bei deren Anblick jedes menschlich fühlende Herz vor Entsetzen erstarren muß. . ."

(„Das andere Lidice", Seite 45)

Die Exiltschechin Olga von Barényi schildert in ihrem Buch „Prager Totentanz" die Ermordung von 100 000 Deutschen in Prag und von 600 Tschechen, die dieses Blutbad nicht mitmachten. Sie schreibt auf Seite 250/251 u. a. folgendes:

„Die Revolution mußte aber weiterleben, denn die Russen sollten programmäßig Prag von den mordenden deutschen Horden befreien, und die Russen waren immer noch nicht da. Die oberste Leitung der Revolution hatte es jetzt mit einem großen Feind zu tun, der die Revolution zu erdrosseln drohte. Mit der Langeweile. Die Deutschen prügeln und steinigen oder einfach töten wollte fast niemand mehr, das alles war schon eintönig geworden. Plündern wollte auch niemand mehr, auf die Dauer war es langsam langweilig, immer neue Sachen in die Wohnungen zu schleppen, die schon so vollgestopft waren, daß man sich in ihnen kaum umdrehen konnte. In Dejwitz hat man etwas Neues erfunden, dort hat man deutsche Säuglinge an die Haustüren wie Fledermäuse angenagelt und langsam sterben lassen, aber das war nicht sehr amüsant, und die Zuschauer zerstreuten sich bald. In Vyschehrad, bei der Neklangasse, hat man eine vier Meter hohe Barrikade aus Leichen gebaut, aber das war mehr ein Spielplatz für Kinder, die jauchzend über die Toten hinauf- und hinunterkletterten."

Der bekannte antifaschistische Vorkämpfer, Pater Reichenberger, schreibt in einer Zuschrift an die „American Fund for czechoslovakian

Refugees" über die Haltung eines hohen katholischen Geistlichen zu der Austreibung der Sudetendeutschen:

„Es bleibt eine brennende Schande, daß der tschechische Erzbischof Beran öffentlich — in der Schweizer Presse — die Beraubung und Austreibung verteidigte."

(„Das andere Lidice", Seite 34)

Über die Flucht von Tschechen ins westliche Ausland, die nach ihren Angaben vor der kommunistischen Herrschaft nach Westen flohen (die kommunistische Herrschaft wurde im Februar 1948 errichtet), schreibt Pater Reichenberger in dem oben erwähnten Brief u. a.:

„Unlängst sandten Sie mir einen Rundbrief, besser gesagt einen Bettelbrief ‚für Masaryks beste Söhne und Töchter', ‚verfolgt von einem neuen Tyrannen wegen ihrer westlichen Einstellung, die unter Lebensgefahr ihre Heimat verlassen und nur mitführen können, was sie auf dem Rücken tragen', ‚großherzige Menschen' usw. Es scheint mir, als hätten Sie die Geschichte der Tschechei von 1918 bis heute verschlafen. Ich habe sie miterlebt bis herauf zu ‚München', so aktiv im Interesse dieses Staates, daß die Nazis meine Auslieferung verlangten. Daß die Führung der Tschechen sich so gemein und niederträchtig und verbrecherisch verhalten könnte, wie es die Sudeten, die Ungarn, selbst die Slowaken erlebten, hätte ich allerdings für unmöglich gehalten.

Ich erinnere mich nur zu wohl, daß Sudetendeutsche, die für die Tschechei zu kämpfen bereit waren, in versiegelten Viehwaggons in Hitlers KZ zurückgeschickt wurden, als sie im Inneren Böhmens Hilfe suchten. Ich weiß noch wie heute, daß wir von seiten der Behörden zwar viele Schwierigkeiten, aber keine Hilfe fanden, als wir Hilfe für die deutschen Opfer Hitlers organisierten. Als ich in Paris eine Hilfsaktion einleiten wollte, hatte der tschechische Botschafter ‚keine Zeit' mehr. Irgend ein Unterläufel erklärte mir in seinem Namen, die Tschechei, für die wir uns opferten, bestehe nicht mehr.

Ich gehöre mit zu den Männern, die den letzten Appell an die freien Sudetendeutschen gegen Hitler unterzeichneten. Benesch war sich wohl bewußt, was das in jener Stunde bedeutete. Er hat uns damals gesagt, er werde das nicht vergessen. Die Regierung hätte genug Gold im Ausland, und was immer geschehe, er werde für uns sorgen. Nun, ich weiß, daß Benesch und seine Minister nicht in Armut lebten; sie bezogen höhere Gehälter als die britischen Minister. Uns hat bis heute niemand gefragt, wie und wovon wir lebten. Die Tschechen haben das aus Steuergeldern gestohlene Gold unter sich verbraucht und zudem à conto der kommenden ‚Befreiung' Schulden gemacht. Und noch mehr: Die Gangster-Dekrete Beneschs ‚organisierten' auch mein Vermögen, soweit es vor den Nazis gerettet werden konnte. Mein Vaterhaus wurde gestohlen, irgend ein Schuft sitzt heute darinnen. Meine Schwester, die so wie ich immer gegen die Nazis war, wurde ein Jahr in Theresienstadt interniert und leidet noch heute an den Folgen tschechischen Untermenschentums. Das ist der Dank der ‚besten Söhne Masaryks'! Das ist die wahre Tschechoslowakei!

Heute wollen diese ‚Edelmenschen' Amerikanern — ‚Dollarschurken' nannte man uns noch in Beneschs Tagen! — einreden, daß die Tschechen, die ‚heim ins Reich' zogen auf den Spuren der vertriebenen Sudetendeutschen, wegen ihrer westlichen Einstellung fliehen mußten. Da lachen selbst die Babuschkas an den böhmischen Kaminen! Es ist durchaus möglich, daß die Tschechen wieder einmal auf zwei Pferde sitzen wollen, wie in den Tagen des Jongleurs Benesch, wie Robert Ingrim unlängst ausführte: die einen ziehen nach Osten, die anderen nach Westen, und wenn es dann zu einer entscheidenden Auseinandersetzung kommt — bei der man das Kämpfen den anderen überläßt, — dann ist man doch ‚dabei' gewesen und auf der Seite der Sieger. Es ist nicht unglaubwürdig, daß dieses charakterlose Spiel mit Wissen Gottwalds angeht; es wäre sonst schwer zu erklären, daß so viele ‚führende' Tschechen ‚heim ins Reich!' kommen konnten.

Westliche Einstellung! Ja, der Westen erhielt immer salbungsvolle Worte über Demokratie, Freiheit, Menschlichkeit — und der harmlose Westen hat daran geglaubt. Die Taten aber waren nach dem Osten ausgerichtet. Ich möchte nur fragen, wo die Herren mit der ‚westlichen Orientierung' waren, als dieser unheilvolle Kurs begann, wann und wo sie protestierten, wann sie ihre Ämter zurücklegten? Ach, in diesen Tagen gab es nur allslawischen Jubel, da herrschte Trunkenheit über die ‚Erfolge', da sandte selbst der römische Prälat Schramek Huldigungstelegramme an den Kreml und pilgerte mit nach Moskau, und Father Fiala kam als kommunistischer Agent zu allslawischen Kongressen nach Amerika.

Nein, nein, die Herren sind nicht geflohen wegen ihrer westlichen Einstellung. Der Boden wurde zu heiß, die Felle schwammen davon: Gottwald war nicht zufrieden mit Salonbolschewiken, sondern ersetzte sie mit Hundertprozentigen. Und nun erst entdeckten die

Herren ihre westliche Einstellung. Daß sie ausgerechnet nach Deutschland flohen, trotzdem ihre Hände noch von deutschem Blute klebten und auf ihren Rücken deutsches Gut lag, ist wirklich kein Beweis abendländischen Denkens, vielmehr Ausdruck einer abgrundtiefen Gesinnungslumperei.

Wäre ich durch das Elend der durch Potsdam vertriebenen Christen, das mir täglich in Dutzenden von Briefen begegnet, nicht schon abgehärtet, ich wäre fast gerührt bei Ihrer Schilderung der Lage der ‚16 000 Söhne Masaryks': Sie schlafen auf Strohsäcken auf dem Zementboden von Hütten, drei und vier auf einer Matratze und kochen nun selber ihre Kartoffelsuppe. Vergessen wir nicht, daß die IRO sofort für Masaryks Edelrasse sorgte, daß viele in den besten Hotels Bayerns unterkamen, viele sind wenige Wochen nach der ‚Flucht' schon in England und in Amerika gelandet — vielleicht im Dienste Stalins! Ich kann schon verstehen, daß diese ‚Edeldemokraten' nicht in gemeinsame Lager mit den vertriebenen Sudetendeutschen wollten, vielleicht hatte mancher noch einen Funken Schamgefühl; mehr als einer aber fürchtete, er könnte dort Frauen begegnen, die er geschändet, Männer, die er beraubt, Kindern, denen er das letzte Stückchen Brot aus der Hand schlug.

Und haben Sie denn schon vergessen, meine Herren, daß diese Edelrasse nicht 16 000, sondern drei Millionen Menschen vertrieb von ihrer Heimat, daß diese ‚Flüchtlinge' des Verbrechens des Rassenmordes schuldig oder mitschuldig sind? Raub, Mord, Schändungen vollzogen sie nicht im Dunkel der KZ, sie waren Volksfeste. Nicht einer hatte den Mut, öffentlich zu protestieren...

Ob das tschechische Volk nochmals zum westlichen Kulturkreis zurückfindet? Jedenfalls nur dann, wenn es — und man muß hier wirklich von einer Gesamtschuld reden, weil niemand gegen die Verbrechen aufstand und das Volk in seinen breitesten Schichten daran teilnahm — für die Verbrechen sühnt, wenn es wieder Menschenwürde anerkennt und den Raub herausgibt..." (Seite 31—34, 35)

Über die angeblichen deutschen Pläne zur Vertreibung der Tschechen aus ihrem Land führt Erich Kern in seinem o. a. Buch folgendes an:

„Niemand anderer als der rigorose Stellvertreter des amerikanischen Hauptanklägers in Nürnberg, Mr. Robert M. Kempner, widerlegt dieses ‚Märchen von der tschechischen Massenaussiedlung' eindeutig. Aber auch hier sind wir nicht in der Lage, eine deutsche, ja nicht einmal eine amerikanische Pressestimme zu zitieren, sondern: ‚Nach Mitteilungen der inzwischen eingestellten tschechischen sozialdemokratischen Prager Tageszeitung „Pravo Lidu" vom 3. September 1947 gab Mr. Robert M. Kempner, der Stellvertreter des amerikanischen Anklägers in Nürnberg, am 1. September 1947 in einer Pressekonferenz in Prag Informationen über ein aufgefundenes Dokument, in welchem über eine Audienz des seinerzeitigen Reichsprotektors K. H. Frank bei Hitler berichtet wird. Der Audienz wohnte auch der seinerzeitige Reichsjustizminister Gürtner bei. Wie in dem Dokument ausgeführt wird, erklärte Hitler bei diesem Anlaß, es gäbe drei Möglichkeiten für die zukünftige Gestaltung des Protektorates Böhmen und Mähren:

1. Beibehaltung der Autonomie.

2. Aussiedlung der Tschechen und Besiedlung des böhmisch-mährischen Raumes mit Deutschen. Der Plan sei nicht durchführbar, weil er 100 Jahre zu seiner Ausführung benötige.

3. So verbleibe nur die dritte Möglichkeit: Assimilierung und Germanisierung des tschechischen Volkes unter Ausschluß der rassisch Unerwünschten und Reichsfeinde. Hitler verbot gleichzeitig alle anderen Fälle zur Lösung der tschechischen Frage.'

Hier wird also nach alliierter Feststellung, nach tschechischem Bericht einwandfrei der Schwindel jeder Begründung der Massenaustreibung der Deutschen als Vergeltungsmaßnahme entlarvt.

Hitler, der wirklich nicht von Skrupeln geplagt war, hielt die Aussiedlung von 7 Millionen Tschechen für unmöglich. Hitler war also ein ganz armseliger Stümper gegen die Tschechen, Jugoslawen, Polen und Magyaren, die tatsächlich nicht sieben Millionen Menschen, sondern mehr als fünfzehn Millionen Menschen in knappen drei Jahren ‚ausgesiedelt' haben.

Aber diese Millionen-Zwangsvertreibung ist nur ein Teil der vielen Todsünden, die die Völker im Osten auf sich geladen haben. Brand, Raub, Diebstahl, alle Formen von Gewalttätigkeiten, Mißhandlungen, Vergewaltigungen, Schändungen von Greisen und von Kindern, Mord in allen Variationen — alles ungesühnte und ungestrafte Verbrechen — schreien überlaut zum Himmel.

Man könnte sagen, daß überall bedauerliche Entgleisungen vorgekommen sind. Man könnte sagen, daß die Greuel der deutschen KZs den Deutschenmassakern der Völker im Osten die Waage hielten.

Alles das stimmt so wenig wie das Vergeltungsmärchen für den großen deutschen Aussiedlungsplan gegen die Tschechen.

Nirgendwo ist von der Gesamtheit des deutschen Volkes eine

solche erbarmungslose Kette von Verbrechen begangen worden, nicht einmal gegen die Juden. Das deutsche Volk, die Intelligenz und der kleine Mann auf der Straße, hatten sich in ihrer erdrückenden Mehrheit an den Ausschreitungen der Fanatiker nicht beteiligt. Abgesehen davon, daß die Ausschreitungen der Deutschen gegen die Juden mit den Deutschenmassakern im Osten, besonders in der CSR gar nicht vergleichbar sind.

Vom KZ wußte der deutsche Bürger nur Nebuloses, Verschwommenes. Viele haben erst 1945 erfahren, was dort wirklich geschehen ist. Auf keinen Fall hatten sich die Deutschen in ihrer Gesamtheit an den KZ-Maßnahmen beteiligt.

Alle diese Dinge im KZ geschahen hinter einem eisernen Vorhang Himmlerscher Geheimhaltung.

Die endlosen Massaker an den deutschen Männern, Frauen und Kindern aber geschahen in aller Öffentlichkeit auf offener Straße, am hellichten Tag unter johlendem Beifall der gesamten Bevölkerung. Wo es einen vereinzelten Tschechen gab, der tatsächlich noch ein menschliches Herz im Leibe trug, wagte sich dieser nie, auch nur den kleinen Finger für die unglücklichen Opfer zu rühren, um nicht gleich als ‚Kollaborateur' an die Wand gestellt zu werden. In Deutschland und in Österreich gehen jedoch die Menschen in die Tausende, die trotz den angedrohten Strafmaßnahmen wesentlich mehr als einen Finger für mehr als einen Juden oder sonstigen politisch Verfolgten gerührt haben." (Seite 28—30)

Ungefähr drei Jahre vor dem tschechischen Massenmord an der deutschen Bevölkerung war am 10. 6. 1942 eine Strafaktion der deutschen Protektoratsbehörde gegen das kleine tschechische Dorf Lidice durchgeführt worden. In dem „Archiv der Gegenwart" vom 21. September 1942, S. 5639, steht darüber u. a.:

„Im Zuge der Fahndungen nach den Mördern des SS-Obergruppenführers Heydrich (5514 C) wurden einwandfreie Hinweise dafür gefunden, daß die Bevölkerung der Ortschaft Lidice bei Kladno dem in Frage kommenden Täterkreis Unterstützung und Hilfe leistete. Die betreffenden Beweismittel wurden trotz Befragung ohne Mithilfe der Ortseinwohner erbracht. Die damit bekundete Einstellung zum Attentat wird noch durch weitere reichsfeindliche Handlungen unterstrichen, wie Funde von staatsfeindlichen Druckschriften, Waffen- und Munitionslagern, eines illegalen Senders sowie bewirtschafteter Waren in größerem Ausmaß und durch die Tatsache, daß Ortseinwohner sich im aktiven Dienst des Feindes im Ausland befinden. Nachdem die Einwohner dieses Dorfes durch ihre Tätigkeit und durch die Unterstützung der Mörder von SS-Obergruppenführer Heydrich gegen die erlassenen Gesetze schärfstens verstoßen haben, sind die männlichen Erwachsenen erschossen, die Frauen in ein Konzentrationslager überführt und die Kinder einer geeigneten Erziehung zugeführt worden. Die Gebäude des Ortes sind dem Erdboden gleichgemacht und der Name der Gemeinde ist ausgelöscht worden."

(„Das andere Lidice", S. 19)

Über die Hintergründe des Mordes an Heydrich schreibt der jüdische Schriftsteller J. G. Burg in seinem Buch „Schuld und Schicksal" auf Seite 83 folgendes:

„In der Tschechei hatten die Deutschen einen erstaulichen Schachzug gemacht. Sie hatten den Chef des Reichssicherheitshauptamtes, den berüchtigten SS-General Reinhard Heydrich, als stellvertretenden Reichsprotektor von Böhmen und Mähren eingesetzt, und schon Monate später konnte der britische Geheimdienst erkennen, daß es Heydrich gelang, die arbeitsamen, aber auch wankelmütigen Tschechen immer mehr mit der Naziherrschaft auszusöhnen. Die tschechische Landwirtschaft, jedoch auch die tschechische Industrie leisteten prozentual mehr in der Produktion als die deutsche Wirtschaft. Von einem Widerstandswillen der Tschechen gegen die Deutschen war gar nicht mehr zu reden.

Um nun diese Entwicklung zu verhindern, plante der britische Geheimdienst einen Anschlag auf den verhaßten Heydrich, und so sprangen schon in der Nacht des 29. Dezember 1941 zwei tschechische Saboteure, Jan Kubis und Josef Gabcik, bei Prag ab und bereiteten sich sorgsam auf das geplante Attentat vor.

Am 27. Mai 1942 warfen sie dann in den offenen Mercedes Heydrichs im Prager Vorort Holeschowitz eine Handgranate. Heydrich wurde so schwer verletzt, daß er acht Tage später starb ..."

Erich Kern schreibt über die Reaktion auf das Attentat folgendes:

„Die Hintermänner des Attentates rechneten sehr wohl auf eine harte Reaktion der deutschen Okkupationsmacht, die dann ihrerseits wieder eine schwere Reaktion unter den Tschechen, die in ihrer Masse gar nichts anderes wollten als gut verdienen und ihre Ruhe haben, auslösen sollte.

Diese Hintermänner hatten sich aber verrechnet. Wohl reagierten die Deutschen genau wie erwartet, nicht aber das tschechische Volk. Es hielt weiter Ruhe und Ordnung, arbeitete weiter in den deutschen Rüstungsfabriken und half besser und getreuer als ein anderes besetztes Volk, die Hitlersche Kriegsmaschine in Schwung zu halten.

Und es verdiente weiter. Viel besser als je zuvor. Umso unfaßbarer alles das, was dann kam."

(„Das andere Lidice", Seite 20)

Und am Schluß seines Buches schreibt Erich Kern:

„Das Buch soll nicht enden, ohne daß eine klare, für jeden begreifbare Rechnung gelegt wird. Mag er von den sonnigen Feldern Kaliforniens kommen, aus den Arbeitervierteln von Birmingham, aus den Vortragssälen der Pariser Sorbonne, aus der imaginären Sicherheit der derzeit neutralen Länder oder aus der Steppe des Ostens. Er muß sie verstehen.

Diese Rechnung soll das Grauen des Himmlerschen Lidice so wenig entschuldigen, wie das Grauen des zweiten Lidice zum Vorwand einer Revanche nehmen. Aber diese klare und eindeutige Rechnung soll verhindern, die Wahrheit ins Gegenteil verkehren zu können.

Lidice, ein Dorf bei Kladno, mit hoch geschätzt 184 erschossenen Männern, 135 ins KZ überstellten Frauen und den in Anstalten verschleppten Kindern.

Das ‚andere Lidice', das 3 000 000 Menschen entrechtete, sie tiefer als zum Tier herabwürdigte, beraubte, ausgeplünderte, bis zum Irrsinn mißhandelte, und schließlich Hunderttausende ermordete, um am Schluß den Rest der Überlebenden ohne Hab und Gut in die Fremde zu jagen.

Hoffentlich hat die Welt den Mut, diese Rechnung zur Kenntnis zu nehmen.

Sie predigt nicht Aug um Aug, Zahn um Zahn, Blut um Blut.
Sie fordert nichts von der Welt als Gerechtigkeit.

Denn ohne Glauben an die Gerechtigkeit kann es keinen Glauben an die Welt und an das Leben mehr geben."

(„Das andere Lidice", S. 110)

Die Exiltschechin Olga von Berényi berichtet in ihrem Buch „Das tote Geleise", daß die Frauen von Lidice, nachdem sie kurz vor Kriegsende aus dem deutschen KZ geflohen waren, von den Soldaten der Roten Armee vergewaltigt wurden. Später seien sie als Märtyrerinnen gefeiert worden. (Seite 196)

Die Schändung von Frauen und Mädchen und Hungerrationen für die Besiegten

Millionen von Frauen und Mädchen wurden im Jahre 1945 von den alliierten Truppen geschändet. Der amerikanische katholische Professor Austin J. App schreibt 1946 in einem Flugblatt u. a.:

„Die Schändung von Frauen ist die schamloseste Barbarei, die von Besatzungstruppen begangen werden kann. Es ist traurig, sagen zu müssen, daß es sich um eine Barbarei der Alliierten handelt und nicht etwa der Deutschen ...

Die Russen haben die bedingungslose Ergebung wortwörtlich in die Wirklichkeit umgesetzt.

Ein russischer General sagte dem Generalleutnant Ira Baker, Kommandeur der Flugwaffe des Mittelmeeres: ‚Wir haben beschlossen, alle deutschen Männer zu töten und 17 Millionen deutsche Frauen fortzuschleppen, dann wird das Problem gelöst sein.‘ (Siehe ‚San Antonio Light‘ vom 14. Juni 1945.) Tatsächlich, unsere geliebten Genossen in der Befreiung handeln ganz folgerichtig! Sie wissen, warum man die bedingungslose Ergebung gefordert hat und weshalb die Amerikaner einen ‚harten‘ Frieden mit den Deutschen verlangten. Sie verstehen den Geist des Morgenthau-Plans: Allein in Wien vergewaltigten sie nicht ein, sondern viele Male hunderttausend Frauen, ja sogar Mädchen unter 10 Jahren und Greisinnen. So berichtet der hochwürdigste englische Bischof (jetzt Kardinal) Bernhard Griffin, bald nach seiner Informationsreise, die er in halbamtlicher Mission machte, um die Lage in Europa zu studieren. (Siehe ‚NC-Report‘ vom 18. Oktober 1945.) ...

‚Wir, die Alliierten, sind keine Ungeheuer‘, sagte Churchill im Januar 1945 den Deutschen. ‚Das wenigstens kann ich Deutschland im Namen der Vereinigten Nationen versichern: der Friede, auch wenn er sich auf die bedingungslose Ergebung gründet, wird Deutschland und Japan eine unendliche und sofortige Erleichterung von ihren Leiden und ihrer Todesnot geben.‘ (Siehe ‚Time‘ vom 29. Januar 1945.) ‚O ja‘, würde sogar ein Zeitungsjunge sagen, ‚seit jener Zeit (Januar 1945) haben die Alliierten, die da behaupten, keine Ungeheuer zu sein, mehr christliche Frauen vergewaltigt, als irgend jemand in der gesamten Zeit der Geschichte. Sie zwangen den Deutschen ein Lebensmittelniveau auf, das dem Hungertod gleichkommt. 1300 Kalorien pro Tag! Sie beraubten sie ihrer Häuser, ihrer Güter, ihrer Nahrungsmittel und sogar ihrer

Kleider; es wurden aus ihrer Heimat mehr als 12 Millionen vertrieben. Man benützte die Männer, um sie wie Sklaven arbeiten zu lassen, beraubte die Deutschen eines Viertels ihres Landes, und zwar ausgerechnet des Teiles, der der Landwirtschaft diente, nahm ihnen den größten Teil ihrer Ackergeräte weg sowie alle ihre Fabriken und die Gesamtheit ihrer Schiffe, und dann empfahlen sie ihnen, sich der landwirtschaftlichen Beschäftigung zu widmen. Sie tragen die Schuld, daß in Deutschland mehr Kinder vor Hunger starben, als Juden in Deutschland wohnten, und schließlich vergewaltigten sie und schwängerten Hunderttausende von deutschen, österreichischen und ungarischen Frauen und Mädchen von 8 bis 80 Jahren. Die Alliierten haben es fertiggebracht, in einem einzigen Friedensjahr fünfmal mehr Deutsche zum Tode zu bringen, als in fünf Kriegsjahren starben. Jawohl, wirklich! ‚Wirklich, wir, die Alliierten, sind keine Ungeheuer!'

Bevin: ‚Das war das furchtbarste Schauspiel.'

Als Ernst Bevin, Englands Außenminister, sah, was die Alliierten mit den ‚15 Millionen heimatvertriebenen Deutschen' taten, die aus ihrer Heimat hinausgeworfen wurden, rief er im englischen Parlament aus: ‚Wahrhaftigen Gottes, das ist die Höhe des menschlichen Wahnsinns ... Es war ein fürchterliches Schauspiel.' (Siehe ‚Time' vom 5. Nov. 1945, Seite 30.) Aber er hatte kein Recht, dieses als menschlichen Wahnsinn zu bezeichnen, es ist bloß der Ausdruck eines ‚harten Friedens', der von den ‚zivilisierten Mächten' auferlegt wurde. Es ist ein Verbrechen und kein Wahnsinn.

‚Time-Magazine' (2. Okt. 1945, Seite 27) beschrieb die Massenvertreibung ‚von wenigstens neun Millionen Deutschen aus Ostpreußen, Danzig, Schlesien, Pommern und Sudeten' und sagt dabei: ‚Es ist etwas Grauenvolles, auf den Wegen die alten Leute vor Hunger sterben zu sehen, während in den Güterwagen Mädchen vergewaltigt werden.' Und alle diese ‚heiligen' Teilnehmer am ‚Kreuzzug', die fortwährend Frauen und Mädchen vergewaltigen, besitzen die Unverschämtheit, ganze Volksklassen der Deutschen ‚als Kriegsverbrecher' vor Gericht zu stellen ...

Seine Heiligkeit der Papst Pius XII. beklagt in einem Briefe, den er an Kardinal Michael von Faulhaber richtete, die Entehrungen und das Unglück, das die deutschen Frauen und Mädchen erleiden müssen. ‚NC. Ciudad de Vaticano'. Siehe ‚Dubuque Witness' vom 10. Januar 1946). Radio Vatican (A. P. London 27. April 1946) bringt zur Anzeige, daß in der russischen Besatzungszone, im Osten Deutschlands, Hilferufe von ‚Mädchen und Frauen' ertönen, die in brutalster Weise geschändet werden und deren leibliche und seelische Gesundheit vollständig vernichtet ist.

Man denke sich einmal, was die gesamte amerikanische ‚Kreuzzugspresse' und die Radiosprecher aus dieser Notiz gemacht haben würden, wenn der Papst dasselbe von den französischen Frauen während der deutschen Besatzung hätte sagen können! Aber zum Unglück für diese Gesellen konnte der Papst so etwas nicht sagen, weil die ‚vertierten' Deutschen weniger Vergewaltigungen begingen, als selbst unsere eigenen ‚geliebten Jungens'. Daher begnügten sich unsere ‚Kreuzzugspresse' und die Radiosprecher damit, über die Konzentrationslager (wo übrigens keine Frauen vergewaltigt wurden) loszudonnern und schweigen sich dabei über das Ungeheuere und bei weitem schlimmere Konzentrationslager aus, das unser ‚Plan Morgenthau' aus ganz Deutschland, Österreich und Ungarn gemacht hat ...

In Stuttgart haben Truppen unter dem Befehl des Generals Eisenhower — mit denen die Verbindungslinie nicht unterbrochen war — in einer Woche und in einer einzigen Stadt mehr Frauen vergewaltigt, als die gesamten Streitkräfte unter dem Befehl Hitlers während vier Jahren im gesamten besetzten Frankreich vergewaltigt zu haben scheinen. Das sind die Tatsachen. Auch wenn sie für anständige Amerikaner unangenehm sind. Die beunruhigende Tatsache wird bemerkbar, daß die deutschen Besatzungstruppen, von denen Oberrichter Robert H. Jackson, gemäß einer AP-Meldung aus Nürnberg, 28. Februar 1946, 7 000 000 als Kriegsverbrecher verurteilen und annehmlich ‚gesetzmäßig' hinmorden will, in kalter Wirklichkeit die anständigsten Truppen dieses zweiten Weltkrieges waren. Es besteht nicht der geringste Zweifel, daß sie viel weniger Vergewaltigungen und Plünderungen als die Truppen der Alliierten begingen.

Überhaupt, in ihrem Verhalten bezüglich der Frau in den eroberten Gebieten sind die deutschen Truppen, wie sich jetzt herausstellt, die anständigsten in der Geschichte aller Kriege gewesen ...

In wenigen Worten: Wo immer die Amerikaner in der Lage waren, unabhängig nachzuforschen, konnten sie feststellen, daß die Deutschen — auch wenn sie erbarmungslos gegen Widersetzliche und Saboteure vorgingen — in außergewöhnlicher Weise als Christen handelten den Frauen der eroberten Länder gegenüber und sich anständig benahmen. Es scheint, daß von ihnen nicht mehr Vergewaltigungen in den besetzten Gebieten begangen wurden, als unsere amerikanischen Truppen in unserem eigenen Lande und in den alliierten Ländern sich zuschulden kommen ließen ...

Die ekelhafteste und wie es scheint, berechtigste Anklage ist es, daß die amerikanische Regierung und die Militärbehörden sowie die Soldaten die deutschen Frauen als gemeine Korruptionsartikel zu behandeln scheinen, als ob sie keine Achtung verdienten und keine Rechte besäßen — infolge der ‚bedingungslosen Ergebung'. Es liegt darin zu viel von dem Geiste bloßgestellt in der Weise, in der ein Beamter der Militärregierung in München die Besiegten anfuhr: ‚Rechte? Sie haben keine Rechte! Sie sind erobert worden. Verstehen Sie das!' (Siehe ‚New Republic' vom 16. Juli 1946, Seite 45.) Das amerikanische Besatzungspersonal handelt zu viel in dem Geist, den Admiral Bull Halsey in bezug auf japanische Frauen erkennen ließ, als er in einer Tischrede in Washington zu Journalisten bemerkte: ‚Ich hasse die Japaner. Ich sage Ihnen, wenn ich einer schwangeren Japanerin begegnete, gäbe ich ihr Fußtritte in den Leib.'

Die Truppen scheinen die deutschen Frauen so gemein und so unverschämt zu behandeln, als wären sie Huren. Als Frauen der Offiziere der alliierten Heere in die besetzten Gebiete gebracht wurden, mußten diese Uniform tragen, ‚um nicht von den Besatzungstruppen mit deutschen Frauen verwechselt zu werden'. (INS. London, 31. Januar 1946.) Die Tatsache bleibt zu Recht bestehen, sagte ein Hauptmann: ‚Die Amerikaner betrachten die deutschen Frauen als Beuteobjekte genau so wie Photoapparate und Feldstecher.' (N. Y. World-Telegramm, 21. Januar 1946.)

Die Tatsache verbleibt, daß unsere Morgenthau-sinnige Regierung sofort nach der bedingungslosen Ergebung deutsche Fabriken fortnehmen oder zerstören ließ; daß sie die deutschen Schiffe konfiszierte, daß sie Deutschland in vier hilflose Stücke zerriß; daß sie den Raub von ein Viertel Deutschlands landwirtschaftlicher Erde billigte; daß sie die Vertreibung von 12 Millionen Ost- und Sudetenflüchtlinge in das verkleinerte Deutschland billigte, und daß sie den Raub von Werkzeugen und Maschinen als Kriegsbeute rechtfertigte, so daß die Aushungerung des deutschen Volkes unabwendbar wurde und als Überlegung vermutet werden muß. Man kann kaum der Schlußfolgerung entgehen, daß diese geplante Politik der Vernichtung durch den Hunger mit allem Vorbedacht gemacht wurde, um die deutschen Frauen zu einem leichten Beutespiel der Korruption für die Besatzungstruppen zu machen. Auf alle Fälle ist die amerikanische Politik, d. h. der Morgenthau-Potsdam-Plan, durchgeführt worden. Ein so hervorragender Wissenschaftler, wie es der Dr. George N. Shuster, Präsident des Hunter College, ist, schreibt nach einem Besuche in der amerikanischen Zone: ‚Sie haben alles gesagt, wenn sie versichern, daß Europa jetzt ein Ort ist, wo die Frauen ihren ewigen Kampf um die Wohlanständigkeit verloren haben, weil die Unanständigen allein heutigen Tags leben können.' (‚Catholic Digest', Dezember 1945, Seite 82.)

Unsere Regierung, ebenso wie die russische und englische Regierung, hat den Handel, die Industrie und die Landwirtschaft Deutschlands derartig erstickt, daß man behaupten kann, daß eine deutsche Mutter nur dann ihre Kinder ernähren kann, wenn sie oder ihre Schwestern sich unseren Besatzungstruppen hingeben. Nach offiziellen Erklärungen haben wir es erreicht, das Lebensniveau in Deutschland auf 700—1500 Kalorien pro Tag herabzusetzen, das bedeutet eine Menge, die geringer ist als ein amerikanisches Frühstück und die einen langsamen, sicheren Tod herbeiführen muß. Einige Senatoren unseres Landes haben erklärt, daß diese Politik der Ausrottung durch den Hunger planmäßig und absichtlich ist. In der Tat, unsere Politiker sind derartig entschlossen, die Eroberten Hunger leiden zu lassen, daß sie die private Wohltätigkeit jedweder Art strikt verboten haben. ‚Zum ersten Male in der Geschichte der christlichen Nationen', schreibt Bischof Alosius J. Muench aus Fargo, Nord-Dakota, ‚haben mächtige Regierungen die Anwendung der christlichen Nächstenliebe unmöglich gemacht, indem sie dieselbe offiziell verboten.' (‚Eine Welt in Liebe', Lent, 1946, Seite 1.)

Erst seit dem 1. April 1946, und erst auf vielen Druck hin, erlaubt die Regierung, und zwar nur sehr ungern, eine Hilfeleistung von 2000 Tonnen pro Monat. Das bedeutet 56 Gramm pro Person, aber nicht etwa für einen Tag, auch nicht für eine Woche, sondern für einen ganzen Monat. Das ist nur eine heuchlerische Hilfe, um das christliche Gewissen zu beschwichtigen und indirekt nur um eine noch desto längere Zeit die Morgenthauische Verhungerungspolitik weiter durchführen zu können. Sicherlich scheint diese Politik berechnet zu sein, um die eroberten Frauen, während ihre Männer als Arbeitssklaven zurückgehalten werden, zu zwingen, die Wollust der Soldaten zu befriedigen, und zwar so, daß Vergewaltigungen geradezu überflüssig gemacht werden . . .

Während der ersten sechs Monate der amerikanischen Besatzung, erklärt Dr. G. Stewart in einer Gesundheitsstatistik, die einer Information des Generals Eisenhower beigefügt wurde, überstiegen die Geschlechtskrankheiten das frühere Niveau in Deutschland um das Zwanzigfache. Wahrhaftig, die Umerzieher und Träger des Christentums verleben eine herrliche Zeit, indem sie die absichtlich verhungerten Frauen der eroberten Nationen schamlos verwüsten . . . Als mit unserer Hilfe die Russen Berlin nahmen, begingen sie die entsetzlichste Orgie von

Vergewaltigungen, die in der Geschichte des christlichen Europas bekanntgeworden ist. Unsere Heere warteten absichtlich vor den Toren Berlins, um dieses Übermaß von Vergewaltigungen nicht zu stören. Die Vergewaltigung deutscher Frauen blieb in Berlin die übliche Tagesordnung. Sie gingen vor Präsident Trumans Augen vor sich, als er gelegentlich der Potsdamer Konferenz sich wohlgestimmt wie folgend ausdrückte: ‚Das deutsche Volk beginnt, für die Verbrechen der Gangster zu büßen, die es zur Macht erhob und die es wohlwollend ertrug und deren Befehlen es sich gehorsam unterwarf.' (Dep. of State Bulletin, 12. August 1945, Seite 208.)

Ich möchte einmal wissen, von was für ‚Gangstern' er da spricht. Haben etwa die Urheber von diesen Vergewaltigungen, die weder an Vertierung noch an Zahl in der Geschichte je ihresgleichen gehabt haben, das Recht, auch nur irgendeine Person als ‚Gangster' zu bezeichnen? . . .

Der Präsident Truman sah das alles mit an und trank Champagner mit Stalin und billigte die völlige Ausplünderung und Ausweisung von 12 Millionen Deutschen — Männern, Frauen und Kindern, und alles dies als Strafe für die sogenannten deutschen Verbrechen!"

Professor App schildert dann noch die Vergewaltigungen der Frauen in Österreich und Ungarn durch die sowjetischen Truppen, die sich dort genau so benahmen wie in den deutschen Gebieten. Professor App schreibt dann weiter:

„Diese Dinge sollten eigentlich jeden anständigen Amerikaner geradezu tödlich kränken. Das christliche Europa hat nie zuvor eine derartige weitgehende Vergewaltigung seiner Frauen erfahren. Als im Jahre 1683 die Mohammedaner versuchten, solch ein Schicksal den europäischen Frauen vor den Toren Wiens zuteil werden zu lassen, erhob sich das ganze christliche Europa, um eine derartige Massenbrutalität zu verhindern.

Es war Amerika vorbehalten, nicht nur Monte Casino und Rom mit Bomben zu belegen, mehr Kirchen zu zerstören, als jemals Vandalen zerstört haben, und eine ganze Stadt von Frauen und Kindern in die Luft zu sprengen, lediglich, um eine neue Waffe auszuprobieren, sondern auch einem ganzen christlichen Volke die Politik bedingungsloser Ergebung derartig aufzuzwingen, daß dieses Volk hilflos ausgeplündert und von den lasterhaftesten totalitären Horden aller Zeiten vergewaltigt wurde. Und obendrein laden wir diese Massenvergewaltiger von Frauen als geheiligte Bundesgenossen zu der Verurteilung jener ein, die sich jetzt als die anständigste Armee des zweiten Weltkrieges erweisen . . .

In der Tat, die Umerzieher der Deutschen, die sich selbst dazu aufgeworfen haben, erleben eine herrliche Zeit, die von Tag zu Tag immer mehr an Widerlichkeit zunimmt ...

Wenn wir sie gewähren lassen, werden sie am Ende unseren Frauen noch das gleiche Schicksal bereiten!"

(„Suchlicht" 12/1957, „Nation Europa", Coburg)

Besonders bekannt wurde im süddeutschen Raum auch die Freigabe des unverteidigten Kurortes Freudenstadt im Schwarzwald zur Plünderung und Vergewaltigung seiner Bewohner an die französischen Truppen durch den späteren französischen General de Castrie (den Verteidiger von Dien Bien Phu im Indochina-Krieg im Jahre 1954).

In Stuttgart wurden in der Weihnachtsnacht 1945 — siebeneinhalb Monate nach der Kapitulation — 200 Stuttgarter Mädchen am Ende der Messe von amerikanischen Soldaten in Dienstgebäude und Kasernen geschleppt und dort vergewaltigt. (Maurice Bardèche: „Nürnberg oder das gelobte Land", Seite 120.)

Die „Deutsche Soldaten-Zeitung und National Zeitung" veröffentlichte beginnend mit Nr. 18/1962 vom 11. 5. 1962 eine längere Serie von Aufrufen des sowjetischen Schriftstellers jüdischer Abstammung Ilja Ehrenburg zur Bekämpfung der Deutschen, die u. a. die restlose Ausrottung der Deutschen zum Inhalt hatten. In der „Deutschen Wochenzeitung" vom 8. 9. 1962 wird ein Aufruf Ilja Ehrenburgs, den dieser jetzt bestreitet und der bereits in der „Frankfurter Allgemeinen Zeitung" vom 12. 9. 1955 (siehe „Deutsche Soldaten-Zeitung und National Zeitung" vom 7. 9. 1962) abgedruckt war, erneut veröffentlicht. Die „Deutsche Wochenzeitung" schreibt dazu:

„3000 blutrünstige Aufrufe Ilja Ehrenburgs gegen die Deutschen liegen uns im russischen Original vor. Ein einziger fehlt, jener berüchtigte Aufruf zur Schändung der deutschen Frauen, der den Text enthält:

‚Tötet, tötet, tötet!
Es gibt nichts, was an den Deutschen unschuldig ist!
Die Lebenden nicht und die Ungeborenen nicht!
Folgt der Weisung des Genossen Stalin!
Zerstampft für immer das faschistische Tier in seiner Höhle!
Brecht mit Gewalt den Rassenhochmut der germanischen Frauen!
Nehmt sie als Beute!
Tötet, Ihr tapfer vorwärtsstürmenden Sowjet-Krieger.'

Ehrenburg hat alle seine Hetztiraden abgestritten und sie als Goebbelssche Erfindung bezeichnet. Das genügt den Ehrenburg-Verehrern, um die Existenz von 3000 Appellen zum Massenmord zu leugnen und sich hinter dem einzigen fehlenden zu verstecken. (Vgl. „Spiegel" N. 36/62.)

Dieser eine Aufruf aber existiert! Wir haben eidesstattliche Erklärungen von zwei Lesern, die ihn im Original gelesen haben. Es handelt sich um ein Flugblatt von etwas weniger als DIN A 4-Größe, das an der ostpreußischen Front im Oktober 1944 und wahrscheinlich auch im Januar und März 1945 an der Oder-Front in Flugblättern und russischen Frontzeitungen verteilt wurde..."

Die Heruntersetzung der Verpflegung auf niedrige Rationen für die deutsche Bevölkerung nach Beendigung des zweiten Weltkrieges hat ihren Vorläufer in der sogenannten Hungerblockade des ersten Weltkrieges durch die Alliierten gegen Deutschland. Die Zeitschrift „Nation Europa", Heft 5/1962, veröffentlichte einen Leserbrief eines vermutlich jüdischen Lesers namens Abraham Weiß, in dem es heißt:

„Meine Herren! Die Wurzel zu Eichmanns Taten liegt im Ersten Weltkrieg:

1. Die Deutschen legten die Waffen auf Grund der fairen 14 Punkte Präsident Wilsons nieder.
2. Als sie entwaffnet und hilflos waren, wurden die 14 Punkte fallengelassen, und die Deutschen mußten Versailles schlucken.
3. Die Franzosen nahmen ihnen Vieh und Lebensmittel weg, als die Deutschen bereits hungerten infolge der britisch-französischen Blockade.
4. Bemerkenswerterweise handelte es sich hier nicht um den Raub von Luxusgütern, wie Kunstschätzen oder fremden Wein, sondern um die Lebensgrundlage eines verhungernden Volkes.
5. Der Krieg war beendet; für die Franzosen gab es keine Notwendigkeit, so vorzugehen; es gibt dafür keine Entschuldigung; sie hatten selbst mehr als genug Lebensmittel.
6. Auch nach dem Waffenstillstand 1918 bis spät nach 1919 durfte kein Schiff deutsche Häfen ansteuern, bis der Versailler Vertrag unterschrieben wurde. So mußten die Deutschen unterzeichnen, um der Aushungerung zu entgehen.
7. Über 2 Millionen Deutsche verhungerten in dieser Zeit.
8. Weitere Millionen wurden für ihr Leben tuberkulosekrank.
9. In den frühen zwanziger Jahren wurden viele Deutsche von Polen im schlesischen Gebiet gemordet und verstümmelt, als die Polen sich weigerten, das Ergebnis der für sie ungünstigen Volksabstimmung anzuerkennen.

10. Riesige Reparationszahlungen mußten geleistet werden — alles, was die Deutschen arbeiteten, floß in fremde Taschen, obwohl es in Deutschland am nötigsten gebraucht wurde.
11. Gewisse Leute waren geschäftig, in Deutschland die Befreiung vorzubereiten (und leider auch die Rache, die nie gut ist).
12. Die Juden wurden zu Prügelknaben gemacht. Wenn sie sich in der Notzeit nach dem Krieg ein wenig menschenfreundlicher gezeigt hätten, hätten sich die Dinge vielleicht anders entwickelt.

Abraham Weiß, New York"

Die Vertreibung der Deutschen aus den Ostgebieten und dem Sudetenland

Mehr als 13 Millionen Deutsche wurden aus diesen Gebieten nach Kriegsende vertrieben. Die Zahl der bei der Vertreibung umgekommenen Personen ist nicht genau bekannt, da eine große Anzahl in die Sowjet-Union verbracht wurde und dort vermißt ist.

Der Engländer, Captain Russell Grenfell, weist in seinem Buch „Bedingungsloser Haß?" auf die im August 1941 zwischen dem britischen Premierminister Churchill und dem Präsidenten der USA, Roosevelt, abgeschlossene Atlantic-Charta hin und schreibt darüber im Hinblick auf die Vertreibung:

„In Artikel 6 sprechen die beiden Führer weiter von ihren Hoffnungen auf einen Frieden, der allen Nationen die Mittel biete, innerhalb ihrer Grenzen in Sicherheit zu leben. Beide Führer stimmten jedoch später Bedingungen zu, auf Grund deren die Austreibung einer gewaltigen Zahl von Deutschen aus Ländern erfolgte, in denen sie von altersher gelebt hatten; die tatsächliche Anzahl der dabei Vertriebenen erreichte, wie es heißt, die ungeheure Zahl von mindestens dreizehn Millionen, einschließlich zwei Millionen Tote und Verschollene." (S. 108)

Im amerikanischen Repräsentantenhaus erklärte am 20. Januar 1948 der Abgeordnete Harold F. Jungblood:

„Die wahre Geschichte dieser Millionen von Ausgewiesenen ist, soviel ich weiß, noch nicht geschrieben. In der Tat ist vielmehr eine organisierte Bestrebung von bestimmten Gruppen ins Werk gesetzt, um sie von der amerikanischen Öffentlichkeit ferne zu halten. Diese Menschen wurden von ihren väterlichen Behausungen nur mit dem, was sie auf ihrem

Rücken tragen konnten, binnen wenigen Stunden vertrieben. All das wurde mit der mehr oder weniger stillen Zustimmung der westlichen Demokratien durchgeführt ... Unter diesen Ausgewiesenen sind schätzungsweise mindestens 3 Millionen Menschen, die außerhalb der Grenzen des Reiches von 1938 lebten. Diese Menschen waren dort seit Hunderten von Jahren ansässig, sie waren arbeitsame, praktische und oft erfolgreiche Menschen, was sehr wohl die Hauptursache für ihre Vertreibung gewesen sein mag."

(„Das andere Lidice", S. 44)

Der Sekretär des nationalen Rates zur Verhinderung des Krieges, James Finuncane, erklärte am 15. Juli 1948 vor dem Senatsausschuß für Rechtsfragen:

„Es muß auch etwas für die Volksdeutschen geschehen. Sie wurden am Ende des Krieges in einer so grausamen und widersinnigen Massenausweisung hinausgeworfen, wie sie die Geschichte bisher nicht gesehen hat. Sie wurden im Grunde nur als kriminell verfolgt, weil sie deutscher Abstammung waren. Ob sie jung oder alt, gut oder böse, loyal oder illoyal waren, hatte wenig oder gar keinen Einfluß auf ihr Schicksal. Mit der gleichen unsinnigen Logik, mit der bei einem Pogrom die Juden verdammt wurden, weil sie Juden waren, wurden sie verdammt, weil sie Deutsche waren ... Diese Millionen Volksdeutscher jetzt wie Aussätzige in Elend und Hilflosigkeit zu belassen, bedeutet nicht nur, daß unseren eigenen Idealen von der Gerechtigkeit Unrecht widerfährt, es ist auch die Saat eines zweiten Krieges ..."

(„Das andere Lidice", Seite 44/45)

Die Vertreibung der Araber aus Palästina

Der jüdische Schriftsteller J. G. Burg schreibt in seinem Buch „Schuld und Schicksal" über die Zusammensetzung der Bevölkerung von Palästina u. a. folgendes:

„Seit achtzehnhundert Jahren befanden sich ja keine nennenswerten jüdischen Gemeinden mehr in Palästina. Vielleicht waren 1917 etwa 30 000 bis 40 000 jüdische Einwanderer im Lande. Eine jüdische Urbevölkerung existierte überhaupt nicht." (Seite 243)

Gegen Ende der englischen Protektoratsherrschaft in Palästina wird die Lage von Burg folgendermaßen geschildert:

„Kaum hatten die Engländer erklärt, daß sie die Mandatsmacht niederlegen wollten, kaum war die Proklamation des jüdischen Staates in Aussicht gestellt, als auch schon zionistische Gruppen in den arabischen Siedlungen Furcht und Schrecken verbreiteten. Menschen wurden überfallen, Häuser niedergebrannt, Kulturen zerstört. Immer wieder dröhnten die Nächte und oftmals die Tage von den Anschlägen der Bombenexplosionen, die stets neue Opfer forderten.

Seltsamerweise erfuhr die Weltöffentlichkeit nur von den Verzweiflungsaktionen der Araber. Von den systematischen Anschlägen und Angriffen der Zionisten erfuhr sie nichts.

Die Lage in Palästina war trotz der siegreichen politischen Entwicklung wirtschaftlich unhaltbar. Den überwiegenden Teil des Bodens hatten nach wie vor die arabischen Einwohner in der Hand ..." (S. 273)

„Da es unmöglich war, über eine Million Menschen totzuschlagen, wählten die Israeli die Taktik der Furcht. Und diese Taktik führte zum vollen Erfolg. Schon in den ersten Monaten des Jahres 1948, ehe noch der selbständige Staat Israel proklamiert wurde, flüchteten etwa 350 000 Araber aus dem Lande. Sie fürchteten für ihr Leben.

Die britischen Truppen lagerten in ihren Kasernen und Stützpunkten und mischten sich nicht mehr ein.

Am 14. Mai 1948 war es so weit. Der Union Jack wurde überall eingezogen, und die britischen Truppen verließen sang- und klanglos Palästina. Englands Mandat war offiziell erloschen. Israels Flagge, der blaue sechszackige Stern, auch Davidstern genannt, auf weißem Grund, ging am Fahnenmast des Hotels „King David" in Jerusalem hoch. Der Vorsitzende der Palästina-Sochnuth, Ben Gurion, erklärte in Tel Aviv anläßlich der Proklamation des Staates Israel feierlich:

‚Durch einen Mehrheitsbeschluß der Vereinten Nationen und auf der Grundlage entstandener nationaler Rechte ist der Staat Israel erstanden. Wir erklären hiermit, daß allen Bürgern ohne Unterschied der Religion, der Rasse oder des Geschlechtes volle bürgerliche und politische Freiheit gegeben wird. Es wird volle Religions-, Kultur- und Sprachfreiheit herrschen.'

Schöne Worte, die den Palästina-Arabern wie Hohn klangen." (Seite 274)

Weiter schreibt Burg:

„Schon vor den Kämpfen, besonders jedoch während der Kämpfe, wurde die arabische Bevölkerung, ganz einerlei, ob sie sich an den Kämpfen beteiligte oder wie die meisten neutral blieb, größtenteils wahllos ausgeplündert und beraubt und nach dem Vorbild der baltischen, galizischen und ukrainischen Vandalen zum Teil sogar erschlagen.

Was damals den Arabern angetan wurde und was ihnen zum Teil heute noch angetan wird in Israel, ist um so unverständlicher, als ja gerade Juden in den fast 2000 Jahren in nahezu allen Ländern der Welt durch Generationen erlebend und erleidend erfahren mußten, was nationalistische und rassische Unduldsamkeit ist. Gerade wir Juden, die wir durch all die Jahrhunderte hindurch das Leben einer Minderheit erlitten haben, hätten nun in der Stunde, als das Schicksal auf diesem historischen Boden einer Gruppe Juden, den Israeli, die Macht gab, der Welt zeigen müssen, wie man eine Minderheit behandelt. Wie prophetisch hatte doch der geistige Führer des „Bund" über ein Jahrzehnt zuvor die Dinge vorausgesehen! All das war dahin! Vertan die einzigartige Chance, vor der Geschichte ein Zeugnis von dem inneren Wert und dem tiefen Verantwortungsbewußtsein des Judentums abzulegen. Juden in Uniformen der Hagana oder der anderen Organisationen hatten sich nicht anders benommen als die antisemitischen Kosaken in Rußland, als die Eiserne Garde in Rumänien, als die haßerfüllten Galizier und die deutsche SS! Nicht, daß diese israelischen Grausamkeiten in Israel widerspruchslos hingenommen worden wären. Doch die öffentliche Kritik änderte die Lage leider nicht ..." (Seite 281)

„Wieder in Tel Aviv angekommen, hatte ich ein erschütterndes Erlebnis, das ich nie in meinem Leben vergessen werde. In unserer Straße wohnte ein junger, etwa 28jähriger Rabbinatsschüler, mit dem ich schon einige Male gesprochen hatte.

Als ich ihm — sehr vorsichtig natürlich — meine Beobachtungen auf der Reise mitteilte, wurde er leichenblaß und begann zu zittern.

‚Wem sagen Sie das?' unterbrach er mich. ‚Noch heute habe ich manchmal in der Nacht Angstträume. Immer wieder steht der Junge von Jaffa vor meinen Augen.'

Verständnislos blickte ich ihn an.

‚Ich kam doch schon 1946 nach Palästina, und es war eine harte, schwere Zeit. Selbstverständlich schloß ich mich den Kämpfern an. Meine ganze Familie ging in den KZ zugrunde, ich mußte mit meinen eigenen Augen sehen, wie aus einem ganz geringfügigen Grund mein zehnjähriger Bruder Berl von einem betrunkenen SS-Mann erschossen wurde.'

Ich nickte. Ich konnte nur zu gut seine Gefühle verstehen. Doch was hatte das mit Jaffa zu tun?

Der Rabbinatskandidat fuhr leise fort: ‚Es war 1948, im Mai. Die

Araber waren in hellen Scharen aus Jaffa geflohen, wie auch aus den anderen Orten. Unsere Kampfgruppe hatte die Aufgabe, einen leeren Straßenzug abzukämmen und nach Versprengten zu suchen. Tatsächlich stöberten wir in einer Scheune acht Männer und einen vielleicht Zehnjährigen auf. Wir stellten die Araber längs des Meeres auf und befahlen ihnen, hinaus auf das Wasser zu schauen. Als wir die Gewehre hoben — gerade ehe die Salve krachte —, drehte sich der Junge um und blickte ausgerechnet mich mit seinen dunklen Augen an. Ich werde diesen Blick nicht mehr los. Ich weiß nicht mehr, ob ich tatsächlich geschossen habe oder nicht. Die Leichen fielen ins Meer, und wir rückten weiter, um die großen Magazine zu durchsuchen. Doch ich war für nichts mehr zu gebrauchen. Vor mir stand das Bild, wie mein kleiner Berl ermordet wurde. War der kleine Araber mein Bruder? War ich der gnadenlose SS-Mann geworden?

Es ist entsetzlich! Sie verstehen das nicht, Sie können es nicht verstehen.' ..." (Seite 282/283)

Weiter heißt es in diesem Buch:

„Und überdeutlich schrieb die hebräische Zeitung ‚Haarez', Tel Aviv: ‚Die Politik in Israel den Arabern gegenüber könnte man nur mit der Politik in den USA des vergangenen Jahrhunderts den Indianern gegenüber vergleichen. Die Araber werden keinen anderen Ausweg haben, wenn sie der Vernichtungspolitik entgehen wollen, als sich dem Kommunismus zuzuwenden.' ..." (Seite 285)

„Bald fiel mir auf, daß der Araberfriedhof in Tel Aviv, der in Zaffon liegt, so zerstört ist, daß man keinen einzigen Grabstein dort finden konnte. Die halb zusammengefallenen Grüfte des Friedhofs dienten damals nur als Treffpunkt für Liebende. Ich hatte aber darüber nicht weiter nachgedacht.

Erst als ich in Beerseba an der Wüste Negev vor dem arabischen Friedhof stand, fiel es mir wie Schuppen von den Augen. Die Grabsteine fehlten beinahe alle. Wenn sie noch vorhanden waren, hatte man sie umgeworfen oder zerschlagen. Gerade vorher hatte ich den großen Friedhof der britischen Soldaten bewundert, die hier im ersten Weltkrieg gefallen waren. Im Gegensatz zu der kleinen, armseligen und schmutzigen Stadt war dieser Friedhof peinlich sauber und gepflegt. Ich war durch Beerseba gewandert, den Ort, in dem einst Abraham, der Urvater, gewohnt hatte, und hatte nicht einen Hauch der biblischen Vergangenheit gespürt. Überall lungerten halbverhungerte Araber herum, und nur wenige Juden waren zu sehen. Zionistische Neuansiedler hatten ihre bescheidenen, von den Arabern verlassenen Häuser selbst instandgesetzt;

jedoch die winzigen, engen Straßen waren deshalb nicht breiter geworden. Hier, bei den neuen kleinen Häusern der Neuansiedler, fand ich die arabischen Friedhofsteine. Sie dienten als Platten für die Treppen und für die Bürgersteige. Bei manchen waren die arabischen Schriftzeichen, meist Koransprüche, noch deutlich sichtbar. Mein Fuß zuckte zurück, und mir lief es kalt über den Rücken.

Sicherlich war diese Kulturschande unter dem Zwange der Armut geschehen. Trotzdem stellte ich mir vor: Wenn irgendwo in Deutschland böswillige Narren oder übermütige Kinder einen Grabstein eines jüdischen Friedhofes beschädigen, welche Staatsaffäre! Wenn sie aber erst diese jüdischen Grabsteine als Treppen aufgeschichtet oder als Umrandungen für den Bürgersteig benutzt hätten, was würde dann die Welt gesagt haben? ..." (Seite 287/288)

„Während sich die ganze Welt über die Unterdrückung nationaler Minderheiten aufregt, wird die arabische Minderheit in Israel auch weiterhin mit allen Mitteln unterdrückt. Während man überall darangeht, das Kolonialsystem zu liquidieren, bleiben in Israel die arabischen Kolonien — anders werden diese Dörfer nicht behandelt denn als Kolonien — weiterhin bestehen ...

Am erschütterndsten für mich war es, zu erfahren, daß auch in den folgenden Jahren, besonders in der Zeit, in der sich Israel im Oktober 1956 an dem Krieg Englands und Frankreichs gegen Ägypten beteiligte, neue schreckliche israelische Verbrechen gegen die Menschlichkeit an den Arabern begangen wurden ...

Am ersten Tag des Sinai-Feldzuges, am 29. Oktober 1956, teilte der israelische Armeemajor, der für die Sicherheit des Raumes verantwortlich war, dem Bürgermeister von Kfar Kassem um 16 Uhr mit, daß über das Dorf ab 18 Uhr ein strenges Ausgehverbot verhängt sei.

Da sich die arabischen Bauern alle auf ihren Feldern befanden und nicht vor 19 oder 20 Uhr nach Hause kamen, beschwor der Bürgermeister den Major, die Frist am ersten Tag zu verlängern, da es ihm unmöglich wäre, in der kurzen Zeit alle Bauern auf dem Felde zu verständigen.

Der israelische Major telefonierte mit seinem Brigadier und erklärte dann, daß keine Ausnahme gemacht werden könne.

Die Mehrzahl der Bauern des Dorfes Kfar Kassem, die weit draußen gearbeitet hatten, kam gegen 19 Uhr zurück. Sie wurden von einer israelischen Grenzpolizeiabteilung festgenommen, alles in allem siebenundvierzig Menschen, in der Hauptsache Männer, aber auch Frauen und Kinder, welche die Väter auf die Felder begleitet hatten. Die israelischen Grenzpolizisten verluden die völlig verstörten Araber auf Lastwagen und fuhren sie am Dorfrand vor eine Mauer. Dort wurden alle siebenundvierzig Männer, Frauen und Kinder, teils erschossen, teils mit Bajonettstichen und Kolbenschlägen umgebracht ...

Mögen wir als Juden niemals das bezahlen müssen, was uns eine gewissenlose Clique in Israel an Schuld auflud! Bisher standen wir Juden vor der Welt als diejenigen, die Gerechtigkeit zu fordern hatten.

Nun hat man in Israel den Arabern gegenüber diese Gerechtigkeit vor aller Welt mit Füßen getreten.

Daß in Israel nur eine kleine Minderheit des Weltjudentums lebt und daß die Mehrheit der jüdischen Bevölkerung von Israel mit diesen Greueltaten nichts zu tun haben will, wird die Welt vielleicht ebensowenig zur Kenntnis nehmen, wie sie 1945 zur Kenntnis nahm, daß auch die Masse des deutschen Volkes mit den entsetzlichen Folgen der Judenhetze nichts zu tun hatte." (Seite 289/292)

In der Schrift „Die niederträchtige Behandlung der Christen in Israel", herausgegeben vom Generalsekretariat der Liga der arabischen Staaten, Palästina-Abteilung (Politische Sektion), 1957, werden schwere Vorwürfe gegen die Israeli wegen Schändung von christlichen Kirchen und christlichen Friedhöfen erhoben.

Die Amerikanerin Freda Utley schreibt in ihrem Buch „Arabische Welt Ost oder West?" u. a. folgendes:

„So wurde nicht nur das Eigentum der sechs- oder siebenhunderttausend Araber konfisziert, die 1948 flüchteten. Auch die Habe vieler anderer Araber, die noch in Israel ansässig sind, ist weggenommen worden. Ganze arabische Dörfer wurden zerstört und die Einwohner gezwungen, für jüdische Siedler Platz zu machen ..." (Seite 171)

Über die Zahl der arabischen Palästina-Flüchtlinge schreiben die „Stuttgarter Nachrichten" am 20. 11. 1962 u. a. folgendes:

„Während den Kämpfen zwischen dem jungen Staat Israel und den Arabern 1947/1948 verließen Hunderttausende Araber ihre Heimat und leben seither zum größten Teil in Lagern, ein ganz kleiner Teil konnte als Kaufleute, Beamte und Fachleute außerhalb der Lager eine Existenz finden. 1950 wurden in Ägypten, Jordanien, Syrien, Libanon und Irak 726 000 Flüchtlinge offiziell registriert, zehn Jahre später waren es infolge starken Geburtenüberschusses 1,1 Millionen ..."

Die Atombomben und die Atomversuche

Am 6. und 9. 8. 1945 warfen die USA je eine Atombombe auf die japanischen Städte Hiroshima und Nagasaki. Dabei wurden rund 200 000 Personen getötet und Zehntausende erlitten schwere Strahlenschäden. Über die spätere Auswirkung der Atombombe auf Hioroshima schreibt die Illustrierte „Stern" vom 25. 6. 1960 (Seite 60) u. a.:

„Nach dem Abwurf der Atombombe am 6. 8. 1945 wurden bis zum Jahre 1954 in Hiroshima 32 179 Kinder geboren, davon waren 5 201 (jedes sechste Kind) mißgestaltet oder tot..."

Über die militärische Notwendigkeit der Atombombenwürfe ist in den „Stuttgarter Nachrichten" vom 28. 4. 1962 folgendes zu lesen:

„Der frühere Leiter der amerikanischen Abwehrbehörde, Allen Dulles, berichtete in einem Fernsehinterview, ihm sei im Frühjahr 1945 aus deutschen Quellen bekannt geworden, daß die Japaner nicht mehr lange in der Lage seien, ihren Krieg gegen die USA weiterzuführen. In Tokio sei auch schon an Friedensfühler gedacht worden. Er selbst, Dulles, habe die ‚recht interessanten' japanischen Vorschläge sofort an den damaligen amerikanischen Außenminister Stimson nach Potsdam weitergeleitet.

Auf die Frage, ob der Abwurf der ersten beiden Bomben auf Hiroshima und Nagasaki demnach unnötig gewesen sei, sagte Dulles: ‚Ich glaube, man hat zur Verfügung stehendes Abwehrmaterial nicht voll ausgewertet und nicht die japanische Unfähigkeit erkannt, den Krieg wirksam weiterzuführen.'"

Vor dem Abflug der Atombombenflugzeuge war jeweils die Befehlsausgabe des amerikanischen Bomberkommandos „mit einem ergreifenden Gebet" des Feldgeistlichen, Hauptmann William B. Downey, von der Hope Lutheran Church in Minneapolis beendet worden (siehe: William L. Laurence: „Die Geschichte der Atombombe — Dämmerung über Punkt Null", Seite 182 und 199).

Der amtierende Präsident der USA zur Zeit der Atombombenabwürfe, der Nachfolger des am 12. 4. 1945 verstorbenen Präsidenten Roosevelt, Harry Truman, äußerte sich im Februar 1958 über die Anwendung der Atombomben auf Japan folgendermaßen:

„Ich glaube, das Opfer Hiroshima war für das zukünftige Wohlergehen Japans und der Alliierten dringend notwendig."

(F. J. P. Veale: „Der Barbarei entgegen", 2. Auflage, 1962, S. 315)

Hinsichtlich der militärischen Notwendigkeit des Abwurfs der Atombomben stellt der britische Rechtsanwalt Veale in dem Buch „Der Barbarei entgegen" (2. Auflage 1962) folgende Tatsachen heraus:

„Die wahren Tatsachen sind seit langem bekannt, doch die amerikanische sowie die britische Presse haben sich alle Mühe gegeben, sie nicht an die Öffentlichkeit dringen zu lassen. Bereits im Januar 1945 wurden Roosevelt von General Mac Arthur japanische Kapitulationsvorschläge übermittelt, die sich im wesentlichen mit denen deckten, die die amerikanische Regierung im August darauf, nach Abwurf der ersten Atombombe auf Japan, akzeptierte. Diese Vorschläge sahen die völlige Kapitulation aller japanischen Streitkräfte vor, die Übergabe sämtlicher Waffen und Munitionsvorräte, die Besetzung des japanischen Mutterlandes, sowie den Abzug aus der Mandschurei, Korea und Formosa. General Mac Arthur drängte Roosevelt mit alle mNachdruck zur Aufnahme sofortiger Verhandlungen auf der Basis dieser Vorschläge. Roosevelt tat diesen Rat bezeichnenderweise mit der verächtlichen Bemerkung ab, daß Mac Arthur ‚unser größter General und unser kümmerlichster Politiker' sei. Er selbst reiste zwei Tage später zum Treffen mit Stalin nach Jalta und ließ Mac Arthurs Bericht zweifellos wohlverwahrt in irgendeinem Safe für besonders geheime Dokumente zurück. Ehe dieses Dokument im amtlichen Dunkel verschwand, wurde es zum Glück von einem Beamten in Washington kopiert und an Walter Trohan von Chicago Tribune gegeben gegen das Versprechen, es erst nach Ende des Krieges mit Japan zu verwenden. Dieses Versprechen wurde getreulich gehalten. Am 19. August 1945, dem Sonntag nach dem ‚Tag V-J', veröffentlichte Trohan das Dokument im vollen Wortlaut in Chicago Tribune und im Washington Times-Herald. Das Weiße Haus focht die Glaubwürdigkeit nicht an. General Mac Arthur selbst bestätigte im Jahre 1951 seine Echtheit.

Im Jahre 1945 jedoch interessierte sich niemand für diese Enthüllung. Es herrschte allgemeines Entzücken darüber, daß die Atombombe rechtzeitig fertig geworden war, um damit die bösen Japaner umzubringen. Erst nachdem die Geheimnisse der Atomspaltung durch den glänzend organisierten und geschickt arbeitenden kommunistischen Spionagering unter Führung von Julius und Ethel Rosenberg an den Kreml verraten worden waren" (dieses jüdische Forscherehepaar wurde deswegen zum Tode verurteilt und hingerichtet), „machten sich in den Vereinigten Staaten und Großbritannien Gewissensbisse bemerkbar. Die Sache erschien in einem gänzlich anderen Licht, als man sich darüber klar wurde, daß das Schicksal, das über Hiroshima hereingebrochen war, jederzeit auch über New York oder London hereinbrechen konnte. Eine Welle von

Humanitätsgefühlen durchlief die westliche Welt, die sich noch verstärkte, als die Sowjetunion mit Erfolg die erste Wasserstoffbombe zündete.

Wenige Wochen nach dem Atombombenangriff auf Hiroshima am 6. 8. 1945 war die Tatsache bekannt, daß dieser Angriff nicht nötig gewesen war, um die Japaner zur Kapitulation zu veranlassen, da sie bereits im Januar die bedingungslose Kapitulation angeboten hatten. Lange fehlte jedoch der Beweis dafür, daß der neue amerikanische Präsident, Harry S. Truman, von diesem Angebot wußte, als er im Juli seine Einwilligung zum Abwurf der Atombombe auf Hiroshima gab. Er war nie Roosevelts Vertrauter gewesen, und es erschien wenig wahrscheinlich, daß Roosevelt ihm gegenüber General Mac Arthurs Bericht erwähnt hatte.

Erst fünfzehn Jahre später kam die Tatsache ans Licht, die Truman in seinem 1955 veröffentlichten Buch „The Year of Decisions" übergeht. Scheinbar versehentlich erlaubten die Beamten des State Departement in Washington zwei Journalisten, Fletcher Knebel und Charles Bailey, sich gewisse Geheimpapiere anzusehen, die sich auf die Potsdamer Konferenz bezogen. Unter diesen unveröffentlichten Papieren befand sich eine stenographische Notiz von Charles Bohlen, Trumans persönlichem Dolmetscher, über eine Unterhaltung zwischen Truman und Stalin in der Villa des letzteren am Wannsee in Babelsberg am 18. Juli 1945, knapp drei Wochen vor dem Angriff auf Hiroshima. Diese Notiz wurde erstmalig von Knebel und Bailey in dem Des Moines Sunday Register vom 21. August 1960 veröffentlicht.

Stalin begann dieses historische Gespräch damit, daß er Truman die Kopie eines Schreibens überreichte, das er soeben von dem japanischen Botschafter in Rußland, Sato, mit einer Botschaft des japanischen Kaisers erhalten hatte, in der er ihm mitteilte, daß Fürst Konoye in einer Friedensmission nach Moskau geschickt werde. Stalin fragte Truman, ob man diese Botschaft seiner Meinung nach ignorieren solle, oder ob es nicht vielleicht besser sei, durch eine ausweichende Antwort, ‚die Japaner in Sicherheit zu wiegen'. Truman bat Stalin, diese zweite Taktik anzuwenden und erwähnte, daß kurz vor seiner Abreise nach Europa am 6. Juli ein Kabel des amerikanischen Botschafters in Schweden eingegangen sei, wonach Prinz Bernadotte vom japanischen Militärattaché in Schweden informiert worden sei, daß die japanische Regierung großen Wert darauf lege, sofortige Kapitulationsverhandlungen durch Vermittlung des Königs von Schweden aufzunehmen.

Nach diesem Gespräch nahmen die Ereignisse einen schnellen Verlauf. Wie Truman gewünscht hatte, antwortete Stalin auf Satos Schreiben ausweichend. Am 24. Juli setzte Truman Stalin vom Vorhandensein der

Atombombe in Kenntnis" (Am 16. 7. 1945 war in den USA die erste Atombombe auf dem dortigen Versuchsgelände gezündet worden.). „Stalin zeigte kein Interesse. Wahrscheinlich war er durch seine Spione über die erfolgreichen Versuche mit der Bombe genauer informiert als Truman selbst. Am 25. Juli billigte Truman die Befehle zum Abwurf der ersten Atombombe über Japan ‚ungefähr nach dem 3. August'. Am 6. August wurde die erste Atombombe auf Hiroshima abgeworfen und tötete im Bruchteil einer Sekunde 70 000 Männer, Frauen und Kinder.

Der letzte noch verbleibende Zweifel, ob Präsident Truman seinen Befehl zum Abwurf der ersten Atombombe über Japan tatsächlich in voller Kenntnis der wiederholten japanischen Angebote bedingungsloser Kapitulation gegeben hat, kann nun an dieser Stelle endgültig behoben werden. Der amerikanische Historiker Dr. Harry Elmer Barnes veröffentlichte bereits im März 1958 in ‚National Review' einen Aufsatz unter dem Titel ‚Angriff auf einen besiegten Feind' und erklärte darin, ihm sei

‚durch eine Persönlichkeit des amerikanischen öffentlichen Lebens von höchstem Ansehen persönlich und in Gegenwart eines Zeugen von gleicher Glaubwürdigkeit die Versicherung gegeben worden, daß Präsident Truman über die Tatsachen der Situation Anfang Mai 1945 vollständig unterrichtet war.'

Als die hervorragende Persönlichkeit, von der hier die Rede ist, selbst die Wahrheit erfuhr, war sie über das bevorstehende unnötige Blutvergießen so empört, daß sie den Präsidenten Truman aufsuchte, um ihn zur Annahme der Kapitulation und Beendigung des Krieges zu drängen. Dr. Harry Elmer Barnes fährt dann fort:

‚Präsident Truman erwiderte, er sei mit den Tatsachen der dringenden japanischen Friedenswünsche, des Fehlens irgendeiner Notwendigkeit weiterer militärischer Unternehmungen und der guten Aussicht auf einen unverzüglich abzuschließenden Frieden durchaus vertraut. Aber dann sprach er weiter und sagte, er sei ein Neuling in seinem Amt und fühle sich der furchtbaren Aufgabe nicht gewachsen, der Kriegslüsternheit Staatssekretär Stimsons und der Beamten im Pentagon Einhalt zu gebieten, die entschlossen seien, den Krieg bis zum bitteren Ende fortzusetzen.'

Mit Zustimmung des Verfassers des zitierten Aufsatzes kann hier nun mitgeteilt werden, daß die darin erwähnte bedeutende Persönlichkeit niemand anderes war als Herbert H o o v e r, früherer Präsident der Vereinigten Staaten." (Seite 315—318)

Veale schreibt dann weiter:

„Bleibt die Frage, warum Trumans Berater so hartnäckig darauf bestanden, daß er diesen folgenschweren Befehl erteilte. Es herrscht heute allgemein klar, darüber, daß im Krieg mit Japan kein militärischer Zweck mehr zu verfolgen war. Also sei es ein diplomatischer Zweck gewesen, wird argumentiert. Eine Bestechung, die Stalin veranlassen sollte, Japan durch einen Einmarsch in der Mandschurei in den Rücken zu fallen. Es läßt sich jedoch kaum einsehen, inwiefern ein Einmarsch der Roten Armee in die Mandschurei der amerikanischen Diplomatie im Fernen Osten zugute kommen sollte. Anfang 1945 hatten die Japaner sich bereiterklärt, alle ihre Waffen auszuliefern und das japanische Mutterland besetzen zu lassen. Wenn dieses Angebot nicht ernst gemeint war, so hätte sich das durch Verhandlungen feststellen lassen.

Die Wahrheit ist, daß der Abwurf der ersten Atombombe auf Japan ebenso wenig diplomatische wie militärische Vorteile bringen konnte. Der einzige Vorteil beim Abwurf dieser Bombe konnte darin liegen, einwandfrei zu bestätigen, daß die namhaften Wissenschaftler, die diese Bombe mit soviel Findigkeit und Kostenaufwand konstruiert hatten, ihre Zeit und das Geld ihres Landes nicht zum Fenster hinausgeworfen hatten, sondern daß es ihnen tatsächlich gelungen war, eine tödliche Waffe zu schaffen. Für das Gelehrtengehirn bot die Tatsache, daß sich Japan, wenn auch völlig geschlagen, infolge der bewußten Ignorierung seiner wiederholten Kapitulationsangebote noch im Kriegszustand mit den Vereinigten Staaten befand, eine Gelegenheit für eine wissenschaftliche Demonstration, wie sie nie oder doch viele Jahre nicht wieder zu finden sein würde. Im Grunde genommen war der Abwurf der ersten Atombombe einfach Vivisektion, wobei die Einwohner Hiroshimas die Rolle spielten, wie sie bei wissenschaftlichen Experimenten für gewöhnliche Meerschweinchen zufällt.

Die Einstellung der Wissenschaftler zu diesem Thema trat klar in der Untersuchung der amerikanischen Atomenergiekommission zutage, die sich im Frühjahr 1954 mit der Vergangenheit, den Gedanken und Ansichten Dr. Oppenheimers befaßte, des hervorragenden jüdischen Physikers, der die Entdeckungen Sir Joseph Thompsons und Rutherfords zu Anfang des Jahrhunderts zur Herstellung einer Waffe verwandte, mit der sich Menschenleben in großen Massen vernichten lassen. Dr. Oppenheimer war kein Verräter wie einige seiner Kollegen, Dr. Fuchs beispielsweise, doch als junger Mann hatte er wie viele seiner Zeitgenossen sehr ausgeprägte Sympathien für die Linke gehabt und war vielen Kommunisten und mit den Kommunisten sympathisierenden Leuten freundschaftlich verbunden geblieben. Dr. DuBridge erklärte der Kommission die Sympathien des Professors für den Kommunismus ‚als ganz natürlich für einen Menschen mit sehr starken Interessen, Interesse an Menschenrechten und menschlichen Freiheiten', — kurz gesagt, mit den wissenschaftlichen Augen Dr. Du

Bridges gesehen, war von einem Menschen mit derart humanitären Neigungen durchaus zu erwarten, daß er sich von der blutbefleckten Tyrannei Joe Stalins gefühlsmäßig angesprochen fühlte. Dr. Oppenheimer gab — nicht ganz bei der Wahrheit bleibend — zu, daß er vielleicht in engem Kontakt mit einigen recht unerwünschten Freunden geblieben sei, und die Kommission entschied, daß er vom Sicherheitsstandpunkt aus nicht unbedingt vertrauenswürdig sei. Damit endete die Sache. Bei seiner Vernehmung vor der Kommission gab Dr. Oppenheimer jedoch eine Antwort hinsichtlich des Abwurfs der ersten Atombombe, die ganz gewiß für alle Zeiten von allen Geschichtsschreibern zitiert werden wird. Dr. Oppenheimer sagte:

‚Wenn man auf etwas technisch ungemein Reizvolles stößt, dann besinnt man sich nicht lange, sondern führt es durch, und erst wenn die Sache technisch ein Erfolg war, überlegt man, was damit anzufangen wäre. . . .

Wir nahmen immer an, wenn man die Bombe brauchte, würde man sie einsetzen. Wir wollten, daß es geschah, ehe der Krieg vorüber war und keine Gelegenheit mehr dazu sein würde.‘

Dr. Oppenheimers Kollege, Dr. Alvarez, dessen wissenschaftliche Begeisterung ihn sein eigenes kostbares Leben riskieren ließ, indem er in dem Beobachtungsflugzeug mitflog, das die mit der Bombe beladene Maschine nach Hiroshima begleitete, äußerte die gleiche Ansicht in noch knapperen Worten. ‚Das Labor‘, erklärte er, ‚wünschte eine Möglichkeit, die Wirksamkeit der Bombe über feindlichem Gebiet auszuprobieren.‘

Zahlenmaterial über die praktische Wirkung dieses wissenschaftlichen Experiments findet der Leser in dem Buch „Nie wieder Krieg gegen die Zivilbevölkerung" von Dr. Maximilian Czesany (Graz, Selbstverlag, 1961), das die Deutsche Soldaten-Zeitung in Fortsetzungen vom 14. April bis zum 10. November 1961 veröffentlichte. Hier genügt die Angabe, daß 70 150 Männer, Frauen und Kinder auf der Stelle den Tod fanden. Die Verwundeten und Vermißten beliefen sich auf 139 830. Dazu kommen nach sechszehn Jahren, wie man sagt, ungefähr 230 000 Menschen, die an radioaktiven Erscheinungen, von Verbrennungen und Zahnfleischbluten bis zu Leukämie und Krebs leiden. Mit Befriedigung kann festgestellt werden, daß Dr. Alvarez selbst keine üblen Nachwirkungen seiner Selbstaufopferung im Dienste der Wissenschaft davongetragen hat.

Weniger glücklich war anscheinend nur das Schicksal des Majors Claude Eatherly, der das Pilotflugzeug steuerte, das den Abwurfort für die Atombombe über Hiroshima markierte. Als ihm die ganze Schrecklichkeit des Unternehmens, an dem er befehlsgemäß teilgenommen hatte, zum Bewußtsein kam, überfielen ihn Gewissensbisse. Er lehnte es ab, die

Rolle eines Nationalhelden zu spielen, der eine Million amerikanischer Menschengleben gerettet haben sollte, die der Einfall in das japanische Hauptland und die Überwältigung eines Feindes, der sich schon ergeben hatte, angeblich gekostet hätte. Ebensowenig wollte er sich der Auffassung des Präsidenten Truman anschließen, daß er ein Wohltäter der Menschheit wäre, der den wahren Interessen sowohl der Japaner wie der Alliierten gedient habe: er lehnte auch die Version des Dr. Oppenheimer ab, daß er ein bescheidenes Instrument der Wissenschaft gewesen sei und zur Lösung wissenschaftlicher Probleme beigetragen habe, die jetzt ‚etwas technisch ungemein Reizvolles' geworden seien. Seine Ärzte kamen zu dem Schluß, daß sein Geist, der den Fiktionen der Propaganda, die jeder so überzeugend fand, unzugänglich geblieben war, aus dem Gleichgewicht gekommen sein müsse. Schließlich wurde der Major Eatherly für geisteskrank erklärt. Der nationale Skandal, der hätte entstehen können, wurde dadurch abgewendet, daß man ihn in eine Irrenanstalt steckte. Soweit bekannt, blieb dies aber der einzige solche Fall. Die anderen Mitwirkenden am Bombenabwurf auf Hiroshima erfreuen sich bester Gesundheit und durchaus harmonischer Geistesverfassung, einschließlich des Hauptverantwortlichen, Truman.

Zur Zeit herrscht in der ganzen Welt schauderndes Staunen darübe daß ein menschliches Wesen es auch nur eine Sekunde in Erwägung ziehen könnte, eine Hundert-Megatonnen-Wasserstoffbombe über einem dichtbevölkerten Gebiet wie London oder New York zur Explosion zu bringen Es besteht jedoch nicht die leiseste Veranlassung anzunehmen, daß das russische Gelehrtengehirn auch nur im geringsten anders arbeitet als die wissenschaftlichen Gehirne in der übrigen Welt. Wenngleich die Explosion einer Wasserstoffbombe über der Westminster-Abtei in London unvorstellbaren Schrecken über ein riesiges Gebiet brächte, würde sie doch zweifellos viele wissenschaftliche Probleme lösen, die — um Dr. Oppenheimers Worte zu gebrauchen — ‚technisch ungemein reizvoll' sind. Zweifellos würden die Physiker aus einer derartigen Explosion vieles lernen, was heute noch unbekannt ist, und die ärztliche Wissenschaft würde vielleicht neue und bessere Methoden finden, die Verletzungen der Überlebenden zu behandeln und vielleicht sogar zu heilen. Der Wissenschaft würden auf diese Weise unter Umständen theoretisch und praktisch wertvolle Erkenntnisse zuteil. Die sofort ergriffenen Vergeltungsmaßnahmen würden es natürlich in höchstem Grade unwahrscheinlich machen, daß überhaupt noch Wissenschaftler auf der Erde übrigblieben, um von diesen neuen Erkenntnissen zu profitieren.

Eine derartige Erwägung geht jedoch zweifellos über das Fassungsvermögen wissenschaftlicher Gehirne in Rußland oder sonstwo in der Welt hinaus. Die Beschränkung der Gelehrtengehirne ist mindestens ebenso bemerkenswert wie ihre außerordentlichen Fähigkeiten. So zeigte sich im Prozeß gegen den brillanten Dr. Klaus Fuchs wegen des Verrats von Atomgeheimnissen an die Spione Stalins deutlich, daß sein Denkvermögen – abgesehen von wissenschaftlichen und mathematischen Problemen – dem eines zurückgebliebenen Kindes gleichzusetzen war. Obwohl das Gelehrtengehirn in der Lage ist, Konzeptionen zu verarbeiten und anzuwenden, die für die Hirne gewöhnlicher Sterblicher völlig unverständlich sind, ist es doch so hoch spezialisiert, daß es ganz einfache Gedanken, die auch für den beschränktesten Durchschnittsbürger auf der Hand liegen, nicht zu erfassen vermag." (Seite 318—322).

Nach der sogenannten A-Bombe (Plutoniumbombe), die bei Hiroshima und Nagasaki angewendet wurde, wurde die H-Bombe (Wasserstoffbombe), ein in ihrer Wirkung die A-Bombe weit in den Schatten stellendes Vernichtungsmittel, erfunden und erprobt. Als „Vater" dieser H-Bombe wird Dr. Edward Teller, ein aus Ungarn stammender bedeutender jüdischer Wissenschaftler, genannt. Heute ist es bereits möglich, noch stärkere Massenvernichtungsmittel herzustellen als die H-Bombe.

Seit 1945 gehen die Atomversuche mit zeitweiligen Unterbrechungen weiter; beteiligt sind die USA, die Sowjetunion, Großbritannien und Frankreich. Über diese Atomversuche war in den „Salzburger Nachrichten" vom 31. 10. 1961 folgendes Gespräch mit einem Kenner der sowjetischen Welt zu lesen:

„— ‚Sehr geehrter Herr Doktor! Gestatten Sie einige Fragen zu jenem Bereich, dem Ihre Lebensarbeit gewidmet ist. Wie beurteilen Sie auf Grund Ihrer Informationen die sowjetischen Atomtests?'

‚Es handelt sich bei diesen auf europäischem Boden zur Zündung gebrachten Kernwaffen nicht mehr um Tests. Dies wäre eine der tragischsten und folgenschwersten Irrmeinungen der freien Menschheit. Wir haben es hier mit der Durchführung eines Konzepts zu tun, dessen Vorbereitung, wie wir vermuten, mit einer Konferenz auf transuralischem Boden im Jahre 1951, also vor über einem Jahrzehnt, begann. Damals legten sich Führungsgremien der UdSSR auf eine neue Form des biologischen Krieges fest, der ohne Kriegserklärung und ohne Rücksichtnahme auf die Völker des sowjetischen Machtbereiches bis zur völligen Lähmung des Widerstandswillens der freien Welt geführt werden soll. Es wäre der zweite Irrtum des Westens, in diesem Zusammenhang von einer Erpressung zu sprechen. Es geht der heute an die Macht gekommenen Sowjetgruppe primär nicht mehr darum, Gelände- oder Positionsgewinne zu erzielen. Selbstverständlich ist sie jederzeit bereit, diese gleichsam als Abfallprodukte nervlicher Zusammenbrüche des Westens zu kassieren, schon deshalb, weil sich solche Züge am Schachbrett der offiziellen Weltpolitik hervorragend zur Tarnung der eigentlichen Zielsetzung eignen. So ist die sowjetische Strategie weder an Laos, noch an Berlin unmittelbar interessiert. Wohl aber eignen sich beide recht gut, die Zug-um-Zug-Geschäfte der offiziellen Ebene zu betreiben und die fünfte Kolonne voll zum Einsatz zu bringen.

Ich meine damit unter anderem die publizistische Tätigkeit führender US-Kreise, die jederzeit bereit sind, die Wirkung von Megatonnen-Bomben zu übersehen oder zu verfälschen, falls ein Sowjetfunktionär in Berlin zeitweilig nicht mit der Maschinenpistole argumentiert. Mr. Hunter, Beauftragter für innere Sicherheit der USA, nannte vor dem Senat diese Kreise die verläßlichsten Helfershelfer der Sowjets. Auch in dieser Formel liegt ein Irrtum. Jene „Gentlemen" sind nicht Helfer, sondern Angehörige der handelnden sowjetischen Gruppe, deren Ziel ein Rassenvernichtungskampf ist, wie ihn die Weltgeschichte bisher nicht sah.'

‚Gestatten Sie eine Zwischenfrage: Sie sprechen von handelnder sowjetischer Gruppe. Ist diese nicht identisch mit dem Exekutivkomitee der Partei oder mit dem jeweiligen Regierungschef?'

‚In keiner Weise! Und dies ist eine der sowjetischen Geheimwaffen. Beide genannten Organe dienen lediglich der Verschleierung der wirklichen Machthaber.

Ich möchte Sie in diesem Zusammenhang auf eine für uns alle beschämende, aber unwiderlegbare Tatsache aufmerksam machen: Die westlichen Leitartikel und Kommentare zu den Regierungswechseln seit der Liquidierung Stalins füllen eine Bibliothek. Gemeinsam ist ihnen, daß die jeweiligen „Ostexperten" den eben an die Macht gelangten Exponenten bescheinigten, daß sich in ihrer Hand alle Macht vereinige, daß ein neuer Roter Zar geboren sei usw. Dies wurde und wird behauptet über Leute wie Beria oder Malenkow, Bulganin oder Woroschilow, Chruschtschow oder Schukow. Keiner dieser Kommentatoren kam beim unausbleiblichen Sturz des eben an der „totalen Macht" befindlichen Alleinherrschers auf die Idee, die Frage zu stellen: wer war stärker als diese Strohmänner?

Wer stürzte sie, wer verbirgt sich dahinter? Denn logischerweise mußte die Gruppe im Hintergrund, die in Wahrheit eine vorwiegend nichtrussische, völlig der endgültigen Weltherrschaft verschworene Minderheit darstellt, um vieles stärker sein als die jeweils herausgestellten Werkzeuge. Die handelnde Gruppe ist daher nicht identisch mit den in Erscheinung tretenden Funktionären. Dieser kardinale Tatbestand sollte dem noch freien Teil der Menschheit ein für allemal klarwerden.'

,Wen oder welche Regierung betrachtet diese Gruppe als vorzüglichsten Gegner?'

,Weder einen einzelnen, noch ein einzelnes Volk. Diese Gruppe denkt in weltweitem Maßstab. Sie sieht ihre Weltherrschaft in erster Linie gefährdet durch den Bestand der, wie sie es nennen, ,Aktivrassen', welche vorwiegend die nördlichen Gebiete der Erde bewohnen und die USA, Kanada, Europa, die russischen Völker, China und Japan umfassen.

Noch vor wenigen Jahren wäre es undenkbar erschienen, diesem gewaltigen schöpferischen Bereich der Menschheit den Vernichtungskampf anzusagen, und zwar gleichsam aus seinen eigenen Zentren heraus in skrupellosem Mißbrauch jener technischen Mittel, die diese Völker selbst schufen.

Die Voraussetzung dafür war, sich jener wissenschaftlichen Schlüsselposition zu versichern, die die sogenannten Staatsmänner zu Erfüllungsgehilfen und Befehlsempfängern der kastenartig abgeschirmten Kommandostellen macht. Diese Schlüsselpositionen wurden besetzt. Es ist eines der düsteren Kapitel der Menschheitsgeschichte, in welchem Umfange der Westen durch Verrat seine eigene Versklavung mitveranlaßte und weiterhin duldet.'

,Besitzen wir Unterlagen über die experimentelle Tätigkeit dieses kriminellen Braintrusts auf sowjetischem Boden?'

,Ja, in gewissem Umfange. Die sowjetischen Versuche der Jahre 1948 bis 1956 gingen in erster Linie auf Kosten des nordrussischen und sibirischen Raumes. Wir wissen heute um Gebiete, die auf Jahre hinaus durch Totalverseuchung unbetretbar geworden sind, und wir kennen Sondermaßnahmen zur Bekämpfung der Massenleukämie, um den Produktions- und Leistungsausfall der Straflager, die Millionen Menschen umfassen, zu begegnen. Ja, wir verfügen über Berichte eingesetzter Ärzte, die das Ergebnis solchen Bemühens erklären. Es gelang in einzelnen Fällen, das Massensterben um sechs bis zwölf Monate hinauszuschieben. Weit über den Bereich der tödlich verseuchten Gebiete wurden in Räumen, die Tausende Kilometer von den Teststationen entfernt waren, lähmende Wirkungen auf die Menschen registriert. Dies wurde derart wirksam, daß die dadurch begründete Nichterfüllung des vorgeschriebenen Plansolls vom sowjetischen Geheimdienst unter einer eigenen Chiffre an die Kommandostelle gemeldet wurde. (Als Abkürzung wurde das dem russischen Alphabet eliminierte „harte Zeichen" verwandt!)

Die „handelnde Gruppe" verfügt heute ohne Zweifel über großes Erfahrungsmaterial und vermag sich zumindest über die unmittelbaren Folgen der Atomwaffe ein ungefähres Bild machen. Sie hat für ihren Internbereich präventive Maßnahmen veranlaßt. Die rein genetischen Wirkungen werden vermutlich erst in Jahrzehnten zur Gänze überschaubar sein.'

‚Welche Haltung können wir angesichts solcher akuter Bedrohung einnehmen?'

‚Das Wichtigste scheint mir, über die Größe der Gefahr illusionslos zu werden. Denn die Taktik der Mörder besteht darin, das Opfer in Sicherheit oder Unkenntnis zu wiegen oder es durch Ablenkung wehrlos zu machen.'" (Seite 3)

Am 5. 8. 1963 unterzeichneten um 14.34 Uhr MEZ im historischen Jekaterinensaal des Kremlpalastes die Außenminister der USA, Mr. Rusk, Staatssekretär der Vereinigten Staaten von Amerika, Großbritanniens, Lord Home, und der Sowjetunion, A. A. Gromyko, den Vertrag über ein Verbot von Kernwaffenversuchen in der Atmosphäre, im Weltraum und unter Wasser. („Stuttgarter Nachrichten" vom 6. 8. 1963)

Die Bundesregierung in Bonn trat nach einem am 10. 8. 1963 stattgefundenen Gespräch mit dem amerikanischen Außenminister Rusk dem Abkommen 14 Tage später, am 19. 8. 1963, ebenfalls bei und unterzeichnete in Moskau als 56. Staat, in London als 58. Staat und in Washington als 61. Staat an diesem Tage den Vertrag. Der Vertrag wurde auch von einem Vertreter der Deutschen Demokratischen Republik, Dr. Bolz, in Moskau unterzeichnet (als neunter Staat), während Washington und London sich formell geweigert hatten, den Beitritt der Sowjetzone zur Kenntnis zu nehmen. („Stuttgarter Nachrichten" vom 12. 8. und 20. 8. 1963)

Das Abkommen über den Atomversuchsstop lehnen folgende Staaten ab: Frankreich, Madagaskar, die Volksrepublik China, Albanien, Nordkorea und Vietnam („Stuttgarter Nachrichten" vom 10. 8. 1963).

Frankreich will seine Atomwaffenversuche fortsetzen („Stuttgarter Nachrichten" vom 14. 8. 1963).

Das Abkommen verbietet nicht die Fortführung von Atomversuchen unter der Erde. Die unterirdischen Atomversuche gehen weiter, wie folgende Meldung zeigt:

„Die Vereinigten Staaten haben am Montag in der Wüste von Nevada einen unterirdischen Atomversuch angestellt, wie die amerikanische Atomenergiekommission bekanntgab. Der Versuch, bei dem eine

Kernladung mit geringer Sprengkraft zur Explosion gebracht wurde, war der erste seit dem Abschluß des Moskauer Teststopp-Abkommens. Dieses Abkommen verbietet Atomwaffenversuche in der Atmosphäre, unter Wasser und im Weltraum, läßt unterirdische Versuche aber zu.

Die sowjetische Nachrichtenagentur TASS verzeichnete den amerikanischen Versuch in einer kurzen Meldung. In einem Nachsatz wies TASS darauf hin, daß der Moskauer Vertrag unterirdische Tests zuläßt." („Stuttgarter Nachrichten" vom 14. 8. 1963)

Weitere Kriegsverbrechen und Verbrechen gegen die Menschlichkeit

Einige Beispiele von Kriegsverbrechen und Verbrechen gegen die Menschlichkeit seien hier noch aufgeführt.

Nach Beendigung der Kriegshandlungen im Mai 1945 wurden die meisten deutschen Soldaten nicht in ihre Heimat entlassen, sondern als Kriegsgefangene in den alliierten Ländern und teilweise auch in Deutschland weiterhin festgehalten. Vornehmlich in der Sowjetunion und in Frankreich wurden deutsche Soldaten als Zwangsarbeiter eingesetzt. Von den US-Truppen wurden deutsche Soldaten in großer Zahl an die Franzosen und an die Sowjets übergeben. Die „Stuttgarter Nachrichten" schrieben am 25. 8. 1960:

„Präsident Eisenhower bezeichnete es am Mittwoch als grundsätzlich richtig, daß er am Ende des zweiten Weltkriegs eine größere Anzahl deutscher Kriegsgefangener an die Sowjets übergeben habe. In dem Dokumenten über die Potsdamer Konferenz hatte es geheißen, Stalin habe Eisenhower als ‚ehrenwerten Mann' bezeichnet, weil er 130 000 deutsche Gefangene übergeben habe. Eisenhower betonte jetzt, er habe nur auf höheren Befehl gehandelt. Er entsinne sich nicht mehr genau, um wieviele Gefangene es sich gehandelt habe, aber er entsinne sich, daß es zu Schwierigkeiten kam, weil etliche Gefangene nicht den Sowjets ausgeliefert werden wollten."

Der britische Schriftsteller Montgomery Belgion schreibt im Jahre 1947 in seinem Buch „Epitaph on Nuremberg" („Zum Gedächtnis an Nürnberg") u. a.: „Kurz nach der deutschen Kapitulation begann die amerikanische Armee, der französischen Regierung jeden Monat eine bestimmte Zahl Kriegsgefangener zur Verfügung zu stellen, um Frankreich zusätzliche Arbeitskräfte zu liefern. Im Juli 1945 wurden in Ausführung dieses Übereinkommens 320 000 Kriegsgefangene überstellt. Dann wurden im darauffolgenden September diese Überstellungen unterbrochen. Die amerikanischen Militärbehörden hatten sie eingestellt, eil, wie sie erklärten, sowohl das internationale Rote Kreuz wie das amerikanische Rote Kreuz die Verwaltung der Gefangenenlager in Frankreich in jammervollem Zustand vorgefunden und die Behörden davon unterrichtet hatten, daß die deutschen Gefangenen nicht anständig behandelt würden. Besonders waren die Kranken ohne Betreuung geblieben ..."

(„Nürnberg oder die Falschmünzer", Seite 53)

Im Nürnberger Prozeß wurde der Generalbevollmächtigte für den Arbeitseinsatz, Sauckel, der auf Befehl Hitlers alle verfügbaren Arbeiterquellen in den besetzten Gebieten auszuschöpfen hatte, wegen dieses Arbeitseinsatzes zum Tode verurteilt und hingerichtet.

Die Zeitschrift „Nation Europa", Heft 9/1959, berichtet über einen Massenmord an Zehntausenden von wehrlosen Volksdeutschen durch jugoslawische Partisanen in den letzten Monaten des Jahres 1944 (also noch während des Krieges). Ein Massenmord nach der Kapitulation im Mai 1945 an rund 20 000 deutschen Kriegsgefangenen, die von den Engländern (Feldmarschall Alexander und General Freyberg) den jugoslawischen Partisanen in Triest ausgeliefert und im Karst oberhalb von Triest erschossen wurden, ist ebenfalls dort aufgeführt.

Die „Deutsche National-Zeitung und Soldaten-Zeitung" vom 8. 2. 1963 veröffentlicht ein Interview mit dem Kroaten Ivan Boras, in dem dieser die Vergasung von mindestens 5 000 volksdeutschen Kindern aus dem Banat und der Batschka mit Butangas durch jugoslawische Partisanen im Mai 1945 schildert. In dem Interview heißt es u. a.:

„Boras: ... In der Zuckerfabrik in Ujora haben sie mindestens fünftausend Kinder umgebracht. Wir alle, die wir im Gefängnis saßen – lauter gefangene Kroaten —, nahmen an dem Ausladen dieser Kinder teil. Ich selbst habe sie etwa 20mal ausgeladen und aus meiner Zelle haben alle daran teilgenommen. Die Kinder waren noch lebendig, als wir sie ausluden, nur vom Hunger sehr erschöpft. Die Zuckerfabrik gibt es heute nicht mehr in Ujora, sie wurde später zerstört. Man hat dafür ein Kreisgefängnis errichtet.

NZ: Wie alt waren diese Kinder?

Boras: Von drei bis vierzehn Jahren alt. Es gab welche, die mit uns sprechen konnten, und es gab ganz kleine, die nichts wußten.

NZ: Wissen Sie, aus welchen Ortschaften diese Kinder stammten?

Boras: Ich weiß es, denn mir haben sie es erzählt. Ich war in diesen Dörfern nie. Sie liegen in der Batschka, im Banat und in Syrmien ...

NZ: Sie müssen uns zu diesem Punkt noch einige Fragen erlauben. In welchem Monat wurden die Kinder in die Zuckerfabrik gebracht?

Boras: Im Mai 1945.

NZ: Wurden die Kinder noch am Tag der Ankunft getötet?

Boras: Ja. Sofort, als die Transporte bei der Zuckerfabrik angelangt waren, wurden sie ausgeladen ...

Die Kinder wurden in einen großen Raum gesperrt, und zwar im unteren Stockwerk der Zuckerfabrik.

NZ: Im unteren Stockwerk ...

Boras: Im unteren Stockwerk der ehemaligen Zuckerfabrik, dort sperrten sie sie ein und dort töteten sie sie.

NZ: Wieviel auf einmal?

Boras: Es gab im Raum um 150 bis 200, ich weiß, wenn ich sie geladen habe, waren es um 200. Ich und Dr. Mirko Orsanic haben sie oft geladen. Orsanic und ich wurden zusammen verurteilt. Ich kam durch, er starb im Gefängnis an Prügel.

...

NZ: Wo und wie wurden diese Kinder begraben?

Boras: Sie wurden keineswegs begraben, sondern wir transportierten sie an den Fluß Bosna, nach Lukavica, das ist ein kleiner Landstrich außerhalb Dobojs, außerhalb der Usora. Von der Usora kann es einen halben Kilometer sein bis zum Ufer des Bosna. Hier wurden die Kinder mit Nafta und Benzin begossen und verbrannt. Mit einer Straßenwalze hat man dann den Rest zusammengewalzt und wir haben sie dann mit Schaufeln in die Bosna geschaufelt ..."

Die Zeitschrift „Der Freiwillige", Heft 12, Dezember 1961, bringt einen Bericht aus der Wochenzeitung der Donauschwaben, „Neuland", vom 9. 9. 1961. Darin wird u. a. geschildert, daß in Bohova bei Marburg in Jugoslawien im Mai und Juni 1945 rund 30 000 Menschen — hauptsächlich deutsche Kriegsgefangene, Volksdeutsche, Domobrancen und Ustascha — von den Partisanen Titos umgebracht wurden. Teilweise hatten nach diesem Bericht diese Menschen schon österreichisches Gebiet auf ihrer Flucht erreicht und waren dann von der britischen Besatzungsmacht an Jugoslawien ausgeliefert worden. Über die Vorgänge bei Bleiburg heißt es in dieser Zeitschrift:

„Unter der Tragödie von Bleiburg versteht man eine Kette von Gewaltakten an verschiedenen Orten des slowenisch-österreichischen Grenzraumes, wo eine halbe Million Menschen, vornehmlich kroatische Divisionen, aber auch serbische Kriegsfreiwillige auf deutscher Seite und Volksdeutsche aus verschiedenen Divisionen der Waffen-SS, zum Teil in ganzen Verbänden oder versprengt, in diesem Raum in Gefangenschaft gerieten.

Die Katastrophe ging von Bleiburg aus, wo die kroatische Armee Zuflucht suchte, sich den Engländern ergab und entwaffnen ließ. Außer Bleiburg werden aber auch die Namen Grafenstein, Krumpendorf, Töschling, Viktring, Tamsweg, Wolfsberg und Lavamünd als Zernierungsorte in die Geschichte eingehen.

Die Tragödie von Bleiburg, deren zahlenmäßige Ausmaße Katyn um das Fünfzigfache übertreffen, steht in der Geschichte der Menschheit überhaupt ohne Parallele da. Im einzelnen kann die genannte kroatische Stelle belegen, daß an folgenden Stellen Massenerschießungen stattgefunden haben:

Raum Marburg (40 000), Gottscheer Wälder (30 000), Podutnik (20 000), Huda Luknja (16 000), Bezigrad (2 000), Reichenburg (1 000), Hrastnik (7 000), Lasko (3 000), Kostanjevica (7 000), Cérna (3 000), Tamnik (1 000), in der Gegend von Zagreb (80 000), bei Gračani (2 000), Sisica (3 000), Vrgin Most (7 000), Sisak (15 000), Bjelovar (8 000) . . ."

Bei der hier erwähnten kroatischen Stelle handelt es sich nach dem Bericht des „Freiwilligen" um die „Croatia News" (London).

In der „Stuttgarter Zeitung" vom 25. 9. 1962 steht unter der Überschrift „Jugoslawien-Deutsche machen Gegenrechnung auf" u. a. folgendes:

„Falls es zu Verhandlungen über die jugoslawische Forderung nach einer Wiedergutmachung für jugoslawische Opfer des nationalsozialistischen Terrors kommen sollte, muß die Enteignung des Vermögens von Volksdeutschen in Jugoslawien mitbehandelt werden. Diese Ansicht vertrat der Sprecher der Landsmannschaft der Deutschen aus Jugoslawien, Dr. J. Trischler, am Montag in Bonn. Es müsse auch darauf hingewiesen werden, daß in Jugoslawien nach Abschluß der Kriegshandlungen fast 200 000 Volksdeutsche in Hungerlager verschleppt und weit über die Hälfte von ihnen dabei umgekommen seien. Das seien sicherlich auch Opfer nicht des ‚deutsch-faschistischen', sondern des jugoslawischen Terrors. Die Überlebenden seien zudem meist verpflichtet worden, mindestens drei Jahre ohne Entlohnung Zwangsarbeit zu leisten, sofern sie noch arbeitsfähig waren . . ."

Im März und April 1943 wurden im Wald von Katyn in der Nähe von Smolensk hinter der deutschen Front die Leichen von 4 143 polnischen Offizieren aufgefunden, die nach dem Untersuchungsergebnis im April 1940 durch Genickschuß von den Sowjets getötet worden waren.

Insgesamt rund 15 000 polnische Soldaten (Offiziere und Angehörige von Eliteeinheiten) waren der polnischen Exilregierung in London als vermißt gemeldet worden. Ein Teil dieser Vermißten waren die Toten von Katyn. Von deutscher Seite wurde der Vorschlag gemacht, daß das Internationale Rote Kreuz die Untersuchung der Massengräber von Katyn vornehmen solle. Die sowjetische Regierung lehnte das Gesuch des Internationalen Roten Kreuzes um Zustimmung zur Untersuchung dieser Gräber ab, so daß das Internationale Rote Kreuz eine Untersuchung verweigerte. Ein Ausschuß aus medizinischen und juristischen Sachverständigen aus Universitäten von zwölf neutralen Ländern führte daraufhin auf Ersuchen der deutschen Regierung die Untersuchung durch.

Der britische Rechtsanwalt Veale, der in seinem Buch „Verschleierte Kriegsverbrechen" auf den Seiten 43—58 den Fall Katyn behandelt, schreibt dazu u. a.:

„Im November 1943 brachte Stalin bei einem offiziellen Festmahl während der Konferenz in Teheran einen Trinkspruch aus, in welchem er erklärte, daß nach Erringung des Sieges ‚50 000 deutsche Offiziere und Techniker zusammengetrieben und erschossen werden sollten'. Den meisten Anwesenden mußte der Hinweis auf das erst vor kurzem vertuschte Blutbad von Katyn klargeworden sein: offenbar schlug Stalin hier ein ähnliches Blutbad zu politischen Zwecken, aber in einem noch gigantischeren Maßstab vor . . ." (Seite 53)

Im Nürnberger Prozeß wurde von der sowjetischen Anklagebehörde der Mord von Katyn den Deutschen zur Last gelegt. Das Gericht behandelte den Fall Katyn jedoch nicht weiter.

Durch die Ermordung der polnischen Offiziere wurde die polnische Führerschicht besonders stark betroffen.

Der französische Professor Maurice Bardèche weist in seinem Buch „Nürnberg oder das gelobte Land" auf Seite 116 ff. auf die Greueltaten der Maquis gegen ihre eigenen Landsleute nach der Befreiung Frankreichs durch die Alliierten hin und schreibt dazu u. a.:

„Alles dieses ereignete sich zu der Zeit, da General de Gaulle an der Regierung war und über eine fast unbeschränkte Macht verfügte . . ." (S. 119)

Der französische politische Strafverteidiger, Maître Isorni, gab in einem Gespräch mit der „Deutschen Wochen-Zeitung" auf die Frage nach der Zahl der in Frankreich nach dem September 1944 stattgefundenen politischen Prozesse folgendes an:

„Wegen ‚Zusammenarbeit mit dem Feind' wurden 6763 Todesurteile gefällt, gegen mehr als die Hälfte der Angeklagten allerdings in Abwesenheit. 767 Verurteilte wurden hingerichtet. Zuvor schon wurden durch illegale ‚Tribunale' und durch den Straßenmob über 100 000 Franzosen, die im Verdacht standen, mit den Deutschen kollaboriert zu haben, nach dem Einmarsch der Alliierten erschlagen. 2 300 wurden zu lebenslanger Haft verurteilt und 45 000 zu zeitlich begrenzten Strafen. 6 724 wurden freigesprochen . . ."

(„Deutsche Wochen-Zeitung" vom 1. 5. 1964)

Seit 1945 ist die Welt nicht zur Ruhe gekommen. Einige Beispiele seien angeführt:

Von 1947 bis Juli 1954 führte Frankreich in Indochina einen Kolonialkrieg.

Vom 1. 11. 1954 — 7. 3. 1962 dauerte der algerische Kolonialkrieg.

Über die Ursachen und die Entfesselung des Koreakrieges (25. 6. 1950 — Sommer 1953) streiten sich die Politiker in Ost und West.

Am 29. 10. 1956 begann Israel mit dem Einmarsch in das ägyptische Sinai-Gebiet einen Angriffskrieg gegen Ägypten, den England und Frankreich unterstützten. Während des Ablaufs dieses kurzen Krieges, der besonderes Aufsehen in der Welt erregte, wurde in Ungarn der Aufstand der Bevölkerung gegen die sowjetische Besatzungsmacht von sowjetischen Panzertruppen niedergeworfen.

Der Präsident des Internationalen Militärtribunals in Nürnberg sagte über einen Angriffskrieg folgendes:

„Das Beginnen eines Angriffskrieges ist nicht nur ein internationales Verbrechen, sondern das schwerste internationale Verbrechen und weicht nur insofern von anderen Kriegsverbrechen ab, als es das angehäufte Böse des Ganzen in sich vereinigt."

(Veale: „Verschleierte Kriegsverbrechen", S. 239)

Ausländische Urteile über die Schuldfrage

Churchill, der britische Kriegspremierminister, äußerte am 21. 9. 1943 in einer Rede im Unterhaus:

„Die Zwillingswurzeln aller unserer Übel, Nazityrannei und preußischer Militarismus, müssen ausgerottet werden. Bevor dies nicht erreicht ist, wird es kein Opfer geben, zu dem wir nicht bereit wären, und keine Gewaltmaßnahmen, die wir nicht anwenden werden."

(Grenfell: „Bedingungsloser Haß?", S. 104)

Die „Chicago Tribune" veröffentlichte am 12. März 1949 folgenden Ausspruch des US-Richters van Roden:

„Wenn Gerechtigkeit Platz greifen soll, dann müßte man die ganze amerikanische Armee nach den Vereinigten Staaten zurückführen, um sie dort abzuurteilen."

(„Nürnberg oder die Falschmünzer", S. 203)

Dieser Richter hatte die Untersuchungsmethoden der Amerikaner im Malmedy-Prozeß nachzuprüfen und dabei u. a. als Folgen der Geständniserpressung festgestellt:

„In 139 überprüften Fällen waren alle diese Deutschen — außer zweien — mit solcher Gewalt in die Hoden geschlagen worden, daß eine dauernde Invalidität daraus entstand. Dies war eine ‚Standard'-Prozedur unserer amerikanischen Ermittler."

(„Nürnberg oder die Falschmünzer", S. 108)

In Malmedy sollen beim deutschen Angriff im Dezember 1944 nach der amerikanischen Anklage amerikanische Soldaten, die sich ergeben hatten, von deutschen Soldaten erschossen worden sein.

Die Amerikanerin Freda Utley schreibt in ihrem Buch „Kostspielige Rache" auf Seite 211 u. a. folgendes:

„Verglichen mit den Vergewaltigungen, Mordtaten und Plünderungen der russischen Armee bei Kriegsende, verglichen mit dem Terror und der Versklavung, dem Hunger und der Ausraubung der Ostzone von heute, verglichen mit dem von Polen und Tschechen vollführten Völkermord erscheinen die Kriegsverbrechen und Verbrechen gegen die Menschlichkeit, die von den in Deutschland zum Tode oder lebenslänglichem Gefängnis verurteilten Deutschen begangen wurden, im Ausmaß, wenn nicht gar der Art nach geringer.

... Waren die deutschen Gaskammern wirklich ein größeres Verbrechen gegen die Menschlichkeit, als unsere Angriffe auf nichtmilitärische

Ziele wie Dresden, wo wir in einer Nacht mehr als dreihunderttausend Menschen den gräßlichsten Tod brachten, den man sich nur ausmalen kann, indem wir dieses unverteidigte und von Menschen, die vor dem russischen Vormarsch westwärts flohen, vollgestopfte Kulturzentrum mit Phosphorbomben belegten? Diese Greueltat gehört zu unseren größten Kriegsverbrechen, weil wir damit demonstrierten, daß Mord an Zivilisten unser Ziel war. Wir machten sogar Jagd mit Maschinengewehren auf Frauen und Kinder, die aus der lodernden Stadt aufs Land hinaus zu fliehen trachteten. Aber Dresden war nicht das einzige Beispiel des schrecklichen Todes, mit dem wir die Einwohnerschaft von Städten heimsuchten, die weder Kriegsindustrie aufwiesen noch sonst eine ‚militärische' Bedeutung hatten."

Weiter schreibt Freda Utley:

„In Berlin, um ein Beispiel anzuführen, fiel ich selbst in Ungnade, weil ich auf einer Cocktail-Party im Harnackhaus die Bemerkung gemacht hatte, mir schiene es höchste Zeit, mit dem Gerede über die deutsche Schuld Schluß zu machen, da es kein von den Nazis begangenes Verbrechen gäbe, das wir oder unsere Verbündeten nicht auch begangen hätten. Ich hatte auf die Ausradierung von Städten durch Bombenangriffe und auf die Massenenteignung von 12 Millionen Deutschen hingewiesen, die wegen ihrer Volkszugehörigkeit von Haus und Hof vertrieben wurden, hatte von der Aushungerung der Deutschen in den ersten Besatzungsjahren, vom Einsatz der Gefangenen als Zwangsarbeiter, von russischen Konzentrationslagern und den nicht nur von Russen, sondern auch von Amerikanern begangenen Plünderungen gesprochen. Diese Bemerkung, die mir als eine einfache Tatsachenfeststellung erschien, rief zunächst ein empörtes Schweigen und dann einen Schwall von ziemlich albernen Gegenbemerkungen hervor, in der Art des Zurufs eines gewissen Capitain Spear vom militärischen Nachrichtendienst: ‚Wollen Sie damit sagen, Sie wünschten, wir hätten den Krieg nicht gewonnen?' Am nächsten Morgen bekam ich dann die Quittung" (Seite 213).

Hier ist zu bemerken, daß Freda Utley nicht antijüdisch eingestellt ist, denn sie heiratete längere Zeit vor dem 2. Weltkrieg einen russischen Juden, der vor dem Krieg in der Sowjetunion verhaftet und verschickt wurde.

Der französische Professor Maurice Bardèche schreibt über Kriegsverbrechen u. a.:

„An die juristische Existenz von Kriegsverbrechen werde ich erst glauben, wenn ich sehe, daß General Eisenhower und Marschall Rokossowsky im Nürnberger Gerichtsgebäude auf der Anklagebank Platz nehmen. Dazu gehören an ihre Seite dann einige weniger bedeutende Herren, wie etwa unser General de Gaulle, der zum Beispiel viel unmittelbarer für eine Unsumme von Greueltaten verantwortlich ist als Keitel und Jodl. Bis dahin werde ich die Mühle der Verfluchungen nicht in Richtung der Gegner Wall Streets und der City drehen oder Bannflüche wechseln, wie die Frauen ihre Hüte. Ich beanspruche für mich das Recht, den Berichten der Kriegsberichterstatter nicht zu glauben. Ich fordere für mich das Recht zum Nachdenken, bevor ich mich über etwas aufrege. Aktienpakete westlicher Börsen sind etwas zu kompliziert für meine einfache Philosophie."

(„Nürnberg oder das gelobte Land", Seite 135)

Weiter schreibt Professor Bardèche:

„Wir haben auch unsere Kriegsverbrecher. Was sollen wir antworten, wenn die Akten einmal geöffnet werden? Was sollen wir antworten, wenn man uns eines Tages beweist, daß deutsche Verwundete in den Straßen unserer Städte bestialisch niedergemacht wurden ... Es hört sich schön an, wenn man uns erklärt, daß die Gefangenen in den deutschen Gefängnissen ‚wild geprügelt' wurden, daß ‚Kinder von 18 bis 19 Jahren' hingerichtet wurden, daß Juden gezwungen wurden, sich ihre Gräber selbst zu schaufeln, daß zum Tode Verurteilte Ketten an den Füßen trugen. Aber welcher Zuhörer weiß nicht, daß alles dieses Wort für Wort zutrifft für das, was in unseren Gefängnissen während des Jahres Gaullistischer Herrschaft passierte? Im Namen der Gerechtigkeit und der Aufrichtigkeit lehnen wir diese Anklageschrift gegen ein geknebeltes Land ab. Wir verweigern den Mördern von 1944 das Recht, von Menschlichkeit zu sprechen. Wir legen Wert darauf, der deutschen Jugend zu sagen: Diese Maskerade ekelt uns an und demütigt uns. Wir erklären uns nicht mit ihr solidarisch. Das war nicht Frankreich. Eine Verurteilung der deutschen Kriegführung können wir nur dann als solche anerkennen, wenn sie auf der Arbeit einer internationalen Kommission beruht, die eine Untersuchung über die Verbrechen und Ausschreitungen im Gefolge des Krieges in allen Ländern und insbesondere in unserem anzustellen hat. Die Wahrheit ist unteilbar. Die Gerechtigkeit ebenfalls."

(„Nürnberg oder das gelobte Land", Seite 119/120)

Der amerikanische Journalist Edgar L. Jones, der während des ganzen Krieges Pressekorrespondent an der Pazifikfront war, schreibt im Februar 1946 in der Revue „The Atlantic Monthly" u. a.:

„Wir Amerikaner haben vom internationalen Standpunkt aus gesehen einen gefährlichen Hang, nämlich anderen Nationen gegenüber eine Einstellung von höherer Moral einzunehmen. Wir glauben edler und moralischer als andere Völker zu sein und demzufolge besser in der Lage, zu entscheiden, was Recht in der Welt ist und was nicht. Was glauben die Zivilisten denn, welche Art Krieg wir geführt haben? Wir haben kalten Blutes Gefangene niedergemacht, wir haben Lazarette pulverisiert, Rettungsboote versenkt, feindliche Zivilisten getötet oder verwundet, Verwundeten den Garaus gemacht. Sterbende mit Toten in ein Loch zusammengelegt. Im Pazifik haben wir die Schädel unserer Feinde zerschlagen, sie abgekocht, um aus ihnen Tischgarnituren für unsere Bräute zu machen und haben ihre Knochen ausgemeißelt, um Brieföffner aus ihnen zu verfertigen. Wir haben unsere Phosphorbombenwürfe und unsere Morde an der Zivilbevölkerung mit dem Abwurf von Atombomben auf zwei beinahe unverteidigte Städte gekrönt und haben so zur Zeit einen unbestrittenen Rekord im Massenmord erreicht.

Als Sieger haben wir uns das Recht angemaßt, unsere Feinde für ihre Kriegsverbrechen vor Gericht zu ziehen; aber wir sollten Realisten genug sein, zu begreifen, daß wir in einem Dutzend Anklagepunkten für schuldig erklärt würden, wenn man uns wegen Bruches der Kriegsgesetze vor Gericht stellte. Wir haben einen ehrlosen Krieg geführt, denn die Moral stand im Denken des kämpfenden Soldaten erst an letzter Stelle. Je härter die Schlacht ist, um so weniger Raum bleibt für edle Regungen. Und im Pazifikkrieg haben wir die Menschheit den düstersten Grad von Bestialität erreichen sehen.

Man kann nur sagen, daß kein amerikanischer Soldat, auch nicht einer von hundert, ungerechtfertigte Greuel mit Überlegung begangen hätte; aber dasselbe muß auch den Deutschen und Japanern zugestanden werden. Die Notwendigkeiten des Krieges haben uns oft zu Dingen gezwungen, die man Verbrechen nennt und in gewissem Grade mag man die Masse tadeln für jene Form des Wahnsinns, die den Krieg hervorgerufen hat. Aber wir haben viel Propaganda mit allen unmenschlichen Handlungen unserer Gegner getrieben und stehen nun dem ganzen Eingeständnis unserer eigenen Schwächen in Augenblicken der Verzweiflung gegenüber ... Wir haben die Leichen toter Feinde verstümmelt, wir haben ihnen die Ohren abgeschnitten und die Goldzähne ausgebrochen, um ‚Souvenirs' zu haben, wir haben sie beerdigt und ihnen dabei die Geschlechtsteile in den Mund gesteckt, aber derartige Verstöße gegen alle Moralgesetze gehören zu einem Teil jener noch unerforschten Gebiete der Psychologie des kämpfenden Menschen."

(„Nürnberg oder die Falschmünzer", Seite 200/201)

Der französische Professor Paul Rassinier, ehemaliger KZ-Häftling, schreibt in seinem Buch „Was nun, Odysseus?", in dem er die KZ-Verbrechen behandelt, u. a.:

„Ich mache mir überhaupt keine Illusionen: ich, alter Sozialist, antimilitaristisch und antinationalistisch, aber ein europäischer Mann, werde wieder einmal des Versuchs beschuldigt werden, die Verbrechen des Nazismus zu beschönigen. Man wird mich der Judenfeindschaft, ja sogar des Rassismus bezichtigen, weil ich nicht ausreichend begründete Angaben eines jüdischen Gremiums kritisch untersucht habe. Man wird vielleicht so weit gehen zu behaupten, daß meine Arbeiten einer Politik Vorschub leisteten, die für alle Zeiten von den großen Grundsätzen des herkömmlichen Humanismus verurteilt worden ist. Unter meinen Verleumdern wird niemand bemerken, daß die Ungeheuerlichkeit der Anklage, die in solchen Behauptungen gegen den Nazismus erhoben wird, dem deutschen Volk zur Last fällt. Noch weniger wird man erkennen, daß ich nur dieses deutsche Volk verteidige, das deutsche Volk, das — wie alle anderen Völker der Welt — unschuldig ist und bleibt!" (Seite 97/98)

Der Rabbiner Dr. Goldstein brachte in einem Interview mit der Deutschen Soldaten-Zeitung und National-Zeitung (Nr. 4/1960) u. a. folgendes zum Ausdruck:

„Die Deutschen sind nicht schöner als wir, aber auch nicht häßlicher, sie sind nicht besser, aber auch nicht schlechter. Man soll sie nicht bevorrechtigen, aber man darf sie um Himmels willen nicht benachteiligen. Sie müssen in ihrem eigenen Land noch frei atmen dürfen. Ich habe kürzlich einen prominenten Mann dieser Republik erregt gefragt, ob denn in diesem Land ein Unbeschnittener nicht mehr frei atmen dürfe.

DSZ: Hätten wir eine derartige Bemerkung gemacht, so säßen wir bereits im Gefängnis, und hielten wir die Frage für berechtigt, so würde man uns einsperren.

Dr. Goldstein: Bedauerlich genug. Einem höheren Richter habe ich kürzlich gesagt und ich wiederhole es heute: ‚Ihr seid Feiglinge'. Im Krieg ward ihr Helden und von einer bewundernswürdigen Tapferkeit. Doch offenbar sind alle Tapferen gefallen. Wo sind denn die Millionen bloß, die sich unerschütterlich im Krieg den Bomben, den Feuerwerfern, den Panzern und Kanonen entgegengeworfen haben?

DSZ: Würden wir sagen: ‚Ihr Juden seid Feiglinge', so würden wir eingesperrt, denn die Juden sind die einzige unbestimmbare beleidigungsfähige Personenmehrheit, wie der Bundesgerichtshof entschieden hat. Man kann also ungestraft sagen, die Deutschen sind Schweine, die

Engländer sind Schweine, die Katholiken sind Schweine, die Kommunisten sind Schweine, würde man aber sagen, die Juden sind Schweine, so könnte jeder einzelne Jude Strafantrag stellen und man würde eingesperrt. Vielleicht zwei Jahre.

Dr. Goldstein: Und wenn es nur für einen Tag wäre, ich halte dies für Unrecht... Jeder Monat, den ein Dummkopf für den Hitlergruß und eine Hakenkreuzzeichnung eingesperrt verbringt, vergiftet die Atmosphäre zwischen Deutschen und Juden. Hören Sie bitte, was ich Ihnen jetzt sage: Wenn Leute, die so etwas tun und meist es sogar aus reiner Dummheit tun, und abseits von politischen Akzenten, wenn man diese Leute für ein einziges dummes und primitives Heil Hitler! ein Jahr und sieben Monate ins Gefängnis sperrt, so wird daraus ein neuer Antisemitismus wachsen. Das ist eine Saat, die eines Tages schrecklich aufgehen wird, daß mir vor diesem Tage graut.

DSZ: Dürfen wir aus Ihren Worten schließen, daß Sie auch gegen das im Bundestag anstehende Sondergesetz für Juden sind?

Dr. Goldstein: Das wäre das Ende. Hat man das schon einmal gehört, daß eine verschwindende Minderheit von 30 000 Leuten, die frei und unbehelligt nach ihren Vorstellungen in diesem Lande leben können, daß diese 30 000 Leute bei einer Bevölkerung von 55 Millionen eines Sonderschutzes bedürfen. Gleiche Rechte brauchen sie und gleiche Rechte haben sie ja, aber bessere Rechte..., das wäre doch das Ende, dann gibt es doch nie eine Versöhnung, dann kommt doch ein neuer Antisemitismus, ja man züchtet ihn dadurch heran.

DSZ: Herr Doktor, die Toleranz und die Humanität, die aus jedem Ihrer Worte spricht, Ihre Herzensgüte beschämen uns. Wir bitten...

Dr. Goldstein: Sie sollen nicht beschämt sein und sie sollen nicht bitten. Ein Volk kann nicht sein ganzes Leben lang bitten, jedes Volk muß nur sein Recht haben und das ganz.

DSZ: Lieber Herr Doktor Goldstein, glauben Sie, daß Ihre Auffassungen von der Judenheit wirklich geteilt werden?

Dr. Goldstein: Ich bin sicher, daß weite Kreise des Weltjudentums, daß maßgebliche Kreise des Staates Israel und die Masse der in Deutschland lebenden Juden genau diese Auffassung vertreten. Sie dürfen nicht manche Figuren, die sich hier oder dort in den Vordergrund gespielt haben, für das Judentum nehmen. Sie dürfen nicht den Haß, der einige nie verläßt, als repräsentativ gelten lassen. Ich spreche für alle, die guten Willens sind, und das sind die meisten Juden..."

Weiter sagte Rabbiner Dr. Goldstein:

„Was ich ihr" (der Bundesregierung) „zum Vorwurf mache, ist die

Tatsache, daß die Bundesregierung gegenüber manchen Juden und gegenüber manchen jüdischen Forderungen zu wenig fest ist. Auf lange Sicht belastet das dauernde Nachgeben das deutsch-jüdische Verhältnis mehr, als Geradheit und Offenheit."

Die „Reeducation" — das Programm für die Umerziehung

(Die Rolle des Berges Sinai)

Der Wortlaut des amerikanischen Umerziehungsprogramms vom Jahre 1945 für das besiegte Deutschland lautet folgendermaßen:

„What to do with Germany. 1945. Distributed by Special Service Division, Army Service Forces, U.S.Army. Not for Sale.

‚Die Reeducation wird für alt und jung gleichermaßen erzwungen und sie darf sich nicht auf das Klassenzimmer beschränken. Die gewaltige überzeugende Kraft dramatischer Darstellung muß voll in ihren Dienst gestellt werden. Filme können hier ihre vollste Reife erreichen. Die größten Schriftsteller, Produzenten und Stars werden unter Anleitung der ‚Internationalen Universität' die bodenlose Bosheit des Nazismus dramatisieren und dem gegenüber die Schönheit und Einfalt eines Deutschland loben, das sich nicht länger mit Schießen und Marschieren befaßt. Sie werden damit beauftragt, ein anziehendes Bild der Demokratie darzustellen, und der Rundfunk wird sowohl durch Unterhaltung wie auch durch ungetarnte Vorträge in die Häuser selbst eindringen. Die Autoren, Dramatiker, Herausgeber und Verleger müssen sich der laufenden Prüfung durch die ‚Internationale Universität' unterwerfen; denn sie sind alle Erzieher. Von Beginn an sollen alle nichtdemokratischen Veröffentlichungen unterbunden werden. Erst nachdem das deutsche Denken Gelegenheit hatte, in den neuen Idealen gestärkt zu werden, können auch gegenteilige Ansichten zugelassen werden, im Vertrauen darauf, daß der Virus keinen Boden mehr findet; dadurch wird größere Immunität für die Zukunft erreicht.

Der Umerziehungsprozeß muß ganz Deutschland durchdringen und bedecken. Auch die Arbeiter sollen im Verlauf von Freizeiten vereinfachte Lehrstunden in Demokratie erhalten. Sommeraufenthalte und Volksbildungsmöglichkeiten müssen dabei Hilfestellung leisten. Viele deutsche Gefangene werden nach Kriegsende in Rußland bleiben, nicht freiwillig, sondern weil die Russen sie als Arbeiter brauchen. Das ist nicht nur vollkommen legal, sondern beugt auch der Gefahr vor, daß die zurückkehrenden Kriegsgefangenen zum Kern einer neuen nationalen Bewegung werden. Wenn wir selbst die deutschen Gefangenen nach dem Krieg nicht behalten wollen, sollten wir sie nichtsdestoweniger nach Rußland senden.

Die ‚Internationale Universität' ist am besten dazu geeignet, die Einzelheiten des deutschen Erziehungswesens, der Lehrpläne, der Schulen, der Auswahl der Lehrer und der Lehrbücher, kurz: alle pädagogischen Angelegenheiten zu regeln. Wir brauchen ein ‚High Command' für die offensive Reeducation. Besonders begabte deutsche Schüler erhalten Gelegenheit zur Fortbildung an unseren Schulen; sie werden als Lehrer nach Deutschland zurückkehren und eine neue kulturelle Tradition, verbunden mit internationalem Bürgersinn, begründen.

Die Professoren sollen nach Möglichkeit deutsche Liberale und Demokraten sein. Das Eindringen von ‚Fremden' könnte aufreizend wirken und muß auf ein Minimum beschränkt werden; aber das darf nicht dazu führen, daß uns die Kontrolle verloren geht.

Jedes nur denkbare Mittel geistiger Beeinflussung im Sinn demokratischer Kultur muß in den Dienst der Reeducation gestellt werden. Die Aufgaben der Kirchen, der Kinos, der Theater, des Rundfunks, der Presse und der Gewerkschaften sind dabei vorgezeichnet. Die Reeducation tritt an Stelle des Wehrdienstes, und jeder Deutsche wird ihr zwangsläufig unterworfen, so wie früher der gesetzlichen Wehrpflicht.

Uns ist die Aufgabe zugefallen, Frieden und Freiheit zu retten; jene Freiheit, die am Berg Sinai geboren, in Bethlehem in die Wiege gelegt, deren kränkliche Kindheit in Rom, deren frühe Jugend in England verbracht wurde, deren eiserner Schulmeister Frankreich war, die ihr junges Mannesalter in den Vereinigten Staaten erlebte und die, wenn wir unser Teil dazu tun, bestimmt ist zu leben — all over the world!"

(„Nation Europa", August 1958)

Unterschrieben wurde die Anweisung von Truman und vielen anderen. Truman ist der Nachfolger des im April 1945 verstorbenen Präsidenten der USA, Roosevelt.

Der Berg Sinai, der hier als Geburtsstätte der Freiheit erwähnt ist, wurde auch in dem Brief von Walther Rathenau an Leutnant Hanns Breisig vom 29. 11. 1919 erwähnt. Der Brief lautet:

„Lieber Herr Breisig!

Haben Sie Dank für Ihren kräftigen und konsequenten Brief. Ich sah Sie vor mir, stark, klug und fest, und so gefielen Sie mir. Ich glaubte aber auch einen Zweifel zu sehen, den Sie vielleicht noch nicht sahen, und der eines Tages kommen wird.

Ihr Gedanke heißt Friedrich Wilhelm I. Ihr Christus ist der Christus der Domkirche (der evangelischen). Ihr Sinn geht weiter, er heißt „Civis Romanus" (Römischer Bürger).

„Das alles weist rückwärts. Und schon heute wird etwas in Ihnen sagen, daß die Welt — von Weltanschauung wollen wir heute nicht reden, sondern von Praxis — nicht rückwärts kann.

Ihre Rechnung ist falsch. Die Arbeit eines Menschen hat nicht bloß ausgereicht, ihn zu erhalten, sondern in jedem der letzten drei Menschenalter den Wohlstand der Erde — ganz abgesehen vom Volkszuwachs — mindestens jeweils zu verdoppeln. Bei rationaler Wirtschaft hätte sie ihn vervierfacht.

Sie sollen und werden keine Hausarbeit tun, und Ihr Sohn soll es besser haben wie Sie. Aber vom religiös gerichteten Pflichtsinn und Wohlwollen der Edlen wird das Menschenvolk nicht abhängen.

Sie lieben das Alte Testament und hassen — nein, mißbilligen — uns Juden. Sie haben recht, denn wir haben unsere Sendung noch nicht erfüllt. Wissen Sie, wozu wir in die Welt gekommen sind? Um jedes Menschenantlitz vor den Sinai zu rufen. Sie wollen nicht hin? Wenn ich Sie nicht rufe, wird Marx Sie rufen. Wenn Marx Sie nicht ruft, wird Spinoza Sie rufen. Wenn Spinoza Sie nicht ruft, wird Christus Sie rufen.

Sie wollen sterben um einer alten Weltordnung willen? Sie werden leben um einer neuen Weltordnung willen. Und diese Weltordnung ist sehr einfach. Nicht die Edlen sind für die Unedlen verantwortlich, sondern Kol Jisrael, ganz Israel ist für jeden, ja für jeden verantwortlich. Ganz Israel aber ist jeder, der nach dem Bilde Gottes geschaffen ist, das sind Sie und Ihr Oberst und ich und wir alle.

Wir Juden aber haben unsere Sendung nicht erfüllt, deshalb mögen Sie uns verurteilen. Denn wir haben uns der Führung Christi nicht anvertraut, weil wir nur den katholischen und den protestantischen, nicht den lebendigen Christus erblickten. Der aber wird uns alle führen, und einer Führung durch Zeitgenossen bedarf es nicht. Nicht zur Vollendung des Familienstammes wird er uns führen, sondern zu dem Hause mit den vielen Wohnungen, das keine Proletarierkaserne, aber auch kein Wolkenbau und Luftschloß ist.

Es handelt sich nicht darum, aus den Proletariermassen die ‚ungezählten Talente' herauszufischen, auch nicht darum, aus Gewerkschaftssekretären Minister zu machen, alles das ist nebensächlich und unschädlich.

Aber aus dem, was Sie Mob nennen, sollen Menschen und Gotteskinder werden, trotz aller Schwächen und Laster, die in ihnen stecken mögen, freie Menschen, nicht braves Gesinde und ehrbare Untertanen.

‚Und das soll Praxis sein?', sagen Sie. ‚Das utopische Gerede hätte ich von einem weltfremden Seelsorger, nicht von einem Praktiker erwartet. Das ist ja schlimmer als das umgedruckte Formular.'

Das ist Praxis. Hätte sich Preußen nach den Gestirnen orientiert, nicht nach einer Kirchturmspitze, die aufhörte, Richtung zu geben, als man sie erreicht hatte, so hätte es seine Sendung erfüllt.

Ich grüße Sie herzlich und Ihren Oberst. Und wenn Sie nach Berlin kommen, so machen Sie mir die Freude, mich zu besuchen. Dann können wir von Theorie reden. Aber verlangen Sie im Winter keinen Brief mehr; diesem war ein freier Sonnabendabend günstig.

In Ergebenheit der Ihre Rathenau."

(„Walther Rathenau Briefe", Zweiter Band, Nachtrag, S. 85)

Durch die Reeducation oder Umerziehung sollen die Deutschen zu Demokraten erzogen werden.

Im Grundgesetz der Bundesrepublik Deutschland, das 4 Jahre nach der Kapitulation Deutschands am 8. 5. 1949 beschlossen und 4 Jahre nach der Verhaftung der letzten auf Grund des Testaments von Hitler durch seinen Nachfolger Großadmiral Dönitz ernannten deutschen Reichsregierung durch die Briten am 23. 5. 1949 verkündet worden war, steht in Artikel 38 über die Abgeordneten — also die gesetzgebende Versammlung — folgendes:

„(1) Die Abgeordneten des Deutschen Bundestages werden in allgemeiner, unmittelbarer, freier, gleicher und geheimer Wahl gewählt. Sie sind Vertreter des ganzen Volkes, an Aufträge und Weisungen nicht gebunden und nur ihrem Gewissen unterworfen.

(2) . . ."

Der in der Sowjetunion lebende bekannte jüdische Schriftsteller Ilja Ehrenburg schreibt über die Wahlen in seinem Buch „Die Traumfabrik" folgendes:

„Natürlich gibt jeder Bürger seine Stimme ab, und er denkt dabei, daß er für den, den e r will, stimme. Wir jedoch wissen, daß er für den, den w i r wollen, stimmt. Das ist das heilige Gesetz der Demokratie. Wenn die Arbeiter für Arbeiter stimmten, würde unser Land sich in ein wildes Moskowien verwandeln. Früher hatten wir die Presse. Jetzt haben wir das Radio und das Kino. Durchs Radio kann man gut zureden, — das ist einfach und jedermann verständlich: Reden, Predigten, Gleichnisse. Sich der Leinwand zu bemächtigen, ist weit schwerer: Hier suchen die Menschen Erholung, Poesie und Märchen. In den dunklen Sälen liegen sie wie im Schlummer, sie träumen wundervolle Träume. Wir müssen sie mit unserer Poesie anstecken, der Poesie des Dollars und des Ideals, der Poesie des Kampfes um den Erfolg — die Starken befehlen, die Schwachen arbeiten. Die Sklaverei — Knute und Fluchen — widerspricht dem Sittengesetz. Man muß machen, daß die Menschen mit Tränen der Rührung, mit einem Lächeln des Entzückens arbeiten. Leicht ist es, einem Menschen seinen Tag zu diktieren: Steh an der Werkbank, klappre auf der Maschine, dreh Schrauben fest, addiere Zahlen! Doch das genügt nicht: wir müssen ihm seine Träume diktieren. Noch im Traum soll er ein verantwortungsvoller Bürger der Vereinigten Staaten sein ..." (Seite 43/44)

Dieses Buch von Ilja Ehrenburg behandelt die Entstehung der Filmwirtschaft und erschien im Jahre 1931, zu einem Zeitpunkt also, als es noch nicht die Vereinigung von Radio und Kino, nämlich das Fernsehen gab.

In den „Stuttgarter Nachrichten" vom 28. 7. 1963 war zu lesen:

„Bundestagspräsident Dr. Gerstenmaier wird auf Grund eines Rechtsgutachtens bis auf weiteres nicht gegen den Präsidenten des Bundesverbandes der Deutschen Industrie, Berg, Klage erheben. Die Rechtsexperten kamen zu der Auffassung, daß der Bundestagspräsident nur dann gegen Berg vorgehen könnte, wenn er vom Bundestag dazu ermächtigt würde.

Berg soll nach einer Darstellung des ‚Hamburger Abendblattes', die von anderen Zeitungen übernommen wurde, zu einem Journalisten gesagt haben: ‚Es kann der Industrie nur recht sein, wenn alle Parteien vom Staat finanziert werden. Dann können wir (die Industrie) viel Geld sparen und den in vielen anderen Ländern üblichen Weg gehen und uns die nötige Anzahl von Abgeordneten einfach kaufen.' Wegen dieser Äußerung hat der FDP-Bundestagsabgeordnete Dr. Kohut bei der Bonner Staatsanwaltschaft Strafanzeige gegen Berg erstattet. Berg gab eine andere Darstellung seiner angeblichen Äußerung, der Verfasser des Artikels im ‚Hamburger Abendblatt' beharrt jedoch auf seiner Formulierung."

In den „Stuttgarter Nachrichten" vom 20. 3. 1964 steht über die Parteifinanzierung durch den Staat folgendes:

„Die Regierungskoalition hat am Donnerstag im Haushaltausschuß des Bundestages beschlossen, die Mittel, die den Parteien aus dem Bundeshaushalt zufließen, von 20 auf 38 Millionen Mark zu erhöhen. Die CDU/CSU-Fraktion wies darauf hin, daß dies umgerechnet für jeden wahlberechtigten Staatsbürger pro Jahr den Betrag von einer Mark ausmache. Die SPD erklärte, sie könne die Entscheidung der Koalitionsparteien nur „tief bedauern". CDU/CSU und FDP hätten sich mit diesem Beschluß auf einen gefährlichen Weg begeben. Sie würden damit nicht das Interesse des Staatsbürgers an der Politik wecken, sondern seine Verdrossenheit steigern. Die SPD wird aber die auf sie entfallenden Mittel selbstverständlich auch in Anspruch nehmen . . ."

Der amerikanische Großindustrielle Henry Ford, gegen den wegen seines Buches „Der internationale Jude" der Vorwurf des Antisemitismus erhoben wurde, schreibt in seinem Buch „Mein Leben und Werk" (Paul List Verlag, Leipzig, 1923) über Demokratie:

„Kein Ausdruck ist wohl abgedroschener als das Wort ‚Demokratie', und die, die es am häufigsten im Munde führen, wollen, meiner Erfahrung nach, in der Regel am wenigsten von ihm wissen. Ich werde immer mißtrauisch, wenn ich gar zu viel von Demokratie reden höre. Ich frage mich dann immer, ob die Betreffenden eine Art von Despotismus begründen wollen, oder ob sie wünschen, daß andere für sie verrichten, was sie von Rechts wegen selbst tun müßten. Ich bin für die Art von Demokratie, die jedem nach Maßstab seiner Begabung gleiche Chancen einräumt. Ich glaube, wenn wir mehr Zeit darauf verwendeten, unseren Mitmenschen zu dienen, so würden wir weniger Gewicht auf leere Regierungsformen und mehr Wert auf das, was es zu tun gibt, legen. Eingedenk der Dienstleistung, würden wir uns um das Einvernehmen zwischen Arbeit und Kapital und der Menschen untereinander kümmern; wir würden uns nicht den Kopf zerbrechen über Massen und Klassen, über offene und geschlossene Betriebe und ähnliche Angelegenheiten, die mit dem eigentlichen Geschäft des Lebens nichts zu tun haben. Wir würden den Tatsachen auf den Grund gehen. Und wir haben die Tatsachen nötig." (Seite 296)

Über den Einfluß der Presse sagte der ehemalige Sheriff (oder oberste Zivilbeamte) der City von London, Baronet Moses Montefiore (Blumberg), gest. 28. Juli 1885, auf einem internationalen Oberrat zu Krakau:

„Was faselt Ihr! Solange wir nicht die Presse der ganzen Welt in Händen haben, ist alles was ihr tut, vergeblich; wir müssen die Zeitungen der ganzen Welt beeinflussen, um die Völker zu täuschen und zu betäuben."

(„Hist.-gen. Taschenbuch", Weimar 1912, S. 182 — siehe: „Die Entente-Freimaurerei und der Weltkrieg", Seite 20)

Bundespräsident Heinrich Lübke sagte in seiner Neujahrsansprache am 31. 12. 1961 u. a. folgendes:

„... Vielleicht haben wir deshalb manchmal das Gefühl, wir seien lediglich Rädchen in einem Getriebe, das von weitgehend unbekannten Antriebskräften in Gang gehalten wird.

Ein Blick auf das politische Weltgeschehen und eine nüchterne Einschätzung der Machtverhältnisse, von denen es bestimmt wird, scheint diese Ansicht zu bestätigen. Trotzdem möchte ich versuchen, Einsicht und Gefühl dafür zu wecken, daß es nicht nur dunkle Kräfte sind, in deren Spannungsfeld wir uns bewegen oder bewegt werden, sondern daß es letztlich der Mensch ist, der vor Gott und vor sich selbst Verantwortung für sein eigenes Schicksal wie das der Seinen trägt ..."

(„Bulletin d. PuInfA d. Bundesregierung", Nr. 1, S. 1, v. 3. 1. 1962)

Der bedeutende deutsche Jude und Reichsaußenminister der Weimarer Republik, Walther Rathenau, gab vor mehr als 40 Jahren folgenden Rückblick und Ausblick in die Zukunft, den sein Freund, Harry Graf Keßler, in dem Buch „Walther Rathenau" auf Seite 43 aufführt:

„Der Inbegriff der Weltgeschichte, ja der Menschheitsgeschichte, ist die Tragödie des arischen Stammes. Ein blondes, wundervolles Volk erwächst im Norden. In überquellender Fruchtbarkeit sendet es Welle auf Welle in die südliche Welt. Jede Wanderung wird zur Eroberung, die Eroberung zur Befruchtung der Kultur und Gesinnung. Aber mit zunehmender Weltbevölkerung quellen die Fluten der dunklen Völker immer näher, der Menschenkreis wird enger. Endlich ein Triumph des Südens: eine orientalische Religion ergreift die Nordländer. Sie wehren sich, indem sie die alte Ethik des Mutes wahren. Zuletzt die höchste Gefahr: die technische Kultur erringt sich die Welt, mit ihr entsteht die Macht der Furcht, der Klugheit, der Verschlagenheit, verkörpert durch Demokratie und Kapital."

Dr. Ludendorff schreibt über den „Liberalismus" und seine Auswirkung folgendes:

„Dieser ‚Liberalismus' ist ein sehr beliebtes Mittel der überstaatlichen Mächte, um ein Volk zugrunde zu richten. Freiheit heißt hier Erlaubnis zu jeder Art Volksschädigung. So darf es moralisch versumpfen durch verkommenes Schriftwerk, ohne daß der Machthaber im Volk solches Unheil wehrte. Es darf zu jeder Triebenartung freundlich verleitet werden, ohne daß der Machthaber im Volk sich die Pflicht zuspräche, dies zu verhindern. Das ganze Volk, ja sogar schon die Kinder, dürfen von Seelenmißbrauchern durch Aberglauben jeder Art krank gemacht werden, ohne daß ein Gesetz dem Einhalt geböte. Die Tagesnachrichten und die Zeitschriften dürfen zum Schaden des Volkes lügen, fälschen, entstellen, ohne daß die ‚Pressefreiheit' sittliche Grenzen erführe. Es ist ohne weiteres einzusehen, daß dieses Zerrbild von Frieden und Freiheit, genannt ‚Liberalismus‘, die Völker ebenso rasch zugrunde richtet, wie die Willkür der Gewaltgierigen.“ („Die Volksseele und ihre Machtgestalter“, Seite 367)

Der Präsident der Paneuropa-Union, Graf Coudenhove-Kalergi, schreibt in seinem Buch „Praktischer Idealismus“ über die zukünftige Führerschicht in dem Abschnitt „Judentum und Zukunftsadel“ folgendes:

„Hauptträger des korrupten wie des integren“ (anständigen) „Hirnadels: des Kapitalismus, Journalismus und Literatentums, sind Juden. Die Überlegenheit ihres Geistes prädestiniert sie zu einem Hauptfaktor zukünftigen Adels.

Ein Blick in die Geschichte des jüdischen Volkes erklärt seinen Vorsprung im Kampf um die Menschheitsführung. Vor zwei Jahrtausenden war das Judentum eine Religionsgemeinschaft, zusammengesetzt aus ethisch-religiös veranlagten Individuen aller Nationen des antiken Kulturkreises, mit einem national-hebräischen Mittelpunkt in Palästina. Damals war bereits das Gemeinsame, Verbindende und Primäre nicht die Nation, sondern die Religion. Im Laufe des ersten Jahrtausends unserer Zeitrechnung traten in diese Glaubensgemeinschaft Proselyten aus allen Völkern ein, zuletzt König, Adel und Volk der mongolischen Chazaren, der Herren Südrußlands. Von da an erst schloß sich die jüdische Religionsgemeinschaft zu einer künstlichen Volksgemeinschaft zusammen und gegen alle übrigen Völker ab. Durch unsagbare Verfolgungen versucht seit einem Jahrtausend das christliche Europa das jüdische Volk auszurotten. Der Erfolg war, daß alle Juden, die willensschwach, skrupellos, opportunistisch“ (den Umständen nachgebend) „oder skeptisch waren, sich taufen ließen, um dadurch den Quellen endloser Verfolgung zu entgehen. Andererseits gingen unter diesen vielfach erschwerten Lebensbedingungen alle Juden zugrunde, die nicht geschickt, klug und erfinderisch genug waren, den Daseinskampf in dieser schwierigsten Form zu bestehen.

So ging schließlich aus all diesen Verfolgungen eine kleine Gemeinschaft hervor, gestählt durch ein heldenmütig ertragenes Martyrium für die Idee und geläutert von allen willensschwachen und geistesarmen Elementen. Statt das Judentum zu vernichten, hat es Europa wider Willen durch jenen künstlichen Ausleseprozeß veredelt und zu einer Führernation der Zukunft erzogen. Kein Wunder also, daß dieses Volk, dem Ghettokerker entsprungen, sich zu einem geistigen Adel Europas entwickelt. So hat eine gütige Vorsehung Europa in dem Augenblick, als der Feudaladel verfiel, durch die Judenemanzipation“ (Gleichstellung) „eine neue Adelsrasse von Geistesgnaden geschenkt ...“ (S. 49/50)

Kollektivscham — Ja oder Nein?

Zwei deutsche und zwei jüdische Stimmen

Professor Theodor Heuß, Präsident der Bundesrepublik von 1949 bis 1959, sprach bei seinem Englandbesuch in seiner Rede in der County Hall in Westminster im Oktober 1958 u. a. folgende Worte:

„Niemand wird auf die Idee kommen, keinem Redlichen wird es erlaubt sein, die Schrecknisse, die im letzten Weltkrieg geschehen sind, zu verniedlichen. Sie fanden ihren Ausgangspunkt in der Hybris" (= frevelhafter Übermut) „der deutschen Gewalthaber, die in fast alle Völker, auch in dieses, Leid trug. Das zynische Zertrampeln nicht nur verbriefter Bürgerrechte, sondern der ganz einfachen menschlichen Rechte zum bloßen Leben und zur eigenverantworteten Entfaltung setzte ja schon ein, bevor die Kriegstragödie inszeniert wurde."

(Bulletin des Presse- und Informationsamtes der Bundesregierung vom 24. 10. 1958)

Bei seinem Besuch in Israel sprach Professor Heuß am 9. 5. 1960 — 15 Jahre nach der Kapitulation — in der Hebräischen Universität in Jerusalem. In den „Stuttgarter Nachrichten" vom 11. 5. 1960 heißt es u. a.:

„Heuß sprach gleichzeitig von der Kollektivscham Deutschlands und bezeichnete die Verfolgung der Juden als Beschmutzung der deutschen Geschichte."

Bundespräsident Dr. h. c. Heinrich Lübke führte in seiner Neujahrsansprache am 31. 12. 1963 über den am 12. 12. 1963 verstorbenen ersten Präsidenten der Bundesrepublik Deutschland, Professor Dr. Theodor Heuß, u. a. folgendes aus:

„An der menschlichen Größe und Ehrlichkeit dieses Mannes prallten im In- und Ausland alle Versuche ab, die Deutschen mit einer Kollektivschuld an den furchtbaren Verbrechen der nationalsozialistischen Gewaltherrschaft zu belasten. Seine Landsleute beschwor er, sich zu besinnen und den Auseinandersetzungen mit dieser Vergangenheit nicht auszuweichen. In einer Ansprache im Dezember 1949 sagte er:

‚Etwas wie eine Kollektivscham ist aus dieser Zeit gewachsen und geblieben ...

Das sind Tatbestände, die wir nicht vergessen sollen, die wir nicht vergessen dürfen, weil wir es uns nicht bequem machen dürfen ...'

Wir sollten uns heute mit allem Ernst fragen, ob wir diese Mahnung von Theodor Heuß begriffen und zur Richtschnur unseres Denkens und Handelns gemacht haben."

(„Bulletin des Presse- und Informationsamtes der Bundesregierung", Nr. 1, vom 3. 1. 1964)

Professor Theodor Heuß gehörte im Frühjahr 1933 zusammen mit Dr. Reinhold Maier (nach 1945 Ministerpräsident von Baden-Württemberg), Dietrich-Baden, Ernst Lemmer (nach 1945 Minister der Bundesrepublik) und Heinrich Landahl-Hamburg der Reichstagsfraktion der Deutschen Staatspartei an. Namens der Abgeordneten der Deutschen Staatspartei gab Dr. Reinhold Maier am 23. 3. 1933 im Deutschen Reichstag vor der Abstimmung über das Ermächtigungsgesetz, das der Regierung Hitler diktatorische Vollmachten gab, folgende Erklärung ab:

„Das deutsche Volk hat am 5. März eine absolute Mehrheit der Rechten in den Reichstag gewählt und damit seinen Willen bekundet, die Führung seines Staates der gegenwärtigen Regierung anzuvertrauen. Wir hoffen und wünschen, daß das deutsche Volk unter der jetzigen Leitung seinen seit vierzehn Jahren zäh und opfervoll geführten Kampf um Freiheit und Wiedererstarkung der Nation erfolgreich zu Ende bringen möge. Wir fühlen uns in den großen nationalen Zielen durchaus mit der Auffassung verbunden, wie sie heute vom Herrn Reichskanzler vorgetragen wurde. Wir leugnen auch keineswegs, daß Notzeiten besondere Maßnahmen erfordern, und haben deswegen wiederholt Ermächtigungsgesetze und Notverordnungen gutgeheißen. Wir verstehen, daß die gegenwärtige Regierung weitgehende Vollmachten verlangt, um ungestört arbeiten zu können. Wenn wir gleichwohl in dieser so ernsten Stunde uns verpflichtet fühlen, Besorgnisse zum Ausdruck zu bringen, so gehen wir davon aus, daß auch der jetzigen Regierung eine sachliche und loyale Kritik ihrer Maßnahmen nicht unerwünscht sein wird. Wir vermissen in dem vorliegenden Gesetzesentwurf, daß den verfassungsmäßigen Grundrechten und den Grundlagen der bürgerlichen Rechtsordnung keine ausdrückliche Sicherung vor Eingriffen gegeben wurde. Unantastbar müssen vor allem bleiben die Unabhängigkeit der Gerichte, das Berufsbeamtentum und seine Rechte, das selbstbestimmende Koalitionsrecht der Berufe, die staatsbürgerliche Gleichberechtigung, die Freiheit von Kunst und Wissenschaft wie ihre Lehre. Diese Werte sind Grundelemente jeden Gemeinschaftslebens im geordneten Rechtsstaat. Gerade sie wurden durch die Verfassung von Weimar aus der alten deutschen und preußischen Staatstradition gerettet und dürfen heute ebenso wenig wie vor 14 Jahren gefährdet werden.

Im Interesse von Volk und Vaterland und in der Erwartung einer gesetzmäßigen Entwicklung stellen wir heute unsere ernsten Bedenken zurück und stimmen dem Gesetz zu."

(„Dokumente der Deutschen Politik und Geschichte von 1848 bis zur Gegenwart", Sonderausgabe für die Staats- und Kommunalbehörden sowie für Schulen und Bibliotheken, Band IV., Seite 37, Verlag Giersch & Co. K. G., Berlin und München)

Der Präsident des Deutschen Bundestages, D. Dr. Eugen Gerstenmaier, hielt am 21. 11. 1962 vor der Gesellschaft für Staatswissenschaft, Hebräische Universität Jerusalem, einen Vortrag und führte dabei u. a. aus:

„Ich bin mir gleichermaßen der Ehre wie des Wagnisses bewußt, nach allem, was hinter und zwischen uns liegt, in der für mich ehrwürdigsten Stadt der Welt sprechen zu dürfen...

Der Bankrott der Weimarer Republik und die sogenannte Machtergreifung Hitlers, sein Rassenwahn und der von ihm entfesselte Krieg haben insgesamt 50 Millionen, davon 6 Millionen Juden und 7 Millionen Deutschen das Leben gekostet; sie haben Deutschland gedreiteilt und den Herrschaftsbereich des Kommunismus von der alten Ostgrenze Polens bis in die Mitte Deutschlands erweitert... Daß Hitler und seine Leute Großverbrecher aller Art waren, das weiß ohnehin jeder. Unerledigt aber ist die Frage an die ältere Generation: Wie konnte es geschehen, daß ihr ihm gefolgt seid, daß ihr ihm gehorchtet? Die Frage ist in sich ein so unüberhörbarer Vorwurf, daß sie gar nicht erst als solcher formuliert zu werden braucht. Alles, was darauf gesagt werden kann, reicht nicht hin, um diesen Vorwurf auszulöschen. Folge: Man weicht diesem Gespräch oft lieber aus in der Hoffnung, die Zeit mit ihren Sorgen des neuen Tages werde die Frager ihre Frage vergessen lassen. Denn daß sie selten anders als mit einer offenen Selbstdemütigung zu beantworten ist, das wissen die meisten auch dann, wenn sie das Wort von der Kollektivschuld als unzutreffend ablehnen.

Man hat für dieses zwar nicht generelle, aber weitverbreitete Verhalten das Wort von der unbewältigten Vergangenheit geprägt. Es ist nicht falsch, aber nutzlos. Denn wer soll, wer kann eigentlich die Vergangenheit, die hier gemeint ist, überhaupt ‚bewältigen'? Wäre sie denn bewältigt, wenn die noch lebenden Mitverantwortlichen vor Gott und der Welt ‚mea culpa, mea maxima culpa' sagten?" (meine Schuld, meine größte Schuld) „Gewiß, viele haben es getan und die anderen sollten es tun. Aber ich wäre damit weder in meinem Denken noch in meinem Gewissen über die unauslöschlichen Brand- und Schandmale hinweg, die in jener Epoche dem deutschen Volk eingebrannt wurden.

Wir Deutschen haben seit dem Ende des Krieges eine große Erfahrung gemacht mit der verwandelnden Kraft der Versöhnung. Aber sie ist ein Wunder, das wir nicht bewirkt haben. Es hat uns tiefer bestimmt, als es nach außen kund wird, aber dieses Wunder kann uns erst recht nicht freimachen von der Scham über das, was eben doch im deutschen Namen — wenn auch ohne, ja gegen den Willen vieler Deutscher — zu unserer Zeit geschah. Ich brauche nur Dokumentationen wie die von Poliakow, Wulf und anderen durchzublättern, um mir sicher darin zu sein, daß es für uns, d. h. für meine eigene Generation in Deutschland zeitlebens keine Möglichkeit gibt, diese Vergangenheit ‚zu bewältigen'. Dieses Wort verlangt mehr als gewissenhafte Leute leisten können ..."

Die Rede endet mit folgenden Worten:

„Diese Betrachtung Deutschlands ist mit großen Bedenken unternommen und in dem Bewußtsein durchgeführt worden, daß dabei überhaupt nur einzelne Aspekte ins Bild gebracht und angesprochen werden können. Fast in allem mußten Aussagen gewagt werden, die es sich gefallen lassen müssen, in Frage gestellt oder auch abgelehnt zu werden. Vielleicht ist es dennoch erlaubt zu zeigen, wie ein dem Irrtum unterworfener, aber um Redlichkeit bemühter Deutscher heute Deutschland sieht oder sehen kann ...

Sobald ich mir freilich vergegenwärtige, wo und vor wem ich diesen Versuch gemacht habe, fallen mir mit schrecklicher Gewalt wieder einige der Bilder und Dokumente ein, die nicht nur zwischen Ihnen und den Deutschen stehen, sondern zwischen einem großen Teil der Welt und meinem Volk. Diese Bilder der Vergangenheit genügen, um uns Deutsche zum Schweigen zu bringen. Es ist das Schweigen der Scham und des Herzeleids ungezählter Menschen meines Volkes vor dem Volke Israel."

(Bulletin des Presse- und Informationsamtes der Bundesregierung vom 23. 11. 1962)

Der Rabbiner Dr. Goldstein hielt wenige Wochen vor seinem Tode (gestorben am 17. 4. 1962) vor mehreren Hundert Bonner Studenten eine Rede und führte dabei über die Kollektivscham u. a. folgendes aus:

„Das Wort ‚Kollektivscham' hat ein hervorragender und weiser Mann geprägt, vor dem ich mich tief verneige, wenngleich ich feststellen muß, daß ich es als das dümmste Wort empfinde, das ich in meinem langen Leben gehört habe ...

Ich habe 45 Mitglieder meiner engeren Familie verloren, und wieviel hat das deutsche Volk verloren? Wieviel haben die anderen verloren? Die Erdkugel scheint verrückt geworden, sie hat zu bluten begonnen und blutet bis zum heutigen Tage, wir sind noch immer nicht geheilt ... Es gibt keinen Punkt in der Geographie und keinen Tag im Kalender, da man nicht unter den Juden den Scheiterhaufen angezündet hätte. Frankreich und Spanien, England und Rußland und Deutschland und fast alle anderen haben daran teil. Keine Untat entschuldigt die andere, aber wir alle haben zu tragen. Einmal freilich nur wurde Wiedergutmachung bezahlt: Von Deutschland ...

Ich persönlich habe keine Wiedergutmachung gefordert, man kann mir nicht bezahlen, was man mir weggenommen hat, eine Tochter, 22 Jahre alt, verheiratet, mit einem Kind unter dem Herzen, ist in Auschwitz geblieben. Was wollte man mir da bezahlen? ...

Man fand in der ersten Zeit nach der deutschen Kapitulation das ekle Wort von der Kollektivschuld. Als es nicht mehr haltbar schien, kam das nicht weniger ekle Wort von der ‚Kollektivscham' auf. Beide Worte empfinde ich als unmoralisch, als unsittlich. Ich bin der letzte, der Schuld hinwegdiskutiert, aber es ist immer nur individuelle Schuld. Die Schuld weniger hundert oder tausend Verbrecher. Jene aber zur Verantwortung zu ziehen, die an diesen Verbrechen keinen Anteil haben, vielleicht damals noch gar nicht geboren waren, das ist in meinen Augen Heuchelei, ja Schlimmeres ...

Ich habe eine Vision. Ich sehe die Zeichen der Zukunft, und die Zukunft ist nah, viele Zeichen deuten darauf hin, und der Zeitpunkt ist nah, da die ganze Kulturwelt sich an Deutschland wenden wird, da die deutsche Nation aufgerufen ist, das Gute und das Moralische für uns alle zu vertreten. Ich begrüße mit Freude Eure große Zukunft, die Eurer großen und ruhmreichen, Eurer tausendjährigen Vergangenheit würdig ist. Ich weiß in dieser Stunde, Ihr werdet es schaffen und Ihr werdet es durchstehen. Kinder, nicht verzweifeln, nicht Eure Feinde bestimmen die Zukunft, sondern Ihr! Die Zukunft wird über die Haßerfüllten hinwegrollen. Ich werde es nicht mehr erleben, das fühle ich, aber ich freue mich für Euch. Seid das, was Ihr seid. Ihr wißt schon, was zu tun ist."

(„Deutsche Soldaten-Zeitung und National-Zeitung" vom 4. 5. 1962, Seite 3)

Dr. Goldstein wurde in der Bundesrepublik von jüdischer Seite sehr stark angegriffen. Der jüdische Schriftsteller J. G. Burg schreibt in seinem Buch „Schuld und Schicksal" (erschienen 1962) über die Zionisten in der Bundesrepublik u. a.:

„Wer sich trotzdem innerhalb der Bundesrepublik als Zionist bekennt und sich noch dazu als Freund Israels gebärdet, obwohl Israel von dieser Art Zionisten gar nichts wissen will, tut dies aus sehr undurchsichtigen Gründen oder betreibt nur ein sehr problematisches Geschäft, das heuchlerisch getarnt wird. Es muß als ein besonderer Witz unserer Zeit betrachtet werden, daß sich gerade diese Herrschaften und ihre Anhänger innerhalb der Bundesrepublik als die Vertreter des Judentums aufspielen und dabei ohne organisatorische und moralische Legitimation die schwache Brücke zwischen Juden und Deutschen durch ihre unversöhnliche Rachepolitik belasten.

Im Namen Israels jedenfalls können sie nicht auftreten: Diese Legitimation wurde ihnen von der Sochnuth offiziell entzogen. Auch haben sie kein Recht, im Namen des Weltjudentums zu sprechen, denn es gibt mehr Juden als man denkt, die mit dieser Art von Politik nichts zu tun haben wollen. Doch dank des nahezu diktatorischen Einflusses dieser Gruppen getraut sich innerhalb der Bundesrepublik kaum ein Jude, seiner wirklichen Meinung Ausdruck zu verleihen. Wie der Fall des ehemaligen Oberrabbiners Dr. Isaak Goldstein beweist, scheuen diese Leute nicht davor zurück, jeden Juden, der es wagt, der wirklichen Stimmung vieler in Deutschland lebender Juden Ausdruck zu geben, mit wenig jüdischen Methoden mundtot zu machen." (S. 304/305)

Über die Kollektivschuld schreibt Burg am Ende seines Buches:

„Eine kleine Gruppe fanatischer Antisemiten hat im Kriege maßloses Leid über uns Juden gebracht. Für diese Greueltaten wurde mit einer Kollektivschuld sondergleichen das ganze deutsche Volk belastet und am Ende sogar veranlaßt, kollektive materielle Sühneleistungen abzustatten. Dabei ist es sicher, daß die erdrückende Masse der Deutschen mit diesen Dingen nichts zu tun, ja, sie in ihrer letzten Konsequenz nicht einmal gekannt hat. Wenn man von einer Schuld sprechen kann, so von der, daß man geschwiegen hat.

Doch nicht nur den Juden, auch den Deutschen wurde während des Krieges in den grauenhaften Bombennächten und nach dem Kriege ebenfalls Furchtbares angetan. Auch dazu schweigt die Welt, und ich will heute mir vor meinem Gewissen nicht denselben Vorwurf machen müssen, den sich vielleicht manche Deutsche 1945 machen mußten: geschwiegen zu haben.

Auch darum habe ich dieses Buch geschrieben. Sollte man mir nach dem Erscheinen dieser schlichten Zeilen etwas Böses zufügen, so werden automatisch alle meine Unterlagen, die ich in der Schweiz in treue Hände gegeben habe, veröffentlicht, Unterlagen, zu deren Publikation ich mich bisher nicht entschließen konnte, Unterlagen von weitesttragender Bedeutung..." (Seite 369/370)

Der Vorwurf, „geschwiegen zu haben", den hier der jüdische Schriftsteller Burg erhebt, wurde schon in früheren Zeiten erhoben. General Ludendorff, ein scharfer Gegner der von ihm so bezeichneten „überstaatlichen Mächte", schreibt darüber im Oktober 1931 in seinem Buch „Kriegshetze und Völkermorden" im letzten Abschnitt mit der Überschrift: Das schändliche Verbrechen des „stummen Hundes":

„Die Schrift ‚Vernichtung der Freimaurerei durch Enthüllung ihrer Geheimnisse' hat gezeigt, wie notwendig es ist, die Völker aus der Pesthöhle aller Geheimbände zu befreien und wieder zu klaren, sittlichen Begriffen zurückzuführen.

Das Werk ‚Das Geheimnis der Jesuitenmacht und ihr Ende' zeigt die Arbeitart der Leichname Loyolas, ihre teuflischen Absichten und Wege und gibt damit auch die letzten Absichten der christlichen Kirchen wieder.

In Ludendorffs Volkswarte ist immer wieder auf die Weltmachtansprüche des römischen Papstes, ‚jede Menschenkreatur sich zu unterwerfen', und die Verwirklichung dieser Ziele mit allen Mitteln des Glaubens, der Politik und der Wirtschaft hingewiesen.

Dieses Werk führt die Völker heraus aus verlogener Geschichtsdarstellung zur Wahrheit über das Völkergeschehen in der letzten Vergangenheit und Gegenwart und macht dadurch die Weltgeschichte wieder nach Jahrtausenden zu einer Lehrmeisterin und Warnerin der Völker.

Das große ‚Geheimnis' der überstaatlichen Mächte und ihrer Komplizen ist, die Völker und insonderheit das deutsche Volk, ja sogar die einzelnen Generationen schon bei Lebzeiten, von der Vergangenheit zu trennen, ihnen die arteigene Weltanschauung zu rauben und sie durch eine fremde zu ersetzen.

Mit der gewaltsamen Trennung von unserer eingeborenen Gotterkenntnis, mit der Zerstörung unserer völkischen Einheit in Blut, Glaube, Kultur und Wirtschaft und dem Aufdrängen einer fremden Glaubenslehre, fremden Rechts- und fremden Wirtschaftsbegriffen zum Teil unter unerhörter Gewalt und Zerstörung völkischen Lebens begann ihre ‚Arbeit' vor mehr als tausend Jahren.

Während sie die tatsächlichen geschichtlichen Ereignisse mit der gesammelten Erfahrung kennen und planmäßig auf ihr Endziel zustreben und dabei immer neue Erfahrungen sammeln, wuchs und wächst jede Generation der Völker für sich in völliger Unkenntnis von dem auf, was frühere Generationen, ja sogar, was die letzte von ihr, von den überstaatlichen Mächten erfuhren, und in Unkenntnis von allem, was die Vorfahren von Gewalttaten und Listplänen aufdeckten. Nicht immer gelang es freilich nach einschneidenden revolutionären Verbrechen, die nächstfolgende Generation schon durch verlogene Geschichtsbücher und sonstige verlogene Darstellungen ganz zu betrügen. Dann hielten sich die ‚unsichtbaren Väter' und ihre Komplizen schlau einige Jahrzehnte zurück und verzichteten auf auffällige ‚Aktionen'. Sie ‚arbeiteten' nur ‚in der Stille' auf spätere Verbrechen hin und gaben bisher ihnen erst Ausführung, wenn das im Volksleben zum Handeln berufene Geschlecht wieder der Erfahrungen entbehrte, die ihren Plänen verderblich waren, und die wissend gewordenen Gojim" (Nichtjuden) „nicht mehr lebten.

Es war dabei also immer ein und dieselbe plumpe, widerwärtig schlechte List: die junge Generation neu zu belügen und für verlogene Geschicht-, Literatur- und Glaubenswerke zu sorgen. So stand jede Generation, die die scheußlichen Völkerverbrechen erleben sollte, wieder so unerfahren da, wie jene, die zuletzt unter den Verschwörern gelitten hatte.

Darum müssen auch die Volksverderber lügen. Sie dürfen deshalb nicht das Geringste längst erwiesener Tatsachen von sich aus zugeben. Darum müssen sie die Tatsachen so verdrehen, als ob sie immer noch ihrer furchtbaren Schuld zu überführen wären, darum lassen sie in allen Völkern immer noch Menschen das neu prüfen, was schon lange bewiesen ist, um von ihrer Schuld abzulenken.

Es ist also ihr Erfolg nicht einer ‚Genialität', nicht einer ‚Überlegenheit', nicht ‚magischen Kräften', sondern zunächst einem eintönigen Lug- und Suggestionssystem zu danken. Ganz abgesehen davon, daß ihnen sehr vieles stets mißlungen ist, was natürlich nicht in Erscheinung tritt.

Ja, ihr Haupterfolg liegt in einem blöden Bramarbasieren" (prahlen), „das absichtlich in die Öffentlichkeit dringt, oder in der Sicherheit ihres Auftretens begründet.

Dabei müssen wir auch klar erkennen, daß sie geschickt namentlich das Gefühlsleben der Deutschen und ihre unselige Unfähigkeit benutzen, in Vertrauensseligkeit und aus Besserwisserei drohende Gefahren zu erkennen und rechtzeitig tatkräftig abzuwehren. In der Stunde der Todesnot ist der Deutsche ein Held, vorher ein leichtfertiger, durch das Christentum nur zu oft gedankenlos gewordener Träumer. Er liegt, wie der Jude sagt, wie Esau im Grase und sieht in den Himmel.

Diejenigen, die in den vergangenen Jahrhunderten das Wesen der überstaatlichen Mächte, hier in Sonderheit der Freimaurerei, erkannt hatten, verschlossen ihr reiches Wissen leider nur zu oft in ihrer eigenen Brust. Oft fehlte ihnen auch die Möglichkeit, sich weiten Kreisen vernehmbar zu machen. Sie waren überdies in ihrer Tatkraft durch die

Glaubenslehre von dem ‚auserwählten Volke' gelähmt. Zuweilen legten sie auch ihre Erfahrungen in geheimen, nur einem kleinen Kreise zugänglichen, meistens anonymen Schriften fest, weil sie als ‚Brr. Freimaurer' in ihrem Mut gänzlich gebrochen worden waren und wegen Morddrohstrafen nicht hervorzutreten wagten, oder sie fürchteten als fromme Christen Höllenstrafen.

Oft gründeten sie sogar geheime Gegenorganisationen, womöglich noch solche mit ‚geheimem Weistum', mit ‚weißer Magie'-Lehren, ohne zu merken, daß sie hier sehr bald wieder das Opfer der gleichen Verbrecher wurden, die sie zu bekämpfen wähnten, weil diese in diesen Geheimbünden die Leitung erlisteten, oder sich anderen, wie den Jesuiten, auslieferten, die Geheimorden für ihre Zwecke gründeten.

Sie alle verzichteten auf die einzige, höchst einfache und vernichtende Kampfstrategie und Taktik:

Im offenen Kampfe ohne jede Geheimniskrämerei und List die Völker der ganzen Erde aufzuklären, die Gegner mit sittlicher Kraft an ihrer ohnmächtigen Stelle, der Wahrheit, zu treffen und ihnen ihre Kampfscharen zu nehmen.

Ungemein schwere Vorwürfe treffen die staatsleitenden Männer, vor allem die Fürsten der Vergangenheit, die die Aufklärungen und Warnungen von treuen Männern aus dem Volke zugestellt erhielten und das Volk, das voll Vertrauen auf sie blickte, ahnungslos weiter in sein Verderben gehen ließen, ohne es öffentlich aufzuklären.

Wie eine ernste Anklage klingt es aus Br. Didlers Aufklärungsschriften an Deutsche Fürsten, verfaßt um die Mitte des vorigen Jahrhunderts:

‚Das schändlichste Verbrechen ist es, die Rolle des stummen Hundes zu spielen.'

Treuherzig verließ sich das Volk auf die warnende Wachsamkeit der Führer. Da sie stumm blieben, wähnte es sich in Sicherheit. Welchen Weg hätte die Weltgeschichte genommen, wenn zum Beispiel Fürsten und Geistliche Luthers Aufklärung über die teuflischen Pläne der Juden dem Volk vernehmlich verkündet und die Völker dies beherzigt hätten.

Welche Schicksale wären den Völkern erspart geblieben, wenn ihnen das Handeln römischer Päpste und der Jesuitengenerale, die Aufhebung dieses Ordens durch Papst Clemens XIV., die Warnungen des Br. Grafen Haugwitz und anderer, vor den Verbrechen der Freimaurerei von den Regenten, ihren berufenen und geehrten Hütern, laut und eindringlich zugerufen worden wären, da die Völker ihnen doch wohl geglaubt hätten.

Erzogen in weltgeschichtlich-wahrer Auffassung und in klarer Erkenntnis unserer Fehler hätten wir den Feind erkannt und ihn überwunden; waren wir doch, sogar trotz Ahnungslosigkeit, im Weltkriege nahe dem Siege gewesen. Unnennbares Unheil hätten wir von uns, den kommenden Geschlechtern und von allen Völkern der Erde ferngehalten.

Wir stehen vor neuen Vergewaltigungen durch die überstaatlichen Mächte.

Wenn die Völker nicht erwachen und alles daran setzen, durch eindringliche und weithin schallende Aufklärung diese teuflischen Vernichtungspläne zu zerschlagen und Herr ihrer Schwäche zu werden, so wird sie ihr Schicksal erreichen.

Es gilt für die Völker, die Lehren aus vieltausendjährigem Weltgeschehen rasch zu ziehen, endlich die Erfahrungen, die sie zeitigten, einzusetzen gegen die vieltausendjährigen der Weltverschwörer und ihnen keine Kampfscharen mehr zu geben.

Es gilt in letzter Stunde, drohende Vernichtung zu verhindern."

(„Kriegshetze und Völkermorden", S. 155—157)

Sind gewisse Parallelen zwischen den Warnungen des jüdischen Schriftstellers Burg aus dem Jahre 1962 und den Worten des Generals Ludendorff aus dem Jahre 1931 vorhanden?

Der Schriftsteller Winfried Martini, Kommentator des Bayrischen Rundfunks und ein weltanschaulicher Gegner des Generals Ludendorff und seiner Frau, schreibt in seiner im Jahre 1949 erschienenen Schrift „Die Legende vom Hause Ludendorff" (Inngau-Verlag Leonhard Lang Rosenheim) über die „überstaatlichen Mächte" folgendes:

„Er" (= Ludendorff) „schien die Tatsache des verlorenen Krieges als einen Vorwurf gegen sich und seine eigene militärische Leistung zu empfinden, obwohl, wie wir sahen, genug Umstände da waren, die ihn zwar nicht vollständig, aber doch zu einem großen Teil entlastet hätten. Sein ungewöhnlich stark entwickeltes Selbstbewußtsein wurde nicht damit fertig, daß seine große, ja bewundernswerte Leistung, die Krönung seiner Lebensarbeit, letzten Endes doch nur zu einem persönlichen Fehlschlag und einer nationalen Katastrophe führte. Wir müssen hier die psychologische Quelle oder doch wenigstens den psychologischen Ansatzpunkt zu der späteren seltsamen Entwicklung Ludendorffs suchen.

Zum Zwecke seiner persönlichen Rechtfertigung ging Ludendorff einen merkwürdigen Weg. Er konstruierte eine besondere Fabelwelt, in der die ‚überstaatlichen Mächte', vor allem ‚Juden, Jesuiten und Freimaurer' eine ungewöhnliche Rolle spielen. Nun ist kein Zweifel daran, daß es zwischen- oder überstaatliche Querverbindungen von bestimmten Cliquen, sozialen Gruppen und Organisationen gibt, die auch auf bestimmte Sektoren des öffentlichen Lebens einen gewissen Einfluß ausüben. Diese Erscheinung hat es in allen höher entwickelten Staaten und Kulturen gegeben, und erklärt sich höchst einfach aus dem Umstande, daß es immer Interessen gibt, die ihrer Natur nach nicht auf eine einzige Nation beschränkt sein können wie z. B. religiöse oder wissenschaftliche. Es können auch Interessen sein, die sich aus einem allgemein herrschenden und keineswegs auf eine einzelne Nation beschränkten Zeitgeist ergeben. So etwa war die sogenannte ‚Aufklärung' eine Strömung, die den ganzen abendländischen Kulturkreis des 18. und 19. Jahrhunderts umfaßte, aus der auch die Bewegung der Freimaurerei entstand und ihre Ideen und Kraft bezog. Überstaatlich muß notwendig auch der Katholizismus sein. Auch ein T e i l des Judentums empfand ein Interesse, das über das der jeweiligen Umwelt hinausging: hierhin gehört die zionistische Bewegung und der 1912 gegründete Weltverband der Orthodoxie ‚Agudath Jisrael'. Dagegen lehnte aus einer bestimmten Ideologie heraus, die zu schildern hier zu weit führen würde, ein anderer Teil des Judentums nach erfolgter Emanzipation zum mindesten einen politischen internationalen Zusammenhang ab, den er höchstens in der religiösen und karitativen Sphäre anerkennen wollte. In den westeuropäischen Ländern und in Amerika stellte dieser Teil des Judentums, wie er in Deutschland etwa im ‚Centralverein deutscher Staatsbürger jüdischen Glaubens', im ‚Hilfsverein der deutschen Juden', im ‚Reichsbund jüdischer Frontsoldaten' und im ‚Verband nationaldeutscher Juden' organisiert war, sogar die überwältigende Mehrheit dar, während die Zionisten und ‚Agudisten' überall eine verschwindende Minderheit bildeten. Dort wo, wie besonders in den USA, das assimilatorisch gesonnene Judentum gleichwohl dem zionistischen Aufbauwerk in Palästina sympathisch gegenüberstand, floß diese Haltung zunächst aus philanthropischen Gründen, nicht aber aus dem alljüdischen Solidaritätsgefühl, das den Zionismus beseelt und auch die ‚Alliance Israélite Universelle' in ihren Anfängen getragen hatte, bis sie seit etwa 1870 in ein biederes jüdisch-französisch-patriotisches Fahrwasser geriet. Der überwältigende Siegeszug des Zionismus auch in der westlichen Welt war erst als Reaktion auf die Entrechtung und spätere Liquidierung der Juden durch den Nationalsozialismus möglich gewesen, wodurch die antizionistische Ideologie im Judentum, die assimilatorische also, ad absurdum geführt worden war. Soweit etwa jüdische Finanzmänner im internationalen Maßstab dachten, stellte dies kein spezifisch jüdisches Phänomen dar, sondern es war ein Teil der allgemeinen Erscheinung, daß eine internationale Verflechtung des Kapitals bei der modernen Entwicklung der Weltwirtschaft zwangsläufig ist. So hat denn auch die Reaktion auf den Kapitalismus, der Sozialismus, konsequenterweise eine internationale Grundlage und Tendenz.

Ludendorff vermochte diese Zusammenhänge nicht zu übersehen. Es fehlte ihm an historischen Kenntnissen, an soziologischer Schulung und überhaupt an einer soliden Allgemeinbildung. Wie hypnotisiert starrte er auf die unbezweifelbare Tatsache, daß es inter- und übernationale Interessen, Gruppen und Organisationen gibt, und daß jene Gruppen und Organisationen einen gewissen Einfluß auf gewisse Sektoren des öffentlichen Lebens haben. In seiner naiven Hilflosigkeit gegenüber diesem an sich so selbstverständlichen Phänomen, das seine geistige Verfassung in eine erstaunliche Unordnung bringen sollte, gelangte er zu einer phantastischen und grotesken Überbewertung solcher internationaler Einflüsse und machte sie zum ausschließlichen Hebel seiner Welterklärung. Er konzentrierte sein Aufmerksamkeit dabei eben auf ‚Juden, Jesuiten und Freimaurer', wobei er andere internationale Gruppierungen entweder außer acht ließ, oder sie in jenes Schema hineindeutete. Zwischen diesen drei Gruppen konstruierte er außerdem einen seltsamen und intimen Zusammenhang, wobei ihn z. B. die Tatsache, daß der Katholizismus das Logenwesen wegen seiner aufklärerischen und liberalistischen Ideologie kategorisch ablehnt, wenig störte. Aus vielen seiner Äußerungen zu dem Gegenstande ist zu entnehmen, daß unter den drei Gruppen insbesondere ‚der' Jude unter dem Befehl von ‚Jahweh' eine hervorragende Machtposition einnimmt, die den Einfluß der anderen beiden weit in den Schatten stellt.

Wesentlich ist nun, daß Erich Ludendorff diesen Gruppen eine geradezu übermenschliche Intelligenz und phänomenale Tüchtigkeit zuschreibt. Sie vermögen immer und überall ihr Sonderinteresse nicht nur zu erfassen, sondern auch durchzusetzen, und da ihr Ziel die Beherrschung der Welt ist, so haben sie dies dank ihrer außerordentlichen Fähigkeiten auch weitgehend erreicht — bis Ludendorff auftrat und ihr Wirken schonungslos zu ‚enthüllen' und allein schon dadurch ihre Weltherrschaft zu erschüttern verstand. Erich Ludendorff stattet überdies seine ‚überstaatlichen Mächte', deren ‚Hand' er nun in geradezu jedem Ereignis zu sehen und zu enthüllen vermochte, nicht nur mit übermenschlichen Fähigkeiten, sondern auch noch mit romantischen Tendenzen aus: denn sie richten ihre Handlungen nicht nur nach ihren teuflischen Zwecken, sondern auch noch nach einem geheimen Terminkalender, der Kabbala nämlich. So legen sie ihre wichtigsten Untaten auf Daten, deren Quersumme irgendeine Bedeutung im System der kabbalistischen Zahlenmystik hat, wobei besonders die ‚Jahweh-Jahre' sehr beliebt sind. Aber Ludendorff war im Besitz dieses kabbalistischen Schlüssels und so war er in der glücklichen Lage, etwa bei jeder beliebigen internationalen Konferenz allein aus ihrem Datum und dessen Quersumme ihren wirklichen und sonst verborgenen Sinn zu erfassen und im Heiligen Quell seinen Lesern mitzuteilen." (Seite 14—17)

Martini führt dann noch weiter an, daß Ludendorff in seiner Schrift „Weltkrieg droht" (im Jahre 1930 erschienen) den Beginn des zweiten Weltkriegs für das Jahr 1932 angenommen habe, da dieses Jahr die gleiche Quersumme wie das Jahr 1914, nämlich die Jahweh heilige Zahl 15 ergäbe, und daß der Inhalt der Kabbala heute praktisch den wenigsten Juden mehr bekannt sei.

Ergänzend zu diesen Ausführungen von Winfried Martini sei auf folgendes noch kurz hingewiesen:

Im Hebräischen Schulbuch von Hollenberg (Weidmannsche Buchhandlung Berlin, 1929) ist angegeben, daß bei der hebräischen Schrift jeder Buchstabe einen Zahlenwert hat und die hebräische Schrift nur Konsonanten, aber keine Vokale hatte. Vokalzeichen wurden erst später eingeführt. Nach den Angaben in diesem Buch pflegte man für den heiligen Gottesnamen Jahweh das hebräische Wort für „Herr" auszusprechen; ebenso wurden für den Zahlenwert 15 nicht ein j = 10 und h = 5 und wohl auch nicht für den Zahlenwert 16 ein j = 10 und w = 6 wegen der Ähnlichkeit dieser Buchstabenpaare mit dem heiligen Gottesnamen Jahweh (Jhwh) verwendet (siehe S. 3 und 18).

Dr. Erich Bischoff schreibt in seinem Buch „Die Kabbalah — Einführung in die jüdische Mystik und Geheimwissenschaft", Vierte Auflage mit 30 erläuternden Illustrationen und Tabellen, Gustav Engel Verlag Leipzig, über den Begriff „Kabbalah":

„Kabbalah ist die seit dem 13. Jahrhundert n. Chr. übliche Bezeichnung für die in ein gewisses System gebrachte theosophische und theurgische Geheimlehre im Judentum (theoretische und praktische Kabbalah).

Das Wort bedeutet ‚Entgegennahme', ‚Überlieferung', und zwar mittelbare, im Gegensatze zur unmittelbaren, der ‚Thorah' (göttlichen Unterweisung, Lehre, Religionsgesetz)." (Seite 1)

Dr. Bischoff weist auf Seite 22 ff. auf die Buchstabenmystik und die bekanntesten Methoden der Schriftdeutung hin und führt im Hinblick auf das Jahr 1914 folgende zwei Sätze an:

„Die Konsonanten des hebräischen Koppelwortes Milchamoth haolam (Weltkrieg) ergeben 675; das Jahr 675 der ‚kleinen' jüdischen Zeitrechnung aber begann im Frühherbste 1914 und ist das erste Weltkriegsjahr!" (Seite 22)

„Am 2. Oktober 1913, dem Neujahrsfeste des jüdischen Kultjahres 5674, soll ein Darschan (Prediger) in Lublin die dem Belsazar erscheinende Hand an der Wand (Daniel 5, 25; s. o. S. 30) als Prophezeiung des kommenden großen Krieges gedeutet haben. „ßether jad": „Das Geheimnis der Hand", bedeute nämlich soviel als: milchamoth al adamah: ‚Kriege auf dem Erdball', weil beide Sätze nach der Gematria" (eine der Methoden dieser mystischen Schriftdeutung) „denselben Zahlenwert: 674 haben; das 674. Jahr des 5. Jahrtausends der jüdischen Zeitrechnung aber ist 1914! (Man läßt bei der üblichen „kleinen Zeitrechnung" stets das Jahrtausend weg.)" (Anhang, S. 135).

Schlußwort

Wenn der Leser diese Zusammenstellung aufmerksam gelesen und die einzelnen Angaben in ihrem Wert beurteilt und miteinander verglichen hat, so wird vielleicht mancher Politiker und Staatsmann in einem anderen Lichte erscheinen als bisher. Der Leser wird auch die für das deutsche Volk so wichtige Frage der Kriegsschuld und der Verantwortung für die Massenverbrechen beantworten können, denn mit der Bejahung oder Verneinung dieser Fragen hängt ja auch die materielle Wiedergutmachung und letztlich in gewissem Sinne auch die moralische Verpflichtung oder Nichtverpflichtung zur Zahlung von Entwicklungshilfe zusammen.

Ohne Schuld gibt es keine Zahlungsverpflichtungen im Leben. Weiter wird der Leser ganz von alleine sich die Frage vorlegen, ob ein einzelner Mann diesen zweiten Weltkrieg entfesseln konnte oder ob es eine Vielzahl von Personen war, die Interesse an diesem Kriege hatten und die Kriegsursachen entsprechend vorbereiteten. Sind es einige wenige Menschen- oder Mächtegruppen, die aus Machtgier oder sonstigen Vorstellungen heraus andere Menschen versklaven wollen? Gibt es tatsächlich „dunkle Kräfte" (Bundespräsident Lübke), „überstaatliche Mächte" (General Ludendorff), „Kriegshetzer und -schürer" (Henry Ford), „300 Männer, von denen jeder jeden kennt, leiten die wirtschaftlichen Geschicke des Kontinents" (Walther Rathenau)? Alles Fragen, die ganz von selbst auftreten und der Beantwortung durch den Leser harren.

Die Klärung all dieser Fragen ist für das Zusammenleben der Völker unendlich wichtig, und nichts vergiftet mehr das Leben der Völker als Lug und Trug!

„Nie kann aus Unrecht Recht und Glück entstehen."

(Walter Rathenau: „Nach der Flut", Seite 71)

Und ein uralter Spruch aus dem Norden lautet:

„Erkennst du das Schlechte, so nenn' es auch schlimm,
und friste nicht Frieden dem Frevel;
von der Schulter dir schiebe, was übel dir scheint,
und richte dich selbst nach dir selber!"

Inhaltsverzeichnis

Vorwort 7
Wie kam es zum 2. Weltkrieg? 9
Versailles und die Schuldfrage des 1. Weltkrieges 16
Der „Dolchstoß" 1918 28
Walther Rathenau 31
Wer unterstützte die Nationalsozialistische Deutsche Arbeiterpartei? 43
Der Fall Polen 49
Das deutsch-sowjetische Verhältnis 1939—1941 63
Die Politik des Präsidenten der USA, Roosevelt 74
Die Schuld am Luftkrieg gegen die Zivilbevölkerung 93
Die Nürnberger Gesetze 1935 98
Die Konzentrationslager und die Vernichtung von Juden . . . 106
Der Plan der Sterilisierung der deutschen Bevölkerung 136
Hitler, seine Wegbereiter und die Wurzeln des nationalsozialistischen Antisemitismus 143
Der Prozeß von Nürnberg 188
Der Völkermord in der Tschechoslowakei 201
Die Schändung von Frauen und Mädchen und Hungerrationen für die Besiegten 213
Die Vertreibung der Deutschen aus den Ostgebieten und dem Sudetenland 221
Die Vertreibung der Araber aus Palästina 222
Die Atombomben und die Atomversuche 228
Weitere Kriegsverbrechen und Verbrechen gegen die Menschlichkeit 239
Ausländische Urteile über die Schuldfrage 245
Die „Reeducation" — das Programm für die Umerziehung (Die Rolle des Berges Sinai) 251
Kollektivscham — Ja oder Nein? Zwei deutsche und zwei jüdische Stimmen 259
Schlußwort 273

Kaunas. „Aušros" sp. 93-142. 3200. S.L. 195.